A l'occasion du 50e anniversaire de l'établissement des relations diplomatiques entre la France et la Chine.

À la mémoire de mes parents.

HUANG Qinghua

# LA RECONNAISSANCE DE LA CHINE PAR LA FRANCE

# 中法建交始末

HACHETTE LIVRE INTERNATIONAL
ÉDITIONS HUANGSHAN

Avec l'appui financier de *Chinese Fund for the Humanities and Social Sciences*.

Édition originale publiée en chinois par Éditions Huangshan, en 2014, sous le titre: *La Reconnaissance de la Chine par la France —— Les relations sino-françaises des années 40 — 60 du 20ème siècle* （《中法建交始末——20世纪40—60年代中法关系》).

ISBN: 978-2-7531-0479-2

Cet ouvrage est distribué en France par Hachette Livre International.

Couverture : © Yang Xin
Calligraphie : © Huang Qinglian
Iconographie de l'ouvrage: © Agence Chine Nouvelle

>> L'auteur et M. Valéry Giscard d'Estaing, le 5 novembre 2004.

>> L'auteur et M. Claude Chayet, le 12 novembre 2004.

>> L'auteur et M. Zhang Xichang, le 5 février 2007.

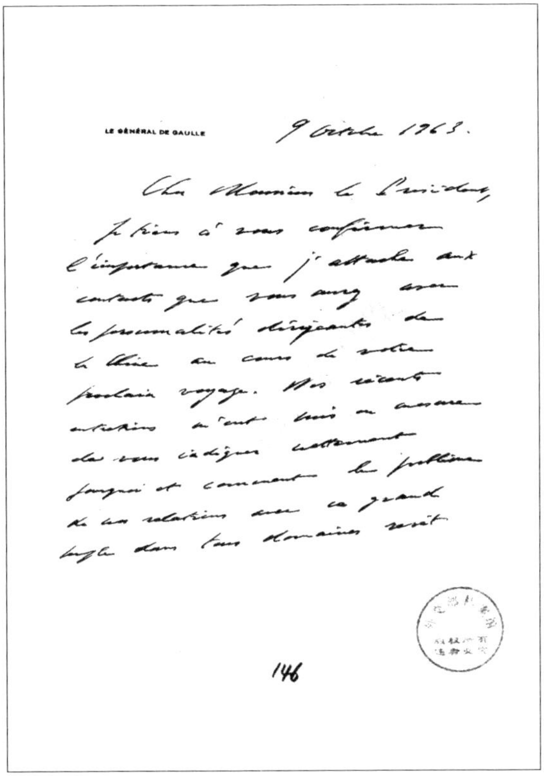

LE GÉNÉRAL DE GAULLE

9 Octobre 1963.

Cher Monsieur le Président,

Je tiens à vous confirmer l'importance que j'attache aux contacts que vous aurez avec les personnalités dirigeantes de la Chine au cours de votre prochain voyage. Nos récents entretiens m'ont mis en mesure de vous indiquer nettement pourquoi et comment le problème de nos relations avec ce grand peuple dans tous domaines revêt

146

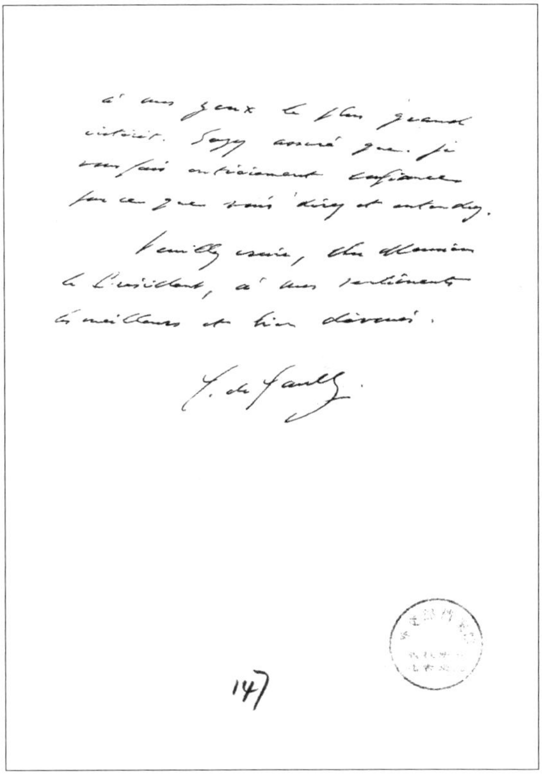

à nos yeux le plus grand intérêt. Soyez assuré que je vous fais entièrement confiance pour ce que vous direz et entendrez.

Veuillez croire, cher Monsieur le Président, à mes sentiments les meilleurs et bien dévoués.

C. de Gaulle.

147

>> Lettre du général de Gaulle à Edgar Faure, le 9 octobre 1963 ( AMAEC ) .

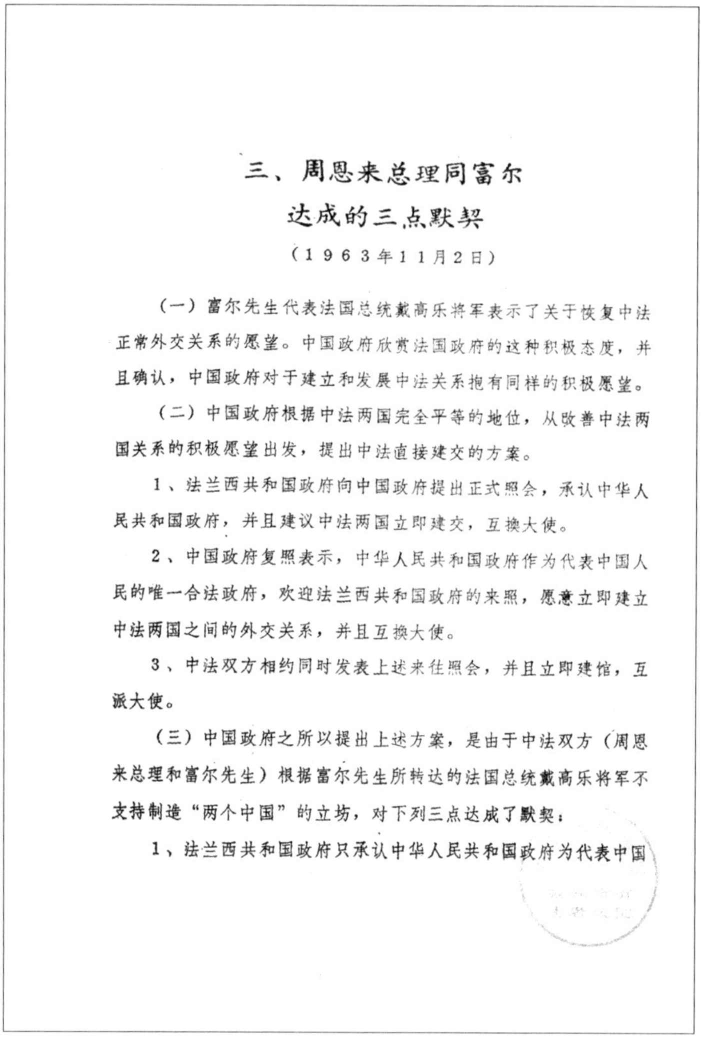

## 三、周恩来总理同富尔达成的三点默契

（1963年11月2日）

（一）富尔先生代表法国总统戴高乐将军表示了关于恢复中法正常外交关系的愿望。中国政府欣赏法国政府的这种积极态度，并且确认，中国政府对于建立和发展中法关系抱有同样的积极愿望。

（二）中国政府根据中法两国完全平等的地位，从改善中法两国关系的积极愿望出发，提出中法直接建交的方案。

1、法兰西共和国政府向中国政府提出正式照会，承认中华人民共和国政府，并且建议中法两国立即建交，互换大使。

2、中国政府复照表示，中华人民共和国政府作为代表中国人民的唯一合法政府，欢迎法兰西共和国政府的来照，愿意立即建立中法两国之间的外交关系，并且互换大使。

3、中法双方相约同时发表上述来往照会，并且立即建馆，互派大使。

（三）中国政府之所以提出上述方案，是由于中法双方（周恩来总理和富尔先生）根据富尔先生所转达的法国总统戴高乐将军不支持制造“两个中国”的立场，对下列三点达成了默契：

1、法兰西共和国政府只承认中华人民共和国政府为代表中国

>> Résumé de l’entretien entre le Premier ministre Chou En-lai et l’ancien président du Conseil français Edgar Faure, le 2 novembre 1963 ( AMAEC ).

TRES SECRET

RAPPORT ADRESSE AU Général de GAULLE
Président de la République française
par M. Edgar FAURE, au sujet de sa mission en Chine

----------

I - CALENDRIER

J'ai l'honneur de vous adresser une relation succinte de mon voyage en Chine, qui a pris date entre le 18 octobre et le 5 novembre.

Pendant toute la durée de mon séjour dans la République Populaire, les autorités chinoises ont témoigné, par les égards les plus attentifs dans tous les domaines, de l'exceptionnelle considération qu'elles estimaient devoir à un visiteur investi de votre confiance. Comme elles tenaient à observer en même temps la discrétion qui avait été stipulée, chacun de ces soucis a trouvé sa limite dans l'autre, et leur combinaison s'est traduite par de subtiles nuances de comportement.

Arrivé à Pékin le 19 octobre dans la soirée, j'ai été reçu le mercredi 20 dans la matinée par le Premier Ministre TCHOU-EN-LAI. Dans la soirée du même jour, le Vice-Premier Ministre TCHENG-YII, Ministre des Affaires Etrangères, a assisté au dîner offert par l'Institut des Relations Extérieures, mais le toast de bienvenue a été porté par M. CHANG HSI-JO. Le lendemain, j'ai conféré longuement avec M. TCHENG YII et le vendredi à nouveau avec les deux Ministres qui m'ont retenu à dîner. Là s'est terminée une première série d'entretiens.

Les journées du 22 au 23 octobre ont été consacrées à un voyage en Mongolie Intérieure et dans la province du Chansi, voyage organisé par les autorités chinoises, en vue sans doute de notre agrément et de notre information, mais très certainement aussi afin de leur permettre d'étudier à loisir la situation, d'en conférer entre elles et d'arrêter leur attitude.

A mon retour à Pékin, les journées des 26 et 27 octobre

>> Rapport adressé au général de Gaulle, président de la République française, par Edgar Faure, au sujet de sa mission en Chine, le 7 novembre 1963 ( CHAN ) .

戴高樂總統閣下：

接奉一九六四年一月十五日 華翰，承示尊見，並派裴奇柯夫將軍暨紀馬士上校前來台灣相晤，至深感紉。

關於 閣下來函本人尚有兩項意見如後：

閣下之構想相輔而行，方能獲得一合乎邏輯之結論。本人為閣下之戰時盟友，曾同為實現反對人性墮落之原則而努力，深感有補充數語提請注意之必要。

（一）假定法國承認中共政權以後，現實之中國共黨勢將追問：獲得法國承認之後尚有何利可圖？

閣下所有之消息與情報甚為豐富，當能回憶英國

>> Lettre de Chang Kai-chek à Charles de Gaulle, le 21 janvier 1964 ( AIHM, AS ) .

# INTRODUCTION

Le 1er octobre 1949, le président Mao Tsé-toung (Mao Zedong) a proclamé officiellement l'établissement du gouvernement populaire central de la République populaire de Chine. Lors de cette proclamation, il a déclaré que « le gouvernement populaire central est le seul gouvernement légal représentant le peuple de l'ensemble de la Chine », et il a souhaité que tout gouvernement étranger qui voulait observer les principes d'égalité, d'avantages réciproques et du respect mutuel de la souveraineté territoriale puisse nouer des relations diplomatiques avec la Chine. Il s'agissait non seulement d'exposer la politique étrangère indépendante que la Chine nouvelle souhaitait poursuivre et son attitude fondamentale à l'égard de la loi internationale[1], mais surtout de fixer les règles de conduite des relations internationales qu'elle préconisait.

Le jour même de sa proclamation, le gouvernement populaire central de la République populaire de Chine a remis, conformément aux usages diplomatiques et par la voix de son Premier ministre et ministre des Affaires étrangères Chou En-lai (*Zhou Enlai*), une déclaration afin d'obtenir la reconnaissance. Cette déclaration a été communiquée aux consuls ou aux représentants des différents gouvernements restés à Pékin (*Beijing*), Nankin (*Nanjing*) et Shanghai. Chou En-lai a également exprimé, dans une lettre annexée à la déclaration, la volonté de la République populaire de Chine d'établir des relations diplomatiques avec

[1] L'établissement de la Chine nouvelle ne signifiait pas la création d'un « nouvel État » au sens de la loi internationale, mais indiquait la prise de pouvoir du Parti communiste chinois (PCC), fondé à la suite du renversement du Parti nationaliste (Kuomintang, KMT) dominant. L'État chinois restait inchangé en tant que sujet du droit international.

tous les pays du monde.

La Chine nouvelle avait besoin d'établir des relations diplomatiques, mais elle n'était pas demandeuse de la reconnaissance étrangère. Les relations diplomatiques qu'elle cherchait à nouer devaient être établies sur la base des principes d'égalité, d'avantages réciproques et de respect mutuel de la souveraineté territoriale.

Habituellement, avant de reconnaître *de facto* ou *de jure* un nouveau gouvernement, tout pays doit bien réfléchir sur la légitimité et la représentativité de ce gouvernement, mais aussi peser le pour et le contre en fonction de ses intérêts politiques, économiques, militaires, etc. Cependant, cette légitime période de réflexion ne devrait pas se transformer en un examen de plus d'une dizaine d'années, associé d'une mise à l'épreuve du nouveau gouvernement, avant d'aboutir finalement à une reconnaissance juridique. Une procédure aussi longue est anormale et ne peut s'expliquer que par des raisons complexes, intérieures, extérieures, collectives, individuelles, historiques, actuelles, objectives et subjectives.

La reconnaissance de la Chine nouvelle par la France a été réalisée quatorze ans après sa fondation. La durée de l'examen et de l'investigation par la France a largement dépassé le temps habituel. La France avait-elle vraiment besoin d'un temps aussi long pour examiner sérieusement la domination légale et effective du Parti communiste chinois (PCC) en Chine et prendre finalement la décision de la reconnaître ? Pourquoi une reconnaissance aussi tardive ? Outre les explications officielles qu'on a données et qu'on répète aujourd'hui encore, y a-t-il d'autres raisons plus logiques, plus réelles et plus fiables ?

Ce n'est pas une question qu'on peut résumer en quelques mots. Pour l'expliquer, nous avons systématiquement étudié les archives diplomatiques de Pékin, de Taïpei (*Taibei*) et de Paris.

Les réponses officielles les plus souvent avancées sous la IV<sup>e</sup> République étaient que Mao Tsé-toung avait reconnu Hô Chi Minh au moment où la France s'apprêtait à reconnaître la Chine nouvelle ; que cette dernière avait « envahi » la Corée, que la Chine avait soutenu le Viêt-minh et le Front de libération nationale (FLN) en Algérie. Ces réponses ont été reprises sous la V<sup>e</sup> République, avec un argument supplémentaire : le général de Gaulle ne voulait pas rompre les relations d'alliance nouées entre la France libre et la République de Chine, nées de ses relations personnelles avec Chang Kai-chek (*Jiang Jieshi*) durant la Seconde Guerre mondiale. En réalité, ce ne sont pas les véritables raisons pour lesquelles la France a reconnu la Chine tardivement, il s'agit tout au plus de raisons secondaires.

À notre avis, il n'y a qu'une réponse valable et cohérente, c'est tout simplement la dépendance de la France à l'égard de l'aide américaine qui a limité, dans une large mesure, son indépendance et son autonomie dans la définition de sa politique extérieure et le développement de ses relations avec l'étranger. Maurice Couve de Murville, ministre des Affaires étrangères puis Premier ministre du général de Gaulle, l'a écrit dans son livre publié en 1971 : « Les États-Unis ont, de 1946 à 1958, dominé la politique étrangère française. Nous dépendions d'eux financièrement – c'était le plan Marshall ; nous en dépendions pour notre sécurité – c'était l'OTAN[1]» Nous voyons clairement que, pour pouvoir prendre la décision d'une reconnaissance de la Chine, il fallait que la France se détache de l'ingérence de certaines grandes puissances.

Pendant ces quatorze années durant lesquelles la Chine n'a pas obtenu sa reconnaissance, ce n'était pas la France qui décidait, mais les États-Unis.

Le présent volume étant un abrégé de *La Reconnaissance de la Chine par la France – Les relations franco-chinoises des années 1940-1960* en deux volumes, publié en octobre 2013 par la maison d'édition Huangshan, presque la moitié de l'ouvrage original a été omise. Pourtant, cela n'empêchera pas nos lecteurs de bénéficier d'une analyse détaillée des relations complexes entre la Chine et la France avant l'établissement de relations diplomatiques officielles entre les deux pays et du processus compliqué qui y a mené.

Afin de décrire et d'expliciter les relations d'alliance nouées pendant la guerre entre Chang Kai-chek et de Gaulle, nous mettrons en lumière, dans la première partie de l'ouvrage, l'établissement et le développement de leurs relations, l'envoi des représentants personnels, militaires et diplomatiques par le général de Gaulle à Tchongking (*Chongqing*), siège

[1] Maurice Couve de Murville, *Une politique étrangère (1958-1969)*, Paris, Plon, 1971, p. 18.

provisoire du gouvernement national chinois, la reconnaissance de la France libre et la réception des troupes françaises en retraite par Chang Kai-chek, les conditions de restitution du territoire à bail de Kouang Tchéou Wan (« la baie de Guangdong », appellation historique) par le général de Gaulle et la relève des troupes chinoises par les troupes françaises en Indochine du Nord, après la réception de la capitulation japonaise.

Dans la seconde moitié de cette première partie, à travers le récit des relations franco-chinoises de l'après-guerre et du début de la Chine nouvelle, nous exposerons la politique extérieure de la Chine et sa réflexion sur le développement des relations avec la France, ainsi que l'attitude française à l'égard de la Chine nouvelle. Nous ferons ressortir le poids des États-Unis, tout en analysant la dépendance de la France à l'égard de l'aide américaine dans sa reconstruction et l'influence de Washington sur les choix de politiques intérieure et extérieure françaises. Nous montrerons aussi, à travers l'attitude du gouvernement français lors de l'« affaire Ling-Meng » à Paris et la dégradation de sa représentation diplomatique à Taïpei, l'intention de la France de procéder à une reconnaissance éventuelle du pouvoir communiste de Pékin, tout en maintenant ses relations avec les autorités de Taïwan et en favorisant le développement des contacts entre les populations des deux pays.

La seconde partie du livre sera consacrée à la définition des relations officielles entre la Chine et la France. Dans la première moitié de cette partie, nous présenterons l'intérêt du général de Gaulle pour la Chine et sa réflexion sur la reconnaissance de cette dernière, après la résolution du conflit algérien. Nous étudierons également le but réel du général de Gaulle quand il reconnaîtra la Chine. Nous considérons qu'il s'agit d'une part essentielle de sa stratégie globale : détacher la France de la domination des États-Unis, poursuivre la politique diplomatique d'indépendance et d'autonomie et restaurer la « grandeur » de la France. La seconde moitié de la deuxième partie traitera de l'établissement des relations diplomatiques entre la Chine et la France. Nous aurions souhaité présenter tout le processus des négociations, à partir du choix de l'envoyé secret du général de Gaulle, aux négociations à Pékin, à Shanghai et à Berne, en mettant en valeur les points clés, nous citerons néanmoins les plus essentiels et illustratifs lors des négociations secrètes entre le Premier ministre Chou En-lai et l'ex-président du Conseil français Edgar Faure. Le traitement des relations de la France avec Taïwan étant une partie importante de l'établissement des relations franco-chinoises, nous raconterons aussi la rupture difficile du général de Gaulle avec Chang Kai-chek. À la fin de cette partie, nous évoquerons la dernière volonté du général de Gaulle qui voulait visiter la Chine et rencontrer Mao Tsé-toung. Nous expliquerons pourquoi le général de Gaulle n'a pas réalisé son souhait, tout en faisant éclater au grand jour la vérité. Sans doute les détails de cette rencontre manquée sont-ils peu connus de la plupart de nos lecteurs.

Pour la postface de l'ouvrage, outre une très brève conclusion, nous analyserons l'influence de l'établissement des relations diplomatiques entre la Chine et la France, ce que cette reconnaissance a apporté aux relations de la Chine avec l'étranger et au développement de la situation internationale, et son effet domino. L'établissement des relations diplomatiques entre la Chine et la France a en effet soulevé une vague de reconnaissance de la Chine de la part des pays étrangers et a facilité la restitution du siège de la Chine à l'ONU. Bien entendu, la France, après avoir reconnu la Chine, a beaucoup contribué à l'amélioration des relations de celle-ci avec d'autres pays, parmi lesquels le Japon et les États-Unis. La normalisation des relations entre la Chine, la France, le Japon et les États-Unis a, d'une part, changé les rapports internationaux de l'après-guerre et mis fin à la situation de « guerre froide » de l'Occident avec la Chine, et, d'autre part, stimulé la détente internationale, la paix mondiale et le développement du monde vers la multi-polarisation.

# QUELQUES REMARQUES

## A) La documentation

Les documents que nous avons utilisés dans cet ouvrage émanent, pour la plupart, de Pékin, de Taïwan et de Paris, il s'agit d'archives diplomatiques qui ne sont pas publiées.

Les documents originaires de Pékin sont essentiellement des documents des Archives diplomatiques du ministère chinois des Affaires étrangères (AMAEC), établis dans les années 1949-1965, qui ont été déclassifiés successivement en 2004, 2006 et 2008. Parmi ces documents, nous avons utilisé des lettres et des télégrammes échangés entre le ministère chinois des Affaires étrangères et les ambassades et consulats chinois à l'étranger, des instructions et lettres circulaires données aux ambassades et consulats chinois à l'étranger, des demandes, notes et rapports présentés au ministre chinois des Affaires étrangères et des comptes rendus et résumés des entretiens et négociations, etc.

Les documents historiques originaires de Taïwan que nous avons consultés et utilisés sont notamment des documents diplomatiques conservés aux Archives de l'Institut d'histoire moderne de l'Academia Sinica (AIHM, AS), ils ont été rédigés de 1939 à 1966. Ils nous ont permis de connaître les relations du gouvernement national avec la France avant 1949 et celles de Taïwan avec Paris après 1950, et, surtout, de prendre en compte l'évolution de ces relationsau cours de cette période. À travers ceux-ci, nous pouvons également entrevoir la réalité des relations entre la France et les États-Unis. S'agissant des démarches effectuées par la France et les autorités de Taïwan avant et après l'établissement des relations diplomatiques officielles franco-chinoises, les documents diplomatiques de Taïwan sont plus complets et plus détaillés que ceux du Quai d'Orsay. Nous avons aussi consulté les documents historiques conservés à l'Academia Historica (*Guoshiguan*) à Xindian, et trouvé quelques documents utiles.

Les documents diplomatiques originaires de France que nous avons consultés et étudiés sont principalement ceux du Centre des archives diplomatiques du ministère français des Affaires étrangères à La Courneuve (AMAEF), puis ceux du Centre historique des Archives nationales(CHAN) à Paris. Les documents diplomatiques français de l'AMAEF que nous avons utilisés sont des documents établis entre 1944 et 1967, ils concernent des télégrammes et lettres entre le Quai d'Orsay et ses représentants à l'étranger (notamment à Tchongking, Nankin, Shanghai, Pékin, Taïpei et à Berne), des notes présentées au ministre des Affaires étrangères et au secrétaire général du Département par la direction Asie-Océanie et des comptes rendus et propositions des députés qui ont visité la Chine, ainsi que des rapports présentés au président de la République par Edgar Faure (après sa mission en Chine en octobre 1963) et Zinovi Pechkoff (à la fin de sa mission à Taïpei en janvier 1964), des lettres échangées entre Chang Kai-chek et de Gaulle et des notes et aide-mémoire échangés entre le Quai d'Orsay et Taïpei. En ce qui concerne les documents du CHAN, nous nous sommes appuyés sur des télégrammes entre Chang Kai-chek et de Gaulle et les instructions que celui-ci a données à son représentant personnel Edgar Faure relatives à son voyage secret en Chine en 1963. En outre, nous avons également utilisé des *Documents diplomatiques français* que le ministère français des Affaires étrangères a publiés entre 1987 et 2004, les écrits du général de Gaulle, tels que ses *Mémoires de guerre*, ses *Mémoires d'espoir*, et ses *Discours et messages, lettres, notes et carnets*, ainsi que les mémoires et ouvrages des personnes concernées et des témoins de l'établissement des relations diplomatiques entre la France et la Chine, tels que Maurice Couve de Murville, Alain Peyrefitte, Étienne Manac'h, Edgar Faure, etc.

Pour compléter ces documents écrits, nous avons aussi recueilli des documents oraux. En 2004 et 2006, nous avons conduit des interviews auprès de M. Valéry Giscard d'Estaing, ex-président de la République, de M. Claude Chayet, ex-ambassadeur de France en Chine, et de M. Bernard de Gaulle, industriel français renommé. Toutes ces personnes ont été concernées par l'établissement des relations diplomatiques entre la Chine et la France. Ces interviews ont été réalisées grâce à l'aide de M. Jean-Claude Thivolle et de Mme Annie Bergeret Curien, responsables du service Chine à la Maison des sciences de l'homme.

Ministre des Finances et des Affaires économiques sous la présidence du général de Gaulle, M. Valéry Giscard d'Estaing, connaissait assez bien la politique intérieure et extérieure du président de la République, il nous a présenté non seulement la stratégie du général visant à reconstruire la France, à la faire réapparaître en Asie, mais aussi la pratique de sa politique d'indépendance vis-à-vis des États-Unis et sa volonté de restauration de la « grandeur » de la France dans le monde.

Après l'établissement des relations diplomatiques franco-chinoises, le premier chargé d'affaires français en Chine, M. Claude Chayet, en tant que chef de la mission française assurant la reprise des relations diplomatiques, a fait des démarches auprès du gouvernement chinois pour l'installation de l'ambassade de France et en vue de la restitution des locaux de l'ancienne légation française à Pékin, avant l'arrivée de l'ambassadeur français en Chine.

Industriel français renommé et neveu du général de Gaulle, M. Bernard de Gaulle a dirigé des expositions industrielles et d'équipements en Chine, avant et après l'établissement des relations diplomatiques entre la Chine et la France, et a beaucoup contribué au développement des relations franco-chinoises. Il a été reçu successivement par le président Mao Tsé-toung et le Premier ministre Chou En-lai, lors des expositions françaises à Shanghai et à Pékin.

Le témoin chinois que nous avons interviewé est l'ex-chargé d'affaires chinois en France, M. Zhang Xichang, un scientifique et diplomate reconnu dans le domaine d'études des relations franco-chinoises et internationales en Chine.

Entré au ministère chinois des Affaires étrangères dès le début des années 1950, M. Zhang a travaillé à la direction France pendant plus de quarante ans. Deux fois, il a été envoyé à l'ambassade de Chine en France pour assurer les fonctions de secrétaire, conseiller politique et chargé d'affaires. En mai et juin 1957, il a accompagné M. et Mme Edgar Faure, lors de leur premier voyage en Chine. En octobre et novembre 1963, pendant le deuxième voyage d'Edgar Faure en Chine, il a participé, en qualité de chargé du service de France au ministère chinois des Affaires étrangères, à tous les entretiens confidentiels entre les dirigeants chinois et M. Edgar Faure sur l'établissement des relations diplomatiques franco-chinoises. Après la publication des communiqués conjoints, M. Zhang est parti pour Paris, en tant que membre de la mission chinoise assurant la reprise des relations diplomatiques. Il a pu apporter son témoignage au sujet de tout le processus d'établissement des relations diplomatiques entre la Chine et la France, comme de la rétrocession des immeubles de l'ambassade de Chine à Paris.

Outre les interviews de ces personnes concernées et de ces témoins, nous avons aussi rendu visite aux spécialistes d'études chinoises et françaises. Ces spécialistes sont Mme Zhou Jianqing, directrice de recherches à l'Académie des sciences sociales de Chine ; M. Chen Sanjing et son collègue M. Xu Wentang, professeurs à l'Academia Sinica; M. Philippe Oulmont, professeur à l'Institut Charles-de-Gaulle à Paris; Mme Christine Chaigne, professeur à l'université Aix-Marseille III ; M. Jean Chesneaux, ancien professeur à l'université Paris VII ; M. Jean-Luc Domenach, professeur à l'Institut d'études politiques de Paris ; Mme Marianne Bastid-Bruguière, directrice d'études au CNRS et membre de l'Institut, M. Nicolas Chapuis, ancien ministre conseiller français en Chine, etc.

### B) L'expression

Dans les conflits et luttes entre le Parti nationaliste (Kuomintang, KMT) et le Parti communiste (PCC) en Chine, les deux partis ont recouru à des expressions et mots outranciers et violents, voire à des calomnies, l'un vis-à-vis de l'autre, durant la seconde moitié du XX$^{e}$ siècle. Le KMT appelait les communistes chinois « bandits communistes » et le continent « zone des bandits » et « zone occupée par les bandits », tandis que le PCC nommait les nationalistes « bandits de Jiang » et les autorités de Taïwan, « clique de Jiang ». Ces appellations dépréciatives se retrouvent partout dans les documents rédigés dans les années 1950-1990, lorsque les relations entre les deux côtés du détroit de Taïwan étaient très tendues. Un historien du XXI^e^ siècle doit-il reprendre ces termes, quand il traite des événements historiques concernant le KMT et le PCC ? Ce n'est évidemment pas acceptable. Ces expressions ne doivent être reprises qu'au fil des documents d'époque cités intégralement. S'agissant des noms des institutions, tels que le Conseil exécutif (le *Yuan exécutif*), le Conseil de contrôle (le *Yuan de contrôle*), le ministère des Affaires étrangères (le *Waichiaopu*) et les représentations et organismes de Taïwan en France, ainsi que les représentations et organismes de France à Taïwan, nous ne pouvons les désigner respectivement que par les appellations d'autorités de Taïwan, de ministère des Affaires étrangères de Taïwan, d'ambassade de Taïwan à Paris, de chargé d'affaires a. i. de Taïwan à Paris et d'ambassade de France à Taïpei, de chargé d'affaires a. i. français à Taïpei, etc. En effet, nous considérons que la République populaire de Chine représente l'État chinois en tant que pays indépendant et autonome, son gouvernement est le seul gouvernement légal de la Chine, il n'y a qu'une seule Chine, la République populaire de Chine, tandis que Taïwan n'est pas un pays indépendant et autonome, il fait partie de la Chine et est une de ses provinces. Cependant, pour maintenir l'état original des documents historiques, nous n'introduirons pas de modifications, quand il s'agira de citations. En adoptant ces méthodes de traitement et d'expression, nous sommes sûrs et certains de pouvoir être compris par nos lecteurs des deux côtés du détroit de Taïwan et de l'étranger.

### C) La romanisation

En ce qui concerne les noms chinois romanisés, soit en système dit « École française d'Extrême-Orient » (EFEO), soit en système Wade-Giles, dans des documents historiques et ouvrages concernant la Chine en langues occidentales, nous les avons conservés, au lieu de les transcrire en *pinyin*, lorsque nous citons des extraits de ces documents ou ouvrages. Et nous avons préféré, pour la commodité du lecteur, conserver ces orthographes dans le corps du texte pour les noms et les dénominations les plus connus, par exemple Chang Kai-chek (*Jiang Jieshi*), Mao Tsé-toung (*Mao Zedong*), Chou En-lai (*Zhou Enlai*), etc. ou Canton (*Guangzhou*), Pékin (*Beijing*), Nankin (*Nanjing*), Tchongking (*Chongqing*), Taïpei (*Taibei*), Taïwan (*Taiwan*), Kouang Tchéou Wan (*Guangzhouwan*), Hong Kong (*Xianggang*), ainsi que le Kuomintang (*Guomindang*) ou KMT, etc. Pour les autres noms, dans le corps du texte, nous avons adopté le *pinyin* qui est aussi choisi par la presse internationale. La correspondance EFEO ou Wade-Giles – *pinyin* des noms chinois qui figurent dans le texte est indiquée en fin de volume.

# REMERCIEMENTS

Cette étude fait partie à la fois du projet de recherches de la Fondation nationale de sciences sociales de Chine et du projet de recherches principales de l'Institut d'histoire moderne de l'Académie des sciences sociales de Chine, donc, nos plus vifs remerciements vont tout d'abord au *National Planning Office of Philosophy and Social Science of China* et à l'Institut d'histoire moderne.

Nous sommes particulièrement redevables à la fondation Maison des sciences de l'homme de France qui, depuis une dizaine d'années, nous a fermement appuyés dans notre travail.

Nous tenons également à exprimer notre profonde gratitude à la maison d'édition Huangshan, qui a bien voulu soutenir la publication chinoise et française de notre étude.

Nous adressons en plus un grand remerciement à M. Giscard d'Estaing, ancien président de la République française ; à M. Claude

Chayet, ancien ambassadeur de France en Chine ; à M. Bernard de Gaulle, industriel français renommé ; à M. Zhang Xichang, ancien chargé d'affaires de Chine en France ; à M. Zhang Zhenkun, membre honoraire de l'Académie des sciences sociales de Chine ; à M. Chen Sanjing, professeur à l'Institut d'histoire moderne de l'Academia Sinica de Taïwan et à ses collègues, Mme Shen Huaiyu et M. Xu Wentang ; à Mme Zhuang Shuhua, directrice des Archives de l'Institut d'histoire moderne de l'Academia Sinica de Taïwan ; à Mme Man-Houng Lin, présidente de l'Academia Historica ; à M. Philippe Oulmont, professeur à l'Institut Charles-de-Gaulle à Paris ; à Mme Christine Chaigne, professeur à l'université Aix-Marseille III ; à M. Jean Chesneaux, ancien professeur à l'université Paris VII ; à M. Jean-Luc Domenach, professeur à l'Institut d'études politiques de Paris ; à Mme Marianne Bastid-Bruguière, directrice d'études au CNRS et membre de l'Institut ; à M. Nicolas Chapuis, ex-ministre-conseiller français en Chine ; à M. Jean-Claude Thivolle, professeur à l'université Paris VII ; à Mme Annie Bergeret Curien, professeur à l'université Paris VII ; à Mme Dominique Richard, responsable du programme DEA de la fondation Maison des sciences de l'homme ; à Mme Ren Gengyun, Présidente de la maison d'édition Huangshan et à ses collègues M. Zhao Guohua, rédacteur en chef, Mme Tang Yinfei, rédactrice en chef adjoint et Mme Jiang Hui, rédactrice.

Nous remercions vivement M. Pierre Barroux, ancien ministre conseiller et notre ami breton, M. François Le Roux, juriste français, qui ont fait preuve de gentillesse pour relire et corriger notre texte français.

Nous devons également remercier Mme Catherine Cussigh, Mme Gabriela Kaufman, Mme Marie Trauman, M. Zhang Yuyu et Mme Tang Yingying.

Cité du Soleil
Changping, Pékin
26 décembre 2013

# PREMIÈRE PARTIE

## LES RELATIONS FRANCO-CHINOISES PENDANT ET APRÈS LA SECONDE GUERRE MONDIALE

Si nous voulons présenter les relations entre la République de Chine et la France pendant la guerre et au début de l'après-guerre, c'est pour faire mieux comprendre pourquoi la France n'a reconnu la République populaire de Chine que quatorze ans après sa fondation et pourquoi la France a été indécise, hésitante et irrésolue dans le traitement de ses relations avec les autorités de Taïwan, à la suite de sa proclamation de la reconnaissance du pouvoir communiste chinois. C'est aussi pour essayer de comprendre si les relations nouées à cette époque entre la France et la République de Chine ont constitué, comme des hommes politiques et des scientifiques l'ont dit, des obstacles dans la reconnaissance de la République populaire de Chine. Suite à nos réflexions, nous sommes d'accord pour dire que les relations entre la France et le KMT ont eu une certaine influence sur la France et sur sa reconnaissance ultérieure du nouveau pouvoir de Chine, mais nous ne croyons absolument pas que cela ait été l'obstacle principal dans la normalisation de ses relations avec la Chine nouvelle, ni le facteur dominant de sa reconnaissance tardive.

Après le renversement de la domination du KMT sur le continent, Chang Kai-chek, son représentant, fut obligé de se replier sur l'île de Taïwan, tout en espérant, avec l'appui des États-Unis, revenir un jour sur le continent et y reprendre le pouvoir. Cependant, une grande partie des pays occidentaux, y compris la France, estimait à l'époque que ce programme de Chang Kai-chek était difficile à réaliser, voire illusoire, même si les États-Unis voulaient bien lui accorder certains soutiens. Un certain nombre de pays occidentaux avait des difficultés à reconnaître la Chine nouvelle et à établir avec elle des relations normales, à cause du « front commun » de non-reconnaissance de la Chine nouvelle initié par les Américains, et en raison de leurs propres relations avec les États-Unis.

Concernant la reconnaissance de la Chine nouvelle, les « obstacles rencontrés » par la France et les autres pays occidentaux ne se sont pas limités à leurs relations avec le KMT et les États-Unis ; il faut y ajouter le soutien de la Chine à la Corée (*RDPC*) dans la guerre contre les Américains, celui du Vietnam contre les Français dans la guerre d'Indochine et celui que la Chine a apporté aux colonies françaises dans leur lutte pour la libération et l'indépendance nationales. Mais le principal obstacle, ce qui a effectivement empêché la France et les autres pays occidentaux de reconnaître la Chine nouvelle, c'est le contrôle que les États-Unis exerçaient sur eux dans les domaines politique, économique, militaire, diplomatique, etc.

L'essentiel des relations franco-chinoises pendant la Seconde Guerre mondiale et au début de l'après-guerre a consisté d'abord en des liens entre les deux pays suite à l'occupation de la France par les Allemands en juin 1940 et de ses colonies en Asie par les Japonais, puis en des relations pendant la période d'avril 1941 à mai 1946 qui ont commencé par l'envoi d'un représentant personnel auprès du gouvernement national de Tchongking par le général de Gaulle, chef de la France libre, et qui se sont achevées avec la relève de l'armée chinoise, ayant terminé sa mission au Tonkin, après la victoire de la guerre anti-japonaise, et le retour du corps expéditionnaire français en Indochine. Concrètement, l'épicentre des relations des deux pays à cette époque, c'est le sort de l'Indochine sous l'occupation nipponne puis après la capitulation japonaise.

La Chine et la France ont été envahies, cela a été leur sort commun au cours de la Seconde Guerre mondiale. Les deux pays étaient essentiellement préoccupés, au début de la guerre, par la résistance contre les agresseurs et la sauvegarde de la patrie, les autres problèmes sont alors passés à l'arrière-plan. Pire, les relations entre les deux pays étaient gravement minées par la complexité des rapports internationaux, en particulier la collaboration des gouvernements avec les occupants, celui de Nankin avec le Japon pour la Chine et celui de Vichy avec l'Allemagne pour la France. C'est au milieu et vers la fin de la guerre que les relations franco-chinoises ont été rétablies. À ce moment-là, en raison de certains intérêts communs, le général de Gaulle et Chang Kai-chek ont établi des contacts et cherché activement à mettre en place des coopérations dans les domaines militaire, politique, etc.

Une introduction est nécessaire pour présenter les intérêts qui animaient le général de Gaulle et Chang Kai-chek, et les motifs pour lesquels ils recherchaient l'établissement de liens et de collaborations. Il s'agit de comprendre quels étaient les atouts dont ils disposaient et les enjeux de ces négociations qui avaient pour but de réaliser leurs vœux respectifs.

Saint-Cyrien, Charles de Gaulle a été profondément influencé par la pensée colonialiste. Il n'a pas vécu à l'époque prospère et puissante de l'Empire français, il n'a pas non plus été témoin de l'humiliation de la France, obligée de céder des territoires et de payer des indemnités après avoir perdu la guerre contre la Prusse (1870-1871). Pourtant, les notions d'honneur et de déshonneur de la nation française sont profondément gravées dans son esprit. Il connaît parfaitement les rapports entre les intérêts coloniaux et la « grandeur » de la France, jamais il n'a oublié le rang de grande puissance de l'Empire français dans le monde, à l'époque où celui-ci a recouru à toutes sortes de combinaisons diplomatiques avec les différentes forces politiques pour établir sa domination exclusive sur des régions entières. L'expérience douloureuse des deux guerres mondiales du XXe siècle, particulièrement la Seconde au cours de laquelle la nation française fut asservie, a renforcé sa décision, liée à sa certitude de la nécessité de laver l'affront et de faire renaître la nation.

La moitié de la France fut occupée par l'armée allemande. Dès la mi-juin 1940, la IIIe République fut anéantie. Le 16 juin, en effet, le président du Conseil, Paul Reynaud, partisan de continuer la guerre, remet sa démission, et le maréchal Philippe Pétain, partisan de la paix, s'opposant à la poursuite d'un conflit qu'il considère comme perdu, constitue le cabinet et est prêt à demander la fin des combats.

Informé de la situation, le général de Gaulle, qui est opposé à l'armistice demandé par Philippe Pétain à l'Allemagne nazie, quitte Paris, déclarée ville ouverte. À Bordeaux, il prend un petit avion que Winston Churchill, Premier ministre du Royaume-Uni, lui a prêté[1], en direction de Londres. De là, il lance, à la BBC, l'appel du 18 juin au peuple français pour résister et rejoindre les Forces françaises libres, le lendemain même de la demande de la paix par le gouvernement Pétain. Cette date du 18 juin 1940 doit être considérée, à la fois comme le commencement de la mise en œuvre de la pensée du général de Gaulle pour restaurer la « grandeur » de la France, et comme la marque de naissance du gaullisme, affirme François-Georges Dreyfus dans son ouvrage *De Gaulle et le*

---

[1] Philippe de Gaulle, *De Gaulle, mon père, Entretiens avec Michel Tauriac*, Plon, 2003, pp. 113-133.

*gaullisme*[1].

À vrai dire, l'idée de « grandeur » de la France du général de Gaulle est principalement constituée de deux éléments : le colonialisme et le nationalisme français. Cependant, au fur et à mesure du développement de la situation internationale et nationale, cette pensée du général de Gaulle connaît un processus assez complexe de changement. D'après lui, la France n'est pas une grande puissance, si elle n'a pas de colonies ; en effet, si la France perdait ses colonies, elle perdrait à la fois l'intégrité de l'empire et sa place de grande puissance dans le monde. Donc, elle ne pourrait plus se placer aux côtés de la Grande-Bretagne, ni des États-Unis. Pour cela, suite à la défaite puis à la capitulation devant l'agression allemande, lors de son retour au pouvoir en 1958 et jusque pendant les années 1960 (où il fut obligé de faire face à la réalité et d'accepter la décolonisation), il n'a jamais cessé de s'efforcer de restaurer la « grandeur » de la France, de maintenir l'intégrité du territoire et de sauvegarder les intérêts coloniaux et nationaux de l'Empire français.

Quant à la sauvegarde des colonies françaises en Asie, c'est au moment où le Japon a forcé le gouvernement de Vichy à signer des traités de coopération en matière politique, économique et militaire et où la domination française a été remplacée par celle du Japon, que le général de Gaulle, chef de la France libre, a envoyé son représentant à Tchongking, siège provisoire du gouvernement national de la République de Chine. Il espérait être reconnu par ce gouvernement et établir avec lui une relation de coopération, notamment afin chasser les agresseurs japonais et de rétablir la domination française en Indochine grâce aux forces chinoises de résistance contre le Japon. Cependant, pour atteindre ces buts, le général de Gaulle devait non seulement attirer l'attention de Chang Kai-chek, mais aussi, et surtout, pouvoir utiliser ses atouts, tels que les droits et intérêts obtenus par les traités inégaux signés entre la France et la Chine à la fin de la dynastie des Qing et les intérêts de la Chine en Indochine.

Que pensait Chang Kai-chek du général de Gaulle ? L'importance

---

[1] François-Georges Dreyfus, *De Gaulle et le gaullisme*, Presses universitaires de France, 1982, p. 67.
À propos du gaullisme, voir Zhou Rongyao, *Du gaullisme* (《戴高乐主义论》), in *Histoire mondiale* (《世界历史》), 2003, vol. 6.

que celui-ci a accordée à la France libre était bien moindre que celle donnée à la Grande-Bretagne et aux États-Unis, sur le plan de la coopération tant politique que militaire, au début de la guerre. La cause en est que, par souci de protéger ses colonies en Asie, le gouvernement français pratiquait une politique d'apaisement envers le Japon, après avoir déclaré la guerre à l'Allemagne nazie. Après la défaite du pays, le gouvernement de Vichy, soutenu par l'Allemagne nazie, n'a apporté ni aide, ni soutien à la Chine dans sa résistance contre l'agression japonaise. Au contraire, il a fait des compromis avec le Japon, tout en donnant l'ordre de bloquer la route par laquelle la Chine importait des matériels militaires *via* le Vietnam. Quant au Comité national français (CNF) et au Comité français de Libération nationale (CFLN) que le général de Gaulle a créés à l'étranger, ainsi qu'aux délégués militaires qu'il a envoyés auprès du gouvernement national de Tchongking, Chang Kai-chek n'a d'abord même pas daigné en tenir compte. C'est seulement vers la fin de la guerre, et au fur et à mesure des changements des rapports internationaux et de la situation de la Chine que Chang Kai-chek a commencé à prêter attention au général de Gaulle. Il est nécessaire de préciser que si, ultérieurement, le gouvernement national a reconnu diplomatiquement le CFLN, c'est parce que le gouvernement de Vichy était de connivence avec celui de Wang Jingwei à Nankin, ce qui a rendu furieux Chang Kai-chek. Il a alors rompu avec le gouvernement de Vichy et établi des relations avec le CFLN, à l'instar des États-Unis et de la Grande-Bretagne[1].

De plus, c'est à la mi-août 1944 que Tsien Tai (*Qian Tai*), représentant chinois auprès du CFLN, a quitté Londres pour s'installer à Alger[2]. Le gouvernement national a reconnu officiellement le gouvernement provisoire de la République française (GPRF), le 23 octobre, et nommé Tsien Tai, représentant auprès du CFLN, comme ambassadeur extraordinaire et plénipotentiaire de Chine auprès du

[1] Archives nationales d'histoire de la Chine, n° 2 ( 中国第二历史档案馆 ), *Recueil des archives d'histoire de la Chine nationale* ( 《中华民国档案史料汇编》 ), vol. 5, livre 2, « diplomatie » ( 《外交卷》 ), Jiangsu, 1997, pp. 648-650.

[2] *Télégramme de Tsien Tai au ministère des Affaires étrangères du gouvernement national*, le 16 août 1944, Archives de l'Institut d'histoire moderne, Academia Sinica (AIHM, AS), 350.22/0003.

GPRF[1].

Évidemment, Chang Kai-chek s'est intéressé au général de Gaulle et au GPRF à partir du moment où la France a été totalement libérée avec l'aide des forces alliées anglaises et américaines, et que le général de Gaulle s'est trouvé à la tête de la France. En outre, la coopération entre Chang Kai-chek et les États-Unis était entrée en crise, alors que la force du Parti communiste chinois s'accroissait sans cesse et que le pouvoir du KMT se trouvait menacé.

À la fin de la guerre contre le Japon, Chang Kai-chek a besoin, plus qu'auparavant, d'appuis militaires de l'étranger, y compris de soutiens en matériel et de coopérations techniques, dans le but de se détacher du contrôle américain, et pour anéantir « les communistes – les ennemis intérieurs ».

Chang Kai-chek sait bien que le général de Gaulle préconise le colonialisme et s'oppose au communisme. Il est aussi sûr et certain que le général de Gaulle reprendra, tôt ou tard, l'Indochine aux Japonais et y rétablira la domination coloniale française. Il estime même que, pour y parvenir, à moins de bénéficier du soutien de la Grande-Bretagne et des États-Unis, le général de Gaulle devra recourir au gouvernement national de Chine. C'est pour cette raison qu'il décide de renoncer au plan « grand frère » et au programme de « tutelle »[2]. Après avoir abandonné l'Indochine, ce « fardeau », il utilise le pays comme un appât pour obtenir le soutien du général de Gaulle et comme un atout lors des négociations visant à résoudre les problèmes en suspens entre les deux pays. Toutefois, la personnalité de De Gaulle a beaucoup évolué entre l'avant et l'après Seconde guerre mondiale. Surtout, suite à la mort du président américain Franklin D. Roosevelt, les États-Unis ont commencé à modifier leur attitude vis-à-vis du retour de la France en Indochine. Dans ce nouveau contexte, Chang Kai-chek pourra-t-il encore atteindre ses objectifs ?

---

[1] *Lettres de créance remises à M. Tsien Tai par le ministève des Affaires étrangère du gouvernement national*, le 28 novembre 1944, Archives d'histoire nationale de Taïwan (AHNTW), 172-1/3827 : *Consulat en France*.

[2] Voir Luo Min, *La Connaissance et la pratique de la Chine sur les problèmes du Vietnam d'après-guerre (1942-1946)* (《中国关于战后越南问题的认知与实践（1942-1946）》, in *Études historiques* (《历史研究》), 2003, n° 5.

# Chapitre 1

## Les relations entre Chang Kai-chek et Charles de Gaulle

Comme nous l'avons dit précédemment, la défaite de la France face à l'Allemagne nazie a beaucoup encouragé les agresseurs japonais dans leur décision de s'emparer des colonies de la Grande-Bretagne, de la France, des Pays-Bas et d'autres pays, d'occuper la Chine et finalement de s'assurer l'hégémonie en Asie du Sud-Est et dans la région Pacifique.

En vue de pratiquer le « plan d'expansion vers le sud » (*southward expansion plane*) et de couper la voie par laquelle la Chine importait les matériels militaires, Matsuoka Yôsuke, ministre japonais des Affaires étrangères, a rencontré, en novembre 1939, Charles Arsène-Henry, ambassadeur de France au Japon, et a exigé de la France qu'elle donne l'ordre aux autorités indochinoises d'interdire à la Chine de transporter des armes via le Vietnam. Fin décembre, Tsuchihashi Yuitsu[1], officier japonais de l'armée de terre, s'est rendu spécialement à Hanoi pour négocier avec Georges Catroux, général et gouverneur général de l'Indochine. À partir de l'été 1940, le Japon a forcé les autorités indochinoises à cesser de transporter du matériel de guerre en Chine, en les menaçant de recourir à la force armée. En outre, le Japon a envoyé à Hanoi une délégation militaire pour surveiller et contrôler, sur place, les transports à Haiphong au Vietnam et le blocus du chemin de fer

[1] Tsuchihashi Yuitsu, lieutenant général japonais, envoyé en France et en Chine comme attaché militaire, avant la Seconde Guerre mondiale. Nommé commandant en chef des troupes japonaises en Indochine en novembre 1944, il fut aussi l'agent du gouverneur général, à partir de mars 1945 jusqu'à la fin de la guerre.

Yunnan-Tonkin. Sous la menace du Japon, le gouverneur général Catroux « a signé un accord secret avec les Japonais, donnant à ces derniers non seulement le droit de transit mais aussi aux officiers japonais celui d'entrer en Indochine pour examiner les marchandises du gouvernement chinois, même s'il s'opposa à la politique de compromis du gouvernement de Vichy envers le Japon[1] ». À la fin de l'été 1940, Georges Catroux fut relevé de ses fonctions de gouverneur général de l'Indochine par le gouvernement de Vichy. Peu de temps après, Jean Decoux, vice-amiral d'escadre, a remplacé Georges Catroux et a été nommé représentant du gouvernement de Vichy. Tout au long de son mandat, il n'a jamais cessé de céder aux Japonais. Dès son entrée en fonction, entre août et septembre, il a signé, avec le gouvernement japonais, une série de traités de coopération politique, économique et militaire. À partir de ce moment, l'Indochine française a été progressivement placée sous le contrôle et l'occupation du Japon. Cette situation a beaucoup préoccupé le général de Gaulle, chef de la France libre, qui devait organiser, de l'étranger, la résistance contre l'agression allemande, la sauvegarde de la patrie et s'occuper des intérêts français en Asie.

De Gaulle connaissait les relations entre la Chine et l'Indochine, autant celles du temps moderne que celles du temps ancien. Il savait le rôle que l'Indochine avait joué dans la guerre anti-japonaise en Chine et connaissait les rapports des gouvernements de Nankin et de Tchongking avec le gouvernement de Vichy. Il était également au courant que, depuis la fondation de la République de Chine, le gouvernement chinois cherchait à abolir les traités inégaux signés avec les pays étrangers, à supprimer l'exterritorialité des étrangers en Chine et à récupérer les concessions et territoires à bail. Il comprenait particulièrement que, dans une certaine mesure, l'attitude de la Chine déciderait si la France pourrait

[1] Wellington Koo (*Gu Weijun*), *Mémoires de Wellington Koo (Gu Weijun)* ( 顾维钧著，中国社会科学院近代史研究所译《顾维钧回忆录》第四分册，北京，中华书局，1986 年 ), vol. 4, Pékin, 1987, pp. 336-340.
Archives nationales d'histoire de Chine, n° 2 ( 中国第二历史档案馆 ), *Recueil des archives et documents de l'histoire de la République de Chine* (《中华民国档案史料汇编》), vol. 5, livre 2 : « *Diplomatie* » (《外交卷》), pp. 605-620.
Wang Tieya, *Recueil des traités et conventions sino-étrangers* (《中外旧约章汇编》), vol. 3, Pékin, 1962, pp. 806-816.

rétablir sa domination coloniale en Asie, après la guerre[1]. À cet effet, au début de l'été 1941, il a envoyé, en tant que représentant privé auprès du gouvernement de Tchongking, le juriste Jean Escarra qui avait travaillé successivement, entre 1921 et 1934, au service du gouvernement de Pékin et du gouvernement national. Celui-ci devait, d'une part, observer et étudier le développement de la situation en Chine et en Indochine et saisir l'occasion de se lier à la Chine pour chasser d'Indochine les agresseurs japonais[2], d'autre part, obtenir la reconnaissance de la France libre par le gouvernement national de Tchongking et établir avec lui des relations officielles. Comme contrepartie, il avait pour mission d'entamer les négociations sur l'abolition des « traités et droits » et la « restitution des concessions[3] ». Le général de Gaulle envoya, peu de temps après, un messager à Londres pour y rencontrer Wellington Koo (*Gu Weijun*), ambassadeur de Chine en Angleterre, et demander au gouvernement chinois de permettre à la France libre d'envoyer secrètement une délégation militaire en Chine, afin de « recevoir les soldats et officiers anti-vichystes français qui s'étaient enfuis du Vietnam en Chine et de pousser des troupes françaises stationnées au Tonkin à lutter contre les agresseurs japonais[4] ».

À propos de la réception du représentant de la France libre du général de Gaulle par le gouvernement de Tchongking qui, en même temps, maintenait ses relations diplomatiques avec le gouvernement de Vichy, André Guibaut, successeur de Jean Escarra, a indiqué dans une lettre adressée au *Figaro*, le 29 janvier 1964, que, « ne souhaitant pas rompre immédiatement avec Vichy, le gouvernement nationaliste chinois,

---

[1] Concernant le rétablissement de la colonisation française en Indochine après la guerre, les positions de la Chine, des États-Unis et de la Grande-Bretagne ne sont pas tout à fait les mêmes, le général de Gaulle devait les prendre toutes en considération. Pour cette raison, et au cas où la Grande-Bretagne serait pour et les États-Unis contre, la position de la Chine lui paraissait extrêmement importante.

[2] Jacques Guillermaz, *Une vie pour la Chine – mémoires, 1937-1989*, Paris, 1989, p. 104.

[3] Wang Shijie, *Choix du journal de Wang Shijie* (《王世杰日记选》), in *Documents de l'histoire de la Chine moderne* (《近代史资料》), Pékin, 2012, n° 126, p. 290.

[4] *Télégrammes de Wellington Koo, ambassadeur chinois en Angleterre, au MAE du gouvernement national à Tchongking*, le 11 décembre 1941 et le 19 janvier 1942, AIHM, AS, n° 324.2/0001, « *la délégation militaire de la France libre en Chine* ».

par une subtilité diplomatique, avait admis le principe des "deux France", en décidant que le délégué de la France libre serait accrédité, non point auprès du maréchal Chang Kai-chek, mais auprès du secrétaire général du parti officiel Kuomintang, le général Wu Te-chen (*Wu Tiecheng*)[1] ».

Le 22 janvier 1942, Wu Te-chen et Jean Escarra sont parvenus, par un échange de notes, à un accord confidentiel permettant au CNF d'envoyer son représentant à Tchongking[2]. En outre, l'entretien franco-chinois a conclu : 1. [la Chine] «reconnaît le CNF de De Gaulle comme organisation représentant le mouvement de la France libre, permet au CNF d'envoyer un délégué (un attaché militaire) à Tchongking pour la liaison » ; 2. [la France] «charge Jean Escarra, en tant que représentant du CNF, d'écrire, au directeur général (ou au représentant du Comité central), une lettre confidentielle manifestant que la France veut bien résoudre, avec la Grande-Bretagne et les États-Unis, le problème d'abolition des traités inégaux signés entre les deux pays[3] ». Jacques Guillermaz, attaché militaire auprès de l'ambassade de France en Chine, a écrit dans son livre que, d'après l'accord secret du 22 janvier, la délégation militaire de la France libre ne pouvait être composée que de 4 personnes. Néanmoins, l'accord n'a pas été strictement exécuté, plusieurs officiers de réserve, reliés de Singapour et de Birmanie, viendront étoffer la mission[4].

Ayant signé en septembre 1940 avec le Japon l'accord visant à bloquer le matériel militaire chinois, le gouvernement de Vichy a autorisé, le 17 février 1943, les troupes japonaises à entrer dans Kouang Tchéou Wan. Peu après, le gouvernement de Vichy a entamé des négociations avec le gouvernement de Wang Jingwei, et, le 23 février, il a fait une déclaration par laquelle il s'engageait à renoncer à l'exterritorialité et à

---

[1] *Lettre d'André Guibaut, ancien délégué du Comité national français en Chine, au rédacteur en chef du* Figaro, le 29 janvier 1964, AMAEF (Archives du ministère des Affaires étrangères ) : Asie-Océanie, Chine, 1956-1967, vol. 526, folios 69-70.

[2] *Lettres échangées entre Wu Te-chen et Escarra*, le 22 janvier 1942, AIHM, AS, n° 324.2/0001, « *la délégation militaire de la France libre en Chine* ».

[3] *Lettre du secrétariat du Comité central*, le 27 janvier 1942, AIHM, AS, n° 324.2/0001, « *la Délégation militaire de la France libre en Chine* ».

[4] Jacques Guillermaz, *Une vie pour la Chine – mémoires, 1937-1989*, p. 105.
Claude de Boisanger, *On pouvait éviter la guerre d'Indochine, souvenir 1941-1945*, Librairie d'Amérique et d'Orient, Paris, 1977, p. 26.

restituer toutes ses concessions en Chine[1]. Le 18 mai, une convention a été signée par les deux parties, relative à la restitution des concessions. Réagissant à la signature de cette convention conclue entre les deux gouvernements, le ministre des Affaires étrangères du gouvernement national a émis le 19 mai une protestation auprès de l'ambassade de France en Chine, en ces termes :

> *« [...] le gouvernement national étant le seul gouvernement de la République de Chine, la fausse organisation, présentement à Nankin, n'est qu'une marionnette du Japon dans les régions occupées. Le gouvernement national a plusieurs fois officiellement notifié cette situation qui entraîne la nullité de tous les accords et conventions que cette organisation fantoche a pu signer avec des pays étrangers. [...] Il apparaît que le représentant de votre pays a conclu avec cette fausse organisation des accords concernant la restitution de la concession du quartier diplomatique à Pékin, de la concession internationale à Shanghai, de l'administration de la concession internationale à Xiamen [Amoy] et de toutes les concessions françaises en Chine, il s'agit de violations manifestes du droit international public, contre lesquelles nous émettons les plus vives protestations. Nous réservons tous nos droits et nous déclarons solennellement que toutes les concessions que la France a obtenues d'après les traités inégaux signés entre les deux pays, la concession au Quartier diplomatique à Pékin, la concession internationale à Shanghai, l'administration de la concession internationale à Xiamen, l'exterritorialité et autres droits, sont le résultat d'actes illégaux qui doivent être déclarés nuls et que le*

[1] Au sujet des négociations avec le gouvernement de Vichy, et notamment sur le problème de Kuang-tchéou-wan, M. Wu Guozhen, vice-ministre des Affaires étrangères de Chine, a rencontré Jean Paul-Boncour, premier conseiller du gouvernement de Vichy auprès du gouvernement national de Tchongking, les 24 et 25 février 1943. Voir « Entretiens entre le vice-ministre des Affaires étrangères Wu Guozhen et Jean Paul-Boncour», AIHM, AS, n° 312/0001, *Relations diplomatiques franco-chinoises*.
Dans le document chinois, il est écrit : « Jean Paul-Boncour, chargé d'affaires de Vichy auprès de Tchongking », alors que Jean Paul-Boncour se dit « premier conseiller ». L'ambassade de France s'est aussi déplacée à Tchongking, après le transfert du gouvernement national, mais son statut était seulement celui de bureau diplomatique français de Tchongking.

*gouvernement de la Chine n'est plus lié par eux*[1] ».

Négligeant la protestation du gouvernement national du 19 mai, le gouvernement de Vichy a signé une convention relative à la restitution de l'administration spéciale de la concession française à Shanghai.

Si le gouvernement national n'a pas pris plus tôt la décision de rompre avec le gouvernement de Vichy, alors que celui-ci était de connivence avec le gouvernement de Wang Jingwei, c'est parce qu'il avait le souci des intérêts de la Chine en Indochine[2]. Cependant, au fur et à mesure du développement et du changement de la situation de la guerre, le gouvernement national a décidé de mettre fin à ses relations avec le gouvernement de Vichy[3]. Néanmoins, le gouvernement national a fait le choix de conserver, en même temps, les deux consulats de France, l'un à Kunming, l'autre à Longzhou, afin de maintenir ses relations avec le Vietnam.

Depuis que le gouvernement de Vichy avait fait des compromis face à la menace japonaise, le chemin de fer Yunnan-Tonkin avait été bloqué, le port d'Haiphong avait été fermé et une grande quantité de matériels destinés à la guerre de résistance contre le Japon avait été saisie. Le gouvernement national s'était d'abord interrogé sur la nécessité de rompre avec le gouvernement de Vichy. La raison de son indécision était liée à sa préoccupation des intérêts de la Chine en Indochine. Quoi qu'il en soit, il avait l'intention d'en profiter pour récupérer le chemin de fer Yunnan-

[1] *Note du MAE du gouvernement de Tchongking au chargé d'affaires français en Chine* (《重庆政府外交部致法国驻华代办照会》), le 19 mai 1943, in Archives nationales d'histoire de Chine, n° 2 (中国第二历史档案馆), *Recueil des archives et documents de l'histoire de la République de Chine* (《中华民国档案史料汇编》), vol. 5, livre 2 : « *Diplomatie* » (《外交卷》), p. 644.

[2] Sans protection du gouvernement de Vichy, tout le personnel de l'ambassade et des consulats de Chine en France est retiré au mois de mars 1943. Voir AIHM, AS, n° 312/0001 : *Relations diplomatiques franco-chinoises*.

[3] *Notre gouvernement a déclaré la rupture des relations diplomatiques avec le gouvernement de Vichy*, *Quotidien central* (《中央日报》), 1er août 1943.

Tonkin et abolir les traités inégaux signés entre la Chine et la France[1].

Les faits ont prouvé que l'hésitation du gouvernement national sur la rupture avec le gouvernement de Vichy n'était pas dépourvue de motif.

Le général de Gaulle, considérant que le maintien de l'intégrité de l'Empire français était sa mission la plus importante, refusait de céder sur le moindre point sauf en dernier ressort. Ainsi, on pouvait raisonnablement douter des déclarations de ses représentants, tel Jean Escarra qui disait, au début de l'année 1942, que le CNF pourrait discuter avec la Chine de l'abolition des traités inégaux, de l'abandon de l'exterritorialité et de la remise des concessions et territoires à bail, une fois que le CNF aurait été reconnu par celle-ci comme un organisme du pouvoir légal de France.

La première réaction du représentant du CFLN à Tchongking vis-à-vis des problèmes de l'abolition des traités inégaux, de l'abandon de l'exterritorialité et de la remise des concessions et territoire à bail, évoqués par le gouvernement national dans sa déclaration du 1er août sur la rupture avec le gouvernement de Vichy, a été de protester contre la déclaration unilatérale du gouvernement national concernant l'abolition de tous les traités inégaux entre la France et la Chine. En même temps, il a déclaré : « la France réserve "tous" ses droits[2] », cela nous montre que le CFLN ne se résignait pas à abandonner les droits et intérêts français en Chine.

Alors que les relations entre le gouvernement national de Tchongking et celui de Vichy se détérioraient de jour en jour, le général de Gaulle se souciait davantage du sort de l'Indochine occupée par le Japon et des intérêts de l'Empire français en Chine. Il attachait une

[1] *Documents des rapports présentés au Conseil politique populaire* , le 11 septembre 1942 ; *Projet définitif sur les relations franco-chinoises présenté à T. V. Soong par Wang Chonghui* , le 25 décembre 1942. AIHM, AS, n° 311.1/0005 : « *Politique étrangère en France* ». *Télégramme de Chang Kai-chek à T. V. Soong, ministre des Affaires étrangères, à He Yingqin, directeur général du Comité des affaires militaires, à Wang Chonghui, secrétaire général du Comité suprême de la Défense nationale et à Wu Te-chen, secrétaire général du Comité central du Parti*, le 26 novembre 1942, AIHM, AS, n° 312/0001 : *Relations diplomatiques franco-chinoises*.

[2] Ge Fuping, *L'Attitude de la France à l'égard de l'abolition des traités inégaux franco-chinois pendant la guerre de résistance contre le Japon* (《抗战时期法国对于废除中法不平等条约的态度》), in *Études de la guerre de résistance contre le Japon* (《抗日战争研究》), n° 3, 2003, pp. 37-38.

grande importance à développer les relations avec la Chine.

Envoyé par le général de Gaulle, le général Zinovi Pechkoff est arrivé à Tchongking, en juillet 1943[1], en tant que chef de la délégation militaire du CFLN en Chine. Le 1er août, le gouvernement national a déclaré la rupture des relations diplomatiques avec le gouvernement de Vichy. Le 27 août, le ministère des Affaires étrangères du gouvernement national a annoncé la reconnaissance du CFLN[2]. Zinovi Pechkoff a été nommé par le général de Gaulle représentant diplomatique (au rang d'ambassadeur) du CFLN en Chine. La reconnaissance du CFLN par le gouvernement national a été influencée, dans une large mesure, par les États-Unis. De ce fait, le gouvernement national n'a pas pris le CFLN, dirigé conjointement par le général de Gaulle et le général Henri Giraud, pour un organisme de pouvoir légitime en France. En reconnaissant le CFLN, le gouvernement national s'est borné néanmoins à suivre la tendance générale[3], sans avoir sérieusement réfléchi, ni posé aucune condition. C'est pour cette raison que, après avoir annoncé la reconnaissance du CFLN, le gouvernement national n'a pas établi de relations diplomatiques officielles avec lui et n'a même pas envoyé à temps son représentant diplomatique[4]. D'ailleurs, comme Chang Kai-chek ne s'intéressait pas beaucoup à la reconnaissance du CFLN, Zinovi Pechkoff, représentant diplomatique dudit comité en Chine, a dû attendre jusqu'au 1er mai 1944 pour que ses lettres de créance

[1] Zinovi Pechkoff a participé à la Légion étrangère à Nice en 1914 et a été promu général de brigade en 1944.

[2] Wellington Koo, ambassadeur de Chine à Londres, a écrit dans ses *Mémoires* : « Dès mon retour à Londres, le général de Gaulle a envoyé un représentant me voir pour pousser la Chine à reconnaître la France libre. Robert Anthony Eden, lui aussi, m'a demandé d'envoyer quelqu'un prendre le brouillon de la déclaration de reconnaissance du CNF [ici, W. Koo s'est trompé, le CNF a changé du nom et s'appelle CFLN] à Alger par l'Angleterre », voir Wellington Koo, *Mémoires de Wellington Koo*（顾维钧著，中国社会科学院近代史研究所译《顾维钧回忆录》第五分册，北京，中华书局，1987 年）, vol. 5, Pékin, 1987, p. 364.

[3] Jacques Guillermaz, *Une vie pour la Chine – mémoires, 1937-1989*, Paris, 1989. p. 113.

[4] Nommé représentant du gouvernement national auprès du CFLN en juin 1944, Tsien Tai est entré en fonction à Alger à la mi-août. Il a été reçu par le général de Gaulle, le 21 octobre, et a présenté les lettres de créance le même jour. Le 23 octobre, le gouvernement national a reconnu, officiellement et avec la Grande-Bretagne, les États-Unis et l'Union soviétique, le gouvernement provisoire de la République française. Le 28 novembre, Tsien Tai a été nommé ambassadeur en France par le gouvernement national.

soient acceptées[1]. Il était clair que, pour le gouvernement national, la reconnaissance du CFLN n'avait pas de portée pratique pour la Chine car elle ne pourrait pas contribuer à lever l'interdiction de transport du matériel militaire chinois appliquée par l'Indochine, déjà tombée aux mains des Japonais. Quant au sort futur de l'Indochine, le gouvernement national n'avait pas l'intention de s'en mêler et considérait naturellement qu'il n'avait pas non plus d'obligation de l'« apaiser » ni de « protéger » la région.

En réalité, que ce soit pendant la guerre ou après, Chang Kai-chek n'avait pas de temps à consacrer aux affaires extérieures de la Chine. La raison en était assez simple : il mobilisait son énergie à obtenir des appuis militaires étrangers et à rassembler des forces afin d'éradiquer le Parti communiste chinois (PCC)[2]. Quant au sort futur de l'Indochine, si Chang Kai-chek s'y est intéressé, c'était seulement pour tirer profit de la situation, car il n'avait absolument pas pour ambition de s'en emparer. T. V. Soong (*Song Ziwen*), son ministre des Affaires étrangères, a d'ailleurs souligné, lors d'une conférence de presse tenue le 4 août 1943 à Londres, que « les relations de la Chine avec le Vietnam seront toujours celles de pays alliés ; jamais nous n'aurons l'idée de mettre la main sur le Vietnam, même si les peuples chinois et vietnamiens sont issus du même sang… En ce qui concerne le problème du Vietnam de l'après-guerre, historiquement, nos peuples sont issus du même sang, mais nous ne voulons pas profiter de sa situation difficile pour nous emparer de son territoire[3] ». Lors de la conférence du Caire tenue du 23 au 26 novembre de la même année, Chang Kai-chek a accepté la proposition de Franklin D. Roosevelt, président des États-Unis, concernant la non-restitution de l'Indochine à la France et la tutelle internationale de trois pays – Chine,

[1] *Quotidien central* (《中央日报》), 2 mai 1944.

[2] Au VIe Congrès du KMT tenu à la veille de la victoire de la guerre de résistance contre le Japon, Chang Kai-chek a déclaré : « Notre principale activité actuellement est d'éradiquer le Parti communiste chinois. Le Japon est notre ennemi étranger, tandis que le Parti communiste chinois est notre ennemi intérieur. Ce n'est que quand nous parviendrons à exterminer le Parti communiste chinois, que nous pourrons accomplir notre tâche». Voir Yan Ruping et Zheng Zemin, *Esquisse de la biographie de Chang Kai-chek* (《蒋介石传稿》), Pékin, 1992, p. 403.

[3] *Nos souhaits raisonnables* (《我们的合理愿望》), *Journal central* (《中央日报》), 7 août 1943.

États-Unis et Angleterre. À cette occasion, Chang Kai-chek a également témoigné de sa volonté d'aider l'Indochine à obtenir son indépendance[1], et quand Roosevelt lui a demandé s'il voulait reprendre l'Indochine, il lui a répondu immédiatement qu'il ne le voulait pas, déclarant : « L'Indochine n'appartient pas à la Chine[2] ».

**Chang Kai-chek, Franklin D. Roosevelt et Winston Churchill au Caire au cours de la conférence de 1943.**

Chang Kai-chek attachait une certaine importance à l'attitude américaine à l'égard du problème de l'Indochine de l'après-guerre. En donnant l'ordre à T. V. Soong, son ministre des Affaires étrangères, en

[1] Chen Xiuhe, *La réception de la capitulation de l'armée japonaise au Vietnam par les troupes du KMT après la victoire de la guerre de résistance contre le Japon* (《抗战胜利后国民党军入越受降纪略》), in *Recueil des documents littéraires et historiques* (《文史资料选辑》), n° 7, Pékin, 1960, p. 21. Ling Qihan, *Ma vie diplomatique – mémoires de Ling Qihan* (《我的外交官生涯——凌其翰回忆录》), Pékin, 1993, p. 89.

[2] Lin Hua, *Chiang Kai-shek, de Gaulle contre Hô Chi Minh : Vietnam 1945-1946*, Paris, 1994, pp. 68, 61.

mars 1944, de discuter confidentiellement avec le président américain de la politique chinoise en Indochine, il a insisté sur le point suivant : « Tant pour le bonheur du peuple vietnamien que pour la sécurité de notre pays et pour la paix du monde, il ne faut pas, dans l'avenir, que le Vietnam soit encore dominé par la France. Aider le Vietnam dans l'obtention de son indépendance est la politique de toujours de notre Parti qui soutient les nations faibles et petites[1] ». Face au changement de position des États-Unis à l'égard du retour de la France en Indochine, Chang Kai-chek est devenu de plus en plus indifférent à l'indépendance du Vietnam. En effet, après la victoire de la guerre de résistance contre le Japon, alors que le gouvernement national a envoyé des troupes à Hanoi recevoir la capitulation du Japon sur l'ordre du commandant suprême des forces alliées, le Yuan exécutif (*Xingzhengyuan*) du gouvernement de la République de Chine, a défini « *14 points du principe d'occupation des installations militaires et administratives du Vietnam* », et 9 de ces points sont liés à la négociation avec la France[2]. Après avoir reçu la capitulation du Japon, Chang Kai-chek a remis le Vietnam au corps expéditionnaire français et retiré les troupes chinoises du nord du Vietnam. Chang Kai-chek n'avait pas sérieusement réfléchi au problème de la « tutelle » du Vietnam. Le 10 octobre 1944, il a reçu en secret Zinovi Pechkoff, représentant du général de Gaulle, et lui a répété la position qu'il avait déjà fait savoir à plusieurs reprises : « Je tiens à vous affirmer une fois de plus que nous n'avons aucune visée, ni sur l'Indochine, ni sur son territoire. Je n'ai jamais varié à ce sujet. Si nous pouvons vous aider à restaurer l'autorité française dans la colonie, nous le ferons volontiers. Au cas où les troupes qui sont stationnées en Indochine, cédant à une pression japonaise, devraient se replier en Chine, elles y seront fraternellement accueillies. Je donnerai tous les ordres nécessaires à cet

[1] *Annexes du télégramme de Chang Kai-chek à T. V. Soong*, le 2 mars 1944, AIHM, AS, n° 312/0001 : *Relations diplomatiques franco-chinoises* .

[2] Chen Xiuhe, *La réception de la capitulation de l'armée japonaise au Vietnam par les troupes du KMT après la victoire de la guerre de résistance contre le Japon* (《抗战胜利后国民党军入越受降纪略》), in *Recueil des documents littéraires et historiques* (《文史资料选辑》), n° 7, p. 17.

effet[1] ». Lorsque Chang Kai-chek déclare : « Si nous pouvons vous aider à restaurer l'autorité française dans la colonie, nous le ferons volontiers », l'avenir prouvera que ce ne sont pas des paroles en l'air.

Chang Kai-chek ne voulait pas consacrer du temps et des forces armées à régler le sort de l'Indochine d'après-guerre parce qu'exercer une « tutelle » sur le Vietnam aurait représenté un coût économique et militaire considérable. S'il n'a pas pris une position officielle claire sur le sujet, c'est parce qu'il considérait l'Indochine comme un atout pour obtenir de l'aide militaire des États-Unis ou de la France. Le président Roosevelt, d'une part parce qu'il était opposé au colonialisme et d'autre part parce qu'il supportait mal l'« arrogance » de De Gaulle, était opposé à tout prix à ce que l'Indochine de l'après-guerre soit restituée à la France. Par ailleurs, la Chine avait gagné en importance et faisait partie de la liste des quatre grandes puissances de l'après-guerre. Chang Kai-chek, qui avait besoin de l'aide des États-Unis, avait alors aligné sa position sur celle de Roosevelt.

Depuis la deuxième moitié de l'année 1944, les rapports de Chang Kai-chek avec Roosevelt étaient devenus de plus en plus tendus, au fur et à mesure que les États-Unis renforçaient leur contrôle sur le dirigeant en matière politique et militaire. Les divergences entre Chang Kai-chek et Joseph W. Stilwell, le chef d'état-major américain, s'accroissaient chaque jour. Chang Kai-chek avait compris qu'il ne pourrait plus continuer à s'appuyer uniquement sur les États-Unis et qu'il devait élargir ses soutiens. Finalement, après avoir beaucoup tergiversé, il a tourné son regard vers la personne que Roosevelt détestait le plus, le général de Gaulle, nouveau détenteur du pouvoir en France. Il a alors pensé tirer parti des griefs, divergences et de la rancune entre de Gaulle et Roosevelt, jusqu'à imaginer profiter du sort qui attendait l'Indochine de l'après-guerre, pour établir avec la France des relations officielles et développer des coopérations militaires et techniques.

Le 6 juin 1944, les armées des pays alliés débarquaient sur les côtes normandes. Le 25 août, Paris était libéré. Le 28 août, Chang Kai-chek a

[1] *Télégramme de Pechkoff*, n° 371, Tchong-King, le 11 octobre 1944, AMAEF : série Asie-Océanie 1944-1955, sous-série Chine, dossier général, vol. 207, folio 36.
Charles de Gaulle, *Mémoires de guerre,* t. 3, *Le Salut (1944-1946),* Plon, 1959, p. 231.

envoyé un télégramme au général de Gaulle, président du gouvernement provisoire de la République :

> *« À l'occasion de la prise de Paris, j'ai l'honneur d'adresser à Votre Excellence, à l'armée française et au peuple mes félicitations sincères. Pendant quatre ans, nous avons suivi avec une sympathie et une admiration profondes la bataille dans laquelle les Français se sont engagés sous votre brillante direction. La délivrance de votre vénérable capitale de l'occupation nazie est le prélude de la libération complète de votre mère patrie et est la récompense bien méritée de vos nobles efforts[1] ».*

### A) L'audience confidentielle accordée à Zinovi Pechkoff et l'accueil réservé aux troupes françaises en retraite

Si l'on considère que le télégramme de félicitations envoyé le 28 août 1944 par Chang Kai-chek au général de Gaulle a été le signal de l'amélioration des relations franco-chinoises, on pourrait aussi dire que l'audience confidentielle accordée par Chang Kai-chek, le 10 octobre, à Zinovi Pechkoff, représentant du général de Gaulle auprès du gouvernement national, a marqué la décision de Chang Kai-chek de resserrer les liens et de renforcer la coopération avec de Gaulle, et, par là, d'exercer une pression sur Roosevelt pour qu'il révise sa politique à l'égard de la Chine.

Pour de Gaulle, la réception de son représentant par Chang Kai-chek, au moment où le GPRF venait d'être transféré d'Alger à Paris et avait besoin d'être reconnu et soutenu par les gouvernements et les peuples étrangers, a beaucoup plus d'importance et de portée pratique qu'un télégramme de félicitations. Et, si Chang Kai-chek a choisi l'occasion de la fête nationale chinoise (anniversaire du 10 octobre 1911)

[1] *Télégramme de Chang Kai-chek à Charles de Gaulle*, le 28 août 1944, AMAE : Série Asie-Océanie 1944-1955, Sous-série Chine, Dossier général, vol. 207, folio 30.

pour convoquer le représentant du GPRF, c'est bien pour témoigner de l'importance qu'il attachait au développement des relations franco-chinoises et pour inciter le général de Gaulle à ouvrir la porte à une coopération avec le gouvernement chinois. À partir de cette date, les relations franco-chinoises sont entrées dans une étape nouvelle.

Pour Zinovi Pechkoff, chargé de la mission de développer les relations franco-chinoises et de maintenir les intérêts français en Asie, être reçu à cette date de la fête nationale et de façon aussi particulière par Chang Kai-chek était aussi un grand honneur. D'autant plus que, dans le contexte de la victoire imminente de la Chine dans sa guerre de résistance contre le Japon, la question de la transition de l'Indochine après sa libération d'après-guerre serait bientôt à l'ordre du jour des discussions des pays alliés. Il s'agissait donc d'un moment crucial des relations entre la France et la Chine. La tâche de Zinovi Pechkoff était de connaître la position de Chang Kai-chek sur le sort de l'Indochine de l'après-guerre et sur le retour de la France comme puissance coloniale en Indochine[1].

Chang Kai-chek comprenait très bien que de Gaulle s'inquiète beaucoup du sort de l'Indochine depuis son occupation par le Japon. En effet, lors des conférences du Caire et de Téhéran, Roosevelt avait préconisé que l'Indochine ne soit pas remise à la France après la guerre. Pour cette raison et aussi pour dissiper les doutes du général de Gaulle et gagner sa sympathie, sa confiance et son soutien, Chang Kai-chek a déclaré ouvertement lors de son entretien avec Zinovi Pechkoff que la Chine n'était pas disposée à reprendre l'Indochine, ni à la prendre en tutelle suivant le consensus conclu au cours des conférences du Caire et de Téhéran. La position prise par Chang Kai-chek a été une surprise inespérée pour Zinovi Pechkoff qui, après l'audience, a immédiatement télégraphié au GPRF :

> *« Le maréchal Chang Kai-chek m'a reçu le 10 octobre à 5 heures. L'audience qui a duré plus d'une heure a été extrêmement cordiale. Le président s'est exprimé avec une grande liberté sur les divers aspects*

[1] Lin Hua, *Chiang Kai-shek, De Gaulle contre Hô Chi Minh : Vietnam 1945-1946*, p. 63. *Les instructions à Pechkoff*, le 22 novembre 1944, AMAEF : série Asie-Océanie 1944-1955, sous-série Chine 1 : ambassade, septembre 1944-décembre 1945, folios 20-25.

*des relations franco-chinoises qui l'intéressent...*

*1. Il commença par insister très fortement sur l'intérêt qu'il attachait au resserrement des liens politiques de la France et de la Chine. Depuis la guerre, ceux-ci se sont quelque peu relâchés ; il le regrette et souhaite que nous affirmions ici notre place traditionnelle. C'est dans cet esprit qu'il a salué la création de la délégation et a suivi les débuts de son activité.*

*2. Les relations économiques ne doivent pas être négligées. D'autre part, l'esprit français est beaucoup plus proche de la mentalité chinoise que l'esprit anglo-saxon, qu'il soit britannique ou américain. Les meilleurs techniciens ont été éduqués chez nous.*

*Le maréchal désire que la France continue à former les spécialistes dont la Chine a besoin. Je répondis au maréchal que son désir rencontrait nos préoccupations. Nous avons l'intention d'envoyer chaque année ici 15 jeunes gens qui apprendront la langue et se familiariseront avec le milieu. Ainsi se formeront des liens personnels qui favoriseront le rapprochement intellectuel entre nos deux pays. Le maréchal accueillit cette information avec la plus vive satisfaction.*

*3. Il m'a parlé spontanément ensuite de l'Indochine. Je reprends ici ses paroles, car elles sont d'une grande importance : "Je tiens à vous affirmer une fois de plus que nous n'avons aucune visée, ni sur l'Indochine, ni sur son territoire. Je n'ai jamais varié à ce sujet. Si nous pouvons vous aider à restaurer l'autorité française dans la colonie, nous le ferons volontiers. Au cas où les troupes qui sont stationnées en Indochine, cédant à une pression japonaise, devraient se replier en Chine, elles y seront fraternellement accueillies. Je donnerai tous les ordres nécessaires à cet effet." Je répondis que si cette éventualité se produisait, notre armée d'Indochine ne se retirerait pas en Chine pour s'y réfugier, mais pour s'y regrouper afin de combattre les Japonais aux côtés de l'armée chinoise. Je démentis ensuite les bruits suivant lesquels des troupes japonaises se concentreraient au Tonkin pour prendre le Kuang-Si à revers ; des renseignements tout récents datant du 7 octobre me permettaient en effet d'assurer au maréchal que ces rumeurs étaient dénuées de fondement. Enfin, je lui affirmai que, quoi qu'il arrive, nos troupes ne se battraient jamais avec les Japonais contre la Chine.*

*4. Le président exprima, pour conclure, le désir de me voir souvent. S'il n'avait pu le faire dans le passé, c'était que ses multiples occupations ne lui en avaient pas laissé le loisir. Mais il compte que dans l'avenir nos entretiens seront plus fréquents. Il manifesta enfin le regret de ne pas connaître le général de Gaulle dont il admire la sagesse et l'énergie, et me chargea de lui remettre sa photographie dédicacée*[1] ».

Ainsi, l'audience que Chang Kai-chek a accordée le jour de la fête nationale a fait forte impression à Zinovi Pechkoff et a bien eu les effets escomptés.

Informé de l'audience que Chang Kai-chek avait accordée à Zinovi Pechkoff et de leur entretien sur la coopération franco-chinoise, Patrick Hurley, ambassadeur des États-Unis en Chine,a télégraphié, les 11 et 13 octobre, au président Roosevelt pour lui demander de rappeler immédiatement Joseph W. Stilwell et de le remplacer par un autre commandant[2]. Il a souligné que « si, dans ce débat, vous soutenez Joseph W. Stilwell, vous perdrez Chang Kai-chek, et vous perdrez ensuite la Chine ». Roosevelt a donc envoyé un télégramme à Chang Kai-chek où il donnait son accord pour rappeler Joseph W. Stilwell et pour le remplacer par Albert C. Wedemyer[3].

Après que Zinovi Pechkoff lui a rendu compte de l'attitude de Chang Kai-chek à l'égard de l'Indochine et de l'importance qu'il attachait aux coopérations dans les domaines politique, économique et militaire, le général de Gaulle décida d'envoyer une délégation à Tchongking afin de discuter avec le gouvernement chinois du développement des liens et des

---

[1] *Télégramme de Pechkoff*, n° 371, Tchong-King, le 11 octobre 1944, AMAEF：série Asie-Océanie 1944-1955, sous-série Chine, dossier général, vol. 207, folios 35-37.

[2] Du Jianshi, *Les collusions et divergences entre Chang Kai-chek et les États-Unis pendant la guerre de résistance contre le Japon* (《抗日战争时期蒋美勾结与矛盾》), in *Recueil des documents littéraires et historiques* (《文史资料选辑》), n° 57, pp. 218-220.

[3] Tao Wenzhao, *Histoire des relations sino-américaines (1911-1950)* (《中美关系史（1911-1950）》), Tchongking, 1993, pp. 325-326.

coopérations entre les deux pays.

Une délégation française dirigée par Guillaume Georges-Picot, diplomate et industriel, est arrivée à Tchongking en décembre 1944, elle a été très chaleureusement reçue, mais elle n'a pas résolu les problèmes en suspens entre les deux pays, tels que l'abolition des traités inégaux, l'abandon de l'exterritorialité et la restitution des concessions.

Dans le rapport adressé au ministre des Affaires étrangères du GPRF, Zinovi Pechkoff a écrit :

> *« Georges-Picot, après avoir exécuté la mission dont il était chargé, se prépare à rentrer en France. Les rapports qu'il vous adresse sous mon couvert par la présente valise vous montreront l'étendue et l'intérêt des recherches auxquelles il s'est livré à Tchongking et à Kunming auprès des milieux gouvernementaux, bancaires, industriels et commerçants. Ses conclusions sont très encourageantes. Je suis comme lui persuadé que, si nous ne nous laissons pas plus longtemps distancer par les Américains et les Britanniques, qui occupent déjà ici une place privilégiée et si nous commençons dès maintenant à prouver de façon concrète aux Chinois que nous sommes capables de développer des relations économiques avec eux, nous réussirons à nous réserver une place honorable et fructueuse dans l'immense entreprise de reconstruction qui s'impose après la guerre à la Chine[1] ».*

T. V. Soong, ministre des Affaires étrangères de Chine a écrit, dans une lettre adressée au président du GPRF qu'il a confiée à Guillaume Georges-Picot :

> *« Excellence,*
>
> *Ayant toujours été un ami de la France, je saisis l'occasion que m'offre le retour à Paris de M. Georges-Picot pour vous exprimer ici l'admiration que j'éprouve pour tout ce que vous avez déjà fait pour*

[1] *Télégramme du général Pechkoff, ambassadeur de France à monsieur le ministre des Affaires étrangères,* le 26 décembre 1944, AMAEF : série Asie-Océanie 1944-1955, sous-série Chine, dossier général, vol. 207, folio 80.

*votre patrie.*

*Après la fin de cette guerre, une paix durable ne pourra se concevoir si nos deux pays n'assument pas la responsabilité qui leur incombe de contribuer au maintien de cette paix.*

*Pour pouvoir accomplir cette tâche aussi bien que dans notre intérêt commun, il est nécessaire que la Chine et la France resserrent à l'avenir encore plus les liens de sincère amitié qui les ont unies déjà avant la guerre.*

*J'ai assuré votre ambassadeur que nous sommes prêts à régler dans l'esprit le plus cordial toutes les questions pendantes entre la Chine et la France. Je compte sur la même bonne volonté de votre part et j'estime que, dans ces conditions, nous ne pouvons pas ne pas réussir.*

*Veuillez agréer, Excellence, l'expression de ma plus haute considération.*

*Tchongking, le 15 décembre 1944 ».*

Le général de Gaulle a répondu à T. V. Soong dans sa lettre :

*« Excellence,*

*J'ai été très sensible aux termes de votre lettre du 15 décembre et j'apprécie hautement les sentiments d'amitié que vous portez à la France.*

*J'estime comme vous-même que, la guerre finie, la Chine et la France auront intérêt à joindre leurs efforts pour contribuer au maintien d'une paix durable.*

*L'accueil que les représentants de la France ont trouvé auprès de vous me laisse espérer qu'une impulsion nouvelle pourra animer les relations franco-chinoises pour le plus grand bien de nos deux pays dont la traditionnelle amitié s'en trouvera resserrée.*

*J'attache un prix particulier aux assurances que vous avez bien voulu donner à l'ambassadeur de France, concernant l'esprit cordial dans lequel seront réglées les questions pendantes entre la Chine et la France. Vous trouverez, de notre côté, la même bonne volonté.*

*Je saisis cette occasion pour exprimer à Votre Excellence les vœux que je forme pour la victoire prochaine de la Chine, qui sont ceux de toutes les Nations unies, et je vous prie d'agréer l'expression de ma plus haute considération.*

*Paris, le 17 février 1945 »[1].*

Afin de se rapprocher encore un peu de Chang Kai-chek, le général de Gaulle avait attribué une médaille de grand-croix de la Légion d'honneur à Chang Kai-chek, et il l'avait confiée à Zinovi Pechkoff qui venait d'être désigné ambassadeur extraordinaire et plénipotentiaire de la République en Chine, pour qu'il la lui remette lors de la présentation de ses lettres de créance[2].

Comme nous le savons, l'Indochine restait à cette date toujours occupée par les Japonais et gérée par un gouverneur général français sous contrôle japonais. Cependant, les troupes françaises en Indochine (50 000 hommes environ dont 12 000 Européens) n'avait jamais complètement accepté le commandement des troupes japonaises. De plus, des différends survenaient régulièrement entre les troupes françaises et les troupes japonaises, et les Japonais en étaient de plus en plus effrayés. Pour cette raison, le Japon commença à renforcer ses forces. En janvier 1945, les effectifs japonais en Indochine sont montés jusqu'à 60 000 hommes. Pour éviter que les troupes françaises ne se coordonnent avec les armées alliées en cas de débarquement, le Japon imposa son commandement militaire à l'armée française, sous le prétexte de soutenir Bao Daï à fonder l'empire d'Annam et à réaliser l'indépendance du Vietnam. Peu de temps après, le 9 mars vers 19 heures, les Japonais ont envoyé au gouverneur général Decoux un ultimatum exigeant que les troupes françaises se soumettent au commandement des troupes japonaises, étant donné que le débarquement des troupes américaines pouvait survenir à tout moment. Environ trois heures après l'envoi de l'ultimatum, les troupes japonaises lancèrent une attaque surprise sur l'armée française. Les militaires, les

[1] Charles de Gaulle, *Mémoires de guerre,* t. 3, *Le Salut (1944-1946),* Plon, 1959, pp. 383, 399.

[2] *Quotidien central*(《中央日报》), le 10 janvier 1945.

fonctionnaires et les ressortissants français arrêtés ont tous été mis dans un camp de concentration. Ainsi, à cette date, à la domination coloniale française en Indochine s'était totalement substituée celle du Japon[1]. Suite à cet incident du 9 mars, environ 6 000 soldats et officiers français stationnés dans le nord du Vietnam et dirigés par le commandant Marcel Alessandri se sont enfuis dans le Yunnan et le Guangxi. Sur la demande du représentant français à Tchongking, le gouvernement chinois a donné, malgré l'opposition des commandants et hauts fonctionnaires, l'ordre d'accueillir les troupes françaises poursuivies par les Japonais et de les traiter comme des alliées[2]. Cela signifie que Chang Kai-chek a tenu la promesse qu'il avait faite au représentant du général de Gaulle en ce qui concerne l'offre d'asile à l'armée française.

Si les commandants et hauts fonctionnaires, tels que Long Yun, président du gouvernement de la province de Yunnan, commandant en chef du premier groupe armé et vice-commandant en chef de l'armée de terre, et Lou Han (*Lu Han*), vice-commandant en chef du premier groupe armé et commandant d'armée, ne voulaient pas accueillir les soldats et officiers français en déroute, c'est parce qu'il y avait beaucoup de rancunes entre les deux parties – chinoise et française. Avant la Seconde Guerre mondiale, il y avait souvent eu des différends et des frictions entre les soldats français stationnés à la frontière vietnamienne et les gardes-frontière chinois. Pendant la guerre, surtout après l'occupation japonaise de l'Indochine, les troupes françaises étaient parfois de connivence avec les troupes japonaises pour provoquer de temps en temps des conflits

[1] Charles de Gaulle, *Mémoires de guerre,* t. 3, *Le Salut (1944-1946)*, p. 228.

[2] *Télégramme de Jiang Zhongzheng à He Yingqin : nous pouvons accueillir l'armée française du Vietnam repliée en territoire de Chine*, le 15 mars 1945. AHNTW : *papiers du président Jiang Zhongzheng* , n°002090103011159.
Chen Xiuhe, *La réception de la capitulation de l'armée japonaise au Vietnam par les troupes du KMT après la victoire de la guerre de résistance contre le Japon* (《抗战胜利后国民党军入越受降纪略》), in *Recueil des documents littéraires et historiques* (《文史资料选辑》), n°7, Pékin, 1960, pp. 14-15.

armés à la frontière sino-vietnamienne[1].

On peut dire que l'audience accordée à Zinovi Pechkoff le 10 octobre 1944 et la protection accordée à l'armée française en retraite ont produit une bonne impression sur le général de Gaulle et ont permis d'améliorer les relations franco-chinoises.

Au 8e anniversaire de la guerre de résistance contre le Japon en Chine, le général de Gaulle a envoyé, le 7 juillet 1945, un message à Chang Kai-chek :

> *« Au maréchal Tchang Kai Shek*
> *président de la République chinoise*
>
> *J'adresse à Votre Excellence l'expression de mon admiration pour la glorieuse opiniâtreté avec laquelle votre vaillante armée et votre peuple héroïque n'ont cessé de lutter, sous votre conduite, contre l'envahisseur japonais, depuis ce jour de juillet 1937 que nous commémorons aujourd'hui.*
>
> *Au seuil de sa neuvième année de guerre, qui doit être la dernière, la Chine reste le symbole aux yeux du monde de cette résistance inconditionnelle devant l'agression qui est le vrai fondement de la paix entre peuples libres, épris de justice et respectueux de leurs droits mutuels.*
>
> *Je me fais l'interprète de la France tout entière, encore meurtrie mais renaissante, pour vous envoyer, ainsi qu'à votre grand peuple, son salut fraternel et pour vous renouveler sa détermination de participer toujours davantage, par les armes, à vos côtés et aux côtés de nos Alliés, à la lutte contre l'ennemi commun jusqu'à la victoire finale.*

---

[1] Chen Xiuhe, *La réception de la capitulation de l'armée japonaise au Vietnam par les troupes du KMT après la victoire de la guerre de résistance contre le Japon* (《抗战胜利后国民党军入越受降纪略》), in *Recueil des documents littéraires et historiques* (《文史资料选辑》), n° 7, Pékin, 1960, p. 18.
*Télégramme de Zhang Fakui à Jiang Zhongzheng* le 16 juin 1941. AHNTW : *papiers du président Jiang Zhongzheng* , n° 002090103011149.

*Charles de Gaulle*
*président du gouvernement provisoire de la République française*[1] ».

Le même jour, André Diethelm, ministre de la Guerre du GPRF, a aussi télégraphié à son homologue chinois Tchen Tcheng (*Chen Cheng*) :

« *À S. E. le général Tchen Tcheng,*
*ministre de la Guerre du gouvernement*
*de la République chinoise*

*En ce jour anniversaire de l'agression japonaise de 1937, je désire me faire l'interprète des sentiments d'affectueuse admiration que l'armée française éprouve pour les prodiges de valeur accomplis par les forces chinoises, dans les conditions les plus difficiles durant huit années d'une lutte implacable. À l'aube de la victoire qui se lève en Extrême-Orient, notre plus grand désir est de voir les troupes françaises participer, chaque jour plus nombreuses et dans un esprit de confiance mutuelle chaque jour accru, à l'effort final aux côtés des héroïques armées chinoises.*

*André Diethelm*
*ministre de la Guerre du GPRF*[2] ».

Georges Bidault, ministre des Affaires étrangères du GPRF, a écrit dans son message télégraphique à T. V. Soong, président du Conseil exécutif et ministre des Affaires étrangères de la République de Chine :

« *En ce huitième anniversaire de l'agression contre la Chine, je tiens à vous exprimer ma sincère admiration pour le magnifique courage de votre peuple, l'héroïsme de vos armées, l'indomptable*

[1] AMAEF : série Asie-Océanie 1944-1955, sous-série Chine, dossier général, vol. 209, p. 70.

[2] *Télégramme de Diethelm à Tchen Tcheng*, le 7 juillet 1945, AMAEF : Asie-Océanie, 1944-1945, sous-série : Chine, dossier général, vol. 209, folio 67.

*patriotisme de votre gouvernement.*

*Neuvième année de la lutte du peuple chinois pour sa libération : en reprenant les termes qu'employait la France libre pour marquer à la France occupée la durée de son combat, je veux souligner l'analogie de nos sacrifices et de nos espoirs. La France a, elle aussi, connu l'invasion. Le peuple français a, comme le peuple chinois, la passion de la liberté : c'est dire l'ardente sympathie avec laquelle notre nation suit votre épopée.*

*J'ai la conviction profonde que la Chine victorieuse poursuivra demain dans la paix le rôle éminent qui aura été le sien dans la défense du commun idéal dont ensemble à San Francisco nous avons rappelé les principes et fixé la loi.*

*Celle-ci ne vaudra que par la fidélité à la justice et la permanence de l'amitié : la Chine et la France, j'en suis sûr, ne feront défaut ni à l'une ni à l'autre*[1] ».

C'est aussi à cette date du 7 juillet 1945 que des personnalités du gouvernement, de la société civile et du monde culturel ont pris l'initiative de créer l'Association des amitiés franco-chinoises. Édouard Herriot, homme politique, fut élu président de l'association, Paul Langevin, homme de science, Paul Pelliot, grand sinologue, et Marius Moutet, ex-ministre des Colonies, furent élus vice-présidents[2].

Rappelons que, au cours de la Seconde Guerre mondiale, le président Roosevelt a utilisé tous les moyens pour parvenir à contrôler la France de l'après-guerre et à en faire un État vassal des États-Unis, en soutenant les personnalités les plus susceptibles de leur obéir, telles que l'amiral Darlan et le général Giraud, et en éliminant les personnalités plus indépendantes et contestataires, comme de Gaulle. Ainsi, Roosevelt empêchait de Gaulle d'assister aux conférences et réunions internationales au sujet des activités militaires des pays alliés et faisait en sorte qu'il ignore même leur existence. Citons, par exemple, l'opération Torch, le débarquement des Alliés en Afrique du Nord, le 8 novembre 1942 ; la conférence du

[1] *Télégramme de G. Bidault à T. V. Soong*, le 7 juillet 1945, AMAEF : Asie-Océanie, 1944-1945, sous-série : Chine, dossier général, vol. 209, folio 69.

[2] *Quotidien central*《中央日报》, le 10 juillet 1945.

Caire qui a réuni les chefs d'État de trois pays – la Chine, les États-Unis et l'URSS du 22 au 26 novembre 1943 ; la conférence de Téhéran qui a réuni les mêmes chefs d'État, du 28 novembre au 1$^{er}$ décembre 1943 ; le débarquement de Normandie (l'opération Overlord) du 6 juin 1944 ; les conférences tenues à Dumbarton Oaks entre août et octobre 1944 par la Chine, les États-Unis, l'Angleterre et l'URSS pour coordonner les rapports internationaux de l'après-guerre et créer l'Organisation des Nations unies ; la conférence de Yalta où les chefs de gouvernement de l'Union soviétique, du Royaume-Uni et des États-Unis se sont réunis en grand secret pour adopter une stratégie commune afin de hâter la fin de la guerre, pour régler le sort de l'Europe après la défaite du III$^{e}$ Reich ainsi que pour garantir la stabilité du nouvel ordre du monde après la victoire. À chacune de ces occasions, qui étaient toutes importantes et avaient un rapport plus ou moins direct avec la situation en France, de Gaulle a été écarté par Roosevelt. L'élection de Harry S. Truman à la présidence des États-Unis, après la mort de Roosevelt, n'a pas plus contribué à un changement des relations du général de Gaulle avec les États-Unis, car il a été exclu, une fois de plus, de la conférence de Potsdam tenue entre juillet et août 1945.

Le 26 juillet 1945, la Chine, les États-Unis et le Royaume-Uni ont proclamé la déclaration de Potsdam ; le 10 août, le Japon a répondu aux pays alliés qu'il acceptait cette déclaration ; le 14 août, l'empereur japonais a annoncé publiquement, par le *Gyokuon-hōsō* (voix radiodiffusée du Joyau), que le pays avait accepté les termes de la déclaration, mettant ainsi fin à la guerre du Pacifique ; le 15 août, la Chine, les États-Unis, le Royaume-Uni et l'URSS ont déclaré, officiellement et en même temps, la capitulation du Japon. À ce moment, la résolution du problème de l'Indochine a été mise à l'ordre du jour des pays alliés, cependant, la France, à laquelle l'Indochine était étroitement liée, devait, une fois de plus, être mise à l'écart des négociations. À ce moment précis, de Gaulle était sur des charbons ardents. D'une part, il chargea l'ambassadeur français aux États-Unis de faire des démarches auprès du gouvernement américain afin d'empêcher les troupes chinoises d'entrer au Vietnam pour recevoir la capitulation japonaise ; lui-même était prêt à partir pour les États-Unis afin de rencontrer Truman et le persuader de modifier la façon dont la capitulation en Indochine serait reçue[1]. D'autre part, il envoya un télégramme à Chang Kai-chek pour le féliciter de la victoire chinoise dans la guerre de résistance contre le Japon, mais il n'évoqua pas la réception chinoise de la capitulation japonaise en Indochine.

Voici le texte intégral de son télégramme du 16 août 1945 :

> *« Le grand peuple chinois vient une fois de plus de secouer le joug de l'envahisseur. Je vous suis reconnaissant, monsieur le maréchal, de dire à vos compatriotes combien leurs compagnons d'armes en France et en particulier dans l'Empire français, leurs voisins de l'Indochine française, participent à leur joie et à leur fierté. Le jour de gloire est arrivé. Nos deux pays abordent ensemble, dans l'esprit de leur alliance, les jours de paix et de prospérité[2] ».*

Les mots utilisés dans ce télégramme sont loin d'être anodins : alors que la guerre du Pacifique s'achève, de Gaulle parle de « l'Indochine française » et de « l'Empire français ». L'implication est claire : après la défaite du Japon, l'Indochine devrait revenir à la France.

Le lendemain, le 17 août, Douglas MacArthur, commandant suprême des forces alliées en Extrême-Orient, a émis, suivant la déclaration de Potsdam, l'ordre n°1 : le Commandant suprême de la zone de guerre chinoise reçoit la capitulation au nord du 16e parallèle.

Tenant compte de cette nouvelle situation, et étant sûr du changement radical de l'attitude américaine à l'égard du problème de l'Indochine après la mort de Roosevelt[3], de Gaulle a envoyé en Indochine, suivant son plan initial et sans aucune hésitation, le corps expéditionnaire français en Extrême-Orient pour empêcher

---

[1] Lin Hua, *Chiang Kai-shek, de Gaulle contre Hô Chi Minh : Vietnam 1945-1946*, p. 96.

[2] Charles de Gaulle, *Lettres, notes et carnets (8 mai 1945 – 18 juin 1951)*, Paris, Librairie Plon, 1984, p. 60.

[3] Les États-Unis s'étaient toujours opposés à l'envoi du corps expéditionnaire français en Extrême-Orient, lorsque Roosevelt était vivant. C'est après sa mort, le 24 août 1945, que le nouveau président américain Truman a affirmé à de Gaulle lors de leur entretien : « Pour ce qui est de l'Indochine, le gouvernement américain ne fera rien pour y contrarier le retour de la France».
Charles de Gaulle, *Mémoires de guerre*, t. 3, *Le Salut (1944-1946)*, pp. 163-167, 555.

l'indépendance de l'Indochine et ainsi obliger les troupes chinoises à évacuer le Vietnam, une fois terminée la cérémonie de réception de la capitulation. Naturellement, de Gaulle avait aussi l'intention de s'emparer des fruits de la victoire[1].

Le 18 août 1945, le général Leclerc, nommé récemment commandant supérieur du corps expéditionnaire français, quitta Paris pour aller diriger les forces françaises en Extrême-Orient. Le 2 septembre, il a signé au nom de la France l'acte de la capitulation du Japon à bord du cuirassé *Missouri*[2]. Vers la fin septembre, le corps d'armée principal est entré en Cochinchine, avec l'aide des Anglais et des Américains. Le 5 octobre, le général Leclerc est arrivé à Saigon. Dans les trois mois qui ont suivi, il a rétabli l'ordre suite à des insurrections au Cambodge, au Laos et en Cochinchine, conformément aux instructions qu'il avait reçues avant son départ. Le 29 janvier 1946, Douglas Gracey, l'officier anglais qui avait reçu la capitulation, a remis officiellement ses pouvoirs au général Leclerc. La relève des troupes anglaises de Saigon par les troupes françaises s'est ainsi achevée dans de bonnes conditions[3].

Le 28 février, Wang Shijie, ministre des Affaires étrangères de Chine, a signé et échangé, avec Jacques Meyrier, ambassadeur français en Chine, quatre documents internationaux très importants, parmi lesquels le « *Traité franco-chinois de renonciation à l'exterritorialité en Chine et aux droits relatifs* », l'« *Accord franco-chinois sur les relations sino-indochinoises* », et l'« *Échange de lettres relatif à la relève des troupes chinoises par les troupes françaises en Indochine du Nord* » et l'« *Échange de lettres relatif à la fourniture des piastres vietnamiens aux troupes chinoises stationnées en*

[1] Charles de Gaulle a écrit dans ses *Mémoires* : « Mesurant l'ébranlement infligé au prestige de la France par le régime de Vichy, sachant quel était dans l'union l'état d'esprit des populations, prévoyant le déferlement des passions nationalistes en Asie et en Australasie, connaissant la malveillance des Alliés, surtout des Américains, à l'égard de notre position en Extrême-Orient, je tenais pour essentiel que le conflit ne s'y achevât pas sans que nous fussions, là aussi, devenus des belligérants. Faute de quoi, toutes les politiques, toutes les armées, toutes les opinions, se trouveraient résolument d'accord pour exiger notre abdication. Au contraire, si nous prenions part à la lutte – fût-elle près de son terme –, le sang français versé sur le sol de l'Indochine nous serait un titre imposant».
Charles de Gaulle, *Mémoires de guerre,* t. 3, *Le Salut (1944-1946)*, pp. 163-164.

[2] Charles de Gaulle, *Mémoires de guerre,* t. 3, *Le Salut (1944-1946)* , pp. 227, 549.

[3] Lin Hua, *Chiang Kai-shek, de Gaulle contre Hô Chi Minh : Vietnam 1945-1946*, p. 186.

*Indochine du Nord par la France* » (《关于法国供给中国驻越北军队越币之换文》). Dans l'« *Échange de lettres relatif à la relève des troupes chinoises par les troupes françaises en Indochine du Nord* », il est stipulé que « la relève des troupes chinoises stationnées en Indochine au nord du 16e parallèle commencera entre le 1er et le 15 mars et devra être terminée au plus tard le 31 mars ». Cependant, le 6 mars, les troupes françaises débarquèrent à Haiphong et lancèrent une attaque surprise sur les troupes chinoises, afin de forcer celles-ci à évacuer le Vietnam. Ce geste impétueux a provoqué inévitablement un conflit armé très violent[1].

À cette époque, l'acte le plus concret que le général de Gaulle ait fait en faveur de la Chine a été de lui rétrocéder le territoire à bail de la baie de Kouang Tchéou Wan (*Guangzhouwan*) suite à des négociations et à la signature d'une convention.

Depuis 1943, à de multiples reprises, les dirigeants du gouvernement national avaient déclaré, officiellement ou en privé, que la Chine n'avait pas l'intention de se mêler des affaires indochinoises et de son territoire après la guerre. Pour cette raison, le général de Gaulle chargea son ambassadeur à Tchongking d'entamer des négociations avec le gouvernement national pour résoudre le problème de la rétrocession du territoire à bail de Kouang Tchéou Wan, suivant l'« *Accord par échanges de lettres relatif à la liquidation des questions pendantes entre les deux pays* » conclu le 13 mars 1945. Après plusieurs discussions, le chargé d'affaires français Jean Daridan a signé, le 18 août 1945, avec le vice-ministre chinois des Affaires étrangères Wu Guozhen la « *Convention entre le gouvernement national de la République de Chine et le gouvernement provisoire de la République française pour la rétrocession du territoire à bail de Kouang Tchéou Wan* ».

Si l'on ne tient pas compte des déclarations chinoises sur son non-engagement en Indochine, le général de Gaulle était, dans une large mesure, influencé par les autres pays et poussé par la conjoncture dans la résolution des problèmes en suspens entre la France et la Chine. En effet, de janvier 1943 en avril 1944, six pays avaient déjà signé des traités avec

[1] Wang Lihuan, *Souvenir de la vive riposte contre les troupes françaises à Haiphong après la victoire de la guerre de résistance contre le Japon* (《抗战胜利后海防痛击法军纪实》), in *Recueil des documents littéraires et historiques* (《文史资料选辑》), n° 12, pp. 145-154.

la Chine pour abolir l'exterritorialité et les droits privilégiés en Chine : les États-Unis, la Grande-Bretagne, la Belgique, le Luxembourg, la Norvège et le Canada. De plus, entre avril et mai 1945, la Suède et les Pays-Bas avaient conclu des traités avec la Chine pour abandonner l'exterritorialité et les droits privilégiés, ainsi que régler les questions connexes.

### B) Les querelles franco-chinoises et la relève des troupes chinoises du nord du Vietnam

Bien avant la capitulation du Japon, le général de Gaulle était très préoccupé par l'envoi des troupes françaises en Indochine pour recevoir la capitulation japonaise et récupérer cette colonie perdue. Il n'était pas inquiet sans raison. En effet, à la veille du débarquement des Alliés en Normandie, Roosevelt envisageait encore de « traiter la France en pays vaincu ». Si bien qu'après la guerre, bien qu'il n'y ait pas eu de « gouvernement d'occupation des troupes militaires des Alliés », et que la France n'ait pas été rendue vassale de quelque pays[1], de Gaulle s'inquiétait qu'une telle tragédie puisse se jouer en Indochine. De plus, ce qui souciait particulièrement De Gaulle, c'était la création du Viêt-minh par Hô Chi Minh le 19 mai 1941 et les activités de cette organisation, telles que l'insurrection générale (la révolution d'août) des 19, 23 et 25 août 1945 au Vietnam, l'instauration du gouvernement provisoire de la République démocratique du Vietnam le 27, puis la proclamation de l'indépendance et la création de la République démocratique du Vietnam, le 2 septembre. Alors que la situation devenait de plus en plus critique, le général de Gaulle était déterminé à impliquer, par tous les moyens, la France dans l'Indochine d'après-guerre.

Par conséquent, le général de Gaulle a désigné le général Leclerc pour prendre le commandement du corps expéditionnaire français en

[1] Chen Wenhai, *Histoire de France*（陈文海《法国史》）, Pékin, 2004, pp. 505-506. Zhang Xichang et Zhou Jianqing, *Histoire diplomatique de la France de l'après-guerre*（张锡昌、周剑卿《战后法国外交史（1944-1992）》）, Pékin, 1993, p. 10.

Extrême-Orient et l'amiral d'Argenlieu pour assumer les fonctions de haut-commissaire de France et Commandant en chef pour l'Indochine. Un peu plus tard, il a nommé le général Leclerc commandant des forces françaises en Extrême-Orient.

Après que le commandement suprême des forces alliées a donné l'ordre relatif à la capitulation en Indochine, Chang Kai-chek ordonna à Lou Han, commandant de la 1re armée de front, de diriger ses troupes vers le Vietnam et d'installer à Hanoi son quartier général afin de recevoir la capitulation japonaise. Dans ce contexte, le quartier général de l'armée de terre a préparé quelques stipulations relatives à l'occupation : « En recevant la capitulation japonaise, il faudra désarmer les troupes japonaises et les rapatrier ; organiser le gouvernement militaire pour traiter les affaires civiles ; empêcher les troupes franco-vietnamiennes réfugiées au Yunnan de retourner au Vietnam et attendre les ordres sur place s'il y a des soldats qui, à titre personnel, souhaitent retourner au Vietnam, il faudra les désarmer[1] ». Il est évident que ces stipulations avaient pour but de prendre le Vietnam en tutelle et de le soutenir dans son accession à l'indépendance, sans penser le remettre à la France après la réception de la capitulation. Une fois rendus sur place à Hanoi à la mi-septembre, Lou Han et son collègue Chen Xiuhe, directeur adjoint du 5e département de l'armée chinoise d'occupation, ont constaté que, au nord du Vietnam, il y avait eu entre-temps des changements : le Vietnam avait déclaré son indépendance et proclamé l'établissement de la République démocratique. En conséquence, il a fallu adapter les stipulations du quartier général de l'armée de terre relatives à la mise en place d'un gouvernement militaire, les autres stipulations devant être appliquées telles quelles.

Le Yuan exécutif de la République de Chine à Tchongking attachait une grande importance à la réception de la capitulation, après avoir reçu l'ordre du commandant suprême des forces alliées, il a étudié les modalités de cette réception et nommé une commission de conseil spéciale à

[1] Chen Xiuhe, *La réception de la capitulation de l'armée japonaise au Vietnam par les troupes du KMT après la victoire de la guerre de résistance contre le Japon* (陈修和《抗战胜利后国民党军入越受降纪略》), in *Recueil des documents littéraires et historiques* (《文史资料选辑》), n° 7, pp. 16-17.

cet effet. Le 15 septembre, le comité a promulgué, après discussions, « les quatorze principes d'occupation des installations militaires et administratives du Vietnam ». Parmi ces 14 principes, 9 qui étaient très différents des stipulations du quartier général de l'armée de terre ont été conçus pour la France. Par exemple le 6e principe : « Inviter les délégués français à assister à la cérémonie de la réception de la capitulation », ou le 13e principe : « Conserver une attitude neutre vis-à-vis des rapports entre la France et le Vietnam et ne pas intervenir ». Il est bien clair que ces principes ont été formulés dans la perspective de rendre l'Indochine à la France, une fois que la mission d'occupation chinoise serait terminée.

En outre, vers la fin septembre, Chang Kai-chek a donné à Lou Han, par l'intermédiaire de Ling Qihan, conseiller des affaires étrangères, et de Shao Baichang, conseiller des affaires militaires et politiques de la commission, les trois instructions suivantes : « 1. Contrôler fermement la ligne de transport entre Lao Cai et Haiphong ; 2. Ne pas interférer avec les autorités vietnamiennes ; 3. Laisser les troupes françaises entrer au Vietnam sans y faire obstacle ». Plus tard, il a transmis par télégramme à Lou Han cinq instructions supplémentaires : « 1. Rester strictement neutre à l'égard des différends franco-vietnamiens ; 2. Désarmer les troupes vietnamiennes si elles désirent entrer dans notre zone de défense ; 3. Ne pas intervenir dans les affaires du Parti vietnamien ; 4. Ne pas se mettre en état d'alerte ; 5. S'efforcer de protéger la vie et les biens des Français[1] ».

Si l'on considère que les 14 principes du Conseil exécutif ont été conçus sous l'influence du ministère des Affaires étrangères chinois et aux instances du représentant français à Tchongking, on doit admettre que les instructions de Chang Kai-chek (les 3 premières comme les 5 supplémentaires) sont liées à la rencontre à Paris du ministre des Affaires étrangères chinois T. V. Soong avec le général de Gaulle.

Constatant qu'au Vietnam, l'hostilité du peuple vietnamien à l'égard des Français était très vive, Lou Han a donné l'ordre, après son arrivée, d'empêcher les soldats et officiers français réfugiés au Yunnan, suite à « l'incident du 9 mars », de retourner au Vietnam et de désarmer ceux qui

[1] Ling Qihan, *Ma vie diplomatique – mémoires de Ling Qihan* (凌其翰《我的外交官生涯——凌其翰回忆录》), pp. 75-78.

avaient été libérés des camps de concentration de l'armée japonaise, afin de prévenir des conflits franco-vietnamiens et sino-vietnamiens. Il a aussi interdit d'accrocher le drapeau français sur les boulevards ou dans les rues, à cause du sentiment nationaliste du peuple vietnamien[1].

Considérées comme étant d'une très grande importance, toutes les activités de Lou Han et de ses troupes étaient immédiatement transmises à Paris. Averti de ce qui se passait au Vietnam, le général de Gaulle a dit à T. V. Soong, ministre chinois des Affaires étrangères, en visite en France, que « la situation dans l'Indochine française et en particulier dans le Tonkin présente un jour assez confus. [...] Cette situation se trouve compliquée aujourd'hui par l'attitude qu'adoptent le général Lou Han et les troupes chinoises d'occupation ». Selon les « *notes des entretiens du gouvernement de De Gaulle* », « M. T. V. Soong, au cours de l'entretien, répétera à plusieurs reprises ses assurances, déclarant notamment que la Chine souhaite que la France demeure sa voisine en Asie, qu'il pense trouver à son arrivée à Tchoung-King (*Tchongking*) une situation réglée dans le sens qu'attend le gouvernement français et que, dans le cas contraire, il s'emploiera personnellement à nous apporter satisfaction ». Le général de Gaulle a répliqué que « le commandement français prêtera tout son concours au commandement chinois[2] ». La réponse du général de Gaulle doit être considérée comme de pure forme, car ce qui l'intéressait le plus, c'était la manière par laquelle les troupes françaises pourraient retourner le plus vite possible au Vietnam.

Le général de Gaulle ne croyait pas aux explications données par Chang Kai-chek quant aux difficultés rencontrées par les troupes françaises réfugiées au Yunnan pour rentrer au Vietnam, pas plus qu'il n'accordait de crédit aux garanties solennelles données par T. V. Soong. Il était très bien informé des différends entre les troupes d'occupation de Lou Han et le gouvernement de Tchongking sur le problème du Vietnam, il savait aussi qu'une intervention personnelle de T. V. Soong

---

[1] Chen Xiuhe, *La réception de la capitulation de l'armée japonaise au Vietnam par les troupes du KMT après la victoire de la guerre de résistance contre le Japon* (陈修和，《抗战胜利后国民党军入越受降纪略》), in *Recueil des documents littéraires et historiques* (《文史资料选辑》), No. 7, 1960, p. 23.

[2] Charles de Gaulle, *Mémoires de guerre,* t. 3, *Le Salut (1944-1946)*, pp. 231, 564-567.

ne servirait à rien. Les faits lui ont donné raison. La cérémonie de réception de la capitulation japonaise a été tenue, le 28 septembre, dans l'ancienne résidence du gouverneur général français en Indochine, suivant le programme prévu par Lou Han. « Au milieu du hall de la résidence du gouverneur sont suspendus les drapeaux de la Chine et du KMT, aux côtés desquels sont accrochés les drapeaux de la Chine, des États-Unis, de l'Angleterre et de l'URSS ». Le drapeau français était absent. De même, il n'y avait pas un seul Français, alors que des représentants des Alliés étaient présents ainsi que des délégués de la République démocratique du Vietnam et que plus de cinq cents invités ont assisté à cette cérémonie[1].

Pourquoi le drapeau français n'a-t-il pas été accroché lors de la cérémonie de la réception de la capitulation japonaise ? La raison invoquée était d'empêcher la France de paraître à la cérémonie, sous prétexte de prévenir des conflits suite aux événements survenus lors de la cérémonie précédemment tenue à Saigon par la Grande-Bretagne[2].

Conformément aux règlements du quartier général de l'armée de terre, Lou Han avait invité Marcel Alessandri à titre personnel et en qualité de simple observateur ; le but était d'éviter qu'il ne prenne part à la cérémonie à titre officiel[3]. Dans ces conditions, Marcel Alessandri refusa de rester, et, très en colère, quitta le hall avec indignation[4]. Suite à cet incident, l'amiral d'Argenlieu, haut-commissaire de France et commandant en chef pour l'Indochine, a demandé à l'ambassadeur français à Tchongking de présenter une note de protestation au gouvernement national de Chine[5].

---

[1] Zhu Xie, *Journal de la réception de la capitulation au Vietnam* ( 朱偰《越南受降日记》), Shanghai, 1946, p.19.

[2] Chen Xiuhe, *La réception de la capitulation de l'armée japonaise au Vietnam par les troupes du KMT après la victoire de la guerre de résistance contre le Japon* ( 陈修和《抗战胜利后国民党军入越受降纪略》), in *Recueil des documents littéraires et historiques* ( 文史资料选辑 ), n° 7, p. 24.

[3] Zhu Xie, *Journal de la réception de la capitulation au Vietnam* ( 朱偰《越南受降日记》), p.19.

[4] Yang Weizhen, *Lou Han et les négociations franco-chinoises sur le Vietnam (1945-1946)* ( 杨维真《卢汉与中法越南交涉（1945-1946）》), in *Revue trimestrielle d'archives*,Taïwan, mars, 2011, p. 24.

[5] Charles de Gaulle, *Mémoires de guerre,* t. 3, *Le Salut (1944-1946)*, p. 570.

Lors de la cérémonie tenue à Hanoi, Lou Han, commandant en chef des troupes d'occupation chinoises, n'a pas donné à la France la place due à un grand pays. Mais, peu après, la situation au Vietnam connaîtrait un grand changement : toutes les affaires relatives à la réception de la capitulation japonaise et faisant suite à cette capitulation, y compris la relève des troupes chinoises, seraient traitées entre la Chine et la France. Et la Chine aiderait, finalement, la France à restaurer son autorité en Indochine coloniale, tout comme Chang Kai-chek l'avait promis lors de l'audience qu'il avait accordée à Zinovi Pechkoff lors de la fête nationale chinoise en 1944.

L'opération de la relève des troupes chinoises par les troupes françaises au nord du Vietnam commencerait à partir du 18 mars 1946 et se terminerait vers la fin avril.

# Chapitre 2

## La Chine et la France des années 1950

Alors que la guerre de résistance contre le Japon s'achevait à peine, la Chine a connu une guerre civile qui a opposé le Kuomintang et le Parti communiste chinois (PCC). Après trois années de guerre, le Kuomintang s'est finalement retiré à Taïwan, le PCC a alors exercé le pouvoir sur la Chine et fondé un nouveau régime politique. Une fois ce nouveau régime communiste en place, la Chine est entrée dans une phase de restauration et de reconstruction tout en choisissant une nouvelle voie, celle d'être indépendante et autonome, et de compter sur ses propres forces. La Chine a cherché l'indépendance dans tous les domaines : la politique, l'économie, la défense, ainsi que la diplomatie. En ce qui concerne les relations extérieures, le jour même de la proclamation de la fondation de la République populaire de Chine, le gouvernement central a annoncé au monde sa politique étrangère pacifique : « Les principes de la politique étrangère de la République populaire de Chine ont pour objet de préserver l'indépendance nationale, la liberté et l'intégrité de la souveraineté territoriale, de soutenir une paix durable et la collaboration fraternelle entre tous les peuples, de combattre l'agression impérialiste et les politiques de guerre ». Au même moment, le nouveau gouvernement faisait savoir « qu'il souhaite établir des relations diplomatiques avec tout gouvernement étranger qui veut observer les principes d'égalité, d'avantages réciproques et du respect mutuel de la souveraineté territoriale ». Le ministre des Affaires étrangères Chou En-lai a par ailleurs exprimé le même désir en envoyant à chaque gouvernement une lettre officielle.

Depuis le jour de la proclamation de la fondation de la Chine nouvelle, une nouvelle diplomatie indépendante a été strictement mise en pratique : « recréer un four avec toutes ses pièces » (*lingqiluzao*) et « balayer la maison avant d'accueillir les hôtes » (*dasao ganjing wuzi zaiqingke*)[1]. Avant l'établissement des relations diplomatiques entre la Chine et la France en janvier 1964, la Chine a établi des relations diplomatiques officielles avec 43 pays, avec pour exceptions notables la Grande-Bretagne et les Pays-Bas, conformément aux trois principes d'établissement des relations diplomatiques ainsi énoncés : « Le pays qui souhaite établir des relations diplomatiques avec la Chine doit rompre ses relations diplomatiques avec la clique du KMT qui occupe Taïwan, adopter une attitude amicale à l'égard de la Chine en soutenant le rétablissement de son siège légal à l'Organisation des Nations unies (ONU) et prouver sa sincérité dans le respect de la souveraineté chinoise par des négociations[2] ». En même temps, la Chine a développé des relations économiques et commerciales et des échanges culturels avec un grand nombre de pays et de régions, augmentant sans cesse les contacts amicaux avec les peuples du monde.

Après la Seconde Guerre mondiale, la France n'a pas vécu une guerre civile comme la Chine, mais elle a connu plus d'une décennie d'instabilité politique intérieure et une succession de guerres coloniales, par conséquent, non seulement le pays n'était pas encore rétabli du traumatisme de la guerre, mais il était, économiquement et militairement, réduit à un état de dépendance vis-à-vis de l'aide des États-Unis sur le long terme.

Depuis que de Gaulle avait démissionné et s'était mis en retrait en janvier 1946, avant son retour au pouvoir en mai 1958, on peut dire que la IV$^{e}$ République a passé douze très longues années en grande

[1] « Recréer un four avec toutes ses pièces » signifie recréer une diplomatie entièrement nouvelle au lieu d'accepter en l'état les relations diplomatiques établies par le gouvernement national. « Balayer la maison avant d'accueillir les hôtes » signifie éliminer les privilèges et influences des pays impérialistes avant de nouer des relations diplomatiques avec eux. Voir Qu Xing, *Le Temps de soupçon : les relations franco-chinoises 1949-1955*, Éditions You-Feng, 2005, p. 174.

[2] Pei Jianzhang, *Histoire de la diplomatie de la République populaire de Chine* (裴坚章主编《中华人民共和国外交史》), vol. 1 (1949-1956), Pékin, 1994, p. 2.

difficulté tant sur le plan intérieur que sur le plan extérieur. Au cours de cette période, les partis politiques se sont multipliés en France et leur nombre est devenu ahurissant. Pire encore, ces partis politiques se sont constamment affrontés et ont été souvent en prise à des conflits internes qui se sont répercutés sur l'ensemble de la société française. Dans un tel contexte, il n'y a pas eu de tranquillité au sein du gouvernement.

L'instabilité politique d'une France toujours dépendante de l'aide des États-Unis empêchait la formulation d'une politique extérieure stable. Pour cette raison, les relations internationales de la France ont perdu beaucoup de leur indépendance et se sont trouvées de plus en plus impulsées par la vision américaine. On peut même dire qu'à partir du milieu de la IVe République jusqu'au début de la Ve, la politique de la France à l'égard de la Chine était quasiment celle des États-Unis. Cela a été particulièrement visible au début de la guerre froide.

Les relations franco-chinoises ne se sont pas établies sans difficulté. Mais ce qui donne à réfléchir, c'est essentiellement le « temps » et la « manière ».

Quand nous parlons du « temps », c'est pour souligner que la France s'est rendu compte, plus de dix ans après la fondation du gouvernement central de la République populaire de Chine, qu'elle ne devait pas ignorer son existence et qu'elle devait le reconnaître. Et, en ce qui concerne la « manière » de procéder à la reconnaissance et à l'établissement des relations diplomatiques, elle s'apparente à la manière de publier un communiqué à la différence de la rédaction de son contenu. Ce qui est apparu le plus important, c'est la manière dont ont été menées les négociations, ainsi que la tactique assez souple que la Chine a adoptée à cet égard.

Pourquoi la France a-t-elle reconnu la Chine très tardivement ? Pourquoi la France a-t-elle choisi de suivre des procédures confidentielles dans sa reconnaissance de la Chine et dans ses négociations pour établir des relations diplomatiques ? Pourquoi la France persévérait-elle à ne pas évoquer ou à contourner, dans le communiqué conjoint, des formules comme « Le gouvernement de la République populaire de Chine est le seul représentant légitime du peuple chinois », « Taïwan fait partie du territoire de la Chine » et « Il faut que la Chine réintègre son siège à l'ONU » ? Nous pouvons affirmer que ces questions sont étroitement liées à la politique extérieure définie par la Chine nouvelle au moment de sa fondation, à la politique intérieure et extérieure de la France, et particulièrement, celle qu'elle a adoptée à l'égard des États-Unis et de Taïwan.

### A) La politique extérieure de la Chine nouvelle et les considérations sur ses relations avec la France

Il est indiqué dans la « Déclaration du gouvernement populaire central de la République populaire de Chine », publiée le 1er octobre 1949, qu'« en tant que seul gouvernement légal représentant tout le peuple de la République populaire de Chine, notre gouvernement souhaite établir des relations diplomatiques avec tout gouvernement étranger qui veut observer le principe d'égalité, d'avantages réciproques et de respect mutuel de la souveraineté territoriale[1] ». La publication de cette déclaration par le gouvernement populaire central a non seulement fait connaître la politique étrangère indépendante que la Chine nouvelle poursuivrait, son attitude fondamentale à l'égard du droit international, mais aussi les règles de conduite – égalité, avantages réciproques et respect mutuel de la souveraineté territoriale – que la Chine allait préconiser dans les relations internationales. De plus, par cette déclaration et tout en soulignant la place de la Chine comme sujet de droit international, la République populaire de Chine a expressément déclaré au monde que le représentant légal de la Chine dans la société internationale avait changé : le gouvernement populaire central de la République populaire de Chine avait remplacé le gouvernement national de la République de Chine. Le titre de sujet de droit international de la Chine restait inchangé et la

[1] *Quotidien du peuple* (《人民日报》), le 2 octobre 1949.
*Recueil des documents des relations extérieures de la République populaire de Chine (1949-1950)* (《中华人民共和国对外关系文件集（1949-1950）》，第一集), vol. I, Pékin, 1965, p. 3.

substitution du nouveau pouvoir à l'ancien ne contrevenait pas au droit international, le nouveau pouvoir remplissant les conditions nécessaires pour être reconnu par les gouvernements étrangers[1], la situation juridique de la Chine et de son gouvernement étaient donc conformes aux règles du droit international qui régissaient la reconnaissance.

Le jour même de sa proclamation, le gouvernement populaire central de la République populaire de Chine a remis, conformément aux usages diplomatiques et par la voix de son Premier ministre et ministre des Affaires étrangères, Chou En-lai, sa déclaration aux différents gouvernements par l'intermédiaire de leurs consuls ou représentants restés à Pékin, à Nankin et à Shanghai, afin d'obtenir la reconnaissance de leurs gouvernements. Chou En-lai a également exprimé, dans sa lettre annexée à la déclaration, le souhait de la République populaire de Chine d'établir des relations diplomatiques avec tous les pays du monde.

La Chine nouvelle avait besoin d'établir des relations diplomatiques avec tous les pays, mais ces relations devaient être basées sur le principe d'égalité, d'avantages réciproques et le respect mutuel de la souveraineté territoriale.

Avec l'entrée dans la « guerre froide » des États-Unis et de l'URSS juste après la Seconde Guerre mondiale, deux grands camps antagonistes s'étaient formés dans le monde, l'un impérialiste et l'autre socialiste. À ce moment, il existait aussi des différends entre le Parti communiste chinois (PCC) et le Parti communiste de l'Union soviétique (PCUS). Pour ces raisons, avant la fondation de la République populaire de Chine, les dirigeants du PCC s'étaient interrogés sur le fait que le nouveau pouvoir pourrait être reconnu en temps voulu par les pays étrangers. Ensuite, face aux activités du « front commun » de non-reconnaissance de la Chine nouvelle initié par les États-Unis, Mao Tsé-toung a publié, à la veille du 28e anniversaire de la fondation du PCC (le 30 juin 1949), un article intitulé « De la dictature démocratique populaire », dans l'espoir d'obtenir la reconnaissance et les soutiens des pays socialistes et démocratiques qui étaient dans la sphère d'influence de l'URSS. Il a écrit : « Pencher d'un seul côté, c'est ce que nous ont enseigné les quarante années d'expérience

[1] *Note pour le secrétaire général – Reconnaissance du gouvernement communiste chinois*, 29 octobre 1949, AMAEF : série Asie-Océanie 1944-1955, sous-série Chine, vol. 212.

de Sun Yat-sen (*Sun Zhongshan*) et les vingt-huit années d'expérience du Parti communiste chinois ; si l'on veut vaincre et consolider sa victoire, il faut pencher d'un seul côté. Au cours de ces expériences respectivement de quarante ans et de vingt-huit ans, le peuple chinois s'est rangé, soit du côté de l'impérialisme, soit du côté du socialisme, sans la moindre exception. Il ne faut pas rester dans l'expectative, il n'y a pas de troisième voie. Nous sommes contre le réactionnaire Chang Kai-chek qui s'est penché du côté de l'impérialisme et nous nous opposons aussi à l'illusion d'une troisième voie ». Il a ajouté que la Chine nouvelle devait se ranger dans le camp pacifique et démocratique ayant à sa tête l'URSS. Grâce à cette déclaration de Mao Tsé-toung dans le mois qui a suivi la proclamation de la Chine nouvelle, à l'instar de l'URSS, la plupart des pays socialistes, tels que la Bulgarie, la Roumanie, la Hongrie, la Corée, la Tchécoslovaquie, la Pologne, la Mongolie, l'Allemagne démocratique, l'Albanie ont proclamé, les uns après les autres, leur reconnaissance de la Chine nouvelle et ont établi des relations diplomatiques officielles avec elle.

En ce qui concerne la politique étrangère de la Chine nouvelle, le « programme commun », adopté le 29 septembre 1949 par la 1re session plénière de la Conférence consultative politique du peuple chinois, a stipulé que « le principe de la politique étrangère de la République populaire de Chine est de garantir l'indépendance, la liberté et l'intégrité de la souveraineté territoriale du pays, d'être pour la paix éternelle internationale et la coopération amicale entre les peuples de tous les pays, et d'être contre la politique d'agression et de guerre de l'impérialisme ».

Quant à l'établissement des relations diplomatiques et commerciales avec tous les pays du monde, il était bien clair que la Chine nouvelle ne poursuivait absolument pas les relations extérieures de la Chine ancienne (c'est-à-dire la République de Chine ou la Chine nationaliste). Sur cette question, le « Programme commun » a stipulé encore qu'avec « tout gouvernement étranger ayant rompu avec le gouvernement réactionnaire du KMT et adoptant une attitude amicale envers la République populaire de Chine, le gouvernement populaire central pourra procéder, sur une base d'égalité, d'avantages réciproques et de respect mutuel de la souveraineté territoriale, à des négociations pour établir des relations diplomatiques ». Selon encore le « programme commun », la Chine nouvelle pourra aussi « rétablir et développer, sur une base d'égalité et d'avantages réciproques, les relations commerciales avec les gouvernements et peuples étrangers[1] ». Ces stipulations reflètent entièrement les principes fondamentaux de la politique extérieure de la Chine nouvelle, à savoir « recréer le four avec toutes ses pièces » et « balayer la maison avant d'accueillir les hôtes », avancés par Mao Tsé-toung, début 1949[2].

Si la Chine nouvelle persévérait à donner la priorité à la « rupture des relations avec le KMT réactionnaire » pour l'établissement des relations diplomatiques avec l'étranger, jusqu'à considérer cette rupture comme une condition préalable à des négociations, c'était principalement dans le but d'exiger que les gouvernements étrangers ne reconnaissent, *de facto* et *de jure*, qu'une seule Chine, un seul gouvernement, c'est-à-dire qu'ils reconnaissent que le gouvernement populaire central de la République populaire de Chine était le seul gouvernement légal représentant le peuple chinois.

La condition qui exigeait de « rompre les relations diplomatiques avec le KMT » n'a pas été fondamentalement modifiée dans les négociations ultérieures relatives à l'établissement des relations sino-étrangères, elle n'a pas non plus été abandonnée. Pourtant, quelques accommodements et réajustements appropriés ont été introduits sur le plan tactique suivant des circonstances particulières et le développement de la situation internationale. On peut dire aussi que, dès le début, en matière d'établissement des relations diplomatiques avec l'étranger, la Chine a adopté une attitude privilégiant la qualité, et négligeant le nombre, tout en faisant preuve de patience.

Dans les années qui ont précédé la fondation de la Chine nouvelle, et pendant celles qui ont suivi, les dirigeants chinois ont considéré la France comme un pays impérialiste. Cela s'explique par l'entière dépendance de la France (en particulier à l'époque de la IVe République) à l'égard des

[1] *Quotidien du peuple*(《人民日报》), le 30 septembre 1949.

[2] Chou En-lai, *Notre politique et nos travaux diplomatiques* ( 周恩来《我们的外交方针和任务》), in *Textes diplomatiques choisis de Chou En-lai* (《周恩来外交文选》), Pékin, 1990, pp. 48-50.

États-Unis dans les domaines politique, diplomatique, économique et militaire, de l'hostilité française vis-à-vis de la Chine nouvelle dans le traitement des problèmes internationaux importants et de sa répression contre les peuples des colonies dans leur mouvement vers la libération et l'indépendance nationales. Dans les années qui ont suivi sa fondation, la Chine nouvelle a non seulement observé strictement, dans le traitement de ses relations avec la France tout comme avec les autres pays du camp impérialiste, la politique extérieure fondée sur les principes de « recréer le four avec toutes ses pièces » et de « balayer la maison avant d'accueillir les hôtes », mais a aussi persisté inébranlablement, pour la reconnaissance et pour l'établissement des relations diplomatiques, à exiger que la France « rompe d'abord ses relations avec le KMT réactionnaire ».

Pour élargir les contacts avec l'étranger et élever la place de la Chine nouvelle dans le monde, le gouvernement chinois a commencé à renoncer, dans les années 1950, notamment après les conférences de Genève et de Bandung et au fur et à mesure du changement des rapports internationaux et de la détérioration des relations sino-soviétiques, à la stratégie extérieure consistant à « pencher d'un seul côté » et à chercher, tout en mettant en pratique la théorie de « deux zones intermédiaires » (*liangge zhongjian didai*)[1], à établir et à développer, sur la base des cinq principes de coexistence pacifique, les relations amicales avec tous les pays du monde.

## B) Les affaires intérieures et extérieures de la France d'après-guerre

Après la guerre, le général de Gaulle n'a pas été confronté à une

[1] Peu après la Seconde Guerre mondiale, les États-Unis et l'URSS se sont disputé des zones d'influence. Mao Tsé-toung estimait, en 1946, qu'entre ces deux rivaux beaucoup de pays se trouvaient dans une zone qu'il a appelée « zone intermédiaire ». Dans les années 1960, il a explicité le concept de la « zone intermédiaire » en affirmant qu'il y avait deux zones intermédiaires, l'Asie, l'Afrique et l'Amérique latine appartenant à la première zone, l'Europe, le Canada et le Japon se trouvant dans la seconde. La Chine s'est efforcée de développer ses relations avec la première zone et d'améliorer ses relations avec les pays de la seconde zone.

guerre civile, mais, après avoir combattu en risquant sa vie et participé à la victoire contre le nazisme, il s'est retrouvé sans soutien politique et a dû démissionner moins d'un an et demi après avoir pris les fonctions de président du gouvernement provisoire de la République française. Cela montre l'intensité et la cruauté des batailles entre les partis politiques dans la France d'après-guerre.

## 1. Les affaires intérieures

Paris a été libéré le 25 août 1944 et, une semaine plus tard, le général de Gaulle a transféré le gouvernement provisoire d'Alger à Paris. Le 13 novembre 1945, le Parti communiste français (PCF), la Section française de l'Internationale ouvrière (SFIO) et le Mouvement républicain populaire (MRP), les trois partis les plus représentés à l'Assemblée, ont formé ensemble un nouveau gouvernement provisoire dont le général de Gaulle a assumé les fonctions de président. À partir de décembre, l'Assemblée constituante élue a préparé un projet de Constitution ; celui-ci n'accordait aucun pouvoir réel au président de la République, la plus grande partie du pouvoir revenant à l'Assemblée nationale, le gouvernement étant placé sous le contrôle direct de celle-ci. En d'autres termes, le rôle du gouvernement devait se limiter à la mise en œuvre des différentes résolutions adoptées par l'Assemblée. De Gaulle, qui s'était déclaré en faveur d'"un président de la République et d'un gouvernement dotés de plus grands pouvoirs que l'Assemblée, a mis son veto sur ce projet. À l'origine sans parti, sans soutien, de Gaulle, en tant que président du gouvernement provisoire, s'est retrouvé sans véritable autorité, et, en outre, il ne pouvait pas participer aux discussions relatives au projet de Constitution dans le cadre de l'Assemblée constituante ni prendre part à ce projet d'aucune autre façon. Il avait l'ambition de redonner à la France un statut de grande puissance, de reconstruire l'Europe, de se détacher du contrôle des États-Unis, mais il ne pouvait pas exprimer ses positions avec assez de force et encore moins les mettre en œuvre. De plus, dans le cadre de ce gouvernement provisoire, de Gaulle n'avait pas les moyens d'exercer librement ni totalement ses pouvoirs car il se heurtait sans cesse à des difficultés et à des obstructions délibérément créées par le

PCF et la SFIO. Le général de Gaulle était isolé et sans prise sur les événements, il éprouvait une frustration terrible en faisant l'expérience que la bureaucratie pouvait se montrer plus éprouvante et redoutable que le champ de bataille. Alors qu'il n'avait jamais reculé face aux attaques nazies, le général de Gaulle, après s'être interrogé longuement, a finalement décidé de sang-froid de battre en retraite, et, le 20 janvier 1946, déçu et amer, il a quitté la scène politique française.

Les Français de l'après-guerre avaient soif de paix et de stabilité, tout le monde attendait que la situation provisoire se termine le plus tôt possible. Ainsi, il n'était pas question de continuer à réfléchir trop longuement à une nouvelle Constitution. Le 13 octobre 1946, s'est tenu le référendum sur le projet de nouvelle Constitution ; elle a été adoptée à une faible majorité : la IVe République française était née. Les principales caractéristiques de la nouvelle Constitution sont : 1. La mise en place d'un système multipartiste dominé par le PCF, la SFIO et le MRP ; 2. En même temps qu'elle met en pratique un système parlementaire, la nouvelle Constitution renforce les pouvoirs de l'Assemblée nationale, alors qu'elle affaiblit les pouvoirs exécutifs du président de la République et du gouvernement. Ces institutions posaient un risque latent de courte durée de vie des gouvernements et d'instabilité politique.

Le 16 janvier 1947, Vincent Auriol a été élu président de la République ; le 21 janvier, Paul Ramadier, président du Conseil. Au début de la IVe République, la grande difficulté était de savoir comment organiser le nouveau cabinet, une fois que le choix du président de la République et du président du Conseil avait été finalisé. En effet, dans la liste des dirigeants de la IVe République, en plus du président de la République, du président du Conseil, du président de l'Assemblée nationale, du président de la Chambre haute (Conseil de la République), figuraient en bonne place les ministres membres du cabinet. Les partis politiques puissants s'affrontèrent pour faire entrer leurs membres dans le cabinet ; la SFIO, le MRP et le PCF formaient finalement un tripartisme. En apparence, les grands partis semblaient être assez satisfaits de cette manière de constitution du cabinet, ils pourraient coexister en harmonie, pendant un certain temps.

Cependant, l'importance des enjeux a fait que ce tripartisme n'a pas pu perdurer sur le long terme. Sa tranquillité apparente s'est bien vite brisée, étant donné que, quand il s'agissait de définir les politiques intérieure et extérieure, les membres des grands partis, au sein du cabinet, n'envisageaient pas la situation globalement ; en réalité, ils ne prenaient en compte que leur propre vision des choses et ne défendaient que leurs intérêts. Ainsi, le premier gouvernement de la IV^e^ République a duré à peine neuf mois (22 janvier-21 octobre 1947) ; les dissensions entre les trois grands partis au pouvoir ont provoqué sa chute. Par ailleurs, l'influence des États-Unis et de leur politique d'endiguement du communisme, le « *Containment* », dans un contexte de lutte acharnée entre les partis politiques français, a entraîné le départ des ministres communistes du gouvernement. La chute du premier gouvernement Ramadier a été un échec grave de la Constitution et du système de gouvernement de la IV^e^ République.

Après l'exclusion du PCF, Ramadier a immédiatement formé un deuxième gouvernement, lequel n'a pas tenu longtemps, moins d'un mois (22 octobre-19 novembre 1947), puis s'est effondré.

En réalité, la faible espérance de vie des gouvernements de la IV^e^ République et l'instabilité politique intérieure sont intimement liées à la définition de la Constitution de 1946. Si la Constitution n'était pas modifiée sans délai, la situation interne de la France continuerait inévitablement à se dégrader, et mènerait au chaos.

Vu la situation internationale changeante et l'instabilité de la situation politique française, le général de Gaulle « n'a pas pu rester inactif[1] ». Il ne pouvait plus supporter sa « retraite » dans une campagne reculée, et sous les appels, demandes et soutiens de personnalités de tous les milieux, il a quitté Colombey-les-Deux-Églises, et a commencé des activités politiques visant à s'opposer au régime et à la Constitution de la IV^e^ République. Il a pris position et demandé que la Constitution soit modifiée dans l'espoir de revenir à la vie politique et de mettre en application ses idées. Le 7 avril 1947, de Gaulle a prononcé un discours à Strasbourg qui attaquait violemment le système politique français et qui préparait la fondation du Rassemblement du peuple français (RPF), une

[1] Philippe de Gaulle, *De Gaulle, mon père – Entretiens avec Michel Tauriac*, p. 459.

organisation « au-dessus des partis politiques » pour sauver et réformer cette malheureuse nation. En avril 1953, il a participé aux élections et a été battu. En raison des difficultés internes et de divergences d'opinion de plus en plus fortes, le RPF a été dissous deux ans plus tard[1]. Le général de Gaulle a fait de nouveau ses adieux à la politique française, et est rentré chez lui pour continuer à écrire ses *Mémoires de guerre*.

Entre le jour de la naissance de la IVe République et le 1er juin 1958 quand l'Assemblée nationale française a autorisé le général de Gaulle à former un cabinet, 24 gouvernements se sont succédé, l'espérance de vie de chacun d'eux était en moyenne de six mois. Cette situation a été décrite par Edgar Faure, président du Conseil à deux reprises (en 1952 et en 1955), comme celle de gouvernements éphémères[2]. Parmi ces 24 gouvernements, celui qui a vécu le plus longtemps n'a duré que seize mois, celui qui a vécu le moins longtemps a mis à peine deux jours avant de s'effondrer. Les gouvernements de la IVe République n'étaient pas pérennes, ils étaient tous pratiquement des « feux de paille ».

En dépit de ces constantes crises de cabinet et de cette situation politique instable qui a duré douze ans, l'économie de la IVe République s'est presque totalement rétablie en peu de temps et a montré une tendance à la croissance, grâce à des nationalisations dans les principaux secteurs économiques, tels que le crédit, l'énergie, le transport aérien et la construction automobile, et sous l'impulsion du plan de Jean Monnet, appelé aussi « plan de modernisation et d'équipement » et à l'acceptation de l'aide économique des États-Unis sous la forme du plan Marshall. L'économie française est alors entrée dans une phase de prospérité, baptisée « *les Trente Glorieuses* » par le célèbre économiste français Jean Fourastié[3]. Ainsi, lorsqu'en 1958, le général de Gaulle est arrivé au pouvoir pour la deuxième fois, l'économie française était déjà complètement redressée. Toutefois, au cours de cette décennie, des

[1] Charles Williams, *The last great Frenchman: a life of General de Gaulle*, John Wiley & Sons, Inc. 1993, pp. 326-330.

[2] Zhang Xichang et Zhou Jianqing, *Histoire diplomatique de la France d'après-guerre* ( 张锡昌、周剑卿《战后法国外交史（1944-1992）》), p. 25.

[3] Jean Fourastié, *Les Trente Glorieuses ou la Révolution invisible de 1946 à 1975*, Paris, Fayard, 1979.

guerres coloniales ininterrompues – les guerres d'Indochine et d'Algérie – ont fait que, économiquement et militairement, la France a dû continuer à dépendre de l'aide des États-Unis, ce qui a rendu difficile son indépendance politique et diplomatique.

## 2. Les relations extérieures

Nous allons aborder, dans ce chapitre, les relations de la France avec les États-Unis et l'URSS, la guerre d'Indochine et la guerre d'Algérie, l'attitude de la France à l'égard de la Chine nouvelle, les relations de la France avec les autorités de Taïwan et les contacts non-gouvernementaux entre la Chine et la France. Tout cela fait aussi partie du contexte historique de la reconnaissance de la Chine par la France.

Parce qu'ils se disputaient l'hégémonie mondiale après la Seconde Guerre mondiale, les contradictions et différends entre les deux superpuissances – les États-Unis et l'URSS – devenaient de plus en plus compliqués et acharnés, si bien que leur alliance durant la guerre a pris fin avec la formation des deux camps, impérialiste et socialiste, et le commencement de la guerre froide. Ensuite, cette conjoncture, dans laquelle les deux pôles se dressaient l'un en face de l'autre, a duré des dizaines d'années et a gravement entravé l'établissement et le développement de l'ordre normal de la société internationale.

Pour défendre les intérêts propres de la France et réaliser le vœu de faire figurer la France aux côtés des grandes puissances, le général de Gaulle, qui présidait le GPF, a décidé que la France poursuivrait strictement une politique d'équilibre entre les États-Unis et l'URSS[1], face à leurs luttes pour établir des zones d'influence et obtenir l'hégémonie mondiale. Néanmoins, le général de Gaulle ne renonça pas à profiter des contradictions des deux grandes puissances, tout en restant à l'écart de leurs conflits.

Évidemment, compte tenu de la situation de l'après-guerre, il était impossible pour la France de ne pas s'en mêler ou de rester neutre. La France n'avait pas de troisième voie à suivre, elle était obligée de « pencher

[1] *Discours radiodiffusé*, le 10 décembre 1945, in *Charles de Gaulle, Discours et Messages – Pendant la guerre (juin 1940 – janvier 1946)*, Paris, Librairie Plon, 1970, p. 657.

d'un seul côté » ou de se rapprocher d'un camp. Nous le constatons lors de la visite du général de Gaulle en URSS le 10 décembre 1944, accompagné par son ministre des Affaires étrangères Georges Bidault, qui mena à la signature du « *Traité d'alliance et d'assistance mutuelle entre la République française et l'Union des républiques socialistes soviétiques* ». Ce traité portait sur au moins deux points importants : 1. Empêcher l'Allemagne de déclencher de nouveau une guerre d'agression contre la France ; 2. Ne pas compter uniquement sur la Grande-Bretagne et les États-Unis pour maintenir la sécurité ultérieure de la France. En outre, étant donné que, au cours de la guerre et après la guerre, le président américain Roosevelt avait cherché à évincer le général de Gaulle des grandes décisions et que les États-Unis avaient la volonté d'exercer leur influence sur la France d'après-guerre, le général de Gaulle souhaitait depuis longtemps que la France, en tant que grand pays, sur un pied d'égalité avec la Grande-Bretagne et l'URSS, puisse tenir tête aux États-Unis ; il a donc engagé un rapprochement avec l'URSS.

Aux yeux des Américains, le fait que le général de Gaulle se rapproche de l'URSS signifiait qu'il penchait du côté du camp socialiste. L'action du général de Gaulle a suscité le mécontentement des Américains et les a inquiétés. Par conséquent, au lieu de laisser faire, les Américains ont déployé tous leurs efforts pour attirer la France dans leur propre camp, car ils connaissaient bien ses besoins à l'époque de la reconstruction d'après-guerre. À ce moment, le *dollar gap* en France était devenu un très grand problème.

Les États-Unis étaient la seule puissance industrielle à n'avoir subi aucun dégât matériel sur son territoire pendant la Seconde Guerre mondiale. Non seulement le développement de son industrie n'avait pas été affecté, mais le produit national brut, pendant cinq ans, avait doublé, atteignant 215,2 milliards de dollars (1945). La France devait payer en dollars, soit pour acheter les produits alimentaires, soit pour se pourvoir en machines et en biens industriels, mais elle n'avait rien à exporter aux États-Unis pour obtenir du dollar[1], elle était donc obligée de demander l'aide économique des États-Unis.

[1] Jean-Baptiste Duroselle, *La France et les États-Unis —— Des origines à nos jours*, Paris, Éditions du Seuil, 1976, pp. 188-189.

Sur le plan politique, bien que le général de Gaulle préconisât l'équilibre et la neutralité vis-à-vis des deux superpuissances, sur le plan économique, il n'avait pas d'autre choix que d'affronter la réalité, et d'obtenir, dans la mesure du possible, l' appui américain.

La France a sollicité l'assistance des États-Unis en 1945 et 1946 en demandant par exemple aux Américains des crédits à long terme et en leur achetant du matériel militaire excédentaire. En outre, l'Export-Import Bank a offert à la France, et à maintes reprises, des crédits d'un montant de 2 milliards de dollars. Entre-temps, une série d'accords sur les échanges commerciaux avait été conclue entre la France et les États-Unis, mais cela n'était pas suffisant pour répondre aux besoins de la France. Les autres pays d'Europe se trouvaient dans la même situation. La situation économique en Europe a fait prendre conscience aux Américains qu'il faudrait que les États-Unis, tout en défendant leurs propres intérêts, répondent aux demandes d'assistance de la France et d'autres pays. À cet effet, il fallait définir un plan réfléchi, systématique et sur le long terme.

Après la démission du général de Gaulle, président du GPR, et avec le début de la guerre froide, les gouvernements provisoires de Félix Gouin, de Georges Bidault et de Léon Blum puis les gouvernements de la IV^e^ République ont non seulement renoncé à la politique indépendante à l'égard des États-Unis définies par le général de Gaulle, lequel cherchait l'assistance américaine mais refusa les conditions ajoutées[1], mais ils ont entraîné peu à peu la France dans le camp américain. Par conséquent, les relations entre la France et l'URSS, son allié naturel, se sont graduellement refroidies. Désormais, la France avait perdu son indépendance et sa liberté dans sa politique, son économie, sa défense et sa diplomatie, qui étaient progressivement passées sous le contrôle des Américains.

Le rapport de dépendance entre la France et les États-Unis a non seulement défini la nature de ses relations avec l'URSS, mais affecté le développement de ses relations politiques et diplomatiques avec d'autres pays.

Le premier pas décisif de la France dans le rapprochement avec les

[1] Wu Guoqing, *Histoire politique de la France d'après-guerre* (吴国庆《战后法国政治史（1945–2002）》), Pékin, 2004, p. 19.

États-Unis a été d'accepter le « *European Recovery Program* », nommé aussi plan Marshall, que les États-Unis avaient mis en place à partir de 1948. Ce programme a été, pour les États-Unis, la première démarche importante dans la mise en pratique de la politique d'alliance Atlantique, du renforcement des coopérations économiques, politiques et militaires avec les pays de l'Europe occidentale ; il avait aussi pour objectif de contrôler l'Europe occidentale et prétendre enfin à l'hégémonie mondiale.

Avant que le « *European Recovery Program* » soit voté par le Congrès, la France, comme d'autres pays d'Europe, avait demandé, plus d'une fois, l'aide économique des États-Unis. Le président américain Truman ne voulait plus attendre, il a déclaré : « Les peuples affamés se tournent vers les États-Unis. Nous ne devons pas les décevoir ». Tout de suite, le gouvernement américain décida d'allouer, comme « aide intérimaire », 580 millions de dollars et la France en obtint les trois cinquièmes. « De 1948 à 1952, l'aide Marshall atteignit 13,8 milliards de dollars dont 2,7 milliards pour la France[1] ». La Grande-Bretagne est le pays qui a reçu le plus d'aides du plan Marshall, avec une aide qui a atteint environ 3,1 milliards de dollars, la France étant le deuxième. Le plan Marshall était bien connu en France. Un grand nombre de Français étaient très reconnaissants de la générosité américaine, mais il y avait aussi des gens qui critiquaient la façon dont le gouvernement « tendait la main ». Quoi qu'il en soit, la pratique du plan Marshall en France a effectivement joué un grand rôle dans l'amélioration des relations franco-américaines.

Il y a un dicton en Chine qui dit que « vous devez travailler pour celui qui vous a donné de l'argent ». Il est vrai que, ayant reçu une aide économique si importante des États-Unis, la France s'est évertuée à une opposition quasi systématique au communisme et à l'URSS pendant la guerre froide. Ainsi, pendant la guerre de Corée, la France a combattu aux côtés des États-Unis ; dans le « front commun » de non-reconnaissance de la Chine nouvelle, la France a suivi la politique américaine qui consistait à contenir la Chine sur le plan politique, l'isoler sur le plan diplomatique et la bloquer sur le plan économique par un embargo.

---

[1] Jean-Baptiste Duroselle, *La France et les États-Unis —— des origines à nos jours*, p. 191.

La guerre de Corée s'est déclenchée le 25 juin 1950. Le 7 juin, le Conseil de sécurité de l'ONU a autorisé, par une manoeuvre américaine, les États-Unis à établir un quartier général, à organiser un corps expéditionnaire de l'ONU et à le commander. Peu après, la France a elle aussi organisé un bataillon de l'ONU et l'a envoyé en Corée. À partir de ce moment, l'aide économique accordée à la France par les États-Unis est devenue militaire. Les armes fournies par les Américains ont été utilisées non seulement sur le champ de bataille en Corée, mais surtout dans la guerre d'Indochine.

Le deuxième pas important de la France dans le rapprochement avec les États-Unis a été de leur apporter son assistance pour organiser, dans le but de contenir l'URSS, l'alliance politique et militaire appelée Organisation du traité de l'Atlantique Nord (OTAN).

Il était très clair pour la Grande-Bretagne et pour la France qu'une défense très forte était nécessaire dans le contexte de la reconstruction économique de l'Europe occidentale de l'après-guerre. Le 4 mars 1947, les deux pays ont signé, à cet effet, le traité de Dunkerque, afin de renforcer l'alliance de défense entre les deux pays et de prévenir les représailles des Allemands. Un an après, les deux pays ont encore signé, le 17 mars 1948, avec le Luxembourg, la Belgique et les Pays-Bas, le traité de Bruxelles. Ainsi, le cadre de la sécurité et de la défense mutuelle s'étendrait à ces cinq pays de l'Europe occidentale. Cependant, peu de temps après, la crise de Berlin a éclaté. L'URSS a bloqué Berlin, les pays de l'Europe occidentale, tels que la Grande-Bretagne et la France, sont alors pris de panique. Ils se sont rendu compte que l'alliance de défense des cinq pays de l'Europe occidentale ne suffirait pas à résister à une agression éventuelle de la part de l'URSS, il leur faudrait solliciter l'appui des États-Unis. Par la suite, les ministres de la Défense et les conseillers généraux des cinq pays se sont rencontrés secrètement au Pentagone et ont réfléchi avec leurs homologues américains et canadiens à une solution. Souhaitant l'appui américain[1], ils ont proposé de nouer une alliance militaire avec les États-Unis et le Canada. Le 4 avril 1949, les États-Unis,

---

[1] Chen Wenhai, *Histoire de France* (陈文海《法国史》), p. 519.
Pierre Piérart, *La Nouvelle Politique de l'OTAN*,
http://www.csotan.org/ao/article.php?ao_id=1&art_id=6&Mois=mars&Year=2000.

la Grande-Bretagne, la France, le Luxembourg, la Belgique, les Pays-Bas, le Canada, l'Italie, le Portugal, la Norvège, le Danemark et l'Islande ont signé le traité de l'Atlantique Nord à Washington et créé l'entité militaire de l'alliance Atlantique – l'Organisation du traité de l'Atlantique Nord. La France n'a pas assumé une fonction importante dans l'OTAN, quoiqu'elle ait activement contribué à sa création. Le gouvernement et la population française n'ont pas beaucoup manifesté leur mécontentement à ce sujet pendant la IV$^{e}$ République. Le phénomène a été décrit par le général de Gaulle, lorsqu'il a fait un commentaire sur le traité de la Communauté européenne de Défense, signé par la France, la République fédérale d'Allemagne, les Pays-Bas, la Belgique et le Luxembourg le 27 mai 1952. À cette occasion, il a déclaré que « des traités d'une immense portée, concernant tant l'Allemagne, que la "Communauté européenne de Défense", viennent d'être récemment conclus. À travers l'obscurité où s'abritent les responsables, malgré la résignation d'un trop grand nombre de Français, au mépris des invectives des séparatistes qui affectent de s'élever contre la dépendance de la France pour aider leurs propres maîtres à la réduire en servitude, j'ai le devoir d'avertir la nation que ces traités sont, pour notre pays, des protocoles d'abandon[1] ».

Bien sûr, la France de l'époque de la IV$^{e}$ République n'était pas toujours obéissante, il existait aussi des contradictions entre elle et les États-Unis. Elles se manifestaient généralement de la façon suivante : 1. Les États-Unis étouffaient la France et ne lui permettaient pas d'entrer dans la direction de l'OTAN ; 2. Tout en s'opposant au déploiement des missiles nucléaires sur le territoire français par les États-Unis, la France persistait à développer ses propres forces nucléaires, malgré l'obstruction américaine ; 3. La France hésitait entre arrêter ou poursuivre les guerres coloniales, il en était de même dans sa lutte contre le communisme.

Les contradictions entre la France de la IV$^{e}$ République et les États-Unis sont, en fin de compte, des problèmes de contrôle et de contre-contrôle[2]. Néanmoins, la France ne paraissait pas toujours résolue ni

---

[1] Charles de Gaulle, *Discours et messages —— Dans l'attente (février 1946-avril 1958)*, Paris, Librairie Plon, 1970, p. 523.

[2] Zhang Xichang et Zhou Jianqing, *Histoire diplomatique de la France d'après–guerre*（张锡昌、周剑卿《战后法国外交史（1944-1992）》）, pp. 38-43.

vigoureuse dans la lutte contre le contrôle américain, étant donné qu'elle s'était enlisée profondément dans les guerres coloniales d'Indochine et d'Algérie, et qu'elle avait besoin de l'aide continue des États-Unis, tant militaire qu'économique.

## 2.1 Les guerres d'Indochine et d'Algérie

Les raisons fondamentales de la chute de la IV^e^ République ont été le déséquilibre causé par les crises politiques, et les guerres déclenchées pour récupérer les colonies et restaurer l'intégrité de l'empire français.

### 2.1.a La guerre d'Indochine

Le général de Gaulle connaissait bien le rapport entre les colonies et le sort de l'Empire français – sa prospérité, sa dégradation, son existence et sa chute. C'était la raison pour laquelle il ne se résignait à perdre aucune colonie. Il s'était demandé, bien avant la libération de la France, comment replacer, sous forme de « l'Union française », les colonies sous la domination française. Il ne voulait pas que l'Indochine soit, par des manipulations du président américain Roosevelt, récupérée par la Chine ou placée sous la tutelle internationale par la Chine et la Grande-Bretagne, et conduite par elles vers l'indépendance. Il a envoyé, au début 1945, Jean Sainteny, Pierre Messmer et Paul Mus en Indochine dans la perspective d'organiser la résistance contre l'agression du Japon, d'occuper de nouveau l'Indochine et d'y rétablir l'autorité française. Mais, il n'a pas pu réussir. Peu de temps après « l'incident du 9 mars », il a annoncé, le 24 mars 1945, qu'il fallait reprendre l'Indochine, arrêter toute tentative d'indépendance au sein de l'empire colonial et établir une « Fédération indochinoise » dans le cadre de « l'Union française ». En août de la même année, le général Leclerc a dirigé le corps expéditionnaire de France en Extrême-Orient, sur l'ordre du général de Gaulle. Il est arrivé à Saigon en octobre et a procédé, avec le commandant anglais, à l'opération de la relève des troupes anglaises par les troupes françaises au sud du 16^e^ parallèle. Pourtant, à ce moment, le corps expéditionnaire français ne pouvait pas entrer immédiatement dans la zone d'occupation chinoise.

Quant à la proclamation de l'indépendance et de la fondation de la République démocratique du Vietnam par Hô Chi Minh à Hanoi, ce sont des événements que le général de Gaulle n'avait pas du tout pris en considération. Malgré la démission du général de Gaulle, la France n'allait pas renoncer à son autorité au Vietnam mais, au contraire, elle allait accélérer sa restauration. Dirigé par le général Leclerc, le corps expéditionnaire français a débarqué à Haiphong et est entré dans Hanoi au mois de mai 1946. La Chine a retiré toutes ses troupes après la relève par les troupes françaises. Cependant, cela ne signifiait pas que la France avait désormais restauré sa colonisation en Indochine, car la République démocratique du Vietnam avait été proclamée suite à la capitulation japonaise. Les problèmes du Vietnam auraient dû être résolus par l'autodétermination de son peuple mais, à l'encontre de la volonté des Vietnamiens, d'Argenlieu, haut-commissaire de France et commandant en chef pour l'Indochine, tout en violant la « *Convention préliminaire et l'Accord annexe* » et en niant l'existence de la République démocratique du Vietnam, a proclamé, avec le consentement de Marius Moutet, ministre des Colonies, la République autonome de Cochinchine, afin de séparer la Cochinchine et l'Annam du Vietnam.

Entre novembre et décembre 1946, plusieurs conflits armés franco-vietnamiens ont éclaté à Haiphong, qui ont fait plus de 6 000 morts dont la plupart étaient des civils. Le 20 décembre, Hô Chi Minh a lancé l'appel à la résistance nationale. Ce qui a déclenché la première guerre d'Indochine, qu'on appelle aussi la « sale guerre ».

Au début de la guerre, l'armée populaire du Vietnam était inférieure en comparaison avec le corps expéditionnaire français, tant en matière d'armes et d'équipements, qu'en matière d'expériences de combat, et elle manquait d'appui et d'aide. Si la guerre a duré huit années, on peut dire objectivement que c'est en grande partie en raison des interventions de la Chine, des États-Unis et de l'URSS.

La Chine nouvelle a commencé son assistance à l'armée populaire du Vietnam en matière d'armes, d'équipements, de matériel et d'entraînement militaire, après sa reconnaissance de la République démocratique du Vietnam en janvier 1950[1]. En même temps, les États-Unis, ayant constaté que la Chine et l'URSS soutenaient le Vietnam dans sa résistance contre la France, ont accru leur soutiens militaire et économique à celle-ci, quoique les Américains sachent parfaitement bien que la guerre d'Indochine était un conflit déclenché par la France pour y restaurer sa domination. Aux yeux des Américains, la France se battait aussi pour étouffer l'extension communiste en Asie. « D'après les statistiques publiées par le Sénat des États-Unis, les 3,6 milliards de dollars de l'aide militaire et économique accordée par les États-Unis entre juin 1950 et mai 1954 pour la guerre d'Indochine équivalent à 80 % de l'ensemble des frais engagé dans cette guerre par la France[2]».

Malgré le soutien généreux des États-Unis, la France a perdu la guerre lors de la bataille de Diên Biên Phu, le 7 mai 1954, et a retiré son corps expéditionnaire, en quittant cette région « la tête basse[3] », après avoir signé l'accord sur l'Indochine le 21 juillet à Genève.

Le cessez-le-feu en Indochine et la sortie de la France d'une guerre pénible en juillet 1954 sont dûs, dans une large mesure, à la Chine nouvelle, car celle-ci a consacré beaucoup d'énergie, à la veille et pendant la conférence de Genève, à résoudre le conflit en Indochine et à engager les deux parties belligérantes à conclure un accord de paix.

La Chine a collaboré à trouver une solution pacifique aux problèmes de Corée et d'Indochine, après la signature du « *Korean Armistice Agreement* » à Panmunjeom le 27 juillet 1953. Pour cette raison, elle a prêté beaucoup d'attention à la réaction des États-Unis, de la Grande-Bretagne et de la France face à la proposition que l'URSS leur a faite en septembre de la même année de tenir une réunion des ministres des Affaires étrangères de cinq pays (l'URSS, les États-Unis, la Grande-Bretagne, la France et la Chine), pour examiner les mesures de détente internationale. L'année suivante, aux mois de janvier et février, s'est tenue à Berlin une réunion des ministres des Affaires étrangères de quatre

[1] Pei Jianzhang, *Histoire de la diplomatie de la République populaire de Chine* (裴坚章主编《中华人民共和国外交史》), vol. 1 (1949-1956), pp. 220-222.

[2] Zhang Xichang et Zhou Jianqing, *Histoire diplomatique de la France d'après-guerre* (张锡昌、周剑卿《战后法国外交史（1944–1992）》）, p. 37.

[3] Philippe de Gaulle, *De Gaulle, mon père —— Entretiens avec Michel Tauriac*, p. 501.

pays : l'URSS, les États-Unis, la Grande-Bretagne et la France. Quoique la Chine n'ait pas été conviée à cette réunion, la décision a été prise de l'inviter à participer à la conférence qui se tiendrait à Genève en avril. Lors de la réunion, il a aussi été décidé d'inviter les pays intéressés aux problèmes de la Corée et de l'Indochine à envoyer des délégués assister à des discussions.

Le 24 avril, la délégation chinoise, dirigée par le Premier ministre et ministre des Affaires étrangères, Chou En-lai, est arrivée à Genève. La conférence s'est ouverte deux jours après et c'est d'abord le problème de la Corée qui a été abordé.

Le 8 mai, c'est-à-dire le lendemain de la défaite française à la bataille de Diên Biên Phu, on commença à discuter spécialement du problème de l'Indochine.

**Arrivée à Genève de la délégation chinoise en avril 1954.**

Le 12 juin, peu après la bataille de Diên Biên Phu, le gouvernement de Joseph Laniel a été dissous. Le 18 juin, Pierre Mendès France, radical-socialiste, a été autorisé par l'Assemblée nationale à mettre en place un nouveau gouvernement et à y cumuler les fonctions de ministre des

Affaires étrangères et de président du Conseil. Un jour plus tôt, le 17 juin, il avait annoncé, dans un discours, qu'il se donnait un délai d'un mois pour aboutir à un « accord raisonnable », faute de quoi il démissionnerait. Il est ensuite parti pour Genève avec la nouvelle délégation française et a pris la relève de son prédécesseur, M. Georges Bidault.

La discussion sur la restauration de la paix en Indochine n'était pas plus facile que celle sur le problème de Corée. Elle a duré deux mois et demi.

Pour que la conférence soit couronnée de succès, la délégation chinoise a fait des efforts considérables. Par exemple, quand la discussion sur le cessez-le-feu au Laos et au Cambodge rencontrait de grandes divergences et se trouvait dans l'impasse, Chou En-lai, chef de la délégation chinoise, s'est individuellement et à maintes reprises entretenu avec ses homologues, à savoir le ministre des Affaires étrangères anglais Robert Anthony Eden ; le président du Conseil et ministre des Affaires étrangères français, Pierre Mendès France[1] ; le vice-Premier ministre et ministre des Affaires étrangères vietnamien Pham Van Dong ; le ministre des Affaires étrangères soviétique, Vyacheslav Mikhaylovich Molotov, etc. Par ailleurs, Chou En-lai s'est rendu spécialement, lors de la suspension de la conférence, à Liuzhou (ville importante du Guangxi en Chine) pour s'entretenir avec le président Hô Chi Minh et d'autres dirigeants du Vietnam qui y étaient en vacances. Grâce aux services d'intermédiaires, aux entretiens et aux consultations de la délégation chinoise, les parties se sont mises d'accord et, le matin du 21 juillet, les accords concernant l'armistice et la cessation des hostilités ont été signés.

Une guerre de huit années consécutives en Indochine a fait connaître, dans une certaine mesure, au peuple français les conséquences dramatiques du bellicisme et le prix qu'il faut payer pour son action.

[1] *Résumé des entretiens entre le Premier ministre et ministre des Affaires étrangères Chou En-lai et le président du Conseil et ministre des Affaires étrangères Pierre Mendès France au cours de la conférence de Genève* , le 23 juin 1954, Archives du ministère des Affaires étrangères de Chine (AMAEC), n° 206-00006-06.
*Résumé des entretiens entre le Premier ministre et ministre des Affaires étrangères Chou En-lai, le président du Conseil et ministre des Affaires étrangères Pierre Mendès France et ministre des Affaires étrangères anglais R. A. Eden au cours de la conférence de Genève*, le 19 juillet 1954, AMAEC, n° 206-00006-08.

**Chou En-lai et Pierre Mendès France à la conférence de Genève de 1954.**

Pourtant, ceux qui exerçaient le pouvoir n'ont pas tiré la leçon de cette guerre. Par conséquent, la France a été traînée dans une autre « sale guerre » – la guerre d'Algérie –, alors qu'elle venait à peine de clore la guerre d'Indochine et que le mouvement de la décolonisation était déjà devenu la tendance dominante dans le monde dans les années 1950.

### 2.1.b La guerre d'Algérie

Les intérêts coloniaux de la France en Afrique du Nord se situaient essentiellement en Algérie, puis en Tunisie et au Maroc. Les relations de ces trois pays avec la France n'ont pas été identiques dans l'histoire. Dans ce chapitre, nous n'aborderons pas les cas de la Tunisie et du Maroc, nous verrons uniquement celui de l'Algérie, avec la guerre qui s'ensuivit.

Au mois de mai 1830, la France a attaqué l'Algérie avec un effectif de 30 000 hommes et l'a conquise après une guerre sanglante et d'horribles massacres : un tiers de la population algérienne a perdu la vie dans la guerre de résistance contre l'agression coloniale française[1]. Abd el-Kader, chef de la résistance, a été obligé de se rendre en décembre 1847. L'Algérie a été déclarée territoire français un an après. Un peu plus tard, elle a été divisée en trois départements français : Alger, Oran et Constantine. Après cette conquête, pendant près d'un siècle, l'Algérie a été considérée comme une partie intégrante du territoire français.

Pendant la Première Guerre mondiale, quelque 26 000 Algériens sont morts sur le champ de bataille pour la protection de la France ou de ses colonies. Durant la Seconde Guerre mondiale, Alger a été non seulement le siège du commandement des forces alliées en Afrique du Nord, mais aussi, pendant un certain temps, la capitale du GPRF. Et, dans cette guerre de résistance contre l'agression de l'Allemagne nazie, les Algériens qui ont donné leur vie pour la libération de la France et de ses colonies sont nombreux.

Le 8 mai 1945, au moment où la France célébrait la victoire de la guerre de résistance contre l'Allemagne, dans plusieurs villes comme Sétif et Guelma en Algérie, les habitants, sous la direction des nationalistes, ont manifesté contre la domination coloniale française et pour l'indépendance. Ils se sont confrontés à la police armée française. Le GPRF a donné l'ordre de réprimer les émeutes, et des dizaines de milliers d'Algériens sont morts du fait de cette répression militaire[2]. Ces événements sont connus sous le nom de « massacres de Sétif et Guelma ». C'était le commencement de la guerre d'Algérie[3].

Dans la nuit du 1er novembre 1954, dans les Aurès, sous la direction du Front de libération nationale (FLN) qui venait d'être créé, le peuple algérien a lancé une insurrection armée contre les forces coloniales françaises. Le jour qui avait été choisi était celui de la Toussaint, cette nuit d'insurrection est donc aussi appelée la « Toussaint rouge ». Les historiens considèrent généralement le 1er novembre 1954 comme le début de la guerre d'Algérie et le 5 juillet 1962, proclamation de l'indépendance,

[1] http://fr.wikipedia.org/wiki/Histoire_de_l'Algérie.
http://www.herodote.net/histoire/evenement.php?jour=18300614.

[2] Wu Guoqing, *Histoire politique de la France d'après-guerre* (吴国庆《战后法国政治史（1945–2002）》), p. 23.

[3] Charles Williams, *The last great Frenchman: a life of general de Gaulle*, p. 300.

comme le dernier jour de cette guerre, qui met fin à cent trente-deux années de domination coloniale française en Algérie.

Face à la révolte des Algériens contre la domination des Français, Pierre Mendès France a préconisé la répression à tout prix. Ainsi, le 12 novembre 1954, il a déclaré à l'Assemblée nationale : « L'Algérie est la France, elle n'est pas un pays que nous protégeons ». Il a ajouté : « Il n'y aura aucun ménagement contre la sédition, aucun compromis avec elle, chacun ici et là-bas doit le savoir. [...] On ne transige pas lorsqu'il s'agit de défendre la paix intérieure de la nation, l'unité, l'intégrité de la République. Les départements d'Algérie constituent une partie de la République française. Ils sont français depuis longtemps et d'une manière irrévocable. [...] Jamais la France, aucun gouvernement, aucun Parlement français, quelles qu'en soient d'ailleurs les tendances particulières, ne cédera sur ce principe fondamental[1] ».

Le même jour et dans le même lieu, François Mitterrand, ministre de l'Intérieur, s'est écrié avec émotion : « Les départements de l'Algérie sont des départements de la République française. En trois jours, tout a été mis en place ». Quand on lui a demandé : « Est-ce pour maintenir l'ordre ? » Il a répondu : « Non, pas seulement. C'est pour affirmer la force française et marquer notre volonté... L'Algérie, c'est la France ! ». Un mois plus tôt, le 5 novembre 1954, alors que les premiers combats avaient commencé, François Mitterrand avait déjà clamé : « La rébellion algérienne ne peut trouver qu'une forme terminale : la guerre ». Puis, il avait affirmé : « L'Algérie, c'est la France[2] ».

Ainsi, sous les mots d'ordre : « Maintenir l'intégrité territoriale de France », on s'est enfoncé dans la guerre d'Algérie et cela a été l'escalade.

La cible de la répression était le FLN algérien et son armée – l'Armée de libération nationale (ALN), qui avait été créée en octobre 1954 avec un effectif de quelque 500 personnes et qui, en l'espace de quelques mois, s'était accrue avec plus de 15 000 personnes. Pour exterminer cette armée populaire algérienne, la France a d'abord envoyé 100 000 soldats dans les

---

[1] Zhang Xichang et Zhou Jianqing, *Histoire diplomatique de la France d'après-guerre* ( 张锡昌、周剑卿《战后法国外交史（1944–1992）》1, p. 84.

[2] Anido Mirolo, *François Mitterrand et ses heures noires*, 23 octobre 2010, http://blogs.mediapart.fr/blog/anido-mirolo/231010/francois-mitterrand-et-ses-heures-noires.

Aurès, avant de faire venir plus de 300 000 hommes en renfort un peu plus tard. Sous l'effet de la répression de l'armée française, les activités du FLN, qui avaient d'abord été des attaques surprises de camps militaires, de la police et des destructions d'installations de télécommunications, se sont transformées en guérilla.

N'ayant pas obtenu la confiance de l'Assemblée nationale sur la résolution du conflit en Algérie, le gouvernement de Pierre Mendès France est tombé début février 1955. Fin février, une autre personnalité issue du même parti que Pierre Mendès France, Edgar Faure, a été nommé président du Conseil.

La politique du gouvernement d'Edgar Faure en Afrique du Nord a été à peu près la même que celle de Pierre Mendès France. Au Maroc et en Tunisie, il a été obligé de suivre la même politique ; quant à l'Algérie, il a dû continuer à y envoyer des troupes pour renforcer la répression du mouvement d'indépendance. Début 1956, peu après la chute du gouvernement d'Edgar Faure, les effectifs français étaient montés à 400 000 hommes, une grande partie d'entre eux revenait des champs de bataille d'Indochine, ou bien étaient des autochtones algériens recrutés par l'armée française.

Le 30 janvier 1956, le secrétaire général de la SFIO, Guy Mollet, a été autorisé à former un gouvernement. Lui aussi était un fidèle colonialiste qui ne se résignait pas à renoncer à l'Algérie. Si son gouvernement a pu se maintenir pendant seize mois et devenir le gouvernement qui a duré le plus longtemps parmi les 24 gouvernements de la IV$^{e}$ République, c'était parce qu'il maîtrisait parfaitement les rouages de la politique et savait gouverner selon l'opinion du moment. Bien que le Maroc et la Tunisie aient obtenu l'indépendance pendant son exercice du pouvoir, la situation en Algérie s'est aggravée en dépit de ses « réformes » et de ses « cessez-le-feu ».

Pendant le gouvernement de Guy Mollet, alors que l'esprit colonialiste est profondément enraciné en France, deux affaires graves sont survenues, directement liées aux relations de la France avec ses colonies et avec les pays du tiers-monde, à savoir « l'affaire du détournement d'avion » (appelée aussi « l'affaire du kidnapping en Algérie » ou « l'affaire Ben Bella ») et « l'Affaire du canal de Suez ».

Au début de son mandat, Guy Mollet a transformé les fonctions de gouverneur général d'Algérie en celles de ministre résident en Algérie, sous prétexte de réforme. D'une part, il préconisait la résolution pacifique du problème algérien, d'autre part, il renforçait l'armée française en Algérie. Le remplacement du gouverneur général Jacques Soustelle par le ministre résident G. Catroux a suscité une réaction tellement forte parmi les « pieds-noirs » que lorsque Guy Mollet s'est rendu personnellement à Alger, le 6 février 1956, pour préparer l'entrée en fonction du général Catroux, âgé de 79 ans, il a été reçu par une violente opposition. Plus de vingt mille manifestants l'attendaient au centre d'un escalier-jardin où le président du Conseil devait déposer une gerbe devant le monument aux morts. Quand il est descendu de sa Delahaye, un grondement assourdissant de la foule en colère s'est élevé : « Guy Mollet à Paris ! » « L'armée avec nous ! » « Al-gé-rie fran-çaise ! » Des balcons s'abattait sur le cortège une pluie de légumes et de tomates mûres, dont plusieurs se sont écrasées aux pieds du président du Conseil[1]. Guy Mollet a été obligé de remplacer le général Catroux par Robert Lacoste, ministre des Finances et de l'Économie, et de lui conférer les pleins pouvoirs afin de traiter les problèmes de l'Algérie.

À travers cet incident, nous constatons que les « pieds-noirs » ont pris conscience qu'ils ne pourront protéger leurs propres intérêts politiques et économiques qu'en s'opposant à la séparation de l'Algérie de la France et en luttant pour la sauvegarde de l'« intégrité territoriale de la République ». À partir de cette date, ils ont organisé des activités contre l'indépendance de l'Algérie, contre la réforme du système politique algérien, tout en exerçant une pression sur le gouvernement français afin qu'il prenne des mesures pour réprimer le mouvement d'indépendance. Cette « journée des tomates » a modifié la politique du gouvernement Guy Mollet en Algérie.

Entre mars et avril 1956, le gouvernement Guy Mollet a pris plusieurs mesures pour renforcer l'armée française en Algérie. Il a allongé la durée du service militaire de dix-huit mois à vingt-sept mois et fait rappeler les réservistes. Au mois de juin, les effectifs français en Algérie

[1] http://www.herodote.net/6_fevrier_1956-evenement-19560206.php

s'élevaient à 400 000 hommes et ils ont atteint 600 000 hommes en septembre. Il était alors évident que Guy Mollet avait pris la décision d'abandonner les négociations de paix et qu'il était prêt à restaurer l'ordre en Algérie par la force.

Depuis la « Toussaint rouge », le FLN insistait sur la possibilité de paix en Algérie sous condition de la reconnaissance du droit à l'indépendance et à la souveraineté du peuple algérien. Les représentants de la SFIO ont pris des contacts secrets avec les représentants du FLN à cet effet, mais ils n'ont pas pu aboutir à des résultats concrets, le gouvernement français n'étant pas prêt à négocier. Afin de forcer le FLN à se rendre, le ministre résident en Algérie, Robert Lacoste, a décidé, après des discussions secrètes avec Guy Mollet, de mettre en pratique la stratégie de « capturer d'abord le chef[1] ».

Le 22 octobre 1956, Robert Lacoste a fait détourner par l'armée un avion qui volait de l'Algérie vers la Tunisie, arrêter Ahmed Ben Bella et les cinq autres représentants du FLN qui se trouvaient à bord et les a fait emprisonner. Cette action de Robert Lacoste n'a pas eu pour effet de désagréger les forces du FLN en Algérie, au contraire, elle a accru la résistance du peuple algérien contre la domination coloniale française, a éveillé la sympathie des pays et peuples épris de liberté et de paix pour le mouvement de libération nationale de l'Algérie, et a suscité leur soutien.

Une semaine après « l'affaire du détournement d'avion », la France, alliée avec la Grande-Bretagne et Israël, s'est lancée dans une attaque militaire contre l'Égypte. Il s'agissait de l'« affaire du canal de Suez » survenue entre octobre 1956 et mars 1957, appelée également la « crise de Suez », la « guerre du canal de Suez », la « bataille du Sinaï », la « seconde guerre au Moyen-Orient ».

Ce qui a déclenché l'« affaire du canal de Suez » a été la décision prise par le président égyptien Gamal Abdel Nasser de nationaliser la Compagnie universelle du canal maritime de Suez et de faire gérer le transport du canal par le gouvernement égyptien. La décision du président Gamal Abdel Nasser était une action de sauvegarde de l'indépendance et de la dignité nationales. En outre, au regard des luttes

[1] « Capturer d'abord le chef » signifie que, pour arrêter les bandits, il faut d'abord capturer leur chef.

internationales à cette époque, l'« affaire du canal de Suez » est aussi une manifestation du combat pour l'hégémonie mondiale entre les États-Unis et l'URSS pendant la « guerre froide ».

Gamal Abdel Nasser s'est efforcé, dès le début de son exercice du pouvoir, d'extraire l'Égypte du contrôle qu'exerçaient les pays occidentaux, ayant à leur tête les États-Unis, et de diriger progressivement son pays vers l'indépendance totale dans les domaines politique, économique, diplomatique et militaire. Il s'est rapproché activement des pays du camp dit socialiste, tels que l'URSS, la République démocratique allemande, la Tchécoslovaquie et la Chine. De plus, l'Égypte a reconnu la Chine et établi avec elle des relations diplomatiques au rang d'ambassadeur. Les États-Unis ont alors menacé, sous divers prétextes, de se retirer du plan de crédit prévu pour la construction du barrage d'Assouan sur le Nil[1], afin de sanctionner le gouvernement de Gamal Abdel Nasser. Peu de temps après, sous l'influence des États-Unis, le groupe de la Banque mondiale s'est dégagé de sa promesse qui consistait à fournir des crédits à l'Égypte. Le retrait financier de la Grande-Bretagne, qui a aussi manqué à sa parole, peut être considéré comme une mesure coercitive pour avoir été forcée de retirer ses troupes militaires stationnées dans la zone du canal de Suez. Gamal Abdel Nasser devait se procurer de l'argent pour construire le barrage d'Assouan, il a donc pris la décision, le 26 juillet 1956, de nationaliser la Compagnie universelle du canal maritime de Suez.

La France a été la plus directement touchée par la nationalisation de la Compagnie universelle du canal maritime de Suez, la Grande-Bretagne l'a été un peu moins. Mais, comme cette dernière avait été contrainte de retirer ses troupes, elle a décidé, après s'être concertée confidentiellement avec la France, de recourir à la force contre l'Égypte. Suivant leurs propres intérêts, les États-Unis n'étaient pas d'accord avec la décision franco-anglaise et souhaitaient recourir à une intervention internationale. À la mi-octobre, la Grande-Bretagne et la France ont pris la décision de résoudre le problème par la force, sans les États-Unis, mais en s'alliant avec Israël dont les relations avec l'Égypte s'aggravaient de jour en jour.

[1] Nicole Deney, *Les États-Unis et le financement du barrage d'Assouan*, in *Revue française de science politique*, 12e, année 1962, n° 2, pp. 360-398.

Fin octobre, l'attaque de l'Égypte par les armées des trois alliés – la Grande-Bretagne, la France et Israël – a été déclenchée. Mécontents de l'action franco-anglaise, les États-Unis, en contact avec l'URSS, ont fait des démarches auprès du Conseil de sécurité de l'ONU afin qu'il intervienne. Le 20 novembre, celui-ci a tenu une réunion d'urgence qui a abouti à exiger le retrait des troupes étrangères d'Égypte.

Le 22 décembre, la Grande-Bretagne et la France ont retiré leurs troupes sous la pression américaine, tandis qu'Israël a attendu jusqu'en mars 1957 pour évacuer son armée de la péninsule du Sinaï.

L'« affaire du canal de Suez » n'était pas une simple agression. De la part de la France, elle était étroitement liée à la guerre d'Algérie en cours. Elle relevait d'enjeux économiques, mais aussi politiques. Depuis qu'il était au pouvoir, Gamal Abdel Nasser soutenait activement la résistance algérienne contre la France. Évadé de prison en France et réfugié au Caire en 1952, Ahmed Ben Bella, chef du Mouvement algérien de libération nationale, était sous la protection de Gamal Abdel Nasser. En outre, l'Égypte était devenue une des principales bases d'appui du FLN, depuis la « Toussaint rouge ».

Du côté de la Grande-Bretagne, l'« affaire du canal de Suez » avait aussi des motifs politiques. La politique colonialiste britannique au Moyen-Orient était souvent critiquée par Gamal Abdel Nasser.

Si la guerre d'Algérie s'est autant prolongée, c"est aussi à cause de la découverte de pétrole dans le sous-sol du Sahara.

En janvier 1956, un gisement a été découvert dans le sous-sol du Sahara, puis, cinq mois après, un autre plus important encore à Hassi Messaoud[1]. Cette découverte était une manne pour la France qui, dépourvue d'énergie, devait importer du pétrole. Pour cette seule raison, il était impossible, à ce moment-là, pour elle, de renoncer à l'Algérie. Avec cette nouvelle donne, non seulement la guerre ne pouvait pas s'arrêter, mais elle devait encore monter en puissance et se prolonger six années encore. En outre, les négociations pour le cessez-le-feu à Évian entre la France et le gouvernement provisoire de la République Algérienne (GPRA) ont traîné pendant près d'un an, en partie à cause

[1] *La découverte de pétrole et la durée de la guerre d'Algérie.* http://www.algeria-watch.org/fr/article/tribune/petrole_guerre_algerie.htm.

des prospections dans le sous-sol du Sahara. Tout comme l'a dit à un journaliste chinois, lors de la conférence de Genève de 1961, Krim Belkacem, vice-Premier ministre et ministre des Affaires étrangères du GPRA, « les colonialistes français voulaient séparer le Sahara de l'Algérie[1] ».

### C) Le retour au pouvoir du général de Gaulle

En fin de matinée du 8 février 1958, le général Edmond Jouhaud, soutenu par le commandant en chef Raoul Salan, commandant de l'armée aérienne française en Algérie, a donné l'ordre, avec le consentement du président du Conseil, Félix Gaillard, et du ministre de la Défense, Jacques Chaban-Delmas, de bombarder, avec 25 bombardiers et chasseurs, le village tunisien de Sakiet Sidi Youcef, qui servait de base arrière à l'Armée de libération nationale algérienne (ALN). Ce bombardement a fait 70 morts et une centaine de blessés dans la population civile.

Le président tunisien, Habib Bourguiba, a protesté vivement auprès du gouvernement français et a écrit à l'ONU pour dénoncer la barbarie de l'agression française envers un État souverain indépendant. Le Conseil de sécurité a pris la décision d'envoyer une mission de conciliation composée de représentants américains et anglais, afin d'éviter l'escalade du conflit armé.

Certains disent que la France a accepté la conciliation, sous condition que les États-Unis lui accordent un soutien de 350 millions de dollars[2]. Considérée comme un comportement de « traître à la nation », l'acceptation de la conciliation par le gouvernement de Félix Gaillard a gravement irrité les « pieds-noirs », qui maintenaient fermement leur position en faveur de « l'Algérie française », et l'armée qui les soutenait. La crise de confiance entre l'armée et le gouvernement s'était tellement

[1] *Note des salutations échangées entre Belkacem et Chen Yi transmises par notre journaliste*, 15 juin 1961, AMAEC, n° 110-01389-01.

[2] http://notrejournal.info/destins/SAKIET-SIDI-YOUSSEF-FEVRIER-1958.

aggravée que l'armée avait envisagé de changer de gouvernement par la force[1].

Le 15 avril, le gouvernement de Félix Gaillard s'est écroulé, à la suite de quoi survint la crise de cabinet la plus grave que la IVe République ait jamais connue depuis son établissement. Un mois de désordre a aggravé la situation en Algérie, et les rapports de l'armée française en Algérie avec le gouvernement colonial et le gouvernement central de Paris sont devenus plus tendus. Le projet d'organisation du nouveau gouvernement de Pierre Pflimlin a finalement provoqué un putsch et risqué de susciter une guerre civile en métropole française.

Le 13 mai, l'armée et les « pieds-noirs » ont organisé une manifestation imposante à la mémoire des soldats français tués par l'Armée de libération nationale algérienne et pour s'opposer à la décision de l'Assemblée nationale d'autoriser Pierre Pflimlin à organiser le gouvernement. Pierre Lagaillarde, étudiant, et d'autres radicaux ont occupé le siège du gouvernement général dans une situation de chaos. Tout de suite, ils ont créé un Comité de salut public et choisi le général gaulliste Jacques Massu comme président. Celui-ci a adressé un télégramme au président de la République exigeant qu'il crée à Paris un gouvernement de salut public qui seul serait capable de conserver l'Algérie comme partie intégrante de la métropole.

Le 14 mai à 5 heures du matin, Jacques Massu a lancé un nouvel appel : « Le Comité de salut public supplie le général de Gaulle de bien vouloir rompre le silence en vue de la constitution d'un gouvernement de salut public qui seul peut sauver l'Algérie de l'abandon ».

Le 15 mai, le général Raoul Salan a prononcé une allocution devant le Comité de salut public, à l'intérieur du gouvernement général d'Alger : « Vive la France, vive l'Algérie française, vive le général de Gaulle ! »

Puis il est allé sur le balcon et s'est adressé à la foule rassemblée sur le Forum : « Nous gagnerons parce que nous l'avons mérité et que là est la voie sacrée pour la "grandeur" de la France. Mes amis, je crie : "Vive la France ! Vive l'Algérie française !" » Et, revenant vers le micro, Salan a repris : « Vive de Gaulle ! »

---

[1] Chen Wenhai, *Histoire de France*（陈文海《法国史》）, p. 538.

De sa retraite de Colombey-les-Deux-Églises, le général de Gaulle a fait répondre le jour même qu'il se tenait prêt à « assumer les pouvoirs de la République[1] ».

Puis, après douze années de silence et de solitude, le général de Gaulle, un homme âgé de près de 70 ans, mais encore énergique et vigoureux, est revenu sur la scène politique française.

Bien avant le putsch d'Algérie, le président de la République René Coty avait demandé à de Gaulle de revenir à Paris organiser le cabinet, mais le général avait décliné l'invitation, parce qu'il estimait que la crise du gouvernement n'avait pas encore atteint son sommet[2].

Le 25 mai, un putsch a été déclenché, sous l'influence de celui d'Algérie ; un Comité de salut public a également été créé. Craignant que les militaires rebelles n'attaquent la métropole, le président Coty a demandé à l'Assemblée nationale le 29 mai, c'est-à-dire le lendemain de la démission de Pierre Pflimlin, de faire appeler le général de Gaulle pour organiser le gouvernement, afin de stabiliser la situation politique en France et d'éviter une guerre civile.

Début juin, de Gaulle a été autorisé par l'Assemblée nationale à organiser un cabinet, à traiter le conflit en Algérie et à réviser la Constitution.

Tout semblait s'organiser parfaitement et il n'est pas étonnant que certains aient soupçonné que le putsch du 13 mai en Algérie avait été un coup d'État minutieusement tramé par le général de Gaulle[3]. On dit également que, sans le putsch du 13 mai 1958 en Algérie, le général de Gaulle n'aurait pas eu l'occasion de revenir au pouvoir[4]. Celui-ci a récusé vivement ces accusations dans ses *Mémoires d'espoir*.

Une fois au pouvoir, le général de Gaulle a traité en priorité la stabilisation de la situation en Algérie et en métropole.

Le 4 juin au soir, accompagné des principales personnalités militaires

[1] http://www.alger26mars1962.fr/index.php?option=com_content&view=article&id=77:4-5-le-13-mai-1958-historique&catid=28&Itemid=129&showall=&limitstart=1

[2] Chen Wenhai, *Histoire de France* (陈文海《法国史》), p. 538.

[3] Tang Chong, *Historique du coup d'État en France* (唐冲《法国政变始末》), Journal *Zhenbao*, les 4-9 juin 1958, AIHM, AS, *Cabinet français*.

[4] http://www.herodote.net/histoire/evenement.php?jour=19580513.

et politiques, le général de Gaulle s'est rendu au gouvernement général de l'Algérie. Devant les acclamations d'une foule émue et agitée réunie sur la place du Forum, il a déclaré depuis le balcon : « Je vous ai compris ! » Cette phrase a beaucoup touché les « pieds-noirs » qui étaient présents. Deux jours après, leur émotion a été plus vive encore quand ils ont entendu le général de Gaulle prononcer : « Vive l'Algérie française ! », lors d'une tournée d'inspection à Mostaganem.

Pour les « pieds-noirs », partisans de l'« Algérie française », et pour l'armée, gardienne de l'« intégrité territoriale de la France », ces déclarations du général de Gaulle prouvaient sa compréhension, sa sympathie et son soutien à leur cause. Cependant, plus tard, ils découvriraient qu'ils avaient été dupés par un homme qu'ils avaient soutenu et aidé à reprendre le pouvoir. Un an plus tard, le général de Gaulle, élu premier président de la V$^{e}$ République, a déclaré en effet qu'il faudrait « donner au peuple algérien le droit à l'autodétermination ». Enfin, deux ans après, il a parlé de l'« Algérie du peuple algérien » lors d'un discours. Il a dit encore que l'Algérie devrait avoir « son propre gouvernement, sa propre constitution et sa propre loi ». Certains évoquent de Gaulle comme « un maître de l'équivoque[1] ». En réalité, il ne pouvait pas faire autrement au début de son septennat. À ce moment-là, pour stabiliser la situation en Algérie et en France, pour affirmer son pouvoir et pour réaliser finalement ses grands desseins, il a été obligé de prendre une telle position.

Au cours de l'Antiquité chinoise, un philosophe a dit : « L'eau peut soutenir le bateau, elle peut aussi le renverser ».

Le général de Gaulle ayant été placé au sommet du pouvoir en France par les « pieds-noirs » et l'armée, si, dans le traitement des affaires algériennes, il avait agi contre leur volonté ou avait manqué de stratégie, il aurait pu être renversé par ceux-là mêmes qui l'avaient soutenu.

Le 19 septembre 1958, le FLN a proclamé la fondation du gouvernement provisoire de la République d'Algérie. Celui-ci a été très vite reconnu par beaucoup de pays arabes et africains, et trois jours après sa proclamation, la Chine l'a reconnu diplomatiquement. Dans

[1] Charles Williams, *The last great Frenchman: a life of General de Gaulle*, p. 383.

les trois mois qui suivirent, des relations diplomatiques et officielles ont été établies entre la Chine et l'Algérie. Cette situation a fait prendre conscience au général de Gaulle que l'on ne pouvait plus empêcher l'indépendance de l'Algérie et maintenir l'« Algérie française ». Il a alors décidé que le peuple algérien devait être maître du sort de son pays, et que la seule solution au problème algérien était de donner au peuple d'Algérie le droit à l'autodétermination. C'était une situation que les « pieds-noirs » et les autres partisans de l'« Algérie française » ne pouvaient absolument pas accepter. Lorsque, le 21 avril 1961, des généraux, tels que Maurice Challe, Raoul Salan, Edmond Jouhaud et André Zeller, ont fomenté un coup d'État militaire (putsch des généraux) en Algérie contre le général de Gaulle, ils voulaient attaquer la métropole. À la suite de ce coup d'État militaire manqué, Raoul Salan, soutenu par les « pieds-noirs », a créé une Organisation armée secrète (OAS). Les attentats de l'OAS ont visé des personnalités politiques et administratives du gouvernement français, des intellectuels ou des organes de presse favorables à une négociation avec le FLN, en Algérie comme en métropole, ainsi que la population musulmane soupçonnée de soutenir le FLN. Les commandos de l'OAS ont pris également pour cibles des policiers, des enseignants, des fonctionnaires de l'administration fiscale, des commerçants musulmans, etc. En résumé, leurs activités terroristes ont frappé partout, les incidents sanglants ont pris une grande ampleur[1].

Dès sa fondation, le gouvernement provisoire de la République d'Algérie a proposé, à maintes reprises, au gouvernement français d'entamer les négociations sur l'autodétermination. Mais celles-ci ne pouvaient pas commencer tant que la France refusait d'évacuer son armée comme le demandait la République algérienne. Au mois de mai 1961 les représentants français et algériens ont entamé des négociations officielles à Évian, dans l'est de la France. Le 18 mars suivant, la France a finalement signé l'armistice, les *Accords d'Évian* ou *Déclaration générale des deux délégations*, et donné son consentement pour que le problème de l'Algérie soit résolu par référendum. Le 1er juillet, l'indépendance de l'Algérie a été adoptée par référendum ; le 3 juillet, le FLN a proclamé officiellement

[1] Charles de Gaulle, *Mémoires d'espoir, t.1, Le Renouveau (1958-1962)*, Librairie Plon, 1970, p. 119.

l'indépendance algérienne. Le même jour, le président français a adressé un message au président du gouvernement provisoire de la République algérienne pour annoncer : « La France reconnaît officiellement l'indépendance de l'Algérie[1] ».

[1] Charles de Gaulle, *Mémoires d'espoir,* t.1, *Le Renouveau(1958–1962)*, p. 137.

# Chapitre 3

## L'attitude de la France à l'égard de la Chine nouvelle

Dès le début de la guerre froide, les États-Unis prônaient « deux Chine », « la Chine et Taïwan » et « le statut indéfini de Taïwan », en passant outre la déclaration du Caire et la proclamation de Potsdam. Ils ont divisé, du « point de vue idéologique », la Chine en deux : la Chine communiste ou la Chine continentale et la Chine nationaliste, tout en les opposant l'une à l'autre. En outre, dès la fondation de la Chine nouvelle, les États-Unis ont pratiqué à son égard une politique d'embargo dans le domaine économique et une politique d'isolement en matière diplomatique, sous la bannière du « front commun » de la non-reconnaissance, dans l'intention de l'écarter de la scène politique internationale. Néanmoins, avec le temps, l'existence de la Chine nouvelle se révélerait de moins en moins négligeable, à cause du rôle important qu'elle jouerait dans le traitement des affaires internationales. Pour cette raison, pendant les quatorze années qui ont suivi la fondation de la Chine nouvelle, une bonne partie des pays du « front commun » de la non-reconnaissance initié par les États-Unis ont développé, dans une certaine mesure, des contacts non-gouvernementaux et des relations officieuses dans les domaines économiques et commerciaux avec la Chine, tout en maintenant leurs relations politiques, militaires, diplomatiques, économiques, commerciales et culturelles avec les autorités de Taïwan. Parmi eux, la France est très représentative.

Nous l'avons dit : pendant toute la IVe République, la France, n'ayant pas de gouvernement stable, n'avait pas non plus une politique extérieure stable. C'est une des raisons pour lesquelles la France n'a pas reconnu la Chine dès sa fondation, mais ce n'est pas la cause principale. La raison essentielle était la dépendance française à l'égard de l'aide économique américaine. Par conséquent, la France ne pouvait être ni indépendante ni autonome dans la définition de sa politique extérieure.

Avant la conférence de Genève de 1954, l'attitude que la France a adoptée à l'égard de la reconnaissance de la Chine était principalement celle décrite par la direction d'Asie-Océanie du ministère français des Affaires étrangères dans une note :

> *« En fin 1949, le gouvernement français avait envisagé de reconnaître le régime communiste chinois*[1]*. Mao Tsé-toung, en nouant, le 15 janvier 1950, des relations diplomatiques avec le Vietnam, nous a placés dans l'impossibilité de donner suite à ce sujet.*
>
> *Par la suite, l'exemple décevant de l'expérience britannique, la guerre de Corée, l'aide accrue apportée par la Chine communiste à Hô Chi Minh, enfin la contribution américaine de plus en plus grande à la guerre d'Indochine, ont poussé le gouvernement français à adopter une ligne de conduite parallèle à celle des États-Unis*[2] *».*

Maurice Couve de Murville, ministre des Affaires étrangères, puis Premier ministre sous la présidence du général de Gaulle, a écrit dans son ouvrage publié en 1971 :

> *« Les États-Unis ont, de 1946 à 1958, dominé la politique étrangère française. Nous dépendions d'eux financièrement – c'était le plan Marshall ; nous en dépendions pour notre sécurité – c'était*

[1] La commission des Affaires étrangères de l'Assemblée nationale de France a mené une discussion, le 21 décembre 1949, sur la reconnaissance de la Chine nouvelle et a procédé au vote sur les deux propositions, l'une était la « reconnaissance immédiate », l'autre était la « reconnaissance éventuelle », la première a été finalement abandonnée. *Rapport bref sur les relations franco-chinoises*, le 21 octobre 1955, AMAEC, n° 110-00148-35.

[2] *Note – Reconnaissance de la Chine populaire*, le 28 juillet 1954, AMAEF : Asie-Océanie, sous-série Chine, 1944-1955, vol. 203, folio 142.

*l'OTAN*[1] ».

C'est pourquoi, tout au long de la IVe République et même au début de la Ve, la politique de la France en Chine a été contradictoire, confuse et indécise. Dans les faits, la France voulait bien reconnaître la Chine et établir avec elle, au regard de ses intérêts à long terme en Chine et en Asie, des relations diplomatiques officielles. Cependant, en raison des besoins réels de la reconstruction et des guerres coloniales, non seulement elle ne pouvait pas se dégager de la dépendance à l'égard des États-Unis, mais elle n'osait pas non plus agir à l'encontre de leur volonté. Elle aurait risqué de perdre les aides et les guerres, si elle avait reconnu la Chine et abandonné le KMT ayant à sa tête Chang Kai-chek.

Les raisons pour lesquelles la France n'a pas reconnu la Chine plus tôt sont souvent attribuées au soutien que la Chine a apporté à la Corée contre les États-Unis et au Viêt-minh ainsi qu'au mouvement indépendantiste algérien contre la France. Il faut encore y ajouter les relations de la France avec les autorités de Taïwan – des « relations entre d'anciens alliés ». Parmi ces quatre raisons, la deuxième et la troisième semblent valables, étant donné qu'elles touchaient directement les intérêts propres de la France. La première et la dernière ne peuvent se justifier que par l'aide économique et militaire que les États-Unis ont accordée à la France. Par conséquent, la France ne pouvait pas reconnaître un gouvernement qui ne plaisait pas aux États-Unis et n'était pas en mesure d'établir des relations diplomatiques avec les pays qui s'opposaient à eux.

Quelle a été l'attitude française à l'égard de la reconnaissance de la Chine, avant et après sa proclamation ? Dans quelle mesure les raisons susmentionnées ont-elles vraiment empêché la France de reconnaître la Chine nouvelle ?

[1] Maurice Couve de Murville, *Une politique étrangère (1958-1969)*, Paris, Plon, 1971, p. 18.

## A) La possibilité de la reconnaissance de la Chine par la France

Le jour même de sa création, le nouveau gouvernement chinois a fait transmettre au gouvernement français la « déclaration du gouvernement populaire central de la République populaire de Chine », par M. Bréal, agent consulaire français à Pékin[1], dans l'espoir d'obtenir la reconnaissance diplomatique de la France. En raison de divergences en son sein, le gouvernement français n'a pas donné de réponse immédiate. Fallait-il ou pas reconnaître la Chine ? Procéder à une reconnaissance immédiate ou éventuelle ? Sans réponse de Paris, Breal a été obligé de répondre verbalement à Chou En-lai que son gouvernement avait reçu la déclaration. Cette réponse a été presque identique au mot près à celle qui a été faite ensuite par le gouvernement français[2].

La question de la reconnaissance du nouveau pouvoir chinois avait été mise à l'ordre du jour des affaires extérieures de la IV^e^ République, avant même la fondation de la République populaire de Chine, mais, pendant les dix années qui suivraient, les gouvernements de la IV^e^ République n'adopteraient pas une position claire et définitive. Parmi les causes nombreuses et complexes : le manque d'une politique extérieure stable et à long terme, le défaut d'indépendance diplomatique et la difficile renonciation aux colonies françaises.

L'automne 1948 a marqué une étape décisive dans la guerre civile en Chine, on distinguait dès lors clairement les vainqueurs et les vaincus. En dehors des pays qui avaient fait le choix de soutenir soit le PCC soit le KMT, un certain nombre, influencés ou contrôlés par les États-Unis, étaient indécis quant à la reconnaissance du pouvoir communiste

[1] *Correspondances* : Shanghai, le 3 octobre 1949 ; Paris, le 4 octobre 1949 ; Shanghai, le 4 octobre 1949 ; Shanghai, le 7 octobre 1949 ; Paris, le 14 octobre 1949, AMAEF : série Asie-Océanie1944-1955, sous-série Chine, vol. 210.

[2] *Télégrammes, M. Jacques Meyrier au ministre*, Shanghai, les 3, 4 et 7 octobre 1949 ; *télégramme, le ministre pour M. Jacques Meyrier*, Paris, le 4 octobre 1949, AMAEF : série Asie-Océanie 1944-1955, sous-série Chine, vol. 210, folios 62, 63, 64, 65-67, 70-71.

qui allait s'établir. Cette incapacité à trancher était due à la politique incertaine des États-Unis vis-à-vis de la Chine. Il y a eu plus de six mois de politique chinoise erratique de la part des États-Unis : dès novembre 1948, le gouvernement américain avait complètement perdu espoir dans le gouvernement national chinois de Chang Kai-chek ; à partir de janvier 1949, la politique des États-Unis vis-à-vis de la Chine n'avait plus de cap et attendait que la situation se décante ; puis, au mois de mai suivant, de nouveau, cette politique s'est affirmée comme hostile au PCC et à la révolution chinoise[1].

Quant à la reconnaissance de la Chine, deux avis différents coexistaient au sein du gouvernement français.

Le premier consistait à adopter une ligne de conduite parallèle à celle des États-Unis et des autres pays occidentaux, c'est-à-dire respecter strictement le « front commun » de la non-reconnaissance ou d'une reconnaissance éventuelle. Ce point de vue était partagé par le haut-commissariat de France pour l'Indochine et par l'administration en métropole. Ils estimaient que la France ne devait pas agir contre la volonté des Américains[2], parce que la reconstruction de l'économie d'après-guerre et de la défense nationale de la France, notamment en vue de maintenir l'unité du pays et de l'empire colonial, ne pouvait pas se réaliser sans l'aide et l'appui économiques et militaires des États-Unis.

Le deuxième avis, en faveur d'une reconnaissance immédiate, était représenté par les diplomates français à l'étranger, notamment les diplomates et agents consulaires français en Chine, à Nankin, Shanghai, Hong Kong. Ils préconisaient que la France considère le problème du point de vue des intérêts français à long terme en Chine. Ils avaient été témoins de la guerre civile et connaissaient assez bien les forces et influences du KMT et du PCC. De leur point de vue, la Chine allait

[1] Tao Wenzhao, *Histoire des relations sino-américaines (1911-1950)* ( 陶文钊《中美关系史（1911–1950）》), p. 460.

[2] Le 13 mars 1963, à l'issue du Conseil des ministres, le général de Gaulle a discuté de la Chine et notamment de la reconnaissance de la Chine par la France avec Alain Peyrefitte ; il a déclaré : « Il y a quelque chose d'anormal dans le fait que nous n'avons pas de relations avec le pays le plus peuplé du monde, sous prétexte que son régime ne plaît pas aux Américains et que ça les dérangerait si nous y faisions notre entrée ».
Alain Peyrefitte, *C'était de Gaulle* *, Paris, Éditions de Fallois/Fayard, 1994, p. 319.

changer de maître et le KMT ne pourrait pas rétablir sa domination sur l'ensemble du pays, même avec le soutien des États-Unis. *A fortiori* quand ceux-ci, cherchant à se désengager du « navire en train de sombrer » qu'était le KMT, refusaient déjà de continuer à lui porter assistance[1].

Informé dès le début de novembre 1948 que le gouvernement national chinois allait se retirer de Nankin à Canton, puis finalement sur l'île de Taïwan, Jacques Meyrier, ambassadeur de France en Chine, a immédiatement informé le Quai d'Orsay que le KMT, allant de défaite en défaite, se préparait probablement à s'installer à Taïwan ; dans ce cas, l'ambassade de France devrait rester à Nankin et observer la situation sur place au lieu de suivre le gouvernement du KMT. Robert Schuman, ministre français des Affaires étrangères, a répondu que « accrédité auprès du chef d'État chinois, il est normal que notre ambassadeur le suive au nouveau siège de son gouvernement, tant qu'il contrôlera une partie du territoire national[2] ». Et dans son télégramme du 8 novembre, il a ajouté que « ce n'est que dans le cas où le chef d'État abandonnerait Nankin en fuyard que notre ambassadeur devrait rester dans cette ville [3]».

Le 29 novembre 1948, Jacques Meyrier, doyen du corps diplomatique en Chine, a réuni chez lui les ambassadeurs anglais, hollandais, belge, canadien et américain pour examiner la situation au cas où ils recevraient du ministère des Affaires étrangères de Chine l'avis d'évacuer et une invitation à le suivre à Canton. Conforme à la position de l'ambassadeur américain John Leighton Stuart, celle de Jacques Meyrier, doyen du corps, a beaucoup influencé les ambassadeurs présents. Ils ont estimé à l'unanimité que, pour se dérober à cette éventualité et demeurer provisoirement à Nankin, il leur serait aisé d'invoquer l'impossibilité dans laquelle se trouverait le gouvernement national chinois de leur fournir des moyens de transport pour l'ensemble de leur personnel et leurs archives,

---

[1] Tao Wenzhao, *Histoire des relations sino-américaines (1911-1950)* ( 陶文钊《中美关系史（1911–1950）》), p. 461.

[2] *Note pour le ministre*, le 5 novembre 1948, AMAEF : Asie-Océanie 1944-1955, Série-E-100, dossier 1 Chine-Ambassade, folio 141.

[3] *Télégramme du ministre des Affaires étrangères à l'ambassade de France à Washington*, le 8 novembre 1948, AMAEF : Asie-Océanie 1944-1955, série-E-100, dossier 1 Chine-Ambassade, folio 143.

et de leur assurer des locaux et des moyens d'hébergement au lieu de destination. Toutefois, ils pourraient détacher un agent de liaison pour les représenter auprès de l'entité gouvernementale qui quitterait Nankin. Après avoir reçu le télégramme de Jacques Meyrier concernant la réunion du corps diplomatique du 30 décembre, le ministre Robert Schuman a immédiatement répondu que, « compte tenu des conditions envisagées par les 1er et 2e (chapitres) de votre communication précitée, je suis d'accord sur l'intention que vous exprimez de demeurer provisoirement à Nankin comme les autres[1] ».

Le 18 janvier 1949 au matin, l'ambassadeur chinois en France, Tsien Tai, s'est rendu au ministère des Affaires étrangères pour rencontrer le secrétaire général et lui « annoncer, à titre tout à fait confidentiel, l'intention du gouvernement chinois de se déplacer dans un très bref délai vers Canton pour conserver sa liberté d'action et de mouvement. Dès à présent, les archives chinoises avaient été évacuées et des immeubles avaient été dégagés dans la ville de Canton pour assurer le logement du corps diplomatique ». Tsien Tai a ajouté : « Le gouvernement chinois souhaite vivement que, lorsque la notification de départ sera faite, l'ambassadeur de France suive le gouvernement à Canton ». Quant à la nécessité dans laquelle pourrait être le gouvernement français de conserver quelqu'un à Nankin pour assurer la protection de ses intérêts, il « souhaitait que ce soin fût laissé à un des collaborateurs de l'ambassadeur, lui-même suivant le gouvernement dans sa retraite ». Le document français indique aussi que « à titre plus confidentiel encore, M. Tsien Tai a ajouté que, au cas où le gouvernement français estimerait préférable que M. Jacques Meyrier ne s'installe pas à Canton, il vaudrait mieux, pour éviter au moins que le déséquilibre ne se manifeste dès l'abord, que l'ambassadeur soit rappelé un moment à Paris ». À la fin de la rencontre, « Tsien Tai a rappelé que M. Meyrier étant actuellement doyen du corps diplomatique, la position qu'il prendrait aurait certainement une influence

[1] *Télégramme de l'ambassadeur Jacques Meyrier au ministre des Affaires étrangères* (le 30 novembre 1948) *et réponse du ministre* (le 1er décembre 1948), AMAEF : Asie-Océanie, 1944-1955, Chine-Ambassade (1947-1948), vol. 3, janvier 1947-décembre 1948, folios 156-157, 162.

sur celle de ses collègues[1] ».

Le 19 janvier, le ministère des Affaires étrangères du gouvernement national a notifié officiellement aux ambassades en Chine le transfert des missions à Canton. Le Quai d'Orsay a fait savoir au consul français à Séoul que, « en raison de la démission du maréchal Tchiang Kai Chek (*Chang Kai-chek* ou *Jiang Jieshi*) et des négociations actuellement engagées entre nationalistes et communistes, le gouvernement français n'a pas encore pris de décision. Notre attitude dépendra de l'évolution des événements. La mission diplomatique, en attendant, demeure à Nankin[2] ».

Le 26 janvier au soir, le ministère des Affaires étrangères du gouvernement national a envoyé une note officielle aux ambassades en Chine leur faisant savoir que « le gouvernement chinois avait décidé de se transporter à Canton ; qu'à partir du 5 février, Canton devenait le siège légal du gouvernement chinois ; qu'en ce qui concerne le transfert des missions diplomatiques, le Waikiaopou (le *Waichiaopu*, ou *Waijiaobu*, ministère des Affaires étrangères du gouvernement national) apporterait aux missions son concours et en avait informé le directeur du protocole, les missions devant s'entendre avec celui-ci sur les modalités du transfert. Le Gouvernement considère donc aux termes de cette rédaction comme acquis et allant de soi que les missions le suivront à Canton[3] ». Le lendemain de la réception du télégramme de Jacques Meyrier, le ministre français des Affaires étrangères a répondu : « Veuillez vous assurer des décisions de vos collègues américain et anglais en ce qui concerne la suite qu'ils vont donner à la démarche du Waikiaopou. Si, comme je le suppose, ils se proposent de n'envoyer à Canton qu'un de leurs

[1] *Note*, 18 janvier 1949, AMAEF : Asie-Océanie 1944-1955, Chine-Ambassade (1949), vol. 4, janvier 1949, folios 5-7 ; *Télégramme du ministre des Affaires étrangères à l'ambassade de France*, Washington, Nankin (le 8 novembre 1948), AMAEF : Asie-Océanie 1944-1955, Chine-Ambassade (1949), vol. 4, janvier-décembre 1949, folio 4 et verso.

[2] *Télégramme du ministre des Affaires étrangères de France au consulat de Séoul* (le 22 janvier 1949), AMAEF : Asie-Océanie 1944-1955, Chine-Ambassade (1949), vol. 4, janvier-décembre 1949, folio 16.

[3] *Télégramme de Jacques Meyrier au ministre des Affaires étrangères* (le 26 janvier 1949), AMAEF : Asie-Océanie 1944-1955, Chine-Ambassade (1949), vol. 4, janvier-décembre 1949, folio 19.

collaborateurs, je vous suggère de détacher M. Roux, accompagné d'un chiffreur, pour suivre le gouvernement chinois[1]». L'ambassadeur Jacques Meyrier a signalé au ministre français des Affaires étrangères dans son télégramme du 29 janvier : « J'attire votre attention sur le fait que, du moment que les ambassadeurs d'Angleterre, de Belgique, de Hollande, du Canada et de l'Amérique restent à Nankin, je dois y demeurer moi-même et que par conséquent le projet de me retirer provisoirement à Changhai (*Shanghai*) suggéré par votre télégramme 148 doit pour le moment au moins être abandonné[2] ». Début janvier, se référant aux avis des gouvernements américain et anglais, le gouvernement français a ordonné à son ambassadeur en Chine, M. Jacques Meyrier, « de demeurer à Nankin et d'envoyer à Canton son premier conseiller pour y représenter l'ambassadeur et y préparer l'arrivée ultérieure de la mission[3] ». Ainsi, l'ambassadeur français Jacques Meyrier, comme ses collègues américain et anglais, a continué à demeurer à Nankin et a envoyé à Canton un représentant de l'ambassadeur et un chiffreur. La situation est celle qu'a décrite Dong Lin dans ses *Mémoires* : « Du côté du corps diplomatique, la plupart des ambassadeurs, ayant envoyé des hauts fonctionnaires suivre le Conseil exécutif à Canton, demeuraient à Nankin pour observer et examiner la situation sur place[4] ».

S'il semble à première vue que la position de l'ambassadeur français Jacques Meyrier émanât d'un choix personnel quant à sa volonté de demeurer à Nankin et son refus de suivre le gouvernement national chinois à Canton, en réalité, elle a été influencée, dans une certaine

---

[1] *Télégramme du ministre des Affaires étrangères à Jacques Meyrier* (27 janvier 1949), AMAEF : Asie-Océanie 1944-1955, Chine-Ambassade (1949), vol. 4, janvier-décembre 1949, folio, 38.

[2] *Télégramme de l'ambassadeur Jacques Meyrier au ministre des Affaires étrangères* (le 30 novembre 1948) *et réponse du ministre* (le 1er décembre 1948), AMAEF : Asie-Océanie, 1944-1955, Chine-Ambassade (1947-1948), vol. 3, janvier 1947-décembre 1948, folios 156-157, 162.

[3] *Télégramme du ministre des Affaires étrangères à Monsieur le haut-commissaire de France pour l'Indochine à Saigon* (le 7 février 1949) et la *Note pour le secrétaire général*, AMAEF : Asie-Océanie 1944-1955, Chine-Ambassade (1949), vol. 4, janvier-décembre 1949, folios 75, 111-112.

[4] Dong Lin, *Mes soixante ans politiques* (董霖《六十载从政讲学》), Taïpei, 1991, p. 233.

mesure, par l'ambassadeur américain John Leighton Stuart.

La décision des grands pays occidentaux, tels que les États-Unis, la Grande-Bretagne et la France, de demeurer à Nankin et de refuser de suivre le gouvernement national chinois à Canton, a influé sur celle des autres pays. À la mi-avril 1949, Ye Gongchao, ministre chinois des Affaires étrangères, a spécialement rendu visite à l'ambassadeur américain John Leighton Stuart pour demander aux États-Unis de déplacer leur ambassade à Canton, mais cette demande a été refusée par Leighton Stuart, qui est par la suite demeuré à Nankin jusqu'à ce qu'il soit rappelé par Washington en août.

La France n'a pas transféré son ambassade de Nankin à Canton, mais a installé une délégation de l'ambassade à Hong Kong[1], à l'instar des États-Unis, et l'a confiée à Jacques Roux, premier conseiller. Cette initiative a été prise par l'ambassadeur de France dans la perspective de la reconnaissance éventuelle du pouvoir du PCC par son gouvernement. En même temps, le gouvernement français a installé, en mai 1949, c'est-à-dire avant le repli du gouvernement national à Taïwan, un organisme consulaire à Taïpei, afin de maintenir ses relations avec ce dernier. À la mi-octobre 1949, Jacques Meyrier a été rappelé pour rendre compte de la situation à son gouvernement[2]. À ce moment, la France, prenant encore exemple sur les États-Unis, a nommé Ernest J. Auvynet, ancien consul français à Tchongking, consul de France à Taïpei, et l'a autorisé à faire des démarches auprès des autorités du KMT en qualité de secrétaire

[1] Cette délégation de l'ambassade a été supprimée en décembre 1949, et l'ambassade de France à Nankin a été finalement fermée en janvier de l'année suivante.

[2] Le rappel de Jacques Meyrier en novembre 1949 a trois raisons principales : 1. Examiner la nouvelle situation survenue en Chine suite à la retraite du KMT à Taïwan et à la fondation de la République populaire de Chine, et la définition de la politique française en Chine, notamment de la reconnaissance du nouveau pouvoir ; 2. Suite à l'« affaire Ling-Meng » (l'insurrection à l'ambassade des autorités de Taïwan à Paris, le 10 octobre 1949), régler les relations de la France avec le KMT ; 3. Transférer ou pas l'ambassade de France avec le KMT à Taïwan, étant donné qu'elle n'avait pas suivi le gouvernement national à Canton.

d'ambassade[1]. Il est bien évident que la France suivait les États-Unis[2], non seulement dans le maintien de ses relations avec les autorités du KMT, mais aussi dans les préparations pour reconnaître, avec les États-Unis, la Chine nouvelle.

À partir du début de l'automne 1948, dans l'intention de défendre les intérêts français en Chine et en Asie, de hauts fonctionnaires, parmi lesquels l'ambassadeur Jacques Meyrier, l'attaché militaire Jacques Guillermaz, l'agent consulaire Bréal et le haut-commissaire de France pour l'Indochine Léon Pignon, ont envoyé des rapports au ministère des Affaires étrangères et au ministère des Colonies de France, pour exposer leur avis sur la reconnaissance du futur pouvoir communiste chinois[3].

Afin de contribuer à l'élaboration de la politique, outre les rapports des diplomates directement adressés au ministre des Affaires étrangères et au ministre des Colonies, les directions compétentes du Quai d'Orsay présentaient régulièrement au ministre et au secrétaire général du ministère des Affaires étrangères des notes d'analyse rédigées selon les informations venues des ambassades et consulats français à l'étranger. La plupart de ces rapports et notes tendaient à une reconnaissance immédiate, en dépit de la position soutenue par le gouvernement américain lequel, à la mi-mai 1949, a décidé « de reconnaître le pouvoir communiste chinois sous conditions » et a affirmé « l'opposition ferme à une reconnaissance hâtive *de facto* et *de jure* accordée au pouvoir

---

[1] *Note verbale du consul français à Taïpei au MAETW*, le 10 février 1951, AIHM, AS, n° 733-24/172-1/3631, *Personnel de l'ambassade de France*.

[2] En décembre 1949, les États-Unis ont installé le consulat général à Taïpei, supprimé le poste de consul, et nommé Robert Strong consul général. En août 1950, Karl L. Rankin a été nommé chargé d'affaires p. i. au rang du ministre conseiller ; en février 1953, il a pris le poste d'ambassadeur américain à Taïpei.

[3] *Note pour le secrétaire général*, le 31 octobre 1949, AMAEF : série Asie-Océanie 1944-1955, sous-série Chine, vol. 212, folios 46-51.
*Chine* (le 8 janvier 1949), AMAEF : série Asie-Océanie 1944-1955, sous-série Chine-politique extérieure (relations avec la France/Chine nationaliste/dossier général ), vol. 208 (2/1946-4/1952), folios 138-143.
*Note*, le 21 mai 1949, *De la reconnaissance du futur gouvernement communiste chinois*, AMAEF : Série Asie-Océanie 1944-1955, sous-série Chine, vol. 212, folios 4-13.
*Note pour le ministre*, le 3 septembre 1949, AMAEF : série Asie-Océanie 1944-1955, sous-série Chine, vol. 212, folios 28-31.

communiste chinois par quelque pays que ce soit ». En outre, les Américains ont aussi émis le souhait que les États-Unis et les pays occidentaux forment un « front commun » de non-reconnaissance du pouvoir communiste chinois[1].

À la veille de la fondation de la Chine nouvelle, Jacques Meyrier a envoyé plusieurs rapports au ministre français des Affaires étrangères, l'informant des positions des ambassadeurs de différents pays en Chine, afin d'influencer davantage la décision du gouvernement.

Le 7 août 1948, Jacques Meyrier a écrit dans son télégramme au ministre français des Affaires étrangères : « Les ambassadeurs des puissances du pacte de Bruxelles [...] sont d'accord avec M. Meyrier pour estimer qu'il conviendrait que les puissances contractantes occidentales se concertent dès maintenant pour déterminer leur attitude à l'égard [de la reconnaissance du gouvernement chinois], attitude qu'ils souhaitent aussi réaliste que possible, c'est-à-dire favorable à l'établissement *de jure* ou *de facto* de relations diplomatiques avec le gouvernement de Mao Tse-toung ».

Le 20 octobre 1949, juste avant son rappel, il répète de Shanghai dans son télégramme au ministre français des Affaires étrangères : « Mes collègues des puissances du pacte Atlantique m'ont tous marqué leur espoir d'une prompte reconnaissance par leur pays du gouvernement de la République populaire de Chine[2] ».

Un peu avant et après la fondation de la Chine nouvelle, la France attachait beaucoup d'importance au changement d'attitude des Américains et des Anglais parce que, favorable à une reconnaissance immédiate dans son propre intérêt, elle ne pouvait pas agir seule, bien que les États-Unis semblassent très incertains dans leur refus de reconnaissance et que la Grande-Bretagne soit hésitante.

À la mi-septembre 1949, les ministres des Affaires étrangères américains, anglais et français se sont réunis à Washington pour unifier

[1] Tao Wenzhao, *Histoire des relations sino-américaines (1911-1950)* (陶文钊《中美关系史（1911-1950）》), pp. 468-470.

[2] *M. Jacques Meyrier pour le MAE*, 7 août et 20 octobre 1949. Voir Christine Chaigne, *La Reconnaissance des gouvernements chinois par la France*, Presses Universitaires d'Aix-Marseille, 1996, p. 155.

leur attitude[1]. En apparence, ils sont tombés d'accord sur la non-reconnaissance ou une reconnaissance éventuelle mais, en réalité, ces trois pays faisaient leurs propres calculs. Étant donné que les positions américaines et anglaises n'étaient pas unifiées, et qu'au sein du gouvernement français, il existait toujours des divergences, alors qu'à l'ambassade des autorités de Taïwan à Paris se déroulait l'« affaire Ling-Meng » du 10 octobre, la France a été obligée de rappeler Jacques Meyrier et les autres hauts fonctionnaires pour discuter et trouver une solution.

Le 1er novembre 1949, Robert Schuman, ministre français des Affaires étrangères, a présidé une réunion au Quai d'Orsay, tenue spécialement pour connaître les avis de l'ambassadeur Jacques Meyrier et du haut-commissaire français pour l'Indochine Léon Pignon sur la reconnaissance de la Chine nouvelle[2]. Les fonctionnaires présents à cette réunion étaient le ministre de la France d'Outre-mer Jean Letourneau, le secrétaire général du Département Alexandre Parodi, le directeur d'Asie-Océanie, Jacques Baeyens, et son adjoint, le chef du bureau « Chine », Georges Cattand. La réunion a commencé par l'exposition de point de vue de Jacques Meyrier :

> *« Mao Tsé Toung est maintenant maître de la plus grande partie du territoire chinois et son régime ne rencontre aucune opposition véritable de la part de la population – même des classes possédantes.*
>
> *L'administration communiste présente un véritable idéal du "bien public" qui contraste avec la corruption de l'administration nationaliste.*
>
> *La victoire militaire et la victoire sur le plan social sont indéniablement du côté communiste. Ces victoires paraissent durables ».*
>
> *Quand Robert Schuman a demandé à Jacques Meyrier si le gouvernement communiste chinois était placé sous l'obédience de Moscou, Jacques Meyrier a répondu :*

---

[1] *Note pour le secrétaire général*, le 31 octobre 1949, AMAEF : série Asie-Océanie 1944-1955, sous-série Chine, vol. 212, folios 46-51.

[2] *Compte rendu de la séance tenue au ministère des Affaires étrangères*, le 1er novembre 1949, AMAEF : série Asie-Océanie 1944-1955, sous-série Chine, vol. 212, folios 63-74.

« Les communistes chinois ne sont pas sous l'obédience de Moscou, mais ils en sont les alliés. Ils ont maintes fois déclaré que, au point de vue international, ils se plaçaient aux côtés des Soviets ».

Jacques Meyrier a insisté :

> *« En tout cas, on peut dire d'ores et déjà que les communistes ne manifestent aucune animosité à l'égard de la France, qui reste pour eux – sur le plan idéologique – le pays de la grande révolution. Beaucoup de communistes sont des "retour de France"[1]. Ainsi, au point de vue sentimental, la France se trouve bien placée ».*

Quant aux obstacles qui empêchaient la France de reconnaître la Chine nouvelle, Jacques Meyrier déclara :

> *« La pierre d'achoppement reste l'Indochine.*
>
> *En effet, on n'a pas la preuve d'une collusion entre Mao Tse Toung et Hô Chi Minh. On imagine difficilement une action officielle contre nous en Indochine dans un avenir rapproché. Les communistes vont avoir beaucoup à faire pour réorganiser la Chine et ils ne chercheront pas, sans doute, à faire naître des difficultés internationales où ils seraient impliqués, au moment où ils ont besoin de concentrer toute leur énergie et toutes leurs ressources sur le plan intérieur.*
>
> *D'autre part, on n'a enregistré aucune déclaration officielle contre l'Indochine française.*
>
> *En résumé, l'occupation des trois quarts du territoire chinois par les communistes, le contrôle administratif effectif que les communistes ont imposé à ce territoire, l'ordre certain qui y règne, suffisent à justifier, au point de vue de la coutume internationale, une mesure de reconnaissance ».*

---

[1] Ici, « beaucoup de communistes sont des "retour de France" » signifie que certaines personnalités dirigeantes chinoises ont fait leurs études en France, parmi lesquelles, Chou En-lai, Chen Yi et Deng Xiaoping.

Léon Pignon, quant à lui, a fait l'exposé suivant :

> *« La reconnaissance du nouveau gouvernement chinois est inévitable, mais le moment n'est pas venu d'y procéder et que l'intérêt de l'Indochine commande de la retarder le plus longtemps possible ».*

Il a ajouté :

> *« Il est certain qu'à l'égard de l'Indochine le gouvernement communiste ne nous manifestera aucune gratitude de l'avoir reconnu. Il profitera même de cette reconnaissance pour s'infiltrer dans notre ancienne colonie et démanteler cette base de défense avancée – la seule qui existe contre le communisme en Asie du Sud-Est ».*

Contrairement à ce que pensait Jacques Meyrier, Léon Pignon a assuré que des contacts avaient été pris entre Mao Tsé-toung et Hô Chi Minh et – sans pouvoir affirmer qu'il existait entre eux un véritable accord – il a déclaré qu'il avait « la preuve qu'une coopération s'est établie à la frontière entre le Vietnam et les communistes chinois. Beaucoup de nos difficultés sont venues de là ».

Léon Pignon a précisé :

> *« À partir du moment où la reconnaissance sera effective, les consuls chinois seront coiffés par des agents politiques communistes qui n'obéiront qu'aux strictes consignes du Parti. La colonie chinoise qui compte un million d'individus échappera à notre contrôle et tombera sous celui des communistes ».*

Il a affirmé :

> *« Les Chinois que nous avons déjà beaucoup de mal à empêcher de ravitailler le Viêt-minh en deviendront les principaux pourvoyeurs ».*

Il a tenu à préciser :

> *« D'autre part, il nous est impossible, moralement et juridiquement, de procéder à la reconnaissance, sans consulter les trois États associés. Déjà, S. M. Bao Daï a fait savoir au haut-commissaire qu'il comptait bien qu'on prendrait son avis avant de procéder à toute action diplomatique définitive.*
>
> *Enfin, une grave question se pose : celle des traités qui ont donné aux Chinois en Indochine un statut exceptionnel au point de vue judiciaire et des avantages matériels considérables, tels que le transit à travers le Tonkin et la création du port franc de Haiphong. Il serait extrêmement difficile de faire admettre par les États associés la reconduction pure et simple de ces traités ».*

Robert Schuman a proposé que l'on étudie la dénonciation de ces traités avec les nationalistes avant de procéder à la reconnaissance du gouvernement communiste : « Ainsi, nous n'aurions pas les mains liées avec un gouvernement », a-t-il proposé.

Jacques Meyrier a émis l'opinion suivante :

> *« La dénonciation pure et simple est dangereuse. Le traité de 1946 consacre notre souveraineté sur l'Indochine. En renonçant au bénéfice de cet instrument diplomatique, nous courons le risque de voir les communistes revendiquer la souveraineté à laquelle la Chine avait toujours prétendu sur l'Indochine. Il vaudrait mieux proposer aux nationalistes de négocier avec nous une convention consulaire, leur donner un court délai pour la mettre au point et la signer, faute de quoi nous serions en mesure de ne pas reconnaître comme valable l'établissement des consuls chinois en Indochine ».*

Concernant la date de la reconnaissance de la Chine, Jacques Meyrier a insisté sur le fait que, quoiqu'il estimât que la reconnaissance était inévitable, elle ne saurait avoir lieu avant celle de la Grande-Bretagne. Il a souligné que, « d'après les renseignements qu'il possède, Londres ne reconnaîtrait pas Pékin avant la fin de l'année. Cela nous donne encore un délai de plus de six semaines ».

Jacques Baeyens a toutefois rappelé :

> *« Une note du gouvernement britannique au gouvernement français donne l'impression que la reconnaissance par l'Angleterre interviendra très rapidement ».*

Jean Letourneau a proposé d'arguer de la récente souveraineté des États associés pour négocier très vite avec les nationalistes un nouveau traité.

Léon Pignon a déclaré :

> *« La reconnaissance serait néfaste au corps expéditionnaire (français en Indochine), tant pour son ravitaillement, sa sécurité, que son moral ».*

Il a ajouté :

> *« Si, par certains artifices, on peut contrecarrer le jeu des accords en ce qui concerne le port franc de Haiphong, on ne disposera d'aucun moyen pour empêcher la colonie chinoise de tomber sous l'influence communiste, avec les graves conséquences que cela entraînera ».*

Jacques Meyrier a formulé son désaccord :

> *« On a exagéré l'importance des consuls chinois en Indochine. La reconnaissance, à notre avis, est le seul moyen qui nous donnera des possibilités d'action auprès des communistes. Des contacts personnels qui ont une grande importance en Extrême-Orient pourront s'établir entre nos diplomates et les dirigeants communistes, et ces contacts, mieux encore que les relations officielles, permettront de chercher à peser sur les décisions du gouvernement communiste ».*

Léon Pignon a objecté :

> *« Nous aurons intérêt à être présents en Chine. La reconnaissance donnera l'impression que nous avons capitulé devant le communisme. Le ralliement des populations s'en trouvera ralenti, le moral des populations ralliées profondément atteint, les dirigeants des États associés seront ébranlés dans la confiance qu'ils peuvent avoir en nous. Les combattants français à qui l'on représente tous les jours qu'ils constituent le bouclier contre le communisme se demanderont alors pourquoi ils combattent. Leur esprit combatif se trouvera certainement amoindri. [...] Si la reconnaissance est inévitable, au moins qu'elle intervienne le plus tard possible ».*

Alexandre Parodi a demandé à Léon Pignon quel délai il estimait nécessaire avant de procéder à la reconnaissance.

Léon Pignon a répondu qu'on ne devrait rien faire avant qu'un accord solide soit intervenu entre les grandes puissances pour la défense du Sud-Est asiatique – Indochine comprise.

Avant la clôture de la réunion, le président Robert Schuman a déclaré : « Il faut retarder la reconnaissance le plus possible et essayer de convaincre Washington de faire pression sur Londres pour que le gouvernement britannique ne prenne pas à cet égard de décision précipitée ». Toutefois, pour laisser entendre à la Chine que la France s'acheminait vers la reconnaissance, il a invité Jacques Meyrier à préparer un projet de dispositif transitoire qui préparerait le terrain[1].

D'un point de vue général, nous pouvons constater que la France attachait beaucoup d'importance à la reconnaissance de la Chine, mais elle tergiversait à trop peser le pour et le contre.

Le 28 décembre 1949, le président français Vincent Auriol a expliqué à André François-Poncet, haut-commissaire de la zone d'occupation française en Allemagne que « les Anglais veulent reconnaître Mao Tsé-toung. II ne faut pas qu'ils se pressent trop, mais il faut que nous le reconnaissions nous aussi, pour négocier. Vous savez, Poncet, je

[1] *Compte rendu de la séance tenue au ministère des Affaires étrangères*, le 1er novembre 1949, AMAEF : série Asie-Océanie 1944-1955, sous-série Chine, vol. 212, folios 63-74.

crois que ce qu'on ne peut pas éviter, il ne faut pas attendre qu'on nous l'impose ».

Deux jours après, le président Auriol a retranscrit dans son *Journal* à la date du 30 décembre 1949 ses propos tenus à Robert Schuman, ministre français des Affaires étrangères :

> *« Enfin, je parle [à Robert Schuman] de l'Indochine et de la Chine. Il est tout à fait d'accord avec moi en ce qui concerne la reconnaissance de Mao Tsé-toung. Je lui dis que, dès les premiers jours de janvier, il faudrait faire une conférence avec Bidault pour préparer cette reconnaissance et la faire en même temps que les Anglais ».*

Nous ne savons pas si le président a dit la vérité sur l'avis de Schuman, quoiqu'on se doute qu'« il est peu probable que Robert Schuman soit en accord avec Vincent Auriol sur ce point[1] ».

Cette réunion du 1er novembre 1949 présidée par Robert Schuman au Quai d'Orsay, notamment les propos du Président de la République en faveur d'une reconnaissance en faveur d'une reconnaissance de la Chine à laquelle la France procéderait seule ou avec la Grande-Bretagne, nous apprend deux choses : d'une part, la France souhaitait reconnaître la Chine ; d'autre part, les États-Unis n'avaient pas encore pris de mesures sévères pour empêcher la France de le faire. Cependant, après la déclaration de reconnaissance de la Chine par la Grande-Bretagne, imitée par une partie des pays du Commonwealth (*Commonwealth of Nations*), les Américains ont commencé à pratiquer un contrôle plus strict sur la France pour éviter qu'elle ne suive cet exemple.

Les Américains savaient bien que leur soutien militaire et leur aide économique étaient indispensables à la France, si celle-ci ne voulait pas perdre la guerre d'Indochine. Dès novembre 1949, les États-Unis ont commencé à exercer une pression sur la France afin de l'empêcher de procéder à la reconnaissance de la Chine, en manifestant leur soutien à l'Indochine dans l'obtention de l'indépendance.

[1] Christine Chaigne, *La Reconnaissance des gouvernements chinois par la France*, p. 154.

En janvier 1950, l'ambassadeur des États-Unis à Paris a fait savoir au Quai d'Orsay la position de son gouvernement au sujet d'une décision française de reconnaissance de la Chine : « Une reconnaissance prématurée serait très fâcheuse et elle remettrait en cause les mesures envisagées à Washington en faveur de Bao Daï ». Cela signifiait implicitement que les États-Unis ne soutiendraient plus l'action de Bao Daï en vue de rétablir le Vietnam en tant que pays si de son côté la France reconnaissait le pouvoir communiste chinois.

En mars 1950, l'ambassadeur Philip C. Jessup a déclaré à l'ambassadeur français à Washington : « La reprise officielle par la France de relations avec Pékin donnerait à penser en Asie, et en Indochine même, que nous songeons à négocier avec Hô Chi Minh ». Sur ce point, l'ambassadeur français estimait que « le secrétaire d'État américain Dean Acheson prendrait position, à la conférence des Trois, contre une politique devant aboutir à une reconnaissance du gouvernement chinois ». En outre, le secrétaire d'État américain avait fait savoir que « le Département d'État était résolument hostile à l'idée d'une reconnaissance de la Chine communiste par la France et que si celle-ci persistait dans son projet, il pourrait modifier son attitude dans l'affaire d'Indochine[1] ».

La France a décidé de renoncer provisoirement à procéder à la reconnaissance de la Chine, à partir du moment où les États-Unis avaient ouvertement communiqué leur position, et où le gouvernement de la République populaire de Chine et le gouvernement de la République démocratique du Vietnam s'étaient déjà mutuellement reconnus et avaient établi des relations diplomatiques. Les atermoiements de la France avaient aussi une autre raison essentielle : la livraison, pour la première fois, par les États-Unis de matériel de guerre à l'armée française d'Indochine, vers la fin de juin 1950[2].

Selon un télégramme que Ernest J. Auvynet, consul français à Taïpei, a envoyé au Quai d'Orsay, le secrétaire général de la présidence à Taïpei,

[1] *Note – Position de la France à l'égard du problème de la reconnaissance du gouvernement populaire de Chine*, le 25 novembre 1950, AMAEF : série Asie-Océanie 1944-1955, sous-série Chine, vol. 203, folios 75, 76-77.

[2] Christine CHAIGNE, *La Reconnaissance des gouvernements chinois par la France*, p. 460.

lui aurait dit, lors d'un entretien du 21 juillet 1950, que « la France avait complètement abandonné l'intention de reconnaître le gouvernement de Pékin depuis que ce dernier avait reconnu le Viêt-minh[1] ».

Avant la guerre de Corée, la Chine, à la demande du Viêt-minh et avec le soutien de l'URSS, avait déjà commencé à accorder son aide au Vietnam dans sa lutte pour l'indépendance. Depuis lors, son aide n'avait jamais cessé, même pendant la guerre de Corée. À partir de ce moment-là, au sein du gouvernement français, le problème du dialogue avec la Chine s'est posé en des termes nouveaux : dans l'espoir que la Chine cessât d'intervenir dans les affaires d'Indochine ou gardât sa neutralité, fallait-il la reconnaître, établir des relations diplomatiques ou conclure des traités ?

Du 5 au 8 janvier 1952, Robert Schuman a organisé et présidé deux réunions, spécialement pour discuter de la possibilité de contacts avec la Chine[2]. Une dizaine de spécialistes et d'experts des affaires de Chine, d'Indochine et d'Asie, ainsi que des stratèges et diplomates y ont participé. Ils ont estimé qu'il était nécessaire que la France prenne des contacts avec la Chine mais, en même temps, ils n'ont pas nié l'existence de plusieurs problèmes. Par exemple, certains craignaient que la Chine ne refuse la demande de contact, parce que la France avait accusé la Chine d'avoir envahi la Corée. D'autres pensaient que la Chine risquait de chercher à persuader la France de se rapprocher du Viêt-minh et de retirer ses armées du nord du Vietnam, au lieu de cesser son intervention dans les affaires d'Indochine.

De toute façon, ces deux réunions n'avaient permis que l'étalage de divergences et n'avaient abouti à aucun résultat. Par la suite, jusqu'à la défaite de Diên Biên Phu, le gouvernement français n'a plus sérieusement réfléchi à la reconnaissance de la Chine.

En ce qui concerne sa reconnaissance tardive de la Chine, le gouvernement de la IVe République a souvent dit qu'il n'avait pas eu

[1] *Télégramme n° 122/128*, Taïpei, le 21 juillet 1950, AMAEF : Série Asie-Océanie, Formose 3, folios 58-60.

[2] *Réunion sur la question de la reconnaissance éventuelle de la Chine populaire*, 5 janvier 1952, AMAEF : série Asie-Océanie 1944-1955, sous-série Chine, vol. 203, folios 55-61 ; *2e réunion sur la question de la reconnaissance éventuelle de la Chine populaire*, 8 janvier 1952, AMAEF : série Asie-Océanie 1944-1955, sous-série Chine, vol. 203, folios 45-48.

d'occasion directe, ou même indirecte, d'établir des contacts avec la Chine pour mettre en application son vœu d'instituer des relations diplomatiques. Ce n'est pas exact. La France a eu non seulement des occasions indirectes, mais aussi des occasions directes de s'entretenir avec la Chine et de transmettre son éventuel désir. Par exemple, son ancien président du Conseil, Pierre Mendès France, a rencontré son homologue chinois Chou En-lai à quatre reprises lors de la conférence de Genève en 1954. De plus, des parlementaires et des membres de l'Association d'amitiés franco-chinoises qui ont visité la Chine auraient aussi pu servir d'émissaires pour l'établissement de relations diplomatiques entre la France et la Chine.

Quatre ans après la conférence de Genève, Pierre Mendès France a dit à l'ambassadeur chinois en Suisse, à la veille de son voyage en Chine : « Il y a des liens entre la politique extérieure de la France et celle des États-Unis. La plupart des gouvernements français estimaient qu'ils n'avaient pas de raison de ne pas reconnaître la Chine, cependant, s'ils ne l'ont pas fait, c'était à cause des relations de la France avec les États-Unis[1] ». Nous devons ajouter que son propre gouvernement en faisait partie.

Les gouvernements de la IVe République se sont montrés très prudents concernant la reconnaissance de la Chine ; ils attachaient une grande importance à la position des Américains. On peut dire que, concernant sa politique extérieure, la France se trouvait sous l'obédience des États-Unis.

### B) La position française à l'égard du retour de la Chine à l'ONU

D'après les règlements de la *Charte des Nations unies*, l'ONU est l'organisation intergouvernementale la plus importante, faisant autorité dans le monde pour le maintien de la paix et de la sécurité internationale,

[1] *Télégramme de l'ambassade de Chine en Suisse au ministère des Affaires étrangères, Procès-verbal de l'entretien de l'ambassadeur Feng Xuan avec Pierre Mendès France* , le 25 juin 1958, AMAEC, n° 110-00435-02.

le développement de relations internationales amicales et la réalisation de la coopération internationale. Le Conseil de sécurité est l'organe qui a le plus grand pouvoir à l'ONU, les décisions qu'il prend doivent être strictement observées et exécutées par tous les États membres. Cependant, une telle organisation internationale et son organe de pouvoir – le Conseil de sécurité – se sont trouvés accaparés et contrôlés, dès leur création, et en particulier pendant la guerre froide, par les États-Unis, comme un moyen de pratiquer la politique américaine d'endiguement des pays socialistes.

Afin de défendre leurs intérêts stratégiques dans le monde, les États-Unis, à partir des années 1950, ont cherché à empêcher, sous divers prétextes et par tous les moyens, le retour de la Chine à l'ONU, tout en exerçant une pression sur d'autres pays membres et en manipulant les votes, si bien que la Chine a été écartée de cette organisation pendant vingt-deux ans. L'opposition américaine au retour de la Chine à l'ONU est évidemment un comportement qui allait à l'encontre de la *Charte des Nations unies*.

Le 15 novembre 1949, c'est-à-dire un mois et demi après la fondation de la République populaire de Chine, le ministre des Affaires étrangères Chou En-lai a envoyé deux télégrammes, au nom de son gouvernement, respectivement au secrétaire général de l'ONU Trygve Lie et au président de l'Assemblée générale Carlos Romulo, leur déclarant que le gouvernement populaire central de la République populaire de Chine était le seul gouvernement représentant tout le peuple chinois, alors que le gouvernement du KMT, quant à lui, avait perdu tout fondement *de jure* ou *de facto* pour y prétendre. Il a ajouté que le gouvernement populaire central de la République populaire de Chine demandait officiellement à l'ONU, conformément aux principes et à l'esprit de la *Charte des Nations unies*, de priver immédiatement « la délégation du gouvernement de la Chine nationale » de tous ses droits de continuer à participer à l'ONU en tant que représentant du peuple chinois, afin de répondre aux aspirations de celui-ci. Cette demande a été refusée par Trygve Lie, sous divers prétextes. Du fait de la protestation du délégué polonais, le secrétaire général fut obligé de communiquer aux pays membres, le 22 novembre, les deux télégrammes, en tant que documents officiels de l'ONU. Puis, le délégué de l'URSS s'est exprimé à l'ONU pour soutenir la position chinoise. Dès lors et jusqu'au 25 octobre 1971 où la résolution a été adoptée à la majorité des deux tiers au 26e Congrès de l'Assemblée, la Chine n'a jamais cessé de demander la restitution de son siège à l'ONU.

Jusqu'en 1964 où la Chine et la France ont établi des relations diplomatiques, pendant la majeure partie de la période au cours de laquelle la Chine a fait des démarches pour revenir à l'ONU, la France a adopté une attitude hostile. Sur ce point, la ligne de conduite de la France était essentiellement parallèle à celle des États-Unis. La position française pourrait s'expliquer par sa dépendance à l'égard des États-Unis dans le traitement de ses relations avec la Chine.

Concernant le problème de la restitution du siège de la Chine à l'ONU, la France, quand elle se prononçait à l'extérieur, a toujours prôné la « réserve du droit d'agir ». Par exemple, à la veille du 5e Congrès de l'Assemblée, le Quai d'Orsay a dit dans un télégramme au consul français à Taïpei qu'« il n'entre pas, actuellement, dans les intentions du gouvernement français de reconnaître le régime de Pékin, mais cette attitude ne détermine pas nécessairement la position que la France pourra prendre à l'ONU en ce qui concerne l'admission de la Chine communiste au Conseil de sécurité. Le gouvernement français se réserve le droit d'agir le jour où il paraîtra que l'entrée du gouvernement de Mao Tsé-toung à l'ONU présentera un avantage incontestable[1] ». En outre, deux semaines avant la publication du communiqué conjoint relatif à l'établissement des relations diplomatiques entre la Chine et la France, le ministre français des Affaires étrangères Maurice Couve de Murville a dit à son homologue canadien Paul Martin, lors d'un entretien qui touchait aux problèmes d'établissement des relations diplomatiques franco-chinoises et à la restitution du siège de la Chine à l'ONU : « Nous conserverons les mains libres[2] ». Pourtant, la réalité des votes à chaque Congrès était à peu près ce qu'a écrit la direction d'Asie-Océanie du Quai d'Orsay

[1] *Télégramme du directeur du département Asie-Océanie à FRANSULAT TAIPEH*, 94-97, Paris, le 25 juillet 1950, AMAEF : Asie-Océanie 1944-55 : Formose, vol. 3, folio 72 et verso.

[2] *Compte rendu de l'entretien entre Maurice Couve de Murville et M. Paul Martin, ministre des Affaires étrangères du Canada*, le 15 janvier 1964, in *Documents diplomatiques français – 1964*, Tome I (1er janvier-30 juin), ministère des Affaires étrangères – Commission de publication des documents diplomatiques français, P.I.E., Peter Lang, 2002, p. 52.

dans une note intitulée *La France et les États-Unis dans leurs rapports avec Pékin* : concernant la représentation chinoise à l'ONU, « la France a toujours voté, comme les États-Unis, en faveur du gouvernement de Taipeh (*Taïpei*)[1] ».

Pendant la dizaine d'années d'hésitations sur la reconnaissance de la Chine, la France n'a jamais renoncé à l'idée de maintenir ses relations diplomatiques et consulaires avec les autorités de Taïwan. À partir de 1954, elle a souhaité, à l'instar de la Grande-Bretagne et des Pays-Bas, établir des « relations semi-diplomatiques » avec la Chine, tout en conservant ses relations avec les autorités de Taïwan. Cependant, pour un ensemble de raisons et suite aux échanges des chargés d'affaires de la Grande-Bretagne et des Pays-Bas, il était devenu hors de question pour la Chine d'établir des relations « semi-diplomatiques » avec les pays occidentaux. La Chine exigeait la rupture avec Taïwan, d'être soutenue dans sa demande de restitution du siège à l'ONU et qu'il soit procédé à des négociations en vue de l'établissement des relations diplomatiques. Pour cette raison, la France a affirmé que « l'établissement des relations diplomatiques sous conditions » du gouvernement chinois était un grand obstacle à la reconnaissance de la République populaire de Chine.

Durant cette période, la France a affirmé qu'elle « ne pouvait pas abandonner son grand allié », le KMT, mais, dans les faits, comment a-t-elle traité ce « grand allié » ?

Depuis la fin de la guerre civile en Chine, l'attitude de la France à l'égard des autorités de Taïwan a toujours été équivoque et ambiguë. D'une part, la France affirmait qu'elle ne reconnaîtrait pas le pouvoir communiste chinois, d'autre part, elle profitait de la situation pour rétrograder ses relations diplomatiques avec les autorités de Taïwan en leur refusant de rétablir des relations au rang d'ambassadeur, et, en même

[1] *Note de la direction d'Asie-Océanie : La France et les États-Unis dans leurs rapports avec Pékin*, Paris, 9 mai 1962, in *Documents diplomatiques français – 1962*, Tome I (1er janvier-30 juin), ministère des Affaires étrangères – Commission de publication des documents diplomatiques français, Paris, Imprimerie nationale, 1998, pp. 476-477.

temps, elle bloquait les avoirs bancaires chinois[1]. Ces contradictions plongeaient les autorités de Taïwan dans la plus grande perplexité quant à la sincérité des relations que la France entretenait avec elles.

À plusieurs reprises, les autorités de Taïwan ont tenté d'obtenir des éclaircissements sur le véritable point de vue du gouvernement français, mais elles n'y sont jamais parvenues. La raison d'une telle opacité ne tenait pas seulement aux difficultés du gouvernement français à s'exprimer, mais aussi au fait qu'il lui était difficile d'accepter la réalité de sa propre situation.

La proclamation même de la fondation du gouvernement populaire central de la République populaire de Chine n'a pas provoqué un changement évident dans les relations entre le gouvernement français et les autorités de Taïwan. Mais l'insurrection du personnel de l'ambassade et des consulats de Taïwan en France (appelée aussi l'« affaire Ling-Meng »), survenue le 10 octobre 1949, a procuré à la France une occasion de transformer ses relations diplomatiques avec Taïwan. A travers cette affaire, nous pouvons mieux connaître l'attitude de la France à l'égard de Taïwan.

### C) L'« affaire Ling-Meng » à Paris

Les relations de la France avec le KMT se sont refroidies, à partir de l'automne 1948, quand les combats de la guerre civile en Chine ont franchi une étape décisive. À ce moment-là, déçus politiquement et militairement par le KMT, les États-Unis ont souhaité cesser de lui accorder leur soutien. La France, elle aussi, a commencé à envisager de rectifier sa politique en Chine. C'est au moment précis où le PCC a proclamé la fondation de la Chine nouvelle, et où, dans le chaos, allant de défaite en défaite, le KMT préparait son retrait à Taïwan, que le

[1] *Le ministre des Affaires étrangères à Monsieur E. de Curton, ministre conseiller, chargé d'affaires a. i. de France en Chine*, le 3 novembre 1960, AMAEF : Asie 1944-1967 / Formose : vol. 43 ; *Note – Relations avec la Chine nationaliste*, le 19 avril 1963, AMAEF : Asie 1944-1967 / Formose : vol. 61.

personnel de l'ambassade et du consulat général du KMT à Paris a décidé de mener une insurrection, sous prétexte de réclamer ses salaires différés, afin de se détacher du KMT et de se rallier au PCC.

En fait, vers la fin de la guerre civile, les bases de la domination du KMT en Chine avaient été radicalement ébranlées, et il était visible que le pouvoir des nationalistes était sur le point de s'écrouler d'un moment à l'autre. Pour échapper au désastre, des hauts fonctionnaires des milieux militaires, diplomatiques, culturels ont pensé se détacher du KMT. Beaucoup d'entre eux « se sont trouvés confrontés à un choix amer[1] ».

À la fin de la guerre civile, la domination du KMT connaissait non seulement une crise politique et une crise de confiance, mais aussi une crise financière. Le gouvernement national était obligé d'économiser dans les dépenses administratives tout en réduisant le personnel, diminuant les salaires et même différant la paie.

Le 18 septembre 1949, le ministre conseiller Ling Qihan, le conseiller Meng Juru et le vice-consul général Hu Youe, ainsi qu'une dizaine d'autres diplomates et consuls de l'ambassade et du consulat général de Chine à Paris ont décidé de faire pression sur le gouvernement afin qu'il paie leurs salaires, qui avaient été différés. Ils ont envoyé un télégramme, dans lequel ils disaient : « S'ils ne peuvent pas toucher leur salaire le 10 octobre, tout le personnel cessera de servir le gouvernement ». Le 22 septembre, l'ambassadeur Tsien Tai a été blessé dans un accident de voiture et hospitalisé à Paris. Il a laissé la conduite des affaires à Ling Qihan, deuxième personnalité de l'ambassade, ce qui a procuré à ce dernier des facilités d'action. Le 26, Ling Qihan et Meng Juru ont câblé au gouvernement national la décision qu'ils avaient prise le 18 courant[2]. Le télégramme de Ling Qihan n'a pas attiré l'attention du

[1] Chen Sanjing, *L'Identification des ressortissants chinois en Europe aux luttes entre le KMT et le PCC – de l'« affaire Ling-Meng » et son influence* ( 陈三井《国共斗争与欧洲华侨的认同——兼论凌・孟事件的发生及其影响》), in Zhang Qixiong, *L'Identification des ressortissants chinois d'outre-mer à la nation chinoise dans les grands changements de la Chine* ( 张启雄主编《时代变局与海外华人的族国认同》), 2005, pp. 169-189.

[2] *Déroulement de notre soutien à la République populaire de Chine*,AMAEC, n° 110-0056-08. Le *personnel du consulat à Paris de l'ex-gouvernement du KMT et le mouvement* , le 30 avril 1950, AMAEC, n° 110-00056-09.
Ling Qihan, *Ma vie diplomatique – mémoires de Ling Qihan* ( 凌其翰《我的外交官生涯——凌其翰回忆录》), pp. 223-224.

gouvernement national qui était désorganisé, en cours de transfert d'un siège à l'autre. N'obtenant pas de réponse, le 30, Ling Qihan et son collaborateur Meng Juru ont réuni les autres partisans et ils ont décidé de « se détacher du gouvernement réactionnaire et soutenir la République populaire de Chine », à partir du 10 octobre, une date historique[1]. Suite à cette réunion, Ling Qihan, Meng Juru et Hu Youe ont été choisis pour rédiger la « *Déclaration du personnel de l'ambassade chinoise en France et du consulat général à Paris pour soutenir la République populaire de Chine* ». Le 2 octobre, cette déclaration a été transmise à Pékin par l'agence Chine Nouvelle (*Xinhuashe*). Le 9, Ling Qihan et Meng Juru ont câblé officiellement au gouvernement populaire central de la République populaire de Chine tout le texte de la déclaration. Le lendemain, ils ont communiqué à l'agence France-Presse sa traduction française, qui fit la une des journaux, en France.

Le 11 octobre, le Premier ministre Chou En-lai a écrit, dans sa réponse télégraphiée à Ling Qihan, Meng Juru et leurs partisans, qu'il avait bien reçu la déclaration et qu'il accueillait chaleureusement leur action patriotique. Il a ajouté que les autres diplomates et agents consulaires de l'ex-gouvernement national devaient aussi les prendre en exemple : se détacher du camp réactionnaire et servir le gouvernement populaire central[2].

Le 30 septembre, la décision prise par Ling Qihan, Meng Juru et leurs partisans a été transmise à Canton où le gouvernement national était en fuite. Celui-ci décida alors : 1. D'accepter la démission de Tsien Tai, d'envoyer à Paris Duan Maolan, ministre conseiller en poste à l'ambassade de Chine en Grande-Bretagne, pour s'occuper des affaires de l'ambassade de Chine en France sous le titre de chargé d'affaires ; 2. De

---

[1] Le 10 octobre 1911, la révolution dirigée par Sun Yat-sen (*Sun Zhongshan*) a renversé la dynastie des Qing, mis fin à la domination féodale et établi la République de Chine. On l'appelle aussi la « révolution de 1911 » (*xinhaigeming*).

[2] Ling Qihan, *Ma vie diplomatique – mémoires de Ling Qihan* ( 凌其翰《我的外交官生涯——凌其翰回忆录》), pp. 223-224 ; *Télégramme de Dong Lin à Tchongking et annexe : la déclaration de Ling Qihan et celle de Duan Maolan*, Paris, le 13 octobre ; *Télégramme de Dong Lin à Tchongking et annexe : réponse par télégramme de Chou En-lai du 11 octobre au télégramme de Ling Qihan du 9 octobre* , Paris, le 16 octobre 1949, AIHM, AS, n° 310.19/0001 : *le cas de la trahison du personnel de l'ambassade et du consulat à Paris – cas de trahison de Meng Juru* .

révoquer Ling Qihan et Meng Juru de leur fonction et de les rapatrier pour leur confier d'autres fonctions importantes ; 3. D'envoyer tout de suite à Paris le vice-ministre chinois des Affaires étrangères Dong Lin, muni d'un carnet de chèques, pour payer au personnel des ambassades et consulats chinois en Europe trois mois d'arriérés de salaires et effectuer ainsi une tournée d'inspection pour calmer les esprits.

Avant l'arrivée de Duan Maolan à Paris, Ling Qihan avait déclaré, le 5 octobre, à Jacques Baeyens, directeur d'Asie-Océanie du Quai d'Orsay, que tout le personnel de l'ambassade avait pris la décision de se détacher du KMT, de soutenir le gouvernement populaire central de la République populaire de Chine et se tenait à la disposition de ce gouvernement. Un peu surpris, Jacques Baeyens avait répondu qu'il allait faire un rapport au ministre sur le sujet. Le lendemain, le directeur du protocole du Quai d'Orsay avait déclaré à Ling Qihan et Meng Juru : « N'ayant pas encore reconnu le nouveau gouvernement chinois, le gouvernement français a décidé de maintenir votre traitement diplomatique jusqu'à la fin de l'année 1949, et que l'on pourra aussi le prolonger, si c'est nécessaire ». Quand Ling Qihan et Meng Juru avaient dit qu'ils resteraient à leur poste, le directeur du Protocole leur avait répondu : « Tant qu'il n'y a pas de réaction de Duan Maolan, nous ne nous immiscerons pas dans les affaires internes de votre ambassade[1] ».

Ainsi que l'a dit M. Bréal, agent consulaire de France à Pékin, l'attitude adoptée par le gouvernement français à l'égard de l'« affaire Ling-Meng » était d'« accorder au personnel la liberté maximale et de ne pas intervenir[2] ».

Dans l'après-midi du 6, Duan Maolan est arrivé de Londres à Paris. Il s'est rendu immédiatement au Quai d'Orsay pour rencontrer le directeur d'Asie-Océanie Jacques Baeyens et lui faire savoir qu'il avait été envoyé à Paris pour gérer l'ambassade dès son arrivée.

Comme Ling Qihan et ses partisans étaient restés à leur poste, Duan

---

[1] Ling Qihan, *Ma vie diplomatique – mémoires de Ling Qihan* ( 凌其翰《我的外交官生涯——凌其翰回忆录》), p. 227. *Déroulement de notre soutien à la République populaire de Chine* , le 30 avril 1950, AMAEC, n° 110–00056-08.

[2] *Note de l'entretien lors de la réception du directeur d'Europe-Afrique accordé à l'ancien consul français Bréal à Pékin*, le 10 décembre 1949, AMAEC, n° 110–00058-03.

Maolan a demandé au gouvernement français de prêter son concours pour les rayer de la liste des diplomates et les expulser de France[1], mais il n'a pas reçu de réponse positive de la part du gouvernement français qui hésitait encore concernant sa reconnaissance de la Chine nouvelle.

### D) La question du rang diplomatique du représentant français à Taïpei

À l'issue de la guerre de résistance contre l'agression du Japon, la représentation diplomatique de France en Chine a été transférée de Tchongking à Nankin, siège légal de la capitale de la République de Chine avec le gouvernement national à partir de mai 1946. Elle y est demeurée jusqu'en janvier 1951, date à laquelle elle a été finalement fermée[2].

La France a rappelé Jacques Meyrier, son ambassadeur en Chine, peu après la fondation de la Chine nouvelle. Par la suite, elle n'a accrédité d'ambassadeur ni à Nankin où demeurait encore son ambassade, ni à Taïpei où elle a établi seulement un consulat pour faire des démarches auprès des autorités du KMT. Suite à l'« affaire Ling-Meng », le KMT a envoyé Duan Maolan gérer l'ambassade à Paris au titre de chargé d'affaires

[1] *Télégrammes de Dong Lin et de Duan Maolan à Tchongking* , les 14, 15 octobre 1949, AIHM, AS, 350.22/0003 : *le cas de la trahison du personnel de l'ambassade et du consulat à Paris* .

[2] Christine Chaigne, *La Reconnaissance des gouvernements chinois par la France*, pp. 142-160.
La raison pour laquelle la France n'a pas formellement fermé ou transféré son ambassade à Nankin est expliquée par le ministre français des Affaires étrangères, le 20 janvier 1951, dans les instructions données au consul français à Taïpei : « Le gouvernement français eût volontiers suivi la Grande-Bretagne et reconnu Mao Tsé-toung, si ce dernier n'avait pas rompu les ponts en accordant sa reconnaissance au gouvernement rebelle de Hô Chi Minh».
*Le ministre des Affaires étrangères à Monsieur J. Siguret, consul de France à Taïpei*, conseiller d'ambassade, chef du bureau diplomatique de l'ambassade de France en Chine, le 20 janvier 1951, AMAEF : Asie-Océanie 1944-1955 / Formose : vol. 7, folios 204-208 et v.

a. i.[1]. La France, quant à elle, ne voulait pas clarifier le rang diplomatique de ses relations avec les autorités de Taïwan, ne serait-ce qu'en précisant s'il s'agissait du rang d'ambassadeur ou du rang de chargé d'affaires. Vers le milieu des années 1950, le rang diplomatique était resté celui de chargé d'affaires a. i.. Les autorités de Taïwan estimaient que la reconnaissance du gouvernement de Taïpei par la France était incomplète et qu'il fallait que la France concrétisât sa « reconnaissance complète » par l'échange d'ambassadeurs[2]. Cependant, la France n'y a pas donné suite.

La définition et le changement du rang diplomatique reflètent directement la qualité et la nature des relations diplomatiques entre les deux parties.

Le rang diplomatique de leurs relations avec la France restant indéfini, les autorités de Taïwan, très désireuses de dissiper les réticences françaises, ont, à de multiples reprises, demandé un échange d'ambassadeurs[3], sans succès. Que les demandes émanent directement du maréchal Chang Kai-chek ou soient faites par l'intermédiaire du chargé d'affaires a. i. à Paris, la France les a déclinées, le plus souvent oralement, le gouvernement français cherchant toujours à éviter de s'engager sur cette question par écrit[4].

Ces demandes d'échanges d'ambassadeurs présentées au Quai d'Orsay par le chargé d'affaires a. i. de Taïwan à Paris étaient relayées par les autorités de Taïwan lors d'entretiens avec le chargé d'affaires français a. i. à Taïpei, ainsi que par des demandes directes ou indirectes exprimées

---

[1] Duan Maolan a dit, lors de sa rencontre avec le directeur d'Asie-Océanie du Quai d'Orsay, le 6 octobre 1949, qu'il était chargé de gérer l'ambassade dès ce jour-là, sans avoir dit à quel titre. D'après les instructions du président du Conseil et ministre des Affaires étrangères Pierre Mendès France au représentant français à Taïpei, « M. Duan Maolan a le titre de chargé d'affaires *ad interim* et n'a jamais présenté des lettres de cabinet ».
*Le président du Conseil, ministre des Affaires étrangères à Monsieur le chargé d'affaires de France à Taïpei*, le 31 août 1954, AMAEF : Asie-Océanie 1944-1955 / Formose, vol. 8, folios 227-227v.

[2] *De Curton, chargé d'affaires, au ministre des Affaires étrangères*, le 2 mai 1963, AMAEF : Asie 1944-1967, Formose (1956-1967), vol. 61.

[3] *Note – Relations avec la Chine nationaliste*, le 19 avril 1963, AMAEF : Asie 1944-1967, Formose (1956-1967), vol. 61.

[4] *Note – Projet de réponse à la lettre du chargé d'affaires de Chine*, le 2 mai 1963, AMAEF : Asie 1944-1967, Formose (1956-1967), vol. 61.

par de hauts fonctionnaires de Taïwan au gouvernement français, manifestant le souhait que soient précisées les relations entre les autorités de Taïwan et la France.

En novembre 1958, le ministre des Affaires étrangères de Taïwan Huang Shao-ku (*Huang Shaogu*) a effectué une visite d'une semaine en France, après avoir assisté au couronnement du pape Jean XXIII. Il a eu des entretiens avec le président de Gaulle, le ministre des Affaires étrangères Maurice Couve de Murville et le ministre des Finances Antoine Pinay. Quand de Gaulle l'a reçu, ils ont abordé les relations de Taïwan avec la France et lorsque Huang Shao-ku a suggéré un échange d'ambassadeurs, la réponse du président français a été : « Vous nous permettez d'examiner soigneusement cette question[1] ». Pourtant, d'après des archives françaises, « À diverses reprises depuis 1950, le gouvernement de Taïpei a exprimé le souhait de procéder à un échange d'ambassadeurs avec la France. Récemment encore, au cours de son voyage à Paris, M. Huang Shao-ku a évoqué cette question dans ses conversations avec le général de Gaulle et Maurice Couve de Murville. Ceux-ci se sont bornés à prendre note des dispositions amicales ainsi manifestées par la République de Chine[2] ». De toute évidence, il s'agissait d'éluder la question.

En janvier 1960, après avoir assisté à la cérémonie de prise de fonctions du président du Liberia, l'ambassadeur de Taïwan aux États-Unis Ye Gongchao a fait un voyage en France pour demander qu'un ambassadeur soit nommé à Taïpei. Cependant, comme le ministre français des Affaires étrangères avait déclaré au représentant de l'ambassade de Taïwan chargé d'organiser la rencontre qu'il n'avait pas l'intention de parler de la question de l'échange d'ambassadeurs, Ye Gongchao, lors de leur rencontre, a dû se limiter à exprimer le désir de Taïwan d'envoyer un ambassadeur[3], sans obtenir de réaction de son interlocuteur français.

---

[1] AIHM, AS, 311.1/0004 : *L'établissement des relations diplomatiques entre la France et le PCC et nos mesures de repartie.*

[2] *Note – Chine : représentation diplomatique de Formose*, le 24 janvier 1959, AMAEF : Asie 1944-1967, Formose (1956-1967), vol. 43.

[3] AIHM, AS, 311.1/0004 : *L'établissement des relations diplomatiques entre la France et le PCC et nos mesures de repartie.*

En septembre 1960, huit députés français ont fait une visite à Taïwan, Chang Kai-chek les a reçus et « leur a parlé d'échange d'ambassadeurs[1] ». Nous sommes certains que les députés ont transmis le souhait de Chang Kai-chek à l'Élysée et à l'Assemblée nationale. Et on peut aisément imaginer l'état d'esprit de Chang Kai-chek lorsqu'il n'a pas reçu la réponse de l'Élysée qu"l espérait.

En avril 1963, le chargé d'affaires a. i. de Taïwan Chen Xiongfei à Paris a présenté, sur l'ordre de Taïpei, à la veille de son départ, un aide-mémoire au Quai d'Orsay, indiquant que Chang Kai-chek souhaitait voir agréer la nomination d'un ambassadeur de Taïpei à Paris, dès que Chen Xiongfei aurait terminé sa mission, et qu'il espérait que le gouvernement français accepterait. Le Quai d'Orsay a répondu à son successeur Gao Shiming : « Nous estimons, pour notre part, qu'il n'est apparu aucun élément nouveau qui soit de nature à justifier la modification d'un état de choses que de longues années ont consacré et qui semble fonctionner correctement[2] ».

Au début mai 1963, Chang Kai-chek a encore répété au chargé d'affaires français Émile de Curton à la veille de son départ, lors d'un dîner, son souhait de voir la reconnaissance du gouvernement de Taïpei par la France concrétisée par un échange d'ambassadeurs[3].

À la mi-juin 1963, Chang Kai-chek avait été profondément déçu quand, lors de son entretien avec le nouveau Chargé d'affaires français Pierre Salade, il avait su que les efforts menés par Chen Xiongfei n'avaient eu aucun succès et que le gouvernement français n'était pas d'accord pour que Taïwan nomme un représentant au rang d'ambassadeur pour lui

---

[1] Xu Wentang, *Établir et rompre les relations diplomatiques – Taïpei, Paris et Pékin se mesurent en 1964* (许文堂《建交与断交——1964年台北、巴黎、北京的角力》), communication présentée au *Colloque d'études des archives et de l'histoire d'après-guerre*, tenu par le Guoshiguan à Taïwan (《战后档案与历史研究学术讨论会》论文), décembre 2007, p. 10.

[2] *Note – Projet de réponse à la lettre du chargé d'affaires de Chine*, le 13 mai 1963, AMAEF : Asie 1944-1967, Formose (1956-1967), vol. 61.

[3] *De Curton, chargé d'affaires, au ministre des Affaires étrangères*, le 2 mai 1963, AMAEF : Asie 1944-1967, Formose (1956-1967), vol. 61.

succéder[1].

En septembre 1963, après avoir terminé une visite en Afrique, le ministre des Affaires étrangères de Taïwan Shen Changhuan a eu une entrevue avec le président de Gaulle et son homologue français Maurice Couve de Murville. Il a transmis au président français la lettre de Chang Kai-chek et lui a dit qu'il espérait que le président de la République acceptât l'échange d'ambassadeurs pour confirmer les bonnes relations entre les deux parties. Le président de Gaulle et son ministre des Affaires étrangères Maurice Couve de Murville ont répondu « qu'il leur fallait examiner le problème soigneusement[2] ». Cette fois encore, la demande de Taïwan n'a pas eu de réponse. Cependant, le contexte avait changé, de Gaulle réfléchissait à ce moment-là au processus pour mettre en place des relations diplomatiques avec Pékin.

Depuis le jour où l'ambassadeur du KMT à Paris Tsien Taia eu un accident de voiture et a démissionné, la veille de la fondation de la République populaire de Chine, jusqu'au lendemain de la publication des communiqués conjoints franco-chinois proclamant l'établissement des relations diplomatiques, plus de dix ans s'écouleraient, au cours desquels la France maintiendrait ses relations avec Taïwan au rang de chargé d'affaires a. i. au lieu de les hausser au rang d'ambassadeur, malgré les demandes répétées de Taïwan.

Cette situation qui a perduré montre, d'une part, que la politique française en Chine était influencée par les relations entre les États-Unis et Taïwan, d'autre part, que selon ses propres intérêts, tant politiques qu'économiques, la France était prête à reconnaître la Chine à un moment propice, ce qu'on a appelé « une reconnaissance éventuelle ».

Vers la fin de la guerre civile chinoise, les relations du KMT avec les États-Unis étaient tendues et dégradées. Cependant, le déclenchement de la guerre de Corée a modifié l'attitude des États-Unis à l'égard du KMT. Ainsi, les relations entre eux se sont peu à peu améliorées, notamment

[1] *P. Salade, chargé d'affaires au ministre des Affaires étrangères : premiers contacts avec le président Chang Kai-chek*, le 18 juin 1963, AMAEF : Asie 1944-1967, Formose (1956-1967), vol. 61.

[2] AIHM, AS, 311.1/0004 : *L'établissement des relations diplomatiques entre la France et le PCC et nos mesures de repartie.*

grâce à l'aide économique et militaire accordée au KMT par les États-Unis. Ce changement s'est concrétisé aussi par l'établissement d'une représentation des États-Unis à Taïpei et l'élévation de leurs relations diplomatiques. Au cours de cette période, l'attitude adoptée par la France à l'égard du KMT a dépendu, dans une large mesure, de celle des Américains.

En avril 1946, les États-Unis ont établi à Taïpei un consulat qui devint consulat général deux ans après. Le KMT s'est retiré à Taïwan début décembre 1949 et les États-Unis ont nommé Robert Strong consul général américain à Taïpei, le 30 décembre. À partir du moment où l'ambassadeur John Leighton Stuart a été rappelé en août 1949, pendant à peu près un an, non seulement les États-Unis n'ont pas accrédité d'ambassadeur auprès du KMT à Taïwan, mais ils n'ont pas non plus installé d'ambassade. En juillet 1950, les États-Unis ont nommé l'ex-consul général à Hong Kong, Karl L. Rankin, chargé d'affaires a. i. à Taïpei, sous le titre de ministre conseiller. L'année suivante, ils ont installé leur ambassade à Taïpei, mais leur ambassadeur n'a été accrédité que deux ans après, c'est-à-dire en 1953.

À la veille de la retraite du KMT à Taïwan, la France a aussi installé un organisme consulaire à Taïpei. Peu après, elle y a placé une mission d'observation. Après la retraite du KMT à Taïwan, la France a nommé Ernest J. Auvynet consul à Taïpei et l'a autorisé à faire des démarches auprès des autorités du KMT, en qualité de secrétaire d'ambassade. En réalité, son titre était celui de délégué de l'ambassade de France à Hong Kong[1], si bien que, à partir de l'exil du KMT à Taïwan, la représentation diplomatique française à Taïpei a été simplement un consulat, et le représentant français n'a été qu'un consul qui était considéré, pourtant, par les autorités de Taïwan comme un « chargé d'affaires[2] ». Sur la base du consulat à Taïpei, la France a installé un « bureau diplomatique de l'ambassade de France en Chine » dont Auvynet a été nommé directeur, mais sans avoir le titre de représentant diplomatique. À la mi-février

[1] *Note verbale*, le 10 février 1951, AIHM, AS, n° 733-24/172-1/3631 : *Personnel de l'ambassade de France.*

[2] *Note pour le secrétaire d'État*, le 3 novembre 1952, AMAE : Asie-Océanie, 1944-1955 / Formose : vol. 7, folios 279-280.

1951, Joseph Siguret, conseiller d'Extrême-Orient et ancien consul français à Longzhou, a succédé à Auvynet et a pris les fonctions de consul à Taïpei et de secrétaire d'ambassade[1]. Anticipant les difficultés que Siguret aurait dans son travail, le ministre Robert Schuman avait écrit dans ses instructions : « Vous serez, administrativement consul de France à Taïpei, mais je vous autorise à prendre, en outre, vis-à-vis du gouvernement nationaliste, la qualité de conseiller d'ambassade, chef du bureau diplomatique de l'ambassade[2] ».

Toujours à l'instar des États-Unis, la France a décidé, en novembre 1952, d'installer son ambassade à Taïpei, c'est-à-dire de « supprimer le consulat et rétablir l'ambassade », et a nommé Georges Cattand, vice-directeur d'Asie-Océanie et chef du bureau Chine du Quai d'Orsay, chargé d'affaires a. i.. Quant à son titre de ministre conseiller, ce n'était pas un titre réel, c'était seulement un moyen pour qu'il ne soit pas relégué à un rang inférieur par rapport aux autres représentants diplomatiques, car la plupart des pays avaient accrédité des ambassadeurs ou des ministres conseillers auprès du KMT à Taïwan. À partir de janvier 1953, quand la France a installé son ambassade à Taïpei et y a envoyé son chargé d'affaires a. i., jusqu'en février 1964 où elle a rompu ses relations diplomatiques avec Taïwan, durant onze ans, les relations diplomatiques de la France avec Taïwan se maintiendraient au rang de chargé d'affaires a. i.

Après Georges Cattand, les chargés d'affaires a. i. de France à Taïpei ont été successivement Amédée Beaulieux (1956-1960), Émile de Curton (1960-1963) et Pierre Salade (mars 1963-février 1964)[3].

Pourquoi, pendant ces années, le gouvernement français n'a-t-il pas voulu accréditer son représentant diplomatique à Taïpei ? En janvier 1951, le ministre des Affaires étrangères Robert Schuman a donné une réponse très claire dans ses instructions à Siguret : « Ce gouvernement

---

[1] Christine Chaigne, *La Reconnaissance des gouvernements chinois par la France*, p. 455.

[2] *Le ministre des Affaires étrangères à Monsieur J. Siguret, consul de France à Taïpei, conseiller d'ambassade, chef du Bureau diplomatique de l'ambassade de France en Chine*, le 20 janvier 1951, AMAE : Asie-Océanie 1944-1955 / Formose : vol. 7, folios 204-208 et v.

[3] *Annuaire – diplomatique et consulaire 1961 – Chine*, Paris, Imprimerie nationale, 1961, pp. 114-115.
*Annuaire – diplomatique et consulaire 1981 – Chine*, Paris, Imprimerie nationale, 1981, p. 164.

[du KMT], abandonné par de nombreuses puissances occidentales, y compris la Grande-Bretagne, doit sa survie, pour une bonne part, au soutien qu'il reçoit des États-Unis. [...] Le gouvernement français eût volontiers suivi la Grande-Bretagne et reconnu Mao Tsé Toung si ce dernier n'avait pas rompu les ponts en accordant sa reconnaissance au gouvernement rebelle de Hô Chi Minh. Mais, ayant renoncé pour l'instant à nouer des relations diplomatiques avec Pékin, la France entend éviter tout ce qui serait de nature à exciter contre elle et contre l'Indochine le gouvernement de fait d'un pays dont les provinces méridionales ont plus de 1 200 kilomètres de frontière commune avec le Tonkin. C'est la raison pour laquelle le département n'a pas voulu donner à sa représentation à Taïpei le caractère d'une véritable mission diplomatique ».

En ce qui concerne le titre officiel ou officieux de Siguret, le ministre Robert Schuman a indiqué : « Votre position serait donc particulièrement délicate et, tout en prenant soin de ne pas froisser les susceptibilités des autorités nationalistes, vous devrez, avant tout, vous abstenir de toute déclaration politique. [...] Il est vraisemblable que le Wai Kiao Pou (*Waichiaopu*, ministère des Affaires étrangères de Taïpei) vous demandera avec insistance d'intervenir auprès du département pour que vous soyez désigné comme "chargé d'affaires". Déjà, l'ambassade à Paris a fait des démarches dans ce sens auprès de moi. Les considérations politiques exposées plus haut m'interdisent de donner suite à cette demande à laquelle j'ai répondu de manière imprécise et dilatoire ».

Le ministre a insisté : « Je vous prie donc de rester extrêmement réservé si vous êtes saisi de cette question... Dans le cas où la France reconnaîtrait le gouvernement de Pékin, et quel que soit le sort du gouvernement nationaliste, vous vous efforceriez de demeurer sur place en ne prenant plus que la seule qualité de "consul de France"[1] ».

Sur l'insistance des autorités de Taïwan, le ministère français des Affaires étrangères a décidé d'autoriser M. Siguret à se présenter aux autorités de Taïwan en qualité de « chargé d'affaires a. i ». Mais le ministre a souligné que cette décision ne changeait rien dans les relations

---

[1] *Le ministre des Affaires étrangères à Monsieur J. Siguret, consul de France à Taïpei, conseiller d'ambassade, chef du bureau diplomatique de l'ambassade de France en Chine*, le 20 janvier 1951, AMAE : Asie-Océanie 1944-1955 / Formose : vol. 7, folios 204-208 et v.

de Siguret avec les autorités de Taïwan. En réalité, c'est à partir de janvier 1953 que la France a désigné son chargé d'affaires a. i. à Taïpei. Cependant, ses chargés d'affaires a. i. n'ont jamais présenté de lettres de cabinet aux autorités de Taïwan.

### E) Les inquiétudes des autorités de Taïwan au sujet d'une reconnaissance française du pouvoir de Pékin

Au début des années 1950, la Grande-Bretagne a déclaré sa reconnaissance de la Chine nouvelle, une reconnaissance par une grande puissance occidentale qui a entraîné celles d'une bonne partie des pays du Commonwealth. À ce moment-là, les autorités de Taïwan ont craint que la France ne suive elle aussi la Grande-Bretagne, et même si la reconnaissance de la France n'est pas intervenue immédiatement après la fondation de la Chine nouvelle pour un ensemble de raisons objectives et subjectives, cela n'a nullement dissipé l'inquiétude des autorités de Taïwan. Pendant les quatorze années qui ont suivi, celles-ci se sont attendues en permanence à ce qu'une telle reconnaissance survienne, étant donné les relations floues et peu soutenues que la France maintenait avec elles. C'est pourquoi, à chaque fois que les autorités de Taïwan entendaient des rumeurs relatives à des contacts entre Paris et Pékin ou concernant la reconnaissance du pouvoir communiste chinois par la France, elles cherchaient à obtenir partout, y compris auprès du gouvernement français, une confirmation ou une infirmation. Si la réponse du gouvernement français était négative mais ambiguë, elles cherchaient à obtenir un démenti public. Une telle situation s'est produite au moins à trois reprises : 1. Lors des contacts entre les dirigeants chinois et français à la conférence de Genève en 1954 ; 2. En 1957, lorsque le président de la commission des Affaires étrangères de l'Assemblée nationale a voté pour la proposition de la reconnaissance de la Chine par la France et qu'Edgar Faure a voyagé à titre personnel en Chine ; 3. Lors de la visite secrète d'Edgar Faure en Chine en tant que représentant du général de Gaulle, président de la République, en 1963.

La conférence de Genève de 1954 a sans doute procuré une bonne occasion de contacts, de meilleure compréhension et d'échanges mutuels entre les dirigeants chinois et français en vue d'améliorer les relations entre les deux pays. Les autorités de Taïwan voulaient absolument éviter que ce genre de situations ne se produise.

Il est vrai que le rapprochement franco-chinois à Genève a fait penser à une amélioration des relations entre les deux pays. Les reportages sur cet événement avaient pour contenu essentiel des conjectures sur la reconnaissance imminente de la Chine par la France. Les autorités de Taïwan étaient paniquées par un ensemble de nouvelles : la considérable amélioration des relations entre Paris et Pékin à travers la conférence de Genève, l'accord entre le Premier ministre Chou En-lai et le ministre anglais des Affaires étrangères Anthony Eden sur le problème de l'établissement des relations sino-anglaises, etc. Dans ce contexte, les autorités de Taïwan ont ordonné à maintes reprises à leur chargé d'affaires a. i. à Paris de demander audience auprès du président du Conseil et du ministre français des Affaires étrangères afin de connaître enfin la véritable position du gouvernement français quant à la reconnaissance du pouvoir communiste[1]. Un télégramme du Quai d'Orsay du 31 juillet 1954, envoyé par le ministre français des Affaires étrangères à M. Cattan, chargé d'affaires français a. i. à Taïpei, illustre bien cette situation :

> *« Je vous précise, pour votre information confidentielle, que les accords de Genève, dont vous recevrez les textes par la prochaine valise, se rapportent exclusivement à l'Indochine et que nul autre sujet n'a fait l'objet de discussions entre les délégations française et chinoise. La reconnaissance du gouvernement de Pékin n'ayant pas été abordée, elle ne peut donc pas avoir été l'une des conditions de l'armistice.*
>
> *Il est exact en revanche que le chargé d'affaires de Chine a été reçu le 28 juillet par le directeur du cabinet et qu'il a rapidement aiguillé la conversation sur la reconnaissance de Pékin. M. Baudet,*

---

[1] *Note pour le secrétaire d'État de l'Asie-Océanie en date du 5 août 1954*, AMAEF : série Asie-Océanie 1944-1955, sous-série Chine, vol. 203, folio 153.

*tout en se montrant très compréhensif de la situation pénible dans laquelle se trouvait le gouvernement de Taïpei, a indiqué à M. Tuan (Duan Maolan) que le gouvernement français avait des vues réalistes. Celui-ci ne pouvait pas ignorer, en particulier, le rôle nettement conciliant joué par M. Chou En Lai (Chou En-lai) dans la récente négociation de Genève. La question de la reconnaissance ne se posait d'ailleurs pas en ce moment, mais le jour où elle se poserait, le gouvernement français ne pourrait que s'inspirer des intérêts de la France en Asie, en liaison naturellement avec ses grands alliés*[1] ».

Pour le président du Conseil et ministre français des Affaires étrangères Pierre Mendès France, comme pour le chargé d'affaires français a. i. Cattan, il n'était pas nécessaire de préciser le rang des relations de leur pays avec les autorités de Taïwan :

*« Au moment où l'on peut penser que le gouvernement français n'est pas éloigné de reconnaître le régime de Pékin, qu'il serait peut-être pas approprié de paraître donner des assurances – qui ne pourraient être que trompeuses – au gouvernement nationaliste. Dans ces conditions, malgré les inconvénients qui résultent pour le représentant de la France à Taïpei de toujours figurer à la fin de la liste diplomatique, il peut sembler opportun, en attendant une orientation nouvelle de notre politique, de maintenir le statu quo*[2] ».

Au printemps de 1957, sont survenues successivement quelques affaires qui ont beaucoup troublé les autorités de Taïwan.

[1] *Télégramme du 31 juillet 1954 – Reconnaissance de la Chine populaire*, AMAEF : Série Asie-Océanie 1944-1955, Sous-série Chine, vol. 203, folios 147-148.

[2] *Télégramme du président du Conseil, ministre des Affaires étrangères à M. le chargé d'affaires à Taïpei* ( 31 août 1954) , AMAEF : Asie-Océanie 1944-1955, Formose : vol. 8, folio 227-227v.
*Télégramme du chargé d'affaires à Taïpei au président du Conseil, ministre des Affaires étrangères* (20 septembre 1954), AMAEF : Asie-Océanie 1944-1955, Formose : vol. 8, folio 235.
*Télégramme du président du Conseil, ministre des Affaires étrangères à M. le chargé d'affaires à Taïpei* (1er octobre 1954), AMAEF : Asie-Océanie 1944-1955, Formose : vol. 8, folio 239-239 v.

Le 3 mars 1957, le président du Conseil français Guy Mollet a déclaré, lors d'une interview pour l'émission *Meet the Press*, au cours de sa visite aux États-Unis, que le gouvernement français était favorable à une reconnaissance du gouvernement populaire chinois[1]. Trois jours après, il a indiqué aux journalistes de Washington que son gouvernement allait voter pour la Chine communiste, si la proposition de la restitution de son siège à l'ONU se présentait. La prise de position du président du Conseil français a non seulement attiré l'attention du State Department américain, mais aussi « touché le nerf sensible de Taïpei» [2].. Par la suite, quand les autorités de Taïwan se sont rendu compte que la France ne pourrait pas reconnaître le pouvoir communiste avant de consulter ses alliés, tels que les États-Unis[3], elles ont été rassurées.

Suite à une intervention à l'Assemblée nationale de Robert Chambeiron, député des Vosges, en date du 13 février 1957, ayant interpellé le gouvernement sur le refus de la France de reconnaître la Chine nouvelle[4], le 6 mars de la même année, le député Raymond Dronne a présenté une proposition de résolution tendant à inviter le gouvernement français à reconnaître la République populaire de Chine.

Celui-ci a effectivement envisagé, à ce moment, la reconnaissance[5].

Le député Raymond Dronne a argumenté :

> *« La République populaire de Chine exerce sa souveraineté sur l'immense Chine continentale. Le gouvernement français ne l'a pas encore reconnue. Il persiste à ne reconnaître officiellement que le*

[1] *Télégramme de M. Alphand, ambassadeur de France aux États-Unis, au ministre des Affaires étrangères*, le 4 mars 1957, AMAEF : Asie-Océanie, Chine : 1956-1967, vol. 522.

[2] *Note – Reconnaissance de la Chine communiste*, le 16 juillet 1957, AMAEF : Asie-Océanie, Chine, 1956-1967, vol. 522, folios 264-269.

[3] *Télégramme de M. Beaulieux, chargé d'affaires à Taïpei, au ministre des Affaires étrangères*, le 14 mars 1957, AMAEF : Asie-Océanie 1944-1967, Formose : vol. 60.

[4] *Interpellation de M. Chambeiron*, député des Vosges, le 13 février 1957, AMAEF : Asie-Oceanie, Chine, 1956-1967, vol. 522, folio 169.
*Éléments de réponse à l'interpellation de M. Chambeiron* (demande de ce parlementaire en date du 13 février), le 1er mars 1957, AMAEF : Asie-Océanie, Chine, 1956-1967, vol. 522 (Politique extérieure, Relations France-Chine, 1955-1957), folios 177-179.

[5] *Note – Reconnaissance de la Chine communiste*, le 16 juillet 1957, AMAEF : Asie-Océanie, Chine, 1956-1967, vol. 522, folios 264-269.

*gouvernement du maréchal Tchang Kai-Chek dont le contrôle se limite à l'île de Formose.*

*La France ne peut pas continuer à ignorer un pays qui compte six cents millions d'habitants. Elle a intérêt à nouer des relations officielles avec le gouvernement de Pékin. Certes, des contacts officieux ont été pris ; des missions françaises sont allées en Chine populaire ; des missions chinoises sont venues en France. Mais ces relations fragmentaires et quasi confidentielles sont demeurées sans grandes conséquences pratiques.*

*En matière de relations internationales, nous n'avons pas à tenir compte des régimes intérieurs des pays étrangers. Notre intérêt est d'entretenir des relations avec tous les États, quel que soit leur régime politique et économique.*

*Certes, le gouvernement français avait des raisons légitimes de se montrer plus réticent que les Anglais. Mais maintenant les années ont passé.*

*Dans cette affaire, le gouvernement français donne l'impression de s'aligner inconditionnellement sur la politique du gouvernement américain et de ne vouloir faire nulle peine, même légère, à Washington.*

*L'attitude des Américains à notre égard dans les affaires d'Extrême-Orient, d'Afrique et du Moyen-Orient devrait ouvrir les yeux des responsables de notre politique étrangère. Nous n'avons pas de raisons valables de sacrifier nos intérêts à une illusoire coopération franco-américaine en Asie, qui ne s'est jamais manifestée dans les faits. Partout, les Américains ont sacrifié délibérément les intérêts français quand ils étaient en concurrence avec les leurs. Et, depuis la fin de la guerre, ils ont mené une politique stupide en Chine et dans le Sud-Est asiatique.*

*La France a intérêt à renouer des relations officielles et à commercer avec la Chine. Elle n'a pas besoin pour cela de la permission de Washington, qui ne prendra pas notre avis quand il jugera bon de changer de politique. [...] Elle signifierait que la France recouvre son indépendance et sa liberté d'action diplomatique*[1] ».

Informées que la commission des Affaires étrangères de l'Assemblée nationale française allait voter pour la proposition du député Raymond Dronne, les autorités de Taïwan ont ordonné immédiatement à leur chargé d'affaires a.i. à Paris, Chen Xiongfei, de faire des démarches auprès du Quai d'Orsay. Les 13 et 16 juillet, Chen Xiongfei a rendu visite deux fois au ministère français des Affaires étrangères dont le directeur d'Asie-Océanie, Millet lui a fait savoir que Christian Pineau, président de la commission des Affaires étrangères et ministre des Affaires étrangères allait effectivement voter pour reconnaître le pouvoir de Pékin. Croyant que la position de la commission des Affaires étrangères pouvait représenter celle du gouvernement français[2], les autorités de Taïwan furent désemparées.

Président du Conseil de la IV^e^ République à deux reprises, Edgar Faure n'était pas opposé à la reconnaissance de la Chine par la France. Il avait commencé à envisager celle-ci dès sa prise de fonction comme président du Conseil[3]. C'est pourquoi son voyage en Chine au début de l'été 1957 a provoqué un grand émoi dans toute l'île de Taïwan.

En apparence, Edgar Faure voyageait en Chine à titre individuel, mais, en réalité, il avait pour mission de connaître la Chine nouvelle et d'évaluer la normalisation des relations entre la France et la Chine.

Au cours du voyage, Edgar Faure et son épouse ont été reçus par le Premier ministre Chou En-lai, puis par le président Mao Tsé-toung. Ils ont parlé des intérêts communs des deux pays, ainsi que de l'amélioration des relations de la Chine avec la France et avec l'Occident. Edgar Faure a également visité avec son épouse une partie de la Chine. Il a été

---

[1] *Proposition de résolution tendant à inviter le gouvernement à reconnaître la République populaire de Chine* (renvoyée à la commission des Affaires étrangères) présentée par M. Dronne (n° 4424, Assemblée nationale, troisième législature, session ordinaire de 1956-1957, annexe au procès-verbal de la séance du 6 mars 1957), AMAEF : Asie-Océanie, Chine, 1956-1967, vol. 522, folios 198-199.

[2] *Note pour le secrétaire général – Projet de résolution Dronne sur la Chine communiste*, le 17 juillet 1957, AMAEF : Asie-Océanie, Chine, 1956-1967, vol. 522, folio 237 et verso.

[3] *Edgar Faure – l'émissaire du général de Gaulle,* Institut Charles de Gaulle. http://www.charles-de-gaulle.org.

particulièrement impressionné par le pont de Wuhan qui enjambe le fleuve Yangzi et le poème de Mao Tsé-toung au sujet de ce pont. À son retour en France, Edgar Faure a écrit un ouvrage intitulé *Le Serpent et la Tortue – Les problèmes de la Chine populaire* 蛇龟 , dans lequel il exprimait le souhait que s'établissent des liens entre la Chine et la France et entre l'Orient et l'Occident, tout comme le pont de Wuhan lie la montagne Serpent et la montagne Tortue, séparées par le fleuve Yangzi. Il a offert son livre, dès la parution, au général de Gaulle, qui s'y est beaucoup intéressé. Sa lecture terminée, le général de Gaulle a écrit à Edgar Faure qu'il était tout à fait d'accord avec son point de vue concernant le rétablissement des relations diplomatiques entre la France et la Chine[1].

Le deuxième voyage privé d'Edgar Faure en Chine, vers la fin de l'automne 1963, a fait l'effet d'un tremblement de terre sur les autorités du KMT et l'île de Taïwan.

En effet, depuis le printemps 1963, les autorités de Taïwan pressentaient que le gouvernement de De Gaulle allait sérieusement prendre en considération la reconnaissance du pouvoir de Pékin. Pour essayer d'avoir confirmation de ce pressentiment, Chen Xiongfei, chargé d'affaires a. i. de Taïpei à Paris, a présenté, en avril 1963, à la veille de son départ, un aide-mémoire au Quai d'Orsay, exprimant que Chang Kai-chek souhaitait voir agréer la nomination d'un ambassadeur de Taïpei à Paris, mais le gouvernement français n'y a pas donné une réponse positive. Fin août et début septembre, Shen Changhuan, ministre des Affaires étrangères de Taïpei, a rendu visite à de Gaulle et lui a remis une lettre de Chang Kai-chek. Son entretien avec son homologue français Maurice Couve de Murville a concerné la question de l'échange d'ambassadeurs mais, une fois de plus, il a subi un revers, car son interlocuteur lui a répondu d'une façon évasive. Le 9 octobre, de Gaulle a répondu à la lettre transmise par Shen Changhuan le 26 juillet. Dans sa réponse, il n'a pas réagi sur la question de l'échange d'ambassadeurs et surtout n'a pas évoqué l'établissement de relations entre Paris et Pékin[2], alors même que

[1] *Lettre du 14 novembre 1957 à Edgar Faure*, in *Charles de Gaulle, Lettres, notes et carnets (juin 1951-mai 1958)*, Paris, Librairie Plon, 1985, p. 335.

[2] *Lettre du 26 juillet 1963 de Chang Kai-chek et la réponse du 9 octobre de De Gaulle*, voir Centre historique des Archives nationales (CHAN) : 5AG1-225.

c'était en préparation.

Plus ironique encore, le lendemain, 10 octobre, le général de Gaulle a envoyé, comme il était d'usage, à Chang Kai-chek, un télégramme de félicitations : « À l'occasion de la fête nationale de la Chine, j'adresse à Votre Excellence mes félicitations ainsi que mes vœux pour son bonheur personnel et celui du peuple chinois[1] ». La lettre et le télégramme du général de Gaulle n'ont pas dissipé les inquiétudes des autorités de Taïwan au sujet de la reconnaissance du pouvoir de Pékin par la France. Le 11 octobre, le ministère des Affaires étrangères de Taïpei a donné l'instruction suivante au chargé d'affaires a. i. à Paris : « La France est probablement sur le point de reconnaître le pouvoir des communistes, restez sur vos gardes et tenez-nous informés de l'évolution de la situation[2] ».

À la mi-octobre 1963, Maurice Couve de Murville s'est rendu aux États-Unis pour rencontrer le président John F. Kennedy et le secrétaire d'État Dean Rusk. Le voyage du ministre français des Affaires étrangères aux États-Unis avait deux buts : d'une part, révéler aux Américains que la France allait reconnaître le pouvoir de Pékin, d'autre part, les convaincre de détendre leurs relations avec la Chine et de mener une politique commune avec la France. Entre-temps, le voyage d'Edgar Faure en Chine avait cessé d'être un secret et était devenu l'objet d'attention des médias aux États-Unis et en France[3]. À ce moment, les autorités de Taïwan avaient pratiquement confirmation que la France allait reconnaître le pouvoir de Pékin. Pourtant, elles n'ont pas cessé de donner des instructions à leur chargé d'affaires a. i. à Paris de faire des démarches auprès du ministère des Affaires étrangères de France et se renseignaient directement auprès du chargé d'affaires a. i. français à Taïpei, afin d'éclaircir

[1] *Télégramme du président de Gaulle à Chang Kai-chek*, le 10 octobre 1963, AMBAFRANCE TAIPEH 88, AMAEF : Asie-Océanie 1944-1967 / Formose – 1956-1967, vol. 61. CHAN: 5AG1-250.

[2] AIHM, AS, 305.22 : *Établissement des relations diplomatiques entre la France et la République populaire de Chine*, vol. 1, 31 juillet-6 novembre 1963.

[3] *Informations de référence secrète du Comité central du KMT* 52-1430 : télégramme spécial de l'Agence centrale à Paris (19 octobre) – *Edgar Faure voyage en Chine et va discuter sur le problème de la reconnaissance*, AIHM, AS, 305.22 : *Établissement des relations diplomatiques entre la France et la République populaire de Chine*, vol. 1 , 31 juillet-6 novembre 1963.

l'affaire[1].

Informé que Paris et Pékin s'étaient mis d'accord sur les conditions d'établissement de relations diplomatiques officielles, Shen Changhuan a ordonné, le 12 décembre, à Jiang Tingfu, ambassadeur de Taïwan à Washington, d'aller immédiatement voir le secrétaire d'État américain Dean Rusk pour lui demander de profiter de la prochaine réunion de l'OTAN à Paris pour convaincre le général de Gaulle de renoncer à sa reconnaissance du pouvoir de Pékin[2].

Aucune de ses démarches n'ayant eu d'effet, Chang Kai-chek a décidé d'agir en personne. Le 23 décembre 1963, il a écrit au président de Gaulle :

> *« Je vous remercie de votre aimable message du 9 octobre 1963 dans lequel vous avez bien voulu me rappeler que la France, mieux que tout autre pays, a mesuré et mesure encore aujourd'hui l'importance du rôle de la Chine dans le concert des nations et que vous conservez précieusement le souvenir de nos relations personnelles durant les jours glorieux et difficiles de la dernière guerre. J'en suis extrêmement touché.*
>
> *Durant ces derniers mois, la presse étrangère a persisté dans l'information que le gouvernement français est en train d'étudier la reconnaissance du régime communiste chinois ou l'échange de missions commerciales.*
>
> *Bien que ces rumeurs ne soient pas fondées, elles suscitent malgré tout l'attention du monde entier à cause de votre haut prestige personnel et de l'importance de la place qu'occupe la France dans la famille des nations. Le peuple chinois et ses forces armées en sont profondément inquiets. Vous saisissez mieux que personne la situation difficile où la République de Chine et moi-même nous nous trouvons actuellement.*

---

[1] *Télégramme du chargé d'affaires à Taïpei au ministère des Affaires étrangères*, le 29 octobre 1963, AMAEF : Asie-Océanie, Chine, 1956-1967, vol. 524, folio 179 et verso.

[2] *Télégramme de Jiang Tingfu, ambassadeur de Taïwan aux États-Unis, au ministère des Affaires étrangères à Taïpei*, 12 décembre 1963, AIHM, AS, 305.22 : *Établissement des relations diplomatiques entre la France et la République populaire de Chine*, vol. 1 , 31 juillet-6 novembre 1963.

*Tout acte d'un pays qui augmenterait la force pernicieuse des communistes chinois portera atteinte au bon moral du peuple et des soldats chinois.*

*Je suis persuadé que, avec votre vaste expérience et votre vision, la portée de ces faits est parfaitement claire, et j'espère très sincèrement que votre sens de justice et votre générosité de cœur vous feront prodiguer encore davantage de sympathie et d'assistance à mon pays et moi-même dans nos moments difficiles.*

*En vous présentant mes vœux de bonheur et de santé pour le nouvel an, je vous prie de croire, M. le président, à mes sentiments de très haute estime et très cordiale considération.*

*Tchang Kai Tchek*

*Taïpei, 23 décembre 1963*[1] ».

Le 24 dans l'après-midi, le ministre conseiller de l'ambassade de Taïwan aux États-Unis a rencontré le secrétaire d'État américain Dean Rusk et ce dernier lui a fait part de ce que « la France est effectivement en train d'étudier la reconnaissance du régime communiste chinois. [...] Seulement, elle ne pourra pas agir précipitamment et en parlera aux États-Unis, avant d'en prendre la décision[2] ».

À ce moment, les intentions réelles de la France qui avaient été cachées au KMT étaient bien claires, la seule question qui restait en suspens, c'était la date à laquelle la France accorderait sa reconnaissance au pouvoir communiste de Pékin.

[1] CHAN : 5AG1-225.

[2] *Télégramme de Jiang Yisheng au ministère des Affaires étrangères à Taïpei*, 24 décembre 1963, AIHM, AS, 305.22 : *Établissement des relations diplomatiques entre la France et la République populaire de Chine*, vol. 1, 31 juillet-6 novembre 1963.

# Chapitre 4

## Les relations franco-chinoises : les années d'attente

Les relations normales et officielles franco-chinoises ne se sont pas établies instantanément ; un long processus de réflexion et de préparation a été mené avec le concours des peuples des deux pays, et ce sont les contacts « semi-officiels » et les échanges non-gouvernementaux qui ont jeté une base solide à l'établissement des relations diplomatiques en 1964.

Bien qu'il n'y ait pas eu de reconnaissance mutuelle entre la Chine et la France pendant quatorze ans, les contacts n'ont jamais cessé entre les deux pays.

Avant d'aborder le sujet principal de notre étude, nous souhaitons parler très brièvement de ces contacts et échanges qui ne sont pas moins importants.

Les contacts « semi-officiels » ou officieux et les échanges privés franco-chinois pendant une dizaine d'années ne se sont pas développés seuls : il y a toujours eu plus ou moins une participation gouvernementale, de la part de Chine comme de celle de France, sans qu'il y ait cependant de contact direct entre les deux gouvernements. En fait, les échanges non-gouvernementaux dans les domaines économique, commercial et culturel ont eu un caractère « officieux », mais comme ils se sont réalisés dans un contexte où les relations officielles entre la Chine et la France n'étaient pas encore définies, nous préférons les appeler « échanges non-gouvernementaux ».

Outre ces échanges, il existait aussi des contacts « semi-officiels » entre les dirigeants ou hommes politiques des deux pays.

La conférence de Genève de 1954 a mis fin à la guerre d'Indochine, en même temps, elle a permis à la France et son peuple de mieux connaître la Chine nouvelle. C'est sur cette base que se sont fondés les échanges non-gouvernementaux et les contacts « semi-officiels » franco-chinois.

Dès sa création en 1952, l'*Association des amitiés franco-chinoises* a beaucoup contribué, et de façon active, au développement des échanges non-gouvernementaux et des contacts « semi-officiels » franco-chinois. Les premiers voyages en Chine de personnalités des milieux économiques et politiques français ont été facilités par cette association. Parmi les personnalités qui ont visité la Chine les premières, il y a, par exemple, Henri Rochereau, sénateur et président de la commission des Affaires économiques du Sénat français, et Edgar Faure, ancien président du Conseil, ainsi que des députés. En outre, cette association a beaucoup œuvré en faveur de la reconnaissance de la Chine par la France. Par exemple, son président M. Raymond Dronne, dont nous avons parlé précédemment, a présenté, en mars 1957, une proposition de résolution tendant à inviter le gouvernement français à reconnaître la République populaire de Chine.

## A) Les contacts « semi-officiels »

Les contacts « semi-officiels » ont été essentiellement les contacts réalisés entre les dirigeants chinois et des personnalités politiques françaises, soit à l'étranger, au cours de conférences internationales par exemple, soit en Chine, durant leurs voyages.

### 1. Les contacts à Genève

Au cours de la conférence de Genève de 1954, le chef de la délégation chinoise, le Premier ministre Chou En-lai, a rencontré au moins trois fois son homologue français Pierre Mendès France et le prédécesseur de ce dernier, Georges Bidault, ainsi que quelques membres de la délégation française, tels que Jacques Guillermaz, Joseph Paul-Boncour, Robert Lacoste, Alain Savary.

Outre le problème de l'Indochine, ils ont parlé de l'amélioration des relations entre la Chine et la France au cours de leurs contacts individuels ou collectifs.

### 2. La visite des sénateurs français en Chine

Fin septembre 1955, M. Edmond Michelet a dirigé une délégation française en Chine composée de membres de différents partis politiques français. Ils ont rencontré Peng Zhen, vice-président du Comité permanent de l'Assemblée nationale populaire de Chine, et ont clairement exprimé que c'était « pour promouvoir les relations des deux pays et l'établissement des relations diplomatiques franco-chinoises qu'ils venaient en Chine[1] ». La délégation a été reçue par le Premier ministre Chou En-lai et le vice-Premier ministre Chen Yi. Ils ont parlé de continuer et développer l'esprit de la conférence de Genève, de sauvegarder la paix dans le monde et d'améliorer les relations franco-chinoises[2]. Ils ont déclaré qu'ils ne représentaient pas le gouvernement français, mais qu'ils pourraient faire des démarches auprès de celui-ci pour accélérer l'établissement des relations diplomatiques officielles entre la France et la Chine.

### 3. La visite des députés français en Chine

En octobre 1955, pour la première fois, une délégation de députés français a fait une visite officielle en Chine[3], sur l'invitation de l'*Institut*

---

[1] *Note de l'entretien de Peng Zhen avec les députés français*, 23 septembre 1955, AMAEC, n° 110-00039-06 ( 01 ) .

[2] *Note de l'entretien de Chou En-lai et Chen Yi avec le sénateur français Edmond Michelet*, 23 septembre 1955, AMAEC, n° 110-00039-05.

[3] *Note de la réception de la délégation de députés français : note de l'entretien de Liu Shaoqi avec la délégation française* , 30 octobre 1955, AMAEC, n° 110-00148-23.

*de politique étrangère du peuple chinois*[1]. La délégation a été conduite par Daniel Mayer, président de la commission des Affaires étrangères de l'Assemblée nationale française. Ils ont visité plusieurs grandes villes et discuté avec des juristes, des économistes et des membres des partis démocratiques de Chine. Pour connaître le fonctionnement de l'Assemblée nationale populaire de la République populaire de Chine, ils ont spécialement rencontré le président du Comité permanent de l'Assemblée, Liu Shaoqi[2]. Au cours de l'entretien avec le Premier ministre Chou En-lai, ils ont passé en revue le développement des relations franco-chinoises depuis la conférence de Genève et abordé les difficultés qui faisaient obstacle à l'amélioration de ces relations. Chou En-lai leur a présenté les trois formes de relations de la Chine avec les pays occidentaux : 1. Les relations avec les pays d'Europe du Nord qui avaient non seulement reconnu la Chine, mais rompu avec Chang Kai-chek et soutenu la Chine dans la restitution de son siège à l'ONU, il s'agissait de relations diplomatiques complètes ; 2. Les relations avec la Grande-Bretagne et les Pays-Bas, qui, bien qu'ils aient reconnu la Chine nouvelle et rompu avec Chang Kai-chek, restaient en faveur de Chang Kai-chek et contre la Chine nouvelle à l'ONU, il s'agissait de relations semi-diplomatiques ; 3. Les relations avec la France et la Belgique qui n'avaient pas reconnu la Chine mais Chang Kai-chek, et étaient en relation avec ses représentants à Paris et à Bruxelles. À la fin de l'entretien, Chou En-lai a indiqué : « Si la France veut envoyer un représentant négocier avec nous sur l'établissement de relations diplomatiques, non seulement nous ne nous y opposerons pas, mais nous l'accueillerons chaleureusement. Ce sera au gouvernement français d'étudier la question. Je vous prie de bien vouloir transmettre tout cela à votre gouvernement et à votre commission des Affaires étrangères de l'Assemblée nationale[3] ».

[1] Fondé le 15 décembre 1949, l'*Institut de politique étrangère du peuple chinois* est la première organisation de recherches sur la théorie et la pratique de la diplomatie et sur les affaires internationales, il est aussi chargé d'une mission de développement des relations diplomatique non-gouvernementales.

[2] *Note de l'entretien de Liu Shaoqi avec la délégation française*, 30 octobre 1955, AMAEC, n° 110-00148-23.

[3] *Note de l'entretien de Chou En-lai avec les députés français* , 1er novembre 1955, AMAEC, n° 110-00040-01.

**Chou En-lai et la délégation des députés français, le 1er novembre 1955.**

Dès son retour en France, Daniel Mayer a présenté un compte rendu de sa visite au gouvernement français[1].

## 4. La présence de la délégation du PCF au 8e Congrès général du PCC

Au cours du 8e Congrès du PCC, du 15 au 27 septembre 1956, le PCF a envoyé une délégation conduite par Jacques Duclos, membre du bureau politique. Le soir du 1er octobre, jour de fête nationale en Chine, le président Mao Tsé-toung a reçu les membres de la délégation et a discuté avec eux de l'industrialisation de la Chine, à laquelle il attachait une importance particulière. L'entretien a porté principalement sur le développement socialiste et les possibilités d'aide pouvant être apportée par la France à l'industrie chinoise, par l'exportation en Chine d'équipements industriels. Quant à l'amélioration des relations entre les deux pays, elle n'a été qu'un sujet secondaire de cet entretien.

---

[1] *Extrait du compte rendu de l'audience accordée par S. E. M. Chou En-lai, ministre des Affaires étrangères de la République populaire de Chine, aux membres du bureau de la commission des Affaires étrangères de l'Assemblée nationale française le 1er novembre 1955 à Pékin*, AMAEF: Asie-Océanie, sous-série Chine 1956-1967, vol. 522, folios 47-51.

## 5. La première visite d'Edgar Faure en Chine

Parmi ces contacts semi-officiels, la visite de l'ancien président du Conseil français, Edgar Faure, a beaucoup contribué à l'amélioration des relations entre la France et la Chine. Cette visite a duré un peu plus d'un mois, du 20 mai au 22 juin 1957.

Edgar Faure n'est pas venu en Chine uniquement pour faire du tourisme, il est venu observer la situation du pays, tâter le terrain et étudier la possibilité d'améliorer les relations franco-chinoises.

Arrivé à Pékin avec son épouse le 23 mai, Edgar Faure a été chaleureusement accueilli par l'*Institut de politique étrangère du peuple chinois* dont le président, Zhang Xiruo, les a conviés à un banquet le soir même. Edgar Faure a déclaré dans son allocution qu'il « s'efforçait au développement des relations de la France avec la Chine, surtout dans le domaine économique et culturel, lorsqu'il était président du Conseil ». Il a ajouté : « Ce n'est qu'une partie des relations, nous aurions dû établir des relations complètes, notamment des relations politiques » et il a estimé : « La résolution des problèmes de la reconnaissance de la Chine et de la restitution de son siège à l'ONU est liée à l'ensemble de la situation ». Mais il voulait bien continuer à faire des efforts dans le sens d'une reconnaissance.

Le 24 mai, le Premier ministre Chou En-lai a reçu M. et Mme Edgar Faure et a eu un long entretien avec eux. C'était la quatrième fois que les deux hommes se rencontraient et cette entrevue a eu un caractère plus officiel que les précédentes. Ils ont parlé de plusieurs sujets internationaux envers lesquels les deux pays portaient de l'intérêt, par exemple, l'affaire de Hongrie, l'affaire de Suez et la guerre d'Algérie. Ils ont aussi abordé les relations entre les deux pays.

En ce qui concerne la situation de la Chine sur le plan international, Chou En-lai a déclaré que le pays mettait toutes ses forces à construire le socialisme et avait plus que jamais besoin de paix. La Chine espérait la détente, la conciliation et le désarmement, ne voulait pas intervenir dans les affaires d'autres pays, et ne souhaitait pas non plus jouer un rôle d'arbitre ou d'intermédiaire. Il estimait que la résolution du problème de l'Algérie passerait par des négociations entre les parties concernées.

Quant à la place de la Chine dans le monde, aux relations de la France avec la Chine et à la reconnaissance de la Chine par la France, Edgar Faure estimait que, du point de vue français, la reconnaissance du gouvernement de la République populaire de Chine était un problème isolé, mais que, aux yeux de la Chine, c'était un problème complexe car cette reconnaissance était liée à la restitution de son siège à l'ONU et à la rupture des relations diplomatiques avec Taïwan.

Étant donné que la Chine refusait de prendre en considération la proposition française qui préconisait d'accréditer l'ambassadeur à Pékin tout en maintenant un chargé d'affaires à Taïpei et de remettre à plus tard le règlement de la question du siège de la Chine à l'ONU, Edgar Faure avait bien compris que les dirigeants chinois voulaient empêcher qu'il existe « deux Chine » et qu'on oppose le continent à l'île de Taïwan. Dès lors, si la France voulait établir des relations diplomatiques officielles avec la Chine, elle devait observer ces conditions préalables, c'est-à-dire rompre avec Taïwan et mettre fin au *statu quo*.

Le 30 mai, à 10 heures du soir, le président Mao Tsé-toung a reçu M. et Mme Faure et a eu un entretien avec eux.

Abordant la politique extérieure de la Chine, sa place dans le monde et les relations internationales complexes, Mao Tsé-toung a cité un proverbe chinois : « Quand une bécasse et une huître sont aux prises l'une avec l'autre, c'est le pêcheur qui en tire profit » (*une querelle entre deux parties finit par profiter à une tierce personne*). Puis il a demandé à Edgar Faure si, à son avis, le pêcheur était russe ou américain ? Après une brève réflexion, Edgar Faure a répondu que c'était plutôt un pêcheur américain.

Concernant les relations sino-russes, Mao Tsé-toung a déclaré à Edgar Faure : « La Chine est un pays indépendant, elle est complètement indépendante de l'URSS ».

Après cette rencontre, Edgar Faure a mieux appréhendé la réalité de la Chine nouvelle et compris la nécessité d'établir des liens entre elle et l'Occident. Il a eu aussi une connaissance plus directe, plus juste et plus complète de Mao Tsé-toung, un homme qu'il a découvert différent de la plupart des marxistes à la vision étroite. À l'opposé, celui-ci avait une grande érudition. Edgar Faure regrettait que les qualités de ce chef d'État n'aient pas été reconnues par un grand nombre de puissances et s'est étonné que « juridiquement et diplomatiquement, pour une partie de l'Occident, Mao Tse Toung et la Chine de Mao Tse Toung n'existaient pas » ! Il s'est demandé : « Quel avantage avons-nous à méconnaître une aussi évidente, une aussi formidable réalité ? » Edgar Faure a écrit dans son ouvrage, *Le Serpent et la Tortue – Les problèmes de la Chine populaire* : « Et je pose à nouveau la question qui était dans mon esprit à la fin de ma première rencontre avec Tchou En Lai [*Chou En-lai*]. Qu'est-ce nous attendons au juste ? Quels objectifs se propose la diplomatie – d'ailleurs divisée – des puissances occidentales ? Est-ce que quelqu'un peut croire sérieusement à la fiction de l'"autre Chine" ? Est-ce que quelqu'un peut encore retenir cette hypothèse fantastique : le retour de Tchang Kai Chek et du Kuo Min Tang [KMT] ? Pouvons-nous, plus sérieusement construire l'hypothèse des "deux Chine" ?... Pensons-nous que la politique d'embargo entravera le développement économique de la Chine ? Une telle pensée ne serait, certes, pas généreuse. Elle serait, en tout cas, chimérique... nous avons voulu, à notre tour, construire un mur autour de la Chine – mais c'est nous qui nous enfermons à l'extérieur ». Dans la conclusion, il a précisé : « Nous devons reconsidérer entièrement notre politique en ce qui concerne les rapports Est-Ouest, et plus particulièrement, puisque tel est mon sujet, à l'égard de la Chine populaire. [...] Avec ou sans le règlement de Formose, il faut affranchir et développer des relations de tous ordres, économiques et culturelles, avec la Chine ». À la fin, il a indiqué : « Le capitalisme et le communisme vont-ils s'affronter indéfiniment et se contempler, comme ces figures de promontoire sur les deux bords d'une frontière liquide ? [...] Entre l'Est et l'Ouest, comme entre le Serpent et la Tortue, jetterons-nous un pont ? Afin qu'un jour, "les hommes ne se souviennent plus qu'il y avait là, autrefois, un abîme infranchissable"[1]? »

Le rôle d'Edgar Faure lors de ce voyage en Chine était d'être les yeux et les oreilles du général de Gaulle dans la perspective de l'amélioration

[1] Edgar Faure, *Le Serpent et la Tortue – Les problèmes de la Chine populaire*, pp. 40, 52-53, 232-237.
*Résumé de la réception de l'ex-président du Conseil français Edgar Faure* , AMAEC, n° 110-00406-08.

des relations franco-chinoises. Dans le prolongement de cette mission, c'est lui qui serait choisi comme envoyé secret en 1963 pour négocier avec la Chine l'établissement des relations diplomatiques.

## 6. La visite de Pierre Mendès France en Chine

Pierre Mendès France, ancien président du Conseil, et Roland Dumas, député socialiste (SFIO), sont arrivés à Pékin le 24 juillet 1958 et ont entamé leur visite en Chine de trois semaines. Le lendemain matin, le Premier ministre Chou En-lai les a reçus. Ils ont eu un long entretien dont le sujet a porté principalement sur la situation en Extrême-Orient, mais aussi en particulier sur les problèmes du Liban et de la Jordanie, ainsi que sur l'intervention des États-Unis et de la Grande-Bretagne. En revanche, ils n'ont pas beaucoup parlé des relations franco-chinoises et du gouvernement du général de Gaulle. Chou En-lai a clairement dit que la Chine s'opposait à l'intervention étrangère dans les affaires intérieures du Liban et de la Jordanie, ainsi qu'à l'envoi d'une mission d'observation par l'ONU. Par ailleurs, il a réaffirmé la position chinoise selon laquelle Taïwan faisait partie du territoire chinois et son opposition à toute intervention étrangère dans la résolution du problème de Taïwan. Quant à l'amélioration des relations entre la Chine et la France et à l'attitude du gouvernement du général de Gaulle, sur ce point, il a semblé que Pierre Mendès France et Roland Dumas étaient assez mal à l'aise : ils ont éludé le sujet au lieu de l'aborder de front ou d'y répondre. Par exemple, quand Chou En-lai a demandé si le gouvernement du général de Gaulle avait l'intention d'améliorer les relations entre les deux pays, la réponse de Pierre Mendès France a été, après un moment d'hésitation et après avoir consulté son collègue Roland Dumas, qu'il ne connaissait pas l'intention du gouvernement mais que la plupart des Français souhaitaient développer et normaliser ces relations. Il a ajouté qu'il y aurait intérêt, pour les deux pays, à développer leurs échanges économiques et commerciaux[1].

Le 29 juillet à midi, le vice-Premier ministre Chen Yi a reçu Pierre Mendès France et Roland Dumas. Comme l'entretien n'avait pas de sujet précis, le contenu de la conversation est resté très vague, cela a surtout été une rencontre de courtoisie.

## 7. La visite de François Mitterrand en Chine

Après être passé par Moscou, François Mitterrand, président de la SFIO, est arrivé à Pékin le 27 janvier 1961, pour effectuer une visite de trois semaines en Chine.

Il avait souhaité venir en Chine en juin 1958 avec son compagnon Pierre Mendès France, et avait bien reçu l'invitation à cet effet de l'*Institut de politique étrangère du peuple chinois*[2], mais avant le départ, il avait dû renoncer à ce voyage pour des raisons personnelles[3].

Le 7 février, François Mitterrand a eu un entretien avec le vice-Premier ministre Chen Yi. La conversation a été plus vague que celle entre Chen Yi et Pierre Mendès France au cours de la visite en Chine de celui-ci en juillet 1958. Ce qui est intéressant, c'est que, sur la non-reconnaissance de la Chine par la France, François Mitterrand partageait le point de vue de ceux qui considéraient que la reconnaissance du gouvernement provisoire de la République algérienne et le soutien accordé au mouvement indépendantiste algérien par la Chine avaient

---

[1] *Résumé de la réception de l'ancien président du Conseil français Pierre Mendès France* , n° 1, le 24 juillet 1958, AMAEC, n° 110-00435-15.
*Notes de l'entretien de Chou En-lai avec Pierre Mendès France et Dumas* , le 25 juillet 1958, AMAEC, n° 110-00435-04.
*Notes de l'entretien de Chen Yi avec Pierre Mendès France et Dumas*, le 29 juillet 1958, AMAEC, n° 110-00435-06.
*Résumé de la réception de l'ancien président du Conseil français Pierre Mendès France*, n° 2, le 25 juillet 1958, AMAEC, n° 110-00435-15.
*Télégramme du ministère des Affaires étrangères à l'ambassade de Chine en Suisse : les activités de Pierre Mendès France en Chine*, le 16 août 1958, AMAEC, n° 110-00435-09.

[2] *Programme de réception du député Français Mitterrand* , le 14 janvier 1961, AMAEC, n° 110-01082-04.

[3] *Télégramme de l'ambassade de Chine en Suisse au ministère des Affaires étrangères : François Mitterrand ne peut pas visiter la Chine actuellement* , le 10 juillet 1958, AMAEC, n° 110-00435-03.

entravé la reconnaissance de la Chine par la France[1].

Le 8 février au soir, le président Mao Tsé-toung a reçu François Mitterrand à Hangzhou, dans le sud de la Chine. C'est une rencontre que François Mitterrand avait sollicitée ; la conversation n'a pas été très longue, mais elle ne manqua pas de points passionnants. François Mitterrand a déclaré : « La France se trouve loin de la Chine, c'est sans importance, mais il y a un mur qui sépare les deux pays ». Mao Tsé-toung a répondu : « Le mur n'est pas haut, nous pouvons le franchir ». François Mitterrand a alors suggéré : « On pourrait aussi le démolir ». Mao Tsé-toung a complété : « Il y a toutes sortes de murs, ceux de l'idéologie, du régime social, de la diplomatie et de l'économie, leur existence est provisoire, les peuples vont finalement les démolir. Nos relations avec la Grande-Bretagne sont des relations semi-diplomatiques, c'est-à-dire que nous avons démoli la moitié du mur. Nous n'avons pas de relations diplomatiques avec la France, c'est aussi provisoire. Pourtant, nous avons des contacts non-gouvernementaux et il y a des échanges commerciaux entre les deux pays ». François Mitterrand a reconnu que, pour démolir le mur qui empêchait la France et la Chine d'établir des relations diplomatiques, il fallait que les deux parties fassent des efforts. Quant au conflit algérien, Mao Tsé-toung a estimé qu'il fallait que la France et l'Algérie procèdent à des négociations et que ces négociations devaient se dérouler sur une base d'égalité. Il a déclaré : « En ce qui concerne la résolution du problème de l'Algérie, c'est une affaire entre la France et l'Algérie. En France, les opinions sont diverses, il y a celle de De Gaulle, celle des généraux, l'opinion publique et l'opinion du parti que vous représentez, ainsi que celle du PCF, en tout cas, elles ne sont pas unifiées. C'est une affaire entre vous et l'Algérie. En tant qu'homme politique, vous devrez négocier directement avec Ferhat Abbas[2] ».

---

[1] *Télégramme du ministère des Affaires étrangères à l'ambassade de Chine en Suisse : visite de François Mitterrand en Chine* , le 1er mars 1961, AMAEC, n° 107-00972-04.

[2] Hu Yuzhi et Wang Jin, *Les points essentiels de l'entretien du président avec François Mitterrand concernant l'Algérie* , le 9 février 1961, AMAEC, n° 110-01082-04.

**Mao Tsé-toung et François Mitterrand à Hangzhouen février 1961.**

## 8. Les contacts au cours de la conférence de Genève de 1961 sur le Laos

Au cours de la conférence de Genève qui a duré plus d'un an, les chefs et membres des délégations chinoise et française ont établi beaucoup de contacts non seulement pour échanger des avis sur la résolution du problème du Laos, mais aussi pour développer les relations entre la Chine et la France.

Avant le commencement du dîner donné le 16 juin 1961, en l'honneur de la délégation chinoise par Maurice Couve de Murville, chef de la délégation française, Chen Yi, chef de la délégation chinoise, a eu un entretien avec son homologue français et son adjoint Jean Chauvel. Il a demandé à Maurice Couve de Murville : « Est-ce que les relations franco-chinoises pourront être améliorées puisqu'il n'y a pas de conflit d'intérêts entre les deux pays ? ». Maurice Couve de Murville a répondu : « Actuellement, les échanges économiques entre les deux pays se déroulent de façon normale, mais les échanges culturels sont moins nombreux, il faudrait les renforcer. Le problème diplomatique pourra être résolu à tout moment[1] ». Maurice Couve de Murville n'a donc pas directement répondu à la question de Chen Yi. Un mois après, le 21 juillet, lors du dîner donné en l'honneur de la délégation française, Chen Yi a posé de nouveau la question à Maurice Couve de Murville en insistant pour savoir « si le gouvernement français avait réfléchi à la question posée ». Cette fois encore, le ministre français des Affaires étrangères a éludé le sujet. Il n'a été question que des échanges économiques et culturels : il a été suggéré d'échanger des étudiants et techniciens, pour élargir les relations entre les deux pays[2].

### B)Les échanges économiques et commerciaux non-gouvernementaux

Peu après la Conférence économique internationale, tenue à Moscou du 3 au 12 avril 1952, la Chine a fondé le *Conseil chinois pour le développement du commerce international.* Robert Chambeiron, secrétaire général de la *Conférence économique internationale* et du *Conseil international pour le développement du commerce* et ancien député français a été invité à assister à son inauguration.

Les échanges commerciaux entre la Chine et la France avant l'établissement des relations diplomatiques ont été réalisés grâce à la *Compagnie d'importation et d'exportation de Chine* (fondée en 1951) et au *Conseil chinois pour le développement du commerce international.*

Le premier accord d'échange commercial que la Chine populaire a signé avec la France a été l'accord d'échange populaire commercial franco-chinois conclu au cours de la *Conférence économique internationale* tenue en avril 1952 à Moscou.

Le premier accord d'échange de marchandises que la Chine nouvelle

[1] *Compte rendu de l'entretien de Chen Yi avec Maurice Couve de Murville lors du dîner donné par ce dernier* , le 16 juin 1961, AMAEC, n° 110-01389-03.

[2] *Télégramme de la délégation chinoise au ministère des Affaires étrangères* , le 22 juillet 1962, AMAEC, n° 110-01123-01.

**Signature du contrat commercial entre les délégationschinoise et française lors de la Conférence ÉconomiqueInternationale à Moscou en avril 1952.**

a conclu avec la France a été l'accord d'échange de marchandises signé à Berlin-Est, avec le consentement des deux gouvernements, par leurs délégués Shi Chih-ang et Jean Doumeng.

La première délégation économique française qui a visité la Chine populaire a été conduite par Bernard de Plas. La visite a duré trois semaines, du 23 mai au 6 juin 1953. La *Compagnie d'importation et d'exportation de Chine* et la délégation française ont signé, à Pékin, un accord d'échange de marchandises dont le montant s'est élevé à 10 000 000 livres sterling pour chaque partie.

## 1. La délégation commerciale d'Henri Rochereau

Au fur et à mesure que les activités et le volume du commerce entre la France et la Chine augmentaient, les industriels et économistes français qui souhaitaient visiter la Chine et faire du commerce avec elle ont été de plus en plus nombreux.

Le 28 janvier 1956, Henri Rochereau, sénateur et président de la commission des Affaires économiques du Sénat français, est arrivé à Pékin avec une délégation commerciale composée de 28 économistes et industriels pour entreprendre une visite en Chine. Cette délégation a été organisée à l'instigation directe du gouvernement français et au nom du *Conseil national du patronat français*[1], et avait, dans une certaine mesure, un caractère officiel. Le 16 février, le Premier ministre Chou En-lai a rencontré la délégation française et a exprimé le souhait d'envoyer de semblables délégations en France, adaptées à la situation en cours (les deux pays n'avaient pas encore établi de relations officielles). Henri Rochereau, lui aussi, a manifesté l'espoir d'accueillir des délégations chinoises économiques et commerciales ainsi que d'autres délégations. Outre l'accord relatif au mode de paiement dans le commerce entre la Chine et la France conclu avec le *Conseil chinois pour le développement du commerce international*, la délégation de Henri Rochereau a aussi signé des accords de commerce dont le montant s'est élevé à 3 740 405 livres sterling[2].

Un an après, à la fin août 1957, Henri Rochereau est revenu en Chine avec une délégation commerciale composée de 17 membres. Le vice-ministre du Commerce extérieur de Chine, Lu Xuzhang, a rencontré Henri Rochereau trois fois pour discuter de la coopération technique et du commerce entre la Chine et la France[3]. Le 26 septembre, le Premier ministre Chou En-lai a reçu la délégation française[4].

## 2. La délégation commerciale de Guillaume Georges-Picot

À la veille de l'établissement des relations diplomatiques officielles

[1] *M. Chauvel, ambassadeur de France à Londres, à M. Massigli, secrétaire général*, le 19 mars 1956, AMAEF : Asie-Océanie, Chine, Politique extérieure, Relations France-Chine, 1955-1957, vol. 420, folios 94-95.

[2] *Les relations franco-chinoises depuis 1956*, AMAEC, n° 110-00406-04.

[3] *Compte rendu de l'entretien de Lu Xuzhang avec Rochereau et des négociations entre les deux parties sur le commerce*, les 10-25 septembre 1957, AMAEC, n° 110-00756-04.

[4] *Compte rendu de l'entretien de Chou En-lai avec la délégation française* , le 26 septembre 1957, AMAEC, n° 110-00756-03.

entre la Chine et la France, la Chine a reçu une autre délégation économique française aussi importante. Cette délégation française a été conduite par le président du *Syndicat d'études pour l'Extrême-Orient* relevant du *Conseil national du patronat français*, Guillaume Georges-Picot, diplomate français renommé. Elle a été organisée par le *Conseil national du patronat français* et était composée de six membres. Guillaume Georges-Picot et sa délégation sont arrivés à Pékin le 19 septembre 1963, juste un peu avant le voyage d'Edgar Faure. Le but de cette délégation en Chine était de sonder le terrain pour établir avec la Chine des relations officielles économiques et commerciales, et aussi, bien entendu, pour discuter de la possibilité d'établir des relations diplomatiques. Selon un document en provenance de Taïwan, le président de la République française, Charles de Gaulle, avait reçu la délégation avant son départ pour la Chine[1]. La fille de Guillaume Georges-Picot, Mme Lovanov-Rostovsky, que j'ai rencontrée chez Claude Chayet, ancien ambassadeur français en Chine, a été témoin de cette réception. Elle m'a parlé, avec grand plaisir, des deux visites de son père en Chine et m'a dit que, chaque fois avant d'aller en Chine, son père avait été reçu par le général de Gaulle. Cela témoigne du fait que, d'une part, de Gaulle accordait une grande attention au développement des relations franco-chinoises, et que, d'autre part, il appréciait beaucoup le talent diplomatique de Guillaume Georges-Picot. Comme nous l'avons dit précédemment, en décembre 1944, Guillaume Georges-Picot avait été envoyé, avec une délégation économique, à Tchongking par le président du gouvernement provisoire de la République française Charles de Gaulle dans le but de développer la coopération économique entre la France et la Chine de l'après-guerre[2].

Au cours de sa visite, Guillaume Georges-Picot a rencontré plusieurs fois le vice-ministre du Commerce extérieur de Chine Lu Xuzhang pour examiner le développement des relations officielles commerciales entre les deux pays. Le 28 septembre, il a insisté sur l'établissement des

---

[1] *L'établissement des relations diplomatiques entre la France et le PCC et nos mesures de repartie* , le 3 février 1964, AIHM, AS,311.1/0004.

[2] *Télégramme du général Pechkoff, ambassadeur de France à Monsieur le ministre des Affaires étrangères,* le 26 décembre 1944, AMAEF : Série Asie-Océanie 1944-1955, sous-série Chine, dossier général, vol. 207, Folio 80.

**Chen Yi et Guillaume Georges-Picot en septembre 1963.**

relations officielles commerciales, lors d'une entrevue avec le vice-Premier ministre Chen Yi[1]. Mais il n'a pas eu beaucoup de succès, car avant d'être reconnue et d'établir des relations diplomatiques officielles, la Chine n'avait pas l'intention d'officialiser ses relations commerciales avec la France.

### C)Les échanges culturels non-gouvernementaux

Suite à la fondation de la Chine nouvelle, a été créée, en mai 1953, l'*Association culturelle du peuple chinois avec l'étranger*, afin de développer les échanges culturels et les coopérations techniques entre la Chine et

[1] *Compte rendu de l'entretien de Chen Yi avec la délégation commerciale française*, le 28 septembre 1963, AMAEC, n° 110-01622-02.

tous les pays du monde. Elle a changé de nom et pris le nom actuel de l'*Association du peuple chinois pour l'amitié avec l'étranger*, en 1966. Cette association a beaucoup œuvré pour développer les échanges culturels.

### 1. La visite en France de la délégation artistique chinoise

En 1955, la Chine a envoyé sa première délégation artistique en France ; elle a été reçue, après une représentation à Paris, par le président de la République française, René Coty. Elle témoigne de l'importance que les gouvernements chinois et français ont accordée au développement des échanges non-gouvernementaux entre les deux pays dans le domaine culturel, à un moment où ils n'avaient pas encore établi de relations diplomatiques officielles.

En septembre 1955, le grand maître de l'existentialisme, le philosophe et écrivain français Jean-Paul Sartre, est venu en Chine avec sa compagne, elle aussi existentialiste et écrivain, Simone de Beauvoir, à l'invitation de la Chine, pour effectuer une visite d'un mois et demi. Ils ont été reçus avec une courtoisie particulière.

### 2. La participation chinoise à l'Exposition internationale de Paris

Au mois de mai 1956, la Chine nouvelle a participé, pour la première fois depuis sa fondation, à l'Exposition internationale de Paris. La surface du pavillon chinois était de 1 080 $m^2$. La Chine y a exposé ses techniques industrielles, agricoles et hydrauliques, mais aussi des produits de l'artisanat traditionnel chinois, du textile, des peintures et des calligraphies. Quelque 800 000 personnes ont visité le pavillon chinois, dont le président de la République Coty.

### 3. La visite de la délégation chinoise de la jeunesse en France

Sur l'invitation du *Conseil français d'échanges culturels d'Extrême-*

**Jean-Paul Sartre et Simone de Beauvoir au Pavillon de la Porte Tiananmen lors de la fête nationale de Chine, le 1er octobre 1955.**

*Orient*, Wu Xueqian, directeur du département de liaison internationale du Comité central de la Ligue de la jeunesse de Chine, a dirigé, en janvier 1956, une délégation en France pour y faire une visite. Le lendemain de son arrivée, le 12 janvier, la délégation chinoise a été reçue par le président du Conseil Edgar Faure et son ministre des Affaires étrangères Antoine Pinay. Dès le commencement de l'entretien, Edgar Faure a dit à Wu Xueqian : « Nous espérons que les relations entre nos deux pays pourront, petit à petit, être rétablies ». Et Antoine Pinay a déclaré : « Comme je l'ai déjà dit au président du Conseil, nous ne pouvons pas ignorer l'existence de la Chine, un pays de 500 000 000 d'habitants, malgré la différence de nos points de vue politiques ». Edgar Faure a ajouté : « J'ai dit à Antoine Pinay, lors de l'élection générale, qu'il faut en finir avec cette absence de contacts entre la France et la Chine, et que je suis sûr que cette situation va bientôt changer. En attendant et au moment où la France et la Chine souhaitent rétablir des relations, votre délégation chinoise de la jeunesse

**Réception donnée par la délégation chinoiselors de l'Exposition internationale de Paris en mai 1956.**

est une délégation missionnée en France[1] ». La délégation chinoise a également été reçue successivement par Pierre Mendès France et le Secrétaire général du Comité central du PCF[2].

## 4. La participation des scientifiques chinois au Congrès international des jeunes sinologues

Le 9e Congrès des jeunes sinologues s'est tenu à Paris du 2 au 8 septembre 1956[3]. Les invités chinois étaient : Jian Bozan, historien et professeur à l'université de Pékin; Xia Nai, archéologue et directeur de recherches à l'Institut d'archéologie de l'Académie des sciences de Chine ; Zhou Yiliang, historien et professeur à l'université de Pékin ; Zhang Zhilian, historien et professeur à l'université de Pékin. À l'inauguration du congrès, Paul Demiéville, membre de l'Institut et spécialiste d'études

[1] *Réception de la délégation chinoise de jeunesse accordée par Edgar Faure* , le 23 janvier 1956, AMAEC, n° 110-00598-01.

[2] *Entretien d'Edgar Faure et Pinay avec la délégation chinoise*, le 6 février 1956, AMAEC, n° 110-00598-01.

[3] Le *Congrès international des jeunes sinologues* a été fondé en 1948, il a changé de nom et pris celui d'*Association européenne d'études chinoises* (ou *European Association of Chinese Studies)*, en 1974.

**Visite en France de la délégation chinoise de la jeunesse en janvier 1956.**

chinoises, a accueilli chaleureusement les participants chinois lors de son allocution[1].

L'année suivante, à l'invitation de l'Association culturelle du peuple chinois avec l'étranger, Yves Hervouet, Léon Vandermeersch, Jacques Gernet, Jean Chesneaux, Vadime Elisséeff et René Etiemble, professeurs et spécialistes d'études chinoises, sont allés en Chine pour une visite scientifique et touristique.

[1] Jian Bozan, *Résumé du Congrès des jeunes sinologues à Paris* ( 翦伯赞《记巴黎青年汉学家会议》), in *Quotidien du peuple*(《人民日报》), le 31 octobre 1956.

# DEUXIÈME PARTIE

## LA DÉFINITION DES RELATIONS OFFICIELLES ENTRE LA CHINE ET LA FRANCE

La Chine a souhaité être reconnue dès sa fondation en 1949 et a fait beaucoup d'efforts en ce sens, mais elle ne s'est jamais évertuée à obtenir une reconnaissance coûte que coûte. Au contraire, elle a attendu patiemment que chaque pays décide d'accepter ses conditions. Les principes d'établissement des relations diplomatiques définis par la Chine n'ont jamais varié, ils étaient basés sur l'égalité, les avantages réciproques et le respect mutuel de la souveraineté territoriale. En outre, un pays qui souhaitait établir des relations diplomatiques avec la Chine devait rompre ses relations avec les autorités de Taïwan, s'il en avait, reconnaître que le gouvernement populaire central de la République populaire de Chine est le seul gouvernement légal représentant tout le peuple chinois, et soutenir la restitution de son siège à l'ONU.

Si la Chine nouvelle persévérait, une dizaine d'années après sa fondation, à donner la priorité à la rupture des relations avec les autorités de Taïwan dans l'établissement des relations diplomatiques avec l'étranger, jusqu'à considérer cette rupture comme une « condition préalable » dans les négociations, c'était principalement dans le but d'exiger que les gouvernements étrangers ne reconnaissent, *de facto* et *de jure*, qu'une seule Chine, un seul gouvernement. La Chine s'opposait à toute considération de « deux Chine ».

Il est vrai, la condition qui exigeait de « rompre les relations diplomatiques avec les autorités de Taïwan » n'a pas été fondamentalement modifiée dans les négociations ultérieures relatives à l'établissement des relations diplomatiques sino-étrangères, elle n'a pas non plus été abandonnée. Pourtant, quelques accommodements et ajustements appropriés ont été introduits sur le plan tactique, suivant des circonstances particulières et le développement de la situation internationale. On peut dire aussi que, dès le début, en matière d'établissement des relations diplomatiques avec l'étranger, la Chine a adopté une attitude privilégiant la qualité, au détriment du nombre. L'établissement des relations diplomatiques avec la France en est un parfait exemple.

# Chapitre 1

## Il faut d'abord connaître la Chine

Opposé à ce que les Américains dictent leurs ordres à la France, mais ne pouvant détacher la Vᵉ République de l'aide des États-Unis, dès le début de son retour au pouvoir, le général de Gaulle a dû s'accorder avec la position américaine quand il s'est agi de définir la politique de la France vis-à-vis de la Chine. Dans le traitement des relations de la France avec la Chine, il était nécessaire, en effet, qu'il obtienne l'assentiment des États-Unis et d'autres pays occidentaux.

Le gouvernement ainsi que de nombreuses personnalités politiques françaises qui ont visité la Chine ont dit que, à son retour au pouvoir en 1958, le général de Gaulle avait exprimé le souhait de reconnaître la Chine, mais, au moment où la France était prête à le faire, la Chine avait reconnu le gouvernement provisoire de la République d'Algérie auquel elle avait ensuite accordé son soutien moral et matériel. Le général de Gaulle avait donc décidé d'abandonner, pour un moment, son projet[1].

Cette façon de présenter la position française ne reflète pas parfaitement la réalité. Il y a une autre raison qui explique cet atermoiement. À son retour en France après sa visite en Chine au mois d'août 1958, Pierre Mendès France a rendu visite au général de Gaulle,

[1] *À propos de la proposition de résolution du député Raymond Dronne tendant à inviter le gouvernement français à reconnaître la République populaire de Chine* , juin 1958-août 1960, AMAEC, n° 110-00544-01.
*Entretien de François Mitterrand avec Chen Yi et Mao Tsé-toung* , les 7 et 8 février 1961, AMAEC, n° 110-01082-04-05-06.
*Télégramme du ministère des Affaires étrangères à l'ambassade de Chine en Suisse « Visite du Sénateur Françcois Mitterrand en Chine »* , AMAEC, n° 110-00972-04.

président du Conseil, et lui a proposé la reconnaissance immédiate de la Chine par la France. Le général lui a répondu : « Ce n'est pas ne pas la reconnaître, mais il faut chercher une occasion propice[1] ». Ici, au lieu de « chercher », il faut plutôt comprendre « attendre » ; comme Maurice Schumann, président de la commission des Affaires étrangères de l'Assemblée nationale, l'a déclaré : « Nous espérons obtenir des États-Unis, par un moyen, une entente tacite[2] ». Il s'agissait donc d'attendre le consentement, même implicite, des États-Unis et du monde occidental.

C'est après la guerre d'Algérie que le général de Gaulle a commencé à prendre sérieusement en considération la reconnaissance de la Chine par la France. Mais la fin de cette guerre n'était pas la raison principale pour laquelle le général de Gaulle avait ajusté la politique française en Chine. Pour un certain nombre de Français, la fin de cette guerre a été un des obstacles de moins à la voie conduisant à la normalisation des relations franco-chinoises. Deux ans avant la fin de la guerre d'Algérie, le général de Gaulle avait demandé l'avis d'Edgar Faure sur la reconnaissance de la Chine ; ce dernier n'y avait pas été favorable, craignant que la Chine froisse le représentant diplomatique français face à son homologue algérien[3].

Quant au motif et au but pour lesquels le général de Gaulle a pris en considération la reconnaissance de la Chine, il ne s'agissait pas d'entretenir ou de développer le commerce avec la Chine, comme l'ont imaginé la plupart des Français, mais plutôt de renforcer la France dans sa lutte contre un monde bipolaire gouverné par deux États rivaux : les États-Unis et l'URSS. Il voulait aussi faciliter le retour de la France en Asie et partager le traitement des affaires asiatiques avec la Chine. Enfin, il avait comme but d'élever la France au rang de grande puissance mondiale. Le 5 novembre 2004, nous avons eu l'honneur d'interviewer M. Valéry

[1] Télégramme de l'ambassade de Chine en Suisse au ministère des Affaires étrangères « *Réaction en France après le retour de Pierre Mendès France* », le 30 août 1958, AMAEC, n° 110-00435-11.

[2] *Télégramme de l'ambassade de Chine en Suisse au ministère des Affaires étrangères, Entretien de Jean Dresch avec Maurice Schuman sur la reconnaissance de la Chine* , le 27 juin 1958, AMAEC, n° 110-00436-04.

[3] Edgar Faure, « *Reconnaissance de la Chine* », in *Espoir*, n°1, « De Gaulle et la Chine », revue de l'Institut Charles-de-Gaulle, septembre 1972, pp. 21-22.

Giscard d'Estaing, ancien président de la République française, dans son bureau au 11, rue de Bénouville à Paris. Quand nous lui avons demandé si les principaux objectifs de la reconnaissance de la Chine par le général de Gaulle avaient été commerciaux et culturels, il nous a répondu immédiatement :

> *« Pas du tout, car Charles de Gaulle était un militaire, ce n'était pas un économiste, il n'était pas très préoccupé par l'économie, j'étais son ministre de l'Économie, je peux vous dire que ça l'intéressait, qu'il était préoccupé, mais ce n'était pas son principal sujet de préoccupation. Non, c'était politique, c'était un géopoliticien, le général de Gaulle, qui avait participé dans des conditions très difficiles d'ailleurs à la Seconde Guerre mondiale. C'était le positionnement géopolitique de la France, c'était ça, son sujet, ce n'était pas l'économie. Non ».*

Cherchant toujours à atteindre les buts susmentionnés, le 14 juin 1960, le président de Gaulle a fait venir Edgar Faure à l'Élysée, pour parler avec lui de la Chine. À propos de cet entretien, Edgar Faure a écrit dans son article intitulé « Reconnaissance de la Chine » :

> *« C'est probablement en raison de cette correspondance et du fait qu'il se souvenait de mon livre que le général de Gaulle, quand il fut revenu au pouvoir – mais pas tout de suite, je crois que ce fut en 1960... – me demanda un jour de venir le voir pour lui parler du problème chinois (j'ai eu naturellement l'occasion de le voir à diverses reprises mais sur d'autres sujets). Au cours de cette conversation, il me demanda si je lui conseillais de faire quelque chose dans ce domaine. Je lui répondis que, malgré l'opinion favorable que j'avais donnée dans mon livre, je ne pouvais pas lui conseiller d'engager, à ce moment, une quelconque procédure de reconnaissance de la Chine. Et cela parce que la conjoncture ne me paraissait pas favorable. Je redoutais en particulier des difficultés à cause de l'affaire algérienne. Si nous avions envoyé un ambassadeur en Chine, il aurait pu être exposé, sur ce terrain, à quelque rebuffade, il aurait couru le risque de*

*se retrouver un jour face à face avec un représentant du FLN*[1] »...

Nous constatons que le général de Gaulle a suivi l'avis d'Edgar Faure de reporter la reconnaissance de la Chine à un moment plus favorable. C'est pourquoi, deux ans plus tard, un peu avant la fin de la guerre d'Algérie, l'idée de connaître et de reconnaître la Chine est réapparue.

Afin de permettre à nos lecteurs de mieux appréhender les conceptions du général de Gaulle avant qu'il décide de reconnaître la Chine et son attitude face aux oppositions survenues au sein de son gouvernement et surtout au cours des négociations sur l'établissement des relations diplomatiques franco-chinoises, nous citerons une partie de ses prises de parole à l'occasion des réunions de ministres et quelques extraits de ses entretiens avec son homme de confiance, Alain Peyrefitte[2].

Le 6 juin 1962, de Gaulle a retenu Alain Peyrefitte, secrétaire d'État à l'Information, et lui a parlé de la Chine. Selon Alain Peyrefitte, c'était la première fois que le général de Gaulle évoquait ses projets sur la Chine. « Il revient sur sa conversation avec Macmillan au château du Champs, trois jours plus tôt ».

Charles de Gaulle :

> *« Nous avons parlé des Chinois. Macmillan est inquiet de la masse et de la puissance que représente la Chine, il voudrait l'entourer d'un cordon sanitaire. Il pense qu'elle menace les pays auxquels s'intéressent les Anglais, à commencer par l'Inde.*
>
> *Je ne partage pas ces inquiétudes. Les Chinois se dévorent eux-mêmes. J'ai l'impression que leur système ne leur permet pas de réussir. Ils sont trop nombreux, trop misérables. Que voulez-vous qu'ils fassent contre leurs voisins, contre l'Inde qui est tout aussi misérable et tout aussi surpeuplée ? Bien sûr, ils pourront un jour faire des bombes atomiques, mais ce ne sont pas elles qui les feront*

[1] Edgar Faure, « *Reconnaissance de la Chine* », in *Espoir*, n°1, « De Gaulle et la Chine », pp. 21-22.

[2] Les extraits sont tirés principalement d'Alain Peyrefitte, *C'était de Gaulle**, Fayard, 1994, pp. 217-320, et *C'était de Gaulle***, Fayard, 1997, ainsi que du *Témoignage d'Alain Peyrefitte*, in *Cahiers de la Fondation Charles-de-Gaulle*, n° 1, 1995, pp. 24-33.

> *manger. Ils ne pourront s'en sortir que s'ils s'ouvrent au monde entier, et que le monde entier vient les aider. Ils n'en ont pas pris le chemin. Simplement, plus le monde entier se défie d'eux et les repousse, plus ils se sentent enfermés dans une impasse.*
>
> *L'intérêt du monde, un jour ou l'autre, sera de parler avec eux, de s'entendre avec eux, de faire des échanges commerciaux avec eux, pour leur permettre de sortir de leurs murailles. La politique du cordon sanitaire n'a jamais eu qu'un seul résultat, c'est de rendre dangereux le pays qui est entouré. [...] Naturellement, pas un mot de tout ça ».*

Alain Peyrefitte n'a pas réagi à ces paroles du général de Gaulle qui prouvent que, à partir du printemps 1962, la Chine et les affaires qui la concernaient devenaient un des sujets importants de conversation avec les hommes politiques étrangers ou avec son homme de confiance.

> *« Le 7 novembre 1962, en Conseil, on parle de la Chine à la fois à cause de la crise de Cuba et du conflit qui l'oppose à l'Inde. Couve signale que les critiques se multiplient à Pékin contre l'Union soviétique : on reproche à Khrouchtchev la légèreté avec laquelle il a installé des bases soviétiques à Cuba et la faiblesse déshonorante avec laquelle il les démantèle ».*

Charles de Gaulle :

> *« Ces deux événements, l'affaire de Cuba et le conflit de la Chine et de l'Inde, sont de la plus haute importance. Ils ont l'air d'être sans rapport, mais ils se rejoignent. [...] Nous assistons à l'affrontement de deux énormes masses, la Russie et la Chine, qui vont se séparer de plus en plus. Les Russes seront dans une position de plus en plus difficile. De deux choses l'une. Ou ils restent avec la Chine, mais elle les boulottera quand elle sera la plus forte. Ou ils sont contre, mais alors c'est la fin des Rouges et le camp communiste s'effondrera. C'est peut-être déjà fait ».*

Le soir du 24 janvier 1963, Alain Peyrefitte a noté :

*« Le général évoque de lui-même devant moi les thèmes possibles de ses futures interventions, comme s'il était émoustillé par la tempête qu'a soulevée sa conférence de presse d'il y a dix jours ».*

Charles de Gaulle lui a dit :

*« La Chine, voilà encore un grand sujet. Qu'est-elle en train de devenir ? Que représente-t-elle pour les vingt années à venir ? »*

Alain Peyrefitte :

*« Songez-vous toujours à la reconnaître ? »*

Charles de Gaulle :

*« Oui, naturellement, il faudra bien que je le fasse ».*

Alain Peyrefitte :

*« La Grande-Bretagne l'a bien fait ».*

Charles de Gaulle :

*« Non, elle l'a fait, sans le faire, mais cela ne tire pas beaucoup à conséquence. Elle y a seulement un chargé d'affaires. Il sert surtout à maintenir des relations commerciales. Entre eux, il y a Hong Kong qui rend des services aux uns comme aux autres ».*

Alain Peyrefitte :

*« Le jour où vous reconnaîtrez la Chine, les Américains seront tous furieux ».*

Charles de Gaulle:

*« Et bien ? » (Il sourit, l'air de dire : « Raison de plus ».)*

Alain Peyrefitte :

*« Si nous reconnaissons la Chine, elle finira par entrer à l'ONU ».*

Charles de Gaulle :

*« Et alors ? L'ONU ? Ça ne déparerait pas la collection ! D'ailleurs, les Américains évoluent. Ils sont en train de se demander s'il n'y aurait pas intérêt pour eux à reconnaître la Chine. Pour le cas où la Chine se disputerait avec la Russie, ce serait peut-être un moyen de reprendre de l'influence en Chine, et de souffler sur le feu ».*

Le 15 février 1963, le Premier ministre Georges Pompidou a retenu Alain Peyrefitte, à l'issue du Conseil, et lui a parlé de la reconnaissance de la Chine par la France. Georges Pompidou lui a dit :

*« On risque de vous parler de la reconnaissance de la Chine. Le général a ça dans la tête. Mais n'en dites rien dans vos briefings, vous m'entendez, tant que ce n'est pas fait.*

*L'influence chinoise est forte dans l'internationale des déshérités. Il y a les communistes riches – l'URSS et ses satellites d'Europe – et les communistes pauvres – les Chinois et autres Mongols, Nord-Coréens et Vietnamiens ».*

Le 13 mars 1963, Maurice Couve de Murville a parlé des « attaques verbales proférées contre les Chinois par Khrouchtchev, qui leur reproche même de passer l'éponge sur les agressions impérialistes qui ont été consacrées au XIX$^{e}$ siècle par des traités inégaux ». Il a ajouté : « En URSS comme en Chine, on campe avec intransigeance sur des positions doctrinales ».

Alain Peyrefitte, voulant en savoir plus, a demandé des explications au général de Gaulle, à l'issue du Conseil.

Charles de Gaulle :

> *« Moscou prétendait dire le droit en matière de relations avec les États. Or, Pékin s'affirme, veut avoir sa politique étrangère et refuse de dépendre de Moscou.*
>
> *Reprocher à la Chine de passer l'éponge sur les traités inégaux, c'est un peu fort ! Khrouchtchev a oublié – ou n'a jamais su – que la Russie puis l'URSS ont mis la main sur des territoires qui étaient jadis chinois : le Turkestan, le Kirghizistan, la Mongolie, les provinces maritimes de Sibérie, le Kamtchatka. Il l'a peut-être oublié, mais soyez sûrs que les Chinois ne l'ont pas oublié. Un jour ou l'autre, ils voudront retrouver leurs frontières de jadis, à la grande époque de la dynastie mandchoue.*
>
> *Ils commenceront par faire retomber dans leur mouvance Hong Kong, Macao et Formose. Nehru, quand il a voulu mettre la main sur nos établissements de l'Inde et sur les comptoirs portugais, n'y est pas allé par quatre chemins. Il a envoyé ses chars et un ultimatum. Fatalement, un jour ou l'autre, les Chinois en feront autant ».*

Alain Peyrefitte :

> *« Est-ce qu'il n'y a pas plus de coups à recevoir que d'avantages à gagner, si nous nous mêlons de ces querelles ? »*

Charles de Gaulle :

> *« Nous n'avons pas à nous mêler de ces querelles ! Mais nous avons à être présents ! Présents partout ! Il y a quelque chose d'anormal dans le fait que nous n'avons pas de relations avec le pays le plus peuplé du monde, sous prétexte que son régime ne plaît pas aux Américains et que ça les dérangerait si nous y faisions notre entrée » (Rires).*

Alain Peyrefitte :

*« Est-ce que vous ne craignez pas des dangers de contamination parmi les pays sous-développés, auprès desquels la Chine sera dédouanée par cette reconnaissance ? »*

Charles de Gaulle :

*« Eh bien, ils n'auront qu'à se défendre. Charbonnier est maître chez soi. D'ailleurs, si vous vous imaginez que la concurrence chinoise est inquiétante pour nous dans le monde sous-développé, vous vous trompez. La Chine nous a rendu service en Afrique, en montrant à Sékou Touré qu'il était plus pratique de s'adresser à nous qu'à elle[1] ».*

Le 23 juillet 1963, au Conseil, Maurice Couve de Murville a annoncé que les rapports entre l'Union soviétique et la Chine étaient au point de rupture. À l'issue du Conseil, le général de Gaulle a déclaré à Alain Peyrefitte :

*« Les Américains, les Anglais et les Russes sont bien incapables de s'opposer à ce que nous fassions les nôtres [expériences nucléaires] et à ce que la Chine fasse les siennes. Or, le seul problème, c'est de la Chine... Si nous reprenons un jour des relations avec Pékin, nous ne reconnaîtrons pas un régime politique en tant que tel. Nous reconnaîtrons un fait évident, c'est qu'il y a un État qui gouverne la Chine ; il la gouverne depuis quatorze ans[2]... ».*

Alain Peyrefitte :

*« Vous m'avez dit un jour que la Russie boirait le communisme, et la Chine ? »*

---

[1] Alain Peyrefitte, *C'était de Gaulle**, Fayard, 1994, pp. 317-319.

[2] Alain Peyrefitte, *Témoignages,* in *Cahiers de la Fondation Charles-de-Gaulle*, n° 1, 1995, p. 27.

Charles de Gaulle :

> *« Nous ne savons pas grand-chose sur la Chine. Ce qu'on en apprend est contradictoire. Il y a ceux qui détestent le régime et sont aveuglés par la haine. Il y a ceux qui sont enthousiastes et qui sont emportés par leur idéologie. Je n'ai jamais rien lu ni entendu qui ne fût ou totalement pour, ou totalement contre... La Chine est peut-être en train de boire le communisme. Je crois même qu'elle le boira, un jour ou l'autre, fatalement. Elle a sa masse, qui la protège des intrusions, l'âme populaire s'y maintient telle qu'elle a toujours été.*
>
> *Mais, de toute façon, si nous reprenons un jour des relations avec Pékin, nous ne reconnaîtrons pas un régime politique en tant que tel. Nous ne nous inclinons pas devant le communisme. Nous reconnaissons un fait évident, c'est qu'il y a un État qui gouverne la Chine. Il la gouverne depuis quatorze ans. Bien ou mal, selon nos préférences ou pas, ce n'est pas notre affaire. Ce qui est sûr, c'est qu'il la gouverne[1] ».*

Le 21 septembre 1963, le général de Gaulle a eu, à Rambouillet, un entretien avec Konrad Adenauer, Premier chancelier fédéral de la République fédérale d'Allemagne. Leur conversation a porté presque toute la journée sur les problèmes qui concernaient la Chine.

Konrad Adenauer :

> *« Pour nous autres Européens, dit-il en substance, la Chine n'est pas une menace, mais elle en est une pour l'Union soviétique, parce qu'elles ont huit mille kilomètres de frontières en commun. [...] L'Europe a tout avantage à normaliser ses relations avec la Chine. [...] Pourquoi la France n'enverrait-elle pas un chargé d'affaires en Chine ? Ensuite, l'Allemagne fédérale suivrait votre exemple ».*

[1] Alain Peyrefitte, *C'était de Gaulle**, pp. 319-320.

Charles de Gaulle :

> *« Bien sûr, cette idée est dans l'air [...] mais elle présente de grands inconvénients. [...] C'est gênant à cause des Américains. Il est vrai que la situation s'est modifiée aujourd'hui, en raison des divergences entre la Russie et la Chine. C'est un fait nouveau qui change les données du problème[1] ».*

Concernant la reconnaissance de la Chine par la France, Alain Peyrefitte estimait que, pour le général de Gaulle, la reconnaissance de la Chine par la France signifiait que la France était totalement indépendante des États-Unis[2].

Le 6 novembre 1963, Edgar Faure, envoyé secret du général de Gaulle, venait de terminer sa mission en Chine. Nous pensons que le général de Gaulle était déjà au courant du résultat des négociations qu'Edgar Faure avait eues avec les dirigeants chinois sur l'établissement des relations diplomatiques entre la France et la Chine. Le jour même, Alain Peyrefitte a demandé au général de Gaulle :

> *« Si nous reconnaissons la Chine communiste, allons-nous demander quelque chose en échange ? »*

Charles de Gaulle :

> *« Pourquoi faire des cadeaux si on ne reçoit rien ? C'est déjà un avantage de pouvoir s'entendre avec les Chinois. Ça n'est pas donné à tout le monde ».*

Alain Peyrefitte :

> *« Mais c'est surtout un avantage que nous leur accordons. Nous les faisons sortir de leur isolement. Nous coupons le cordon sanitaire*

---

[1] Alain Peyrefitte, *Témoignages,* in *Cahiers de la Fondation Charles-de-Gaulle*, n° 1, 1995, p. 28.

[2] Alain Pereyfitte, *C'était de Gaulle***, p. 480.

*qui les entoure. Et, un jour ou l'autre, ils vont, grâce à nous, entrer à l'ONU ».*

Charles de Gaulle :

*« Et bien, qu'ils y entrent. Pourquoi ça vous tracasse ? »*

Sur cette réponse, Alain Peyrefitte fait cette remarque dans son livre *C'était de Gaulle* :

*« Tracasse , il se souvient donc que je lui ai déjà posé cette question, se rappelle la réponse qu'il m'a faite, et ne veut pas, lui, se répéter. J'en suis pour ma courte honte », et la conversation reprend.*

Alain Peyrefitte :

*« Mais tout cela, ce sont des avantages pour la Chine. Et où sont les avantages pour nous ? »*

Charles de Gaulle :

*« Il faut toujours des alliés de revers. Ça a toujours été la politique de la France. Nos rois ont fait alliance avec le Grand Turc contre le Saint Empire romain germanique. Ils ont fait alliance avec la Pologne contre la Prusse. Moi, j'ai fait alliance avec la Russie pour nous renforcer en face de l'Allemagne. Et un jour je ferai l'alliance avec la Chine pour nous renforcer face à la Russie. Enfin, alliance, nous n'en sommes pas là. Il s'agira d'abord de renouer nos relations ».*

Alain Peyrefitte :

*« Alors, ça va tout bouleverser. Cela va rompre l'équilibre mondial... ».*

Charles de Gaulle :

*« Et bien, on comprendra peut-être que la France est capable de bouleverser quelque chose et d'établir un nouvel équilibre. Il est probable qu'après nous il y aura des moutons de Panurge ; tout le monde voudra reconnaître la Chine et se trouver dans les premiers à la reconnaître. Et vous allez voir que les États-Unis vont être obligés de nous suivre. (Rires) Avouez que ça vaudra la peine d'être vu ! »*

Alain Peyrefitte :

*« Si je comprends bien, l'avantage pour nous, c'est de nous donner l'initiative, de changer l'équilibre mondial et d'embêter les Américains ? »*

Charles de Gaulle :

*« Naturellement ! Mais ça peut aider les Américains et pas seulement les embêter. Nous pourrions obtenir des arrangements pour le Sud-Est asiatique. Et puis, ça devrait nous permettre de développer nos échanges : la Chine sera plus tard un immense marché et les premiers qui s'y installeront auront une place privilégiée ».*

Alain Peyrefitte :

*« Quel genre d'arrangements attendez-vous en Asie du Sud-Est ? »*

Charles de Gaulle :

*« Et bien, nous souhaitons que le Vietnam se réunisse, soit neutralisé et devienne indépendant. Encore faut-il que nous soyons d'accord avec les Chinois pour amener les Américains à accepter cette solution ».*

Le 14 novembre 1963, Alain Peyrefitte a évoqué le voyage d'Edgar Faure en Chine. Le général de Gaulle lui a dit :

> *« Je l'ai envoyé là-bas, enfin, plutôt, disons qu'il s'y est envoyé, et que j'en ai profité pour lui confier une mission exploratoire. On verra bien ce que ça donne. Il m'a déjà fait savoir l'essentiel. Ce n'était qu'un sondage. Maintenant, il va falloir négocier et ce sera sûrement long ».*

Alain Peyrefitte a écrit dans son témoignage :

> *« Le 8 janvier 1964, nous avons eu un grand Conseil des ministres. Les ministres avaient été cueillis à froid quand ils ont été priés de s'exprimer, comme dans les grandes occasions, sur la reconnaissance de la Chine populaire. Presque aucun d'entre eux ne se doutait de ce projet. Maurice Couve de Murville a commencé par parler d'une nouvelle étape dans la politique française en Asie, après l'affirmation de notre position sur le Vietnam en août précédent, et un voyage triomphal que Pierre Messmer vient de faire au Cambodge ».*

Maurice Couve de Murville :

> *« La rupture de la Chine et de la Russie a fait réapparaître la Chine comme un facteur important sur la scène internationale. La Grande-Bretagne, qui a depuis longtemps des relations de voisinage avec la Chine, a échoué dans sa tentative de les élargir. Elle n'a pas obtenu d'avoir un ambassadeur, elle a un simple bureau. Il n'y a pas d'autre pays que la France qui soit capable de tirer parti de cette situation ».*

Alain Peyrefitte a écrit encore : « Seul Roger Frey, ministre de l'Intérieur, se montre nettement hostile. Première objection :

> *"Le soi-disant désaccord entre l'URSS et la Chine me paraît faire partie d'un vaste plan et même d'une comédie pour réintroduire la Chine dans le monde libre." Seconde objection : "Je vois beaucoup d'inconvénients de politique intérieure, si les maoïstes contaminent*

*le pays et flanquent le désordre chez nous. En revanche, je ne vois vraiment pas les avantages pour notre politique extérieure et notre économie" ».*

Le général de Gaulle lui a rétorqué :

*« Je voudrais bien savoir quelles sont vos sources. Je ne vois pas trop comment vous avez pu établir que le désaccord entre la Chine et la Russie, c'est du "chiqué". N'écoutez donc pas tant vos services spéciaux. Les Russes ont bel et bien évacué la Chine. Ils ont ramené leurs ingénieurs, leurs techniciens, ils ne font plus rien pour les Chinois depuis quatre ou cinq ans. Ce n'est pas contestable [...]. D'autre part, les dirigeants chinois sont inébranlables depuis quinze ans. Ils se manifestent partout et avec activisme. La Chine est une chose gigantesque. Elle est là. Vivre comme si elle n'existait pas, c'est être aveugle, d'autant qu'elle existe de plus en plus. Quant à notre politique intérieure, monsieur le ministre de l'Intérieur, rien n'est plus mauvais pour elle que de ne pas faire ce que l'on doit faire pour l'intérêt national ».*

Charles de Gaulle a conclu la délibération :

*« Le fait chinois est là. C'est un pays énorme. Son avenir est à la dimension de ses moyens. Le temps qu'il mettra à les développer, nous ne le connaissons pas. Ce qui est sûr, c'est qu'un jour ou l'autre, la Chine sera une grande réalité politique, économique et même militaire. La France doit en tenir compte. Quels seraient les avantages à ne pas la reconnaître ? Personne ne nous offre rien pour nous en dissuader. Nous faisons des affaires avec tout le monde, nous avons des alliés, nous conservons ces alliances. Peut-être même le fait de prendre ce tournant n'est pas sans avantage pour nos alliés. Il y a une réalité de la Chine : il ne faut pas la méconnaître. Nous avons procédé à un sondage. Les conclusions sont positives. La Chine meurt d'envie d'être reconnue. Elle ne le cache pas, elle l'a dit. Elle voit le monde comme il est. Les Soviets sont devenus ses adversaires et les États-Unis le sont restés. Je vous*

*rapporte ce que disent les Chinois. Ils ne voient aucun autre interlocuteur que la France. Le Japon leur apparaît comme un satellite des États-Unis, la Grande-Bretagne s'est effacée, la France existe. Elle est indépendante, elle est pour la Chine une réalité et même la seule... ».*

Charles de Gaulle a poursuivi :

*« Les inconvénients ? Nous aurons tort de vouloir rompre avec Tchang Kai-chek, nous ne prenons donc aucun engagement. Que fera le gouvernement de Formose ? Cela le regarde. Mais nous ne prendrons aucune initiative hostile contre lui. Pourquoi le fait que nous ayons des relations avec la Chine aurait-il pour conséquence d'affaiblir nos amis africains ? Si nous sommes à Pékin, c'est pour quelque chose. C'est pour peser. C'est notamment pour que, dans le Sud-Est asiatique, on fasse la paix et que la France puisse y retourner. [...] Il y a les questions pratiques. Dans l'état actuel, cela ne changera pas beaucoup en économie. Au point de vue culturel, c'est tout de même un peu fort que les Chinois n'apprennent que l'anglais. Le fait que nous y serons et que notre culture ne les dégoûte pas nous permettra de nous étendre. Il y aura davantage de gens qui parleront français à travers le monde. Le moment est venu de trancher le nœud gordien, celui-là comme les autres. Il y a toujours un moment où il faut les trancher ».*

Le 22 janvier 1964, en Conseil, Maurice Couve de Murville a fait un rapport :

*« Nous avons continué à avoir des contacts avec le gouvernement chinois. La discussion a évolué très vite, plus vite que prévu... ».*

Le président de Gaulle a alors déclaré :

*« Nous avons prévenu Taïpei. J'ai envoyé à Tchang Kai-chek un messager personnel, le général Pechkoff, qui avait été mon*

*ambassadeur auprès de lui à Chongqing pendant la guerre ».*

Maurice Couve de Murville a poursuivi :

*« Nous envisageons une reprise des relations sans condition, sans nous engager ni à rompre avec Taïwan, ni à demander l'entrée de la Chine à l'ONU. Un communiqué sobre sera publié la semaine prochaine. Il dira simplement : "Les deux parties sont convenues d'établir des relations diplomatiques et d'échanger ambassadeurs dans les trois mois." Depuis que les Américains sont informés, ils exercent une vive pression à Taïpei pour essayer d'obtenir que Taïwan ne rompe pas ses relations avec la France. Ce serait pour les Américains un double succès : on aurait fait un pas vers la reconnaissance de la politique des "deux Chine". Simultanément, on aurait mis le gouvernement de Pékin en difficulté. Mais Pékin pense que Taïwan rompra avec nous et que nous n'aurons pas à avoir de double représentation. De toutes les réactions à cette grande affaire, il ressort que notre initiative est un événement capital sur le plan mondial. Elle manifeste les changements profonds intervenus : la réapparition de la Chine, la rupture de la Chine avec la Russie, l'élimination des deux blocs idéologiques. Mais l'événement le plus important, c'est l'entrée éclatante de la France... ».*

À l'issue du conseil, le général de Gaulle dit à Peyrefitte :

*« Le rétablissement des relations avec la Chine, c'est le retour de la France en Asie. C'est-à-dire que nous allons tourner la page coloniale, celle des concessions en Chine comme celle de l'Indochine française. Cela veut dire que la France revient en tant qu'amie, et que nous pourrons aider la Chine dans la mesure de nos moyens... ».*

Alain Peyrefitte :

*« Mais nos moyens ne sont pas illimités, ceux de la Chine sont faibles ».*

Charles de Gaulle :

*« Les moyens de la Chine sont virtuellement immenses. Il n'est pas exclu qu'elle redevienne au siècle prochain : la plus grande puissance de l'Univers. Et les moyens de la France sont eux aussi immenses, parce qu'ils sont moraux. Parce que nous serons les premiers à avoir le courage de faire ce geste, nous serons comme un homme qui fait basculer un énorme rocher avec un simple levier parce qu'il a su le placer au point d'équilibre ».*

Alain Peyrefitte :

*« Vous profiteriez de la faille entre l'URSS et la Chine ? »*

Charles de Gaulle :

*« Il y a encore des gens qui confondent le monde chinois et le monde russe, ou qui pensent que si on reconnaît la Chine, on va devenir communistes. L'affrontement idéologique des Russes et des Chinois ne me bouleverse pas. Ils se disputent sur des détails insignifiants, sur des têtes d'épingle. Ce sont des faux-semblants. On prend pour des réalités ce qui n'est que vue de l'esprit. Ce qui compte, ce qui apparaîtra de plus en plus, c'est que les Russes et les Chinois sont deux peuples très différents qui sont – et qui seront inévitablement – rivaux en Asie. Leur différend idéologique est le voile sous lequel ils cachent leurs rivalités de grandes puissances. Pourquoi tout le monde trouverait-il normal que nous ayons des contacts avec Moscou, et anormal que nous en établissions avec Pékin ? »*

Alain Peyrefitte :

*« Du fait que nous serons la première puissance d'Occident à reconnaître la Chine continentale, allons-nous en profiter pour prendre une place prépondérante dans le commerce chinois ? »*

Charles de Gaulle :

> *« Faut pas rêver ! Ils n'ont pas de sou, c'est un pays misérable. Mais si nos chefs d'entreprise ne sont pas trop idiots, ils devraient quand même en profiter pour nouer des liens qui leur rapporteront, dans vingt ou trente ans, dix ou cinquante fois plus qu'ils n'auront dépensé. Si nos diplomates ne sont pas trop idiots, ils devraient en profiter pour jouer un rôle actif en Asie du Sud-Est. Si les Américains ne sont pas trop idiots, ils devraient en profiter pour mettre fin à l'absurde guerre du Vietnam. La seule façon d'en sortir, c'est la neutralité. Et le seul pays qui pourra surmonter l'antagonisme de la Chine et des États-Unis, c'est la France*[1] *».*

Comme nous l'avons dit précédemment, le général de Gaulle s'est intéressé à la Chine nouvelle après avoir mieux compris la personnalité de son fondateur, Mao Tsé-toung, ses dirigeants tels que Chou En-lai, son régime social, sa politique intérieure et extérieure et sa construction économique, à travers la lecture du livre *Le Serpent et la Tortue – Les problèmes de la Chine populaire*. Ainsi en témoigne sa lettre à Edgar Faure : « J'ai lu avec un vif intérêt et un grand plaisir votre livre *Le Serpent et la Tortue*, que vous m'avez aimablement adressé et dédicacé. C'est plein d'idées, de perspectives, de choses vues et décrites comme elles sont. Quant à la politique que la France pourrait, théoriquement, faire avec la Chine, et dont vous tracez les grandes lignes, elle me paraît à beaucoup d'égards tout à fait valable. Mais, comme vous le savez, je ne crois pas qu'aucune politique, d'aucune sorte, dans aucun domaine, soit possible avec les moyens du régime[2] ». Il semble que ce soit Edgar Faure qui, le premier, ait influencé le plus fortement la décision du général de Gaulle concernant la reconnaissance de la Chine par la France.

---

[1] Alain Peyrefitte, *C'était de Gaulle**, pp. 320-321.
Alain Peyrefitte, *Témoignages,* in *Cahiers de la Fondation Charles-de-Gaulle*, n° 1, 1995, pp. 28-33.

[2] *Lettre du 14 novembre 1957 à Edgar Faure*, in *Charles de Gaulle*, *Lettres, notes et carnets (juin 1951-mai 1958)*, p. 335.

Le but qui a poussé le général de Gaulle à reconnaître la Chine et à établir avec elle des relations diplomatiques ne résidait pas dans les échanges commerciaux et culturels entre les deux pays, car il avait d'autres aspirations, comme nous l'avons vu précédemment. Il estimait donc que la première démarche était de reconnaître la Chine. Cette reconnaissance avait aussi pour objectif de faire alliance avec la Chine pour se renforcer face aux États-Unis et à l'URSS[1].

La stratégie de la réalisation de la « grandeur » de la France a été élaborée et décidée par le général de Gaulle, au début de la Seconde Guerre mondiale. Elle a été modifiée et parachevée au fur et à mesure des changements dans les relations internationales. La reconnaissance de la Chine par la France faisait ainsi partie de sa stratégie de « grandeur » de la France pour s'opposer aux hégémonies des États-Unis et de l'URSS, et réaliser finalement une multipolarisation du monde.

[1] Alain Peyrefitte, *Témoignages,* in *Cahiers de la Fondation Charles-de-Gaulle*, n° 1, 1995, p. 28.

# Chapitre 2

## Les négociations en vue de l'établissement des relations diplomatiques entre la Chine et la France

De Gaulle connaissait bien les conditions imposées par la Chine dans le cadre d'établissement de relations diplomatiques avec les autres pays, telles que la rupture des relations avec Taïwan et le soutien dans la restitution de son siège à l'ONU. Mais il souhaitait néanmoins établir des relations « semi-diplomatiques » sur le modèle sino-britannique, afin de conserver ses relations diplomatiques ou consulaires avec les autorités de Taïwan. Il a secrètement envoyé Edgar Faure en Chine, en qualité de représentant personnel, muni de sa lettre, rencontrer des dirigeants chinois, d'abord pour connaître l'attitude du gouvernement chinois à l'égard de l'établissement des relations diplomatiques entre la France et la Chine, ensuite pour obtenir l'établissement de ces relations sans conditions.

Les négociations en vue de l'établissement des relations diplomatiques entre la Chine et la France n'ont pas duré longtemps, de la fin d'octobre 1963 à la fin janvier 1964, mais elles ont été assez compliquées et pleines de détours. Elles se sont déroulées de Pékin à Shanghai, puis à Berne en Suisse.

La France a déclaré que l'établissement des relations diplomatiques avec la Chine avait été réalisé sans conditions. Toutefois, l'« accord tacite » en trois points, proposé par Chou En-lai et accepté par Edgar Faure, représentant personnel du président de la République, et le « congé » donné au chargé d'affaires a. i. de Taïwan à Paris par le gouvernement français, avant l'arrivée à Paris de la mission chinoise assurant la reprise des relations diplomatiques, montrent clairement que le gouvernement chinois n'a varié sur aucun de ses principes. Il a seulement fait preuve de souplesse quant aux modalités de la publication du communiqué conjoint de l'établissement des relations diplomatiques.

### A) Edgar Faure, envoyé secret du président de la République française

Edgar Faure a écrit sur son voyage en Chine d'octobre et novembre 1963 dans ses mémoires : « Donc, le général de Gaulle, en août 1963, porte tout à coup son regard sur les problèmes de l'Asie et mesure très clairement les risques d'une aggravation de la situation. Et, simultanément, il me demande de venir le voir pour me dire à brûle-pourpoint : “Quand je vous ai consulté il y a quelque temps sur le problème de la reconnaissance de la Chine, vous m'aviez dit qu'il n'y avait rien à faire. Êtes-vous toujours de cet avis ?” Je répondis : “Puisque vous m'en parlez, c'est que vous avez vous-même étudié la question. Eh bien, je pense que tout est changé. Premièrement, vous êtes délivré de l'hypothèque algérienne, ce qui signifie que vous n'avez pas à redouter de déconvenue dans l'hypothèse d'une ouverture diplomatique vers Pékin. En deuxième lieu, les Chinois eux-mêmes sont dans une situation difficile, à cause de leurs frictions avec les Soviétiques. Et, en troisième lieu, vous avez donné déjà de tels signes d'indépendance vis-à-vis des Américains que un de plus ou un de moins, cela ne sera pas tellement sensible.” » Edgar Faure a écrit encore : « Toujours est-il que, au cours de cette conversation, je signalai au général que, par une coïncidence curieuse, j'avais fait dire aux Chinois que je me proposais de revenir à Pékin et ils venaient de m'inviter officiellement à faire ce voyage[1]. J'avais en effet pensé qu'il serait utile que je me rende en Chine à ce moment – en Chine et en Russie – pour étudier le fond du conflit sino-soviétique. Le général me dit alors : "Oui, vous irez en Chine. Mais vous irez comme mon représentant." Et il me déconseilla de faire les deux voyages – Chine et Russie – en même temps[2] ».

À partir de la première moitié du mois d'août 1963 jusqu'à son départ pour la Chine, Edgar Faure a été plus d'une fois appelé par le général de Gaulle pour examiner l'amélioration des relations entre la France et la Chine, la reconnaissance de la Chine par la France et les négociations éventuelles sur l'établissement de relations diplomatiques. Le 19 août, Edgar Faure a invité l'ambassade de France en Suisse à demander un rendez-vous à l'ambassadeur chinois à Berne et à transmettre son désir de revenir en Chine en disant qu'il souhaitait, à titre personnel, échanger des points de vue sur la situation internationale avec les dirigeants chinois. Le lendemain, le 20 août, il a eu à Berne un entretien avec l'ambassadeur chinois, au cours duquel il a prétendu qu'il irait voir le général de Gaulle pour connaître son avis. Le 30 août, l'ambassadeur chinois lui a transmis oralement l'invitation de Zhang Xiruo, président de l'*Institut de politique étrangère du peuple chinois.* Edgar Faure a dit à son interlocuteur qu'il souhaitait revenir en Chine essentiellement pour s'entretenir sur les affaires politiques avec le président Mao Tsé-toung, le président Liu Shaoqi, le Premier ministre Chou En-lai et le vice-Premier ministre Chen Yi, ainsi qu'avec les autres dirigeants chinois. Il a déclaré aussi à l'ambassadeur chinois qu'il irait voir le général de Gaulle à Paris dès qu'il quitterait Berne. Ayant constaté qu'il serait officiellement invité par la Chine, il a dit, lors du dîner qu'il a offert à Genève en l'honneur de l'ambassadeur chinois, que, la semaine précédente, il avait vu le général

[1] C'était vers la fin du mois d'août 1963 que Li Qingquan, ambassadeur chinois en Suisse lui a transmis oralement l'invitation de Zhang Xiruo, président de l'Institut de politique étrangère du peuple chinois. L'invitation fut envoyée officiellement par télégramme à l'ambassade de Chine en Suisse, le 19 septembre 1963.
*Télégrammes du ministère des Affaires étrangères à l'ambassade de Chine en Suisse*, les 14 et 19 septembre 1963, AMAEC, n° 110-01982-01.

[2] Edgar Faure, *« Reconnaissance de la Chine »*, in *Espoir*, n° 1, « De Gaulle et la Chine », p. 22.

de Gaulle qui lui avait recommandé de dire à l'ambassade de Chine en Suisse qu'il s'entretiendrait, au nom du général, avec les dirigeants chinois, et de leur transmettre sa lettre. En outre, Edgar Faure a annoncé que sa visite en Chine avait un caractère officiel, mais qu'il espérait que le gouvernement chinois garderait le secret en déclarant à l'extérieur que son voyage était personnel[1]. Le 26 septembre, le général de Gaulle a donné ses instructions par écrit à Edgar Faure :

> *« Les autorités chinoises étaient informées de ce que votre voyage en Chine s'effectue avec l'accord des plus hautes autorités françaises, et celles-ci vous ayant habilité à en faire état, vous aurez, pendant votre séjour, à entrer en contact avec les principales personnalités dirigeantes chinoises.*
>
> *Au cours de vos conversations, vous évoquerez, naturellement, à l'initiative des Chinois ou de vous-même, le problème des relations franco-chinoises. Vous aurez donc à considérer avec vos interlocuteurs ce qui peut être fait, non seulement pour développer les rapports déjà existants entre les deux pays dans différents domaines, mais surtout pour leur donner un caractère officiel. Du côté chinois, comme cela a été déjà fait dans le passé et notamment lors de la conférence de Genève sur le Laos en 1961 et 1962, l'opinion sera sans doute exprimée que l'établissement de tels rapports officiels pourrait être envisagé.*
>
> *Si tel était le cas et s'il ressortait des propos qui vous seront tenus que la Chine populaire souhaite entrer en relation officielle avec la France, vous ferez connaître que la réciproque est vraie. Étant donné le cours des choses en Chine, c'est là une éventualité qui nous paraît de plus en plus probable et que nous envisageons avec la portée et l'étendue qu'elle comporte. Toutefois, nous ne sommes pas à proprement parler demandeur en la matière et nous n'avons pas de raison pressante de modifier le présent état de choses.*
>
> *Compte tenu du désir plus ou moins avoué que pourraient avoir les autorités de Pékin d'établir avec Paris des relations diplomatiques,*

[1] *Télégrammes échangés entre le ministère des Affaires étrangères et l'ambassade de Chine en Suisse au sujet du voyage en Chine d'Edgar Faure, ex-président du Conseil de France*, 20 août-14 octobre 1963, AMAEC, n° 110-01982-01.

*il y aurait lieu pour vous d'élucider, si possible, les conditions dans lesquelles devrait s'effectuer cette normalisation, notamment en ce qui concerne deux questions qui se poseraient aussitôt.*

*1) La position française au regard de la question de l'admission de la République populaire de Chine à l'Organisation des Nations unies, pour autant que cette admission pourrait conduire dans l'avenir à introduire la Chine de Pékin dans le Conseil de sécurité aux lieu et place de l'actuelle représentation chinoise.*

*2) Les relations de la France avec la République de Chine installée dans l'île de Formose. Nous considérons le maintien de ces relations comme désirable, ou plus précisément comme convenable, même s'il devenait nécessaire d'en atténuer quelque peu la manifestation officielle. Quelle serait à cet égard la position de la République populaire ? S'accommoderait-elle du fait que la France, envoyant par hypothèse un ambassadeur à Pékin, maintienne un chargé d'affaires à Taïwan, quitte à nommer à ce poste un fonctionnaire de rang plus modeste ? C'est une question qui se pose inévitablement, et dont il ne faut pas minimiser l'importance.*

*D'une manière générale, vous indiquerez dans vos entretiens l'appréciation que nous avons de tout ce que représentent à tous égards l'actuelle réalité de la Chine, le potentiel très considérable de son peuple et de son territoire, enfin le fait que, par nature et par tradition autant que par considération de l'avenir, la France est disposée, pour ce qui la concerne, au développement des rapports mutuels ».*

Le 9 octobre, avant le départ d'Edgar Faure pour la Chine, le général de Gaulle a remis une lettre aux dirigeants chinois, mais qui, dans sa forme, s'adressait à Edgar Faure :

*« Cher monsieur le président,*

*Je tiens à vous confirmer l'importance que j'attache aux contacts que vous aurez avec les personnalités dirigeantes de la Chine au cours de votre prochain voyage. Nos récents entretiens m'ont mis en mesure de vous indiquer nettement pourquoi et comment le problème de nos relations avec ce grand peuple dans tous domaines revêt à mes yeux le plus grand intérêt*[1] ».

Il est intéressant d'analyser la raison pour laquelle le président de la République française a choisi Edgar Faure comme envoyé secret et représentant personnel pour négocier avec la Chine sur la normalisation des relations franco-chinoises. *Primo*, concernant celle-ci, le point de vue d'Edgar Faure est assez semblable à celui de Charles de Gaulle, Edgar Faure peut donc parfaitement transmettre les idées du général. *Secundo*, six ans auparavant, Edgar Faure a discuté avec Mao Tsé-toung et Chou En-lai sur l'amélioration des relations entre la France et la Chine ; il a laissé une bonne impression aux personnalités dirigeantes chinoises. À son retour en France, il a publié son ouvrage *Le Serpent et la Tortue*, dans lequel il a exprimé son souhait d'établir des relations normalisées entre la France et la Chine, et entre la Chine et l'Occident. *Tertio*, Edgar Faure a été à deux reprises président du Conseil, il occupait une place assez élevée dans le milieu politique français, il avait une relative intimité avec le général de Gaulle, on pourrait dire qu'il était un membre non gouvernemental important au sein du régime politique de la V$^e$ République. Puisque Edgar Faure n'avait pas de fonction au sein du gouvernement du général de Gaulle, son voyage en Chine n'avait pas de caractère officiel, il ne pouvait pas éveiller les soupçons. Par ailleurs, Edgar Faure était intelligent et plein de ressources ; sa sagesse, son efficacité et son éloquence participaient aux raisons pour lesquelles le général de Gaulle l'avait choisi comme représentant personnel dans ces négociations.

Sur ce point, Étienne Burin des Roziers, secrétaire général à la présidence de la République, a donné des explications : « C'est vers la fin de l'été 1963 que le général de Gaulle m'a fait part de son intention d'établir des relations diplomatiques avec la République populaire de Chine. II m'a indiqué que, avant de s'avancer, il convenait de s'assurer de l'état d'esprit des dirigeants chinois et que, à cet effet, il envisageait de confier une mission très secrète à Edgar Faure. Pourquoi Edgar Faure ? Le général de Gaulle le connaissait depuis longtemps, il appréciait son

---

[1] *Instructions pour monsieur Edgar Faure*, le 26 septembre 1963 ; *Lettre à Monsieur le président Edgar Faure*, le 9 octobre 1963, CHAN : 5AG1-226.

intelligence, son habileté, ses dons de dialecticien. En outre, Edgar Faure ayant publié ses voyages en Chine, sa présence à Pékin ne serait pas de nature à éveiller les soupçons. Le général de Gaulle m'a donc demandé d'organiser un déjeuner à l'Élysée pour mettre les choses au point. À ce déjeuner n'assistaient, en dehors d'un officier d'ordonnance et de moi-même, que M. et Mme Edgar Faure. La discussion a tout de suite porté sur la mission que le général comptait confier à Edgar Faure ; il a été clairement entendu que, si le général avait arrêté l'idée d'établir des relations diplomatiques avec la Chine, encore fallait-il que la France ne se présente pas en position de demandeur. Il fallait donc s'assurer des dispositions d'esprit du gouvernement de Pékin. Si celui-ci était dans les mêmes dispositions que nous, des relations seraient établies d'un commun accord entre les deux gouvernements, "des relations normales", comme dit le général, "c'est-à-dire diplomatiques". Il est apparu immédiatement que la difficulté majeure tiendrait au fait que nous entretenions encore des relations diplomatiques avec Formose, avec le maréchal Tchang Kai-chek. C'est alors qu'Edgar Faure a manifesté son talent de dialecticien, considérant qu'il y avait un moyen de régler cette difficulté, ou en tout cas de la contourner, en se plaçant d'emblée sur un plan juridique, et plus précisément sur le plan du droit international[1] ».

En passant par Hong Kong, M. et Mme Edgar Faure ont débarqué à Canton le 21 octobre 1963. Le lendemain, dans l'après-midi, ils sont arrivés à Pékin. Des personnalités chinoises ont accueilli M. et Mme Edgar Faure à l'aéroport de Pékin : le vice-président du Comité permanent de l'Assemblée populaire nationale de Chine, Guo Moruo ; le président de l'Institut de politique étrangère du peuple chinois Zhang Xiruo et son épouse ; et d'autres responsables des départements compétents chinois, ainsi que l'agent consulaire français, Augustin Quilichini, et son épouse, du côté français[2]. Ils ont été hébergés à l'hôtel des hôtes d'État Diaoyutai, et non à l'hôtel de Pékin, comme la fois précédente. Le soir de leur arrivée, Zhang Xiruo et Xie Li, directeur

[1] *Témoignage d'Étienne Burin des Roziers* in *Cahiers de la Fondation Charles-de-Gaulle*, cahier n°1, 1995, pp. 34-35.

[2] *Augustin Quilichini à Son Excellence Monsieur le ministre des Affaires étrangères*, le 23 octobre 1963, AMAEF : Asie-Océanie, Chine, 1956-1967, vol. 524, folio 170.

de l'Europe occidentale du ministère des Affaires étrangères, ainsi que Wu Xiaoda, secrétaire adjoint général de l'*Institut de politique étrangère du peuple chinois*, se sont rendus à l'hôtel des hôtes d'État Diaoyutai pour présenter, à Edgar Faure et son épouse, l'organisation de leur visite en Chine. Edgar Faure a pu constater, à travers les réceptions haut de gamme et le traitement plein de courtoisie qui lui étaient réservés dès son arrivée à Canton, l'importance que le gouvernement chinois attachait à son voyage et à l'amélioration des relations franco-chinoises. C'est ce qu'il a souligné au début de son rapport adressé au général de Gaulle, président de la République française, au sujet de sa mission en Chine[1].

Se sentant investi d'une mission importante, Edgar Faure, dès son arrivée en Chine, a répété à maintes reprises que même si, en apparence, il voyageait à titre personnel, il représentait officiellement le gouvernement français et qu'il était muni d'une lettre du président de Gaulle à destination des personnalités dirigeantes chinoises. En outre, il a indiqué plusieurs fois qu'il devrait s'entretenir avec les dirigeants chinois sur le développement des relations entre les deux pays sous tous ses aspects et, pour cette raison, qu'il devrait rencontrer, le plus tôt possible, le Premier ministre Chou En-lai, le président Mao Tsé-toung, le président Liu Shaoqi et le vice-Premier ministre Chen Yi. Il a aussi constamment rappelé que la Chine et la France étaient des pays souverains qui entretenaient des relations d'amitié, qu'aucun des deux pays n'était en position de demandeur, et que, par conséquent, les paroles devaient être échangées sans réserves et avec sincérité, sans jamais chercher à embarrasser, sinon aucun échange d'idées constructif ne serait possible. Il espérait que les négociations seraient couronnées de succès. Il estimait que, après l'établissement des relations diplomatiques entre la France et la Chine, la France serait favorable à la restitution du siège de la Chine à l'ONU. Quant au problème de Taïwan, il a manifesté catégoriquement qu'il s'opposait à la théorie de « deux Chine » et reconnaissait une seule

[1] *Rapport adressé au général de Gaulle, président de la République française, par M. Edgar Faure, au sujet de sa mission en Chine*, New Delhi, le 7 novembre 1963, CHAN : 5AG1-226 ; AMAEF : Asie-Océanie, Chine, 1956-1967, vol. 525, folios 03-018.

Chine, celle de la République populaire. Il a cependant ajouté que savoir si « Taïwan était intégrée ou pas au territoire chinois, cela ne regardait pas la France. Mais lui, il était en faveur de la réintégration de Taïwan à la Chine[1] ».

Depuis la conférence du Caire, tous les gouvernements français avaient adopté cette position à l'égard du territoire de Taïwan, du statut de Taïwan et des relations de Taïwan avec le continent chinois, tout en répétant que « le statut international de Taïwan restait encore indéterminé[2]» . Cette position reflétait, dans une certaine mesure, le ressentiment des Français, ou plutôt du général de Gaulle, dû à l'exclusion de la France par les États-Unis et la Grande-Bretagne d'importantes

**Réception de M. et Mme Edgar Faure par Chou En-lai en octobre 1963.**

conférences internationales tenues pendant et après la Seconde Guerre mondiale. Quant à l'attitude d'Edgar Faure lui-même à l'égard du statut

[1] *Résumé de la réception de l'ex-président du Conseil français Edgar Faure* , n° 2, le 23 octobre 1963, AMAEC, n° 110-01167-02.

[2] *Rapport adressé au général de Gaulle, président de la République française, par M. Edgar Faure, au sujet de sa mission en Chine*, New Delhi, le 7 novembre 1963, CHAN : 5AG1-226 ; AMAEF : Asie-Océanie, Chine, 1956-1967, vol. 525, folios 03-018.

de Taïwan, tout comme il l'a indiqué dans son télégramme du 28 janvier 1955 aux représentants diplomatiques français à New York (à l'ONU), à Washington et à Londres, il considérait que Taïwan appartenait à la Chine, conformément à la position commune prise à la conférence du Caire de 1943. Les dirigeants des États-Unis, de la Chine et de la Grande-Bretagne étaient tombés d'accord sur la restitution par le Japon à la Chine de Taïwan, de la Mandchourie (*Manzhouli*) et des Pescadores (*Penghuliedao*) après la guerre. L'appartenance de Taïwan à la Chine avait d'ailleurs été reconnue par deux États au moins : le Japon (traité du 26 avril 1952) et les États-Unis (traité de défense mutuelle du 2 décembre 1954)[1].

## 1. Les négociations à Pékin

Les négociations relatives à l'établissement des relations diplomatiques franco-chinoises ont eu lieu successivement à Pékin et à Shanghai en Chine, puis à Berne en Suisse. Les premiers tours des négociations se sont déroulés principalement entre Chou En-lai, Chen Yi et Edgar Faure à Pékin et à Shanghai, tandis que les derniers se sont poursuivis entre Li Qingquan, ambassadeur chinois en Suisse, et Jacques de Beaumarchais, directeur d'Europe au ministère des Affaires étrangères de France, à Berne.

Il faut ici rappeler à nos lecteurs que nous n'entrerons pas dans le détail de ces négociations, nous nous efforcerons de les mentionner toutes et d'en faire ressortir les caractéristiques les plus importantes.

Six tours de négociations se sont tenus à Pékin et à Shanghai pour aboutir finalement à l'établissement des relations diplomatiques franco-chinoises, auxquels ont participé Chou En-lai, Chen Yi et Edgar Faure. Un procès-verbal en chinois a été établi à chaque tour de négociations, chaque procès-verbal retranscrivant environ trois heures de négociations. En raison de la longueur de ces textes, il nous a été impossible de les citer tous et de les traduire en français intégralement. Nous avons extrait les

[1] *Documents diplomatiques français – 1955*, Tome I (1er janvier-30 juin), par le ministère des Affaires étrangères – Commission de publication des documents diplomatiques français, Imprimerie nationale, 1987, pp. 126-127.

passages les plus significatifs afin de restituer la teneur de l'argumentation de chacune des parties et l'évolution des négociations. Si nos lecteurs souhaitent lire l'intégralité de ces procès-verbaux, ils pourront se référer à l'original en chinois.

## 2. Le premier tour

Le premier tour des négociations de l'établissement des relations franco-chinoises a commencé entre Chou En-lai, Premier ministre chinois, et Edgar Faure, ancien président du Conseil français. Il a eu lieu le 23 octobre au *Xihuating*, au bureau du Premier ministre à *Zhongnanhai*.

Étaient présents à la négociation : Mme Edgar Faure, en qualité de secrétaire de l'ancien président du Conseil, Zhang Xiruo, Wu Xiaoda et Xie Li que nous avons déjà présentés plus haut.Après des échanges de politesse d'usage, Chou En-lai a invité M. Edgar Faure à prendre la parole le premier.

Edgar Faure a dit, en substance :

> *« Le chef de l'État français, le général de Gaulle, souhaite s'entretenir avec les personnalités dirigeantes chinoises sur les relations entre les deux pays. Il estime qu'il n'est pas normal que les dirigeants de deux grands États, tels que les nôtres, ne puissent pas dialoguer. Nous n'avons que des nouvelles sporadiques apportées par des visiteurs au retour de leur voyage en Chine, du fait que les relations diplomatiques ne sont pas établies entre les deux pays. Pour cette raison, le général de Gaulle m'a envoyé en Chine en tant que son représentant pour rencontrer les dirigeants chinois. Selon lui, ma mission en Chine ne devra pas être rendue publique. Ce n'est pas pour cacher son intérêt pour la Chine, mais pour éviter que les journalistes, au courant de nos négociations, publient des articles, et ne nous laissent pas tranquilles pour approfondir notre discussion. Pourtant, cette fois-ci, ma mission est officielle et a un caractère étatique.*
>
> *Le général m'a donné une lettre m'autorisant en son nom à m'entretenir avec les dirigeants chinois. Je peux vous la donner, si vous la voulez ».*

**Chou En-lai et Edgar Faure, le 23 octobre 1963.**

Edgar Faure a remis la lettre du général de Gaulle, après l'avoir lue. Voici le texte intégral de la lettre :

*« Paris, le 9 octobre 1963*

*Cher monsieur le président,*

*Je tiens à vous confirmer l'importance que j'attache aux contacts que vous aurez avec les personnalités dirigeantes de la Chine au cours de votre prochain voyage. Nos récents entretiens m'ont mis en mesure de vous indiquer nettement pourquoi et comment le problème de nos relations avec ce grand peuple dans tous domaines revêt à mes yeux le plus grand intérêt. Soyez assuré que je vous fais entièrement confiance pour ce que vous direz et entendrez.*

*Veuillez croire, cher monsieur le président, à mes sentiments les meilleurs et bien dévoués.*

*C. de Gaulle*

*Monsieur le président Edgar Faure*[1] ».

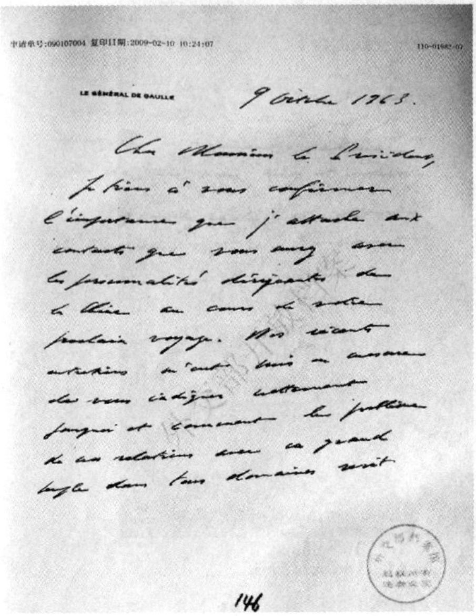

LE GÉNÉRAL DE GAULLE

9 Octobre 1963.

Cher Monsieur le Président,

Je tiens à vous confirmer l'importance que j'attache aux contacts que vous aurez avec les personnalités dirigeantes de la Chine au cours de votre prochain voyage. Nos récents entretiens m'ont permis de vous indiquer nettement pourquoi et comment le problème de nos relations avec ce grand peuple dans tous domaines revêt

146

Lettre du général de Gaulle à Edgar Faure, le 9 octobre 1963, p. 1.

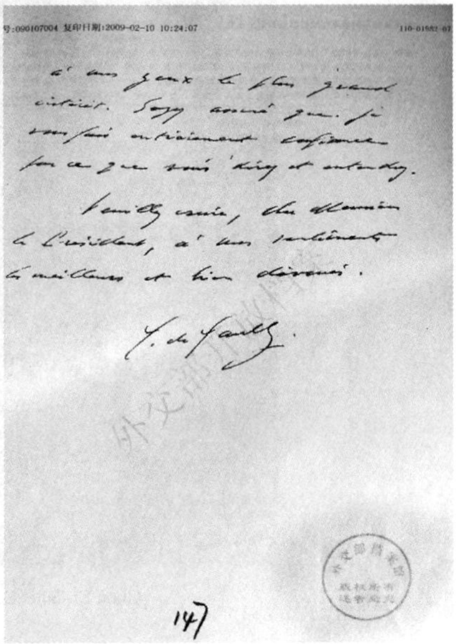

à mes yeux le plus grand intérêt. Soyez assuré que je vous fais entièrement confiance pour ce que vous direz et entendrez.

Veuillez croire, cher Monsieur le Président, à mes sentiments les meilleurs et bien dévoués.

C. de Gaulle

147

Lettre du général de Gaulle à Edgar Faure, le 9 octobre 1963, p. 2.

Edgar Faure :

*« Mon voyage en Chine est une prise de contact, il n'y a pas de sujet principal à nos conversations. Elles pourront porter sur tous les domaines, économiques, culturels et politiques. J'ai été choisi comme envoyé en Chine parce que je connais les positions du général de Gaulle sur de nombreux problèmes. Je pourrai aussi présenter mon propre point de vue sur d'autres sujets et lui en rendre compte à mon retour ».*

Chou En-lai :

*« À travers la lettre du général de Gaulle, je comprends que la*

[1] *Rapport adressé au général de Gaulle, président de la République française, par M. Edgar Faure, au sujet de sa mission en Chine*, New Delhi, le 7 novembre 1963, CHAN : 5AG1-226 ; AMAEF : Asie-Océanie, Chine, 1956-1967, vol. 525, folios 03-018.

*France porte beaucoup d'attention au développement des relations franco-chinoises. C'est un souhait que nous avons en commun, comme je l'ai dit à Votre Excellence lors de votre précédent voyage en Chine. Nous avions reconnu ensemble qu'il était encore trop tôt, et nous avions préféré attendre tout en préparant l'avenir. Le général de Gaulle s'est efforcé, depuis son retour au pouvoir, de sauvegarder l'indépendance et la souveraineté de l'État, en prenant des mesures courageuses. Certaines grandes puissances en sont peut-être mécontentes. À mon avis, c'est ainsi que doit se comporter un pays, il ne doit accepter aucune intervention étrangère, il est seul à même de résoudre ses propres affaires. Le problème de l'Algérie que la France voulait régler depuis des années a finalement été résolu par l'autodétermination nationale algérienne. La France a reconnu l'indépendance de l'Algérie, c'est très bien. Nous tenons beaucoup compte du rôle que la France joue dans les affaires internationales ».*

Chou En-lai a poursuivi :

*« La troisième chose dont je tiens à parler, c'est l'accord des trois pays signé à Moscou*[1]*. Vous n'y avez pas apposé votre signature, quant à nous, nous nous y sommes opposés. Nos deux pays, sans se concerter, ont tenu une position identique. C'est sans doute parce que nous partageons le même point de vue. En conséquence, l'opinion publique mondiale, en particulier certaines grandes puissances, prétendait que, entre nous, il y avait une alliance. Il n'y a pas eu d'accord entre nos deux pays, ni d'entente tacite, et nos régimes politiques sont différents. Pourtant, il est une vérité : des pays avec des régimes différents, quels qu'ils soient, peuvent coexister en harmonie tant qu'ils ne cherchent pas à porter atteinte les uns aux autres, qu'ils respectent les principes de souveraineté et d'indépendance ».*

---

[1] *Documents diplomatiques français – 1955*, Tome I (1er janvier-30 juin), par le ministère des Affaires étrangères – Commission de publication des documents diplomatiques français, Imprimerie nationale, 1987, pp. 126-127.

Edgar Faure :

*« Monsieur le Premier ministre, je vous écoute très attentivement. Premier point, vous parlez de la politique d'indépendance de la France. Le général y a toujours attaché une grande importance. Il s'en préoccupait déjà à l'époque de la résistance contre l'Allemagne nazie, et il cherchait à maintenir l'indépendance de la politique de la France, bien que celle-ci fût très faible. Aujourd'hui, la France est totalement indépendante et autonome, elle peut traiter ses propres affaires et, politiquement, elle est entièrement libre. Deuxième point, comme vous le savez, monsieur le Premier ministre, le problème de l'Algérie est beaucoup plus complexe que celui de la Tunisie et celui du Maroc. Sur le problème de l'Algérie, le général de Gaulle a une longue vue historique. La France n'a plus de rapport colonial, elle n'empêche pas les pays qui étaient des colonies françaises de suivre la voie socialiste, l'Algérie en est un exemple. Troisième point, concernant le traité de Moscou, nous nous trouvons dans la même situation, nos deux pays possèdent la force nucléaire. Ces pays signataires du traité de Moscou disent avoir gagné, c'est grotesque, car certains de ces pays sont de la taille d'un microbe, ils sont incapables de construire la force nucléaire ».*

Edgar Faure a poursuivi :

*« Abordons un autre problème. Au lieu de reconnaître la République populaire de Chine dès sa fondation, nous avons maintenu nos relations avec Chang Kai-chek. Nous avons toujours pensé qu'il s'agissait d'une anomalie. En outre, beaucoup de problèmes sont survenus. Je ne veux pas négocier. Nous n'avons pas de demande particulière à présenter, étant donné que la situation actuelle ne nous cause pas d'inconvénients particuliers. Mais il s'agit d'une situation anormale et bizarre, c'est pourquoi nous voulons procéder à un échange de vues. Lors de mon premier voyage en Chine, nous en avions parlé, nous avions conclu que la situation n'était pas encore mûre, et qu'il fallait attendre. Par ailleurs, je n'étais pas mandaté par*

*les plus hautes autorités françaises pour en parler. Cette fois, nous pouvons étudier cette question, échanger nos points de vue et nos divergences. Dans sa lettre, le général a choisi l'expression "dans tous domaines", nous pouvons donc étudier les relations des deux pays sous tous leurs aspects. S'il se trouve qu'il y a encore des difficultés pour établir des relations officielles, nous pouvons étudier comment développer les relations existantes. Quoi qu'il en soit, il n'y a pas de question urgente à résoudre entre la France et la Chine, mais les deux pays ont le désir de dialoguer. Je dispose, selon les instructions du général de Gaulle, de deux semaines de voyage en Chine pour le faire. J'espère, monsieur le Premier ministre, que vous pourrez réfléchir sur le problème que je viens de poser. Je souhaite rencontrer le président Mao Tsé-toung et le président Liu Shaoqi, je vous prie de bien vouloir organiser ces rencontres. En ce qui concerne le mode de négociation, ce sera à vous de décider ».*

Chou En-lai :

*« Je comprends votre souhait, et je ferai en sorte qu'il n'y ait pas une seule rencontre, mais plusieurs, afin que chacun puisse développer son point de vue. Outre les questions que vous soulevez, je voudrais, aujourd'hui, vous interroger. Les relations de la France avec Taïwan constituent une difficulté pour établir des relations diplomatiques entre la Chine et la France. Mais quelles sont les autres ? La dernière fois que nous nous sommes rencontrés, je vous ai dit que nous pouvions attendre pour que le problème soit résolu, mais qu'il fallait trouver une solution raisonnable ».*

Edgar Faure :

*« Pour répondre franchement à votre question, en mettant le problème de Taïwan à part, nous voulons établir des relations officielles. C'est la position que le général de Gaulle m'a demandé d'exprimer. Je voudrais préciser ma pensée. En tant qu'ami, moi, Edgar Faure, je dois vous dire que c'est avec un esprit courageux*

*et une vue historique que le président de la République française a examiné ce problème, sachant que notre décision serait en butte aux critiques de l'URSS et des États-Unis. Seule une personnalité historique et politique de son envergure peut prendre une telle décision. Nous ne devrons pas procéder au rétablissement des relations d'une façon qui serait susceptible de mettre la Chine dans l'embarras. Si l'on doit rétablir les relations diplomatiques entre la France et la Chine, il faudra éviter les méthodes compliquées utilisées dans le passé par d'autres pays ; l'échange d'ambassadeurs est la procédure normale. Il doit s'agir d'un geste favorable à la Chine, pas de lui imposer des conditions déplaisantes ou humiliantes. De votre côté aussi, alors que le général de Gaulle entreprend cette démarche qui a une portée historique, vous devriez éviter d'imposer des conditions qui lui feraient perdre la face. Le rétablissement des relations franco-chinoises ne doit pas être considéré, au regard de l'opinion publique mondiale, comme une affaire commerciale, mais plutôt comme une expression d'amitié ».*

Chou En-lai :

*« La première phrase émane du général de Gaulle, le reste est votre explication. Si je me souviens bien, le gouvernement français a dit, dans le passé, que la France devrait s'entendre avec des pays de l'Occident et dans un concert international, avant de procéder à la reconnaissance de la République populaire de Chine ».*

Edgar Faure :

*« Le président de la République française m'a autorisé à vous dire que si vous vouliez aborder cette question, nous souhaitons y répondre de façon favorable. Nous voulons y réfléchir, pas en fonction de nos propres intérêts ni de l'opinion des autres pays. À mon avis, nous sommes en mesure de parvenir à un accord. L'idée du général est de s'enquérir de votre avis. Si vous exprimez vos souhaits, j'ai aussi le droit d'exprimer les nôtres ».*

Chou En-lai :

*« Peut-être que je n'ai pas bien compris ce que vous avez exprimé. Vous avez dit tout à l'heure qu'il y avait deux points qu'on devrait prendre en considération, le premier point est que la France ne pouvait pas reconnaître la Chine sans tenir compte de la position de l'URSS et des États-Unis ».*

Edgar Faure a interrompu Chou En-lai :

*« Non. Ce que je veux dire, c'est que si le président de la République procède ainsi, il provoquera forcément les blâmes de l'URSS et des États-Unis. En disant cela, je voulais aussi justifier que la décision du président français aurait une portée historique ».*

Chou En-lai :

*« C'est un fait objectif ».*

Edgar Faure :

*« La France poursuit une politique d'indépendance, et n'a pas besoin de consulter l'URSS et les États-Unis quand elle prend telle ou telle décision. J'espère que la position du président de Gaulle nous permettra de parvenir à un accord qui ne devrait pas comporter de conditions embarrassantes ou désagréables pour vous ».*

Chou En-lai a poursuivi :

*« Le deuxième point est de ne pas vous mettre dans l'embarras ou vous faire perdre la face. Sur ces deux points, je voudrais vous faire connaître mon avis. Premièrement, notre position est très claire, il serait désagréable pour tout le monde qu'il soit procédé à une reconnaissance avec les mêmes modalités que la Grande-Bretagne. Il y a treize ans que la Grande-Bretagne et les Pays-Bas ont reconnu*

*la Chine, mais nos relations avec ces pays restent toujours semi-diplomatiques, nous n'avons pas procédé à l'échange d'ambassadeurs. La situation déplaît aux deux parties parce que, d'une part, ils ont reconnu la Chine, d'autre part, ils soutiennent Chang Kai-chek à l'ONU. Il serait préférable d'attendre, plutôt que de procéder de cette façon. Deuxièmement, si la France estime qu'il est temps d'agir avec courage en rompant avec Chang Kai-chek et en établissant des relations diplomatiques avec la République populaire de Chine, nous accueillerons cette action de façon favorable, nous voulons nouer des relations diplomatiques avec la France et échanger directement les ambassadeurs. C'est une manifestation d'amitié et non une affaire commerciale. Notre position est que si Votre Excellence ainsi que monsieur le général de Gaulle pensez qu'il est encore trop tôt et que des difficultés vont se poser, nous attendrons volontiers ».*

Edgar Faure :

*« Vous avez dit deux choses. La première ne pose pas de problème. Nous n'établirons pas de relations diplomatiques de façon incohérente, soit nous procédons à un échange d'ambassadeurs, soit nous maintenons le statu quo. La deuxième concerne le problème de Taïwan. Nous voulons connaître l'opinion des dirigeants chinois. Si la France reconnaît la Chine, il est logique qu'elle soutienne la restitution du siège de la Chine à l'ONU. En revanche, Taïwan est un problème délicat. Nous ne sommes pas en faveur de la théorie de "deux Chine", si la France reconnaît la Chine, elle reconnaîtra la République populaire de Chine, mais il faudra que nous établissions quelles seront les mesures et procédures à adopter quant à nos relations avec Taïwan. Que doit faire la France ? Nous voulons écouter l'avis de la Chine. Pour la France, il sera difficile de rompre toutes ses relations avec Taïwan, étant donné que sur cette île il existe un gouvernement de fait, et que le général de Gaulle ne veut pas rompre brusquement les relations, car il n'a pas oublié qu'il était aux côtés de Chang Kai-chek pendant la Seconde Guerre mondiale ».*

Chou En-lai :

*« C'est difficile. La clique de Chang Kai-chek a été renversée par le peuple chinois, cela résulte de la volonté du peuple chinois. Le gouvernement de la République populaire de Chine dont la capitale se trouve à Pékin existe depuis quatorze ans. Sans Taïwan, il n'y aurait plus de clique de Chang Kai-chek. Si la clique de Chang Kai-chek peut demeurer à Taïwan, c'est parce que les États-Unis la protègent et interviennent dans nos affaires intérieures. Tous les peuples du monde savent bien que c'est grâce à l'intervention des Américains que la clique de Chang Kai-chek peut demeurer à l'ONU et au Conseil de sécurité ».*

Chou En-lai a poursuivi :

*« Quant aux relations nouées, à l'époque de la résistance contre le fascisme, entre Chang Kai-chek et Charles de Gaulle, il faut les considérer comme des relations entre États, et non pas comme des relations personnelles. Au moment où Charles de Gaulle dirigeait la résistance contre l'agression allemande, en Chine, c'était Chang Kai-chek qui était au pouvoir, il est naturel qu'il se soit placé du côté du général de Gaulle, toute autre personne aurait fait de même. C'est une affaire historique, on ne doit pas mélanger les relations personnelles avec celles des États. À la place de la Chine, que penserait la France ? La France est une nation qui a de l'amour-propre et qui poursuit une politique d'indépendance, la Chine aussi. De plus, la Chine est un pays qui a été agressé pendant plus d'un siècle par les forces impérialistes. Aujourd'hui, les États-Unis occupent encore Taïwan, nous malmènent et interviennent dans nos affaires intérieures ».*

Chou En-lai a ajouté :

*« Maintenant, la Chine a trois sortes de relations avec le monde, il y en aura peut-être une quatrième. La première sorte : les pays qui ont reconnu la Chine la soutiennent à l'ONU et ont échangé*

*des ambassadeurs. Cette première catégorie comprend les pays socialistes, de nombreux pays d'Asie, d'Afrique et d'Amérique latine, tels que Cuba, ainsi que des pays d'Europe du Nord et la Suisse. La deuxième sorte : les relations semi-diplomatiques, telles que celles de la Grande-Bretagne et des Pays-Bas. La troisième : les relations telles que les relations actuelles de la France avec la Chine. La France veut développer ses relations avec la Chine, mais les relations diplomatiques ne sont pas encore établies, à cause des difficultés dues au problème de Taïwan, entre autres. Il en est de même avec le Japon, mais, pour ce pays, c'est encore une situation différente de celle de la France, parce qu'il est complètement contrôlé par les États-Unis. Le Japon n'est pas un pays indépendant, tel que la France, qui sauvegarde sa souveraineté et refuse l'intervention étrangère. Avant que le problème de Taïwan soit résolu, nous ne pouvons pas établir des relations diplomatiques et échanger des ambassadeurs, mais nous pouvons nouer des relations officieuses, installer des organisations commerciales semi-officielles ou non-gouvernementaux. C'est notre proposition, Votre Excellence pourrait y réfléchir ».*

Edgar Faure :

*« Si les autres problèmes sont tous résolus et qu'il ne reste que le problème de Taïwan, on pourra discuter de l'installation de la représentation commerciale. De toute façon, à mon avis, nous allons examiner d'abord l'établissement des relations diplomatiques et le problème de Taïwan. Ensuite, si le problème de Taïwan ne peut pas être résolu, il ne sera pas question de nouer des relations diplomatiques, nous réfléchirons à l'installation de la représentation commerciale. En tout cas, nous pouvons examiner tous ces problèmes et les solutions qui seront proposées. Pour cette raison, les discussions devront rester secrètes, car, s'il est révélé que la France a fait des démarches, mais que la Chine a refusé, ou vice versa, ce sera défavorable pour les deux parties. Nous pourrons considérer deux projets : le premier serait comment échanger les ambassadeurs. Il y aura probablement des difficultés à propos du problème de Taïwan.*

*Je ne sais pas quelle décision pourra prendre finalement le général de Gaulle ».*

Chou En-lai a interrompu Edgar Faure :

*« L'opposition de la Chine à la théorie de "deux Chine" est inébranlable, c'est une position intangible. Nous ne pouvons pas l'accepter, même si on l'appelle le gouvernement de Taïwan au lieu de l'appeler la République de Chine. Chang Kai-chek est lui aussi opposé à cette conception de "deux Chine". Les rapports entre Taïwan et le continent font partie des affaires intérieures de la Chine. Nous ne reviendrons pas sur ce point. Je vous en ai parlé la dernière fois que nous nous sommes rencontrés, vous devrez le savoir, j'espère qu'il n'y a pas de malentendu ».*

Edgar Faure a déclaré :

*« Mon intention n'est pas de pousser la Chine à établir, avec la France, des relations diplomatiques désagréables pour la Chine. Il n'y a pas de difficultés émanant du problème de Taïwan, nous sommes prêts à entrer en relation diplomatique. Le deuxième projet est l'examen de ce que nous pouvons faire avant d'établir des relations diplomatiques. Je pourrai rapporter au général de Gaulle tout ce que nous aurons pu envisager à ce sujet. Aujourd'hui, nous avons un point commun, celui d'exclure une résolution à la britannique. Si nous prenons une décision, ce sera un échange d'ambassadeurs. Si nous voulons développer des relations économiques, commerciales et culturelles, nous pourrons examiner la meilleure méthode, par exemple installer une organisation permanente, gouvernementale ou non-gouvernementale ».*

Chou En-lai :

*« La représentation commerciale ? »*

Edgar Faure :

*« Elle peut inclure l'économie, le commerce, la culture et l'échange d'étudiants. Que pensez-vous du premier projet ? Si demain la France reconnaît la Chine, Taïwan pourrait prendre l'initiative de rompre avec la France, ce serait la résolution la plus simple, le problème est que nous ne sommes pas sûrs de la position que Chang Kai-chek va adopter ».*

Chou En-lai :

*« Oui, il n'est pas tout seul, il y a, derrière lui, les États-Unis qui tirent les ficelles en coulisse ».*

Edgar Faure :

*« Si la France reconnaît la Chine demain, elle doit prévenir Taïwan. Si Taïwan ne réagit pas, la France doit retirer son personnel à Taïpei. C'est le point de vue de la Chine. Vous seriez entièrement satisfaits, si on procédait de cette façon. Cependant, la France se trouve dans l'embarras, car ce serait une mesure brutale et désagréable. Le général de Gaulle ne m'a pas autorisé à m'engager sur le maintien d'une personne à Taïwan à un rang moindre, après l'établissement des relations diplomatiques entre la France et la Chine. Je voudrais vous demander votre avis ».*

Chou En-lai :

*« Ce n'est pas possible. La Grande-Bretagne a reconnu le gouvernement chinois comme le seul représentant légal de la Chine, elle n'a pas de représentant auprès de Chang Kai-chek, seulement un consul à Taïpei. En revanche, elle soutient Chang Kai-chek à l'ONU. Si la France procède de même, ce ne serait pas agréable pour les deux*

*parties ».*

Edgar Faure :

*« Le problème est que cette situation s'est maintenue depuis treize ans. S'il n'y avait pas de représentant de Chang Kai-chek en France, la France pourrait reconnaître la Chine nouvelle, sans reconnaître Taïwan. Cela veut dire qu'il y a treize ans, la France a commis une erreur. Personnellement, je veux reconnaître cette erreur, mais c'est difficile pour la France de le faire, en tant que puissance. Je veux trouver avec vous un moyen qui pourra permettre à la France de ne pas avoir à l'admettre ».*

Chou En-lai:

*« Et le deuxième projet ? »*

Edgar Faure :

*« Tout comme vous l'avez proposé, avant d'établir des relations diplomatiques au rang d'ambassadeur, il faudrait développer des relations d'ordre général entre les deux pays, en particulier par l'intermédiaire de représentation commerciale ».*

Chou En-lai :

*« Nous nous arrêtons pour aujourd'hui. Concernant d'éventuelles relations entre nos deux pays, nous avons effectué un premier échange de vues, nous pouvons continuer à échanger nos points de vue et à discuter d'autres problèmes[1] ».*

Il s'agissait ici du prologue des négociations sur l'établissement des

[1] *Procès-verbal du premier tour des négociations entre le Premier ministre Chou En-lai et l'ancien président du Conseil de France Edgar Faure* , le 23 octobre 1963, AMAEC, n° 110-01982-08.

relations diplomatiques franco-chinoises, qui avaient pris un bon départ. Les positions des deux parties à l'égard des différents problèmes en suspens avaient été parfaitement énoncées.

### 3. Le deuxième tour

Le deuxième tour des négociations s'est déroulé entre Chen Yi et Edgar Faure dans l'après-midi du 24 octobre. Edgar Faure a été invité à prendre la parole le premier.

Edgar Faure :

> *« Monsieur le vice-premier Ministre, je crois que vous êtes au courant du contenu de l'entretien que j'ai eu hier avec le Premier ministre Chou En-lai. Le président de Gaulle m'a confié la mission de venir échanger nos points de vue avec les dirigeants chinois. C'est la première fois que nous effectuons ce type de démarche, bien que cela ne soit pas rendu public. Je sais que monsieur le maréchal a exprimé, à Maurice Couve de Murville et à Guillaume Georges-Picot, le souhait que les relations franco-chinoises s'améliorent[1]. Comme vous le savez, nous souhaitons aussi que ces relations revêtent un caractère plus officiel. Dans ces circonstances, ma mission est d'examiner de quelle manière nous devrions procéder. Nous avons dit à l'extérieur que mon voyage n'était pas officiel, mais personnel, afin de pouvoir parler en toute liberté. Aujourd'hui, je voudrais connaître votre avis ».*

Chen Yi :

> *« Il y a beaucoup de points communs entre la Chine et la France, qui sont deux grands pays. Si nous pouvons améliorer nos relations jusqu'à établir des relations diplomatiques, ce sera très important pour le monde. Notre intention n'est pas de nous lier pour tenir tête à quelque pays que ce soit, mais de renouer des relations traditionnelles, de rétablir des relations diplomatiques et de créer des*

[1] C'était au cours de la conférence de Genève de 1961-1962 et lors de la visite en Chine de Guillaume Georges-Picot, en septembre 1963.

*relations économiques et culturelles. Ce serait une bonne chose pour les peuples des deux pays et aussi pour les peuples du monde entier. Chacun des deux pays a adopté une position d'indépendance, et a refusé de recevoir les ordres et subir l'influence d'autrui. Voilà, ça fait quatorze ans que nous souhaitons établir des relations diplomatiques avec la France, la situation est mûre pour en parler aujourd'hui, devons-nous saisir cette occasion ? »*

Edgar Faure :

*« Je suis de votre avis. Je souhaite, moi aussi, discuter de cette question ainsi que d'autres qui se posent ».*

Chen Yi :

*« Si l'on veut établir des relations, il est préférable d'établir, dès le début, des relations diplomatiques. Une fois que ce problème, qui est très important, sera résolu, les autres seront faciles à traiter. Pour notre part, nous n'y voyons pas de difficulté, pourtant, nous devons déclarer à Votre Excellence, et lui demander de transmettre au général de Gaulle, que nous ne pouvons pas reconnaître l'existence de "deux Chine", et que nous ne pourrons établir de relations diplomatiques qu'aux conditions suivantes : que Chang Kai-chek n'ait pas d'ambassade à Paris, ni de consulat, et que vous retiriez votre représentant diplomatique et consulaire de Taïwan ».*

Chen Yi a poursuivi :

*« Depuis quatorze ans, nous avons établi des relations diplomatiques avec plus de 40 pays, toujours à la condition de la non-reconnaissance de la clique de Chang Kai-chek. Nous n'accepterons pas une reconnaissance qui se ferait alors que les relations avec Chang Kai-chek seraient maintenues. Nous avons un principe fondamental au sujet de l'amélioration des relations de la Chine avec l'étranger : nous refusons l'application de la théorie de "deux Chine". De*

*nombreux pays amis voulaient renouer des relations diplomatiques avec la Chine, mais sans rompre avec Chang Kai-chek. Notre réponse a toujours été la même : si, pour l'instant, vous avez des difficultés à expulser le représentant de Chang Kai-chek, nous pouvons attendre. Nous attendrons jusqu'à ce qu'il soit expulsé et ensuite nous pourrons reprendre les négociations ».*

Chen Yi a alors cité deux exemples pour illustrer la fermeté du gouvernement chinois dans son opposition à toute manifestation de la théorie de "deux Chine", ainsi que sa flexibilité dans le développement de ses relations avec l'étranger :

*« Lors de la conférence de Bandung (en avril 1955), le président égyptien Gamal Abdel Nasser a exprimé, au Premier ministre Chou En-lai, le souhait d'établir des relations diplomatiques avec la République populaire de Chine, mais, comme le représentant de Chang Kai-chek était encore en place, le président égyptien a suggéré que nous attendions, en disant que, tôt ou tard, le problème pourrait être résolu. Peu de temps après, nous avons installé au Caire une représentation commerciale et nous y avons aussi envoyé des délégations religieuses, si bien que le représentant de Chang Kai-chek est parti*[1]*. Finalement, nous avons établi (en mai 1956) des relations diplomatiques avec l'Égypte. Cet exemple nous montre qu'il ne nous est pas impossible d'envoyer des délégations dans un pays où il y a une représentation diplomatique de Chang Kai-chek, au contraire, nous savons ne pas prêter attention à la représentation de Chang Kai-chek, procéder à des échanges commerciaux avec ce pays et y envoyer des délégations culturelles, économiques et religieuses. Nous pouvons ainsi, petit à petit, faire partir le représentant diplomatique de Chang Kai-chek ».*

---

[1] Peu après la conférence de Bandung s'est organisée, entre la Chine et l'Égypte, l'installation mutuelle des représentations commerciales au Caire et à Pékin. À partir de ce moment, les contacts populaires, officieux et officiels entre les deux pays, se sont accrus, et le représentant de Taïwan au Caire a été de plus en plus froissé. Finalement, les autorités de Taïwan n'ont pu le supporter, elles ont rappelé leur représentant au Caire et rompu avec l'Égypte.

Quant à l'exemple de Cuba, Chen Yi a déclaré à Edgar Faure :

*« Nous avons aussi progressivement amélioré nos relations avec Cuba, en intensifiant les échanges de délégations. Nous avons un bureau de l'Agence Chine nouvelle à La Havane, qui est en réalité une représentation gouvernementale. Lors de la cérémonie de la célébration de la fête nationale de Cuba, notre représentant de l'Agence Chine nouvelle a été invité à prendre place à la tribune, tandis que le représentant de Chang Kai-chek a dû s'asseoir en bas. En dépit de cette situation, le représentant de Chang Kai-chek ne s'est pas retiré. Cela a duré jusqu'en 1960, quand Fidel Castro a déclaré l'établissement des relations diplomatiques avec la Chine. Le représentant de Chang Kai-chek a ainsi été chassé ».*

Chen Yi a aussi cité l'exemple du Japon :

*« La Chine n'a pas de relations officielles avec le Japon, il n'y a pas de représentations commerciales entre les deux pays. La France a des journalistes à Pékin, nous n'en avons pas à Tokyo, tout comme le Japon n'en a pas à Pékin [...]. Des amis japonais nous ont dit, plus d'une fois, que, soumis à la pression américaine, le gouvernement japonais ne pouvait pas expulser le représentant de Chang Kai-chek [...]. Ils espéraient que nous les comprendrions. Nous leur avons répondu que nous les comprenions et que nous pourrions, en l'absence de relations diplomatiques, développer des relations commerciales et culturelles qui pourraient conduire, peu à peu, à l'installation d'ambassades. Ils nous en ont été très reconnaissants ».*

Chen Yi a poursuivi :

*« J'ai cité ces exemples à Votre Excellence pour lui montrer que la situation de la France est différente de celle de ces pays. L'Égypte et Cuba sont de petits pays, avec toutes les difficultés que cela implique ; la France est un grand pays, la politique que le général de Gaulle*

*a choisie et adoptée est une politique d'indépendance. La France devrait en toute indépendance expulser le représentant de Chang Kai-chek, cela aurait des conséquences positives. Croyez-vous que ce soit possible ? »*

Chen Yi a salué le fait que la France n'ait pas participé à la conférence de Genève sur le désarmement, et n'ait pas non plus ratifié le traité de Moscou d'interdiction partielle des essais nucléaires, qualifiant ces prises de position d'« actes politiques majeurs ». Il espérait que la France prendrait une troisième décision d'importance, celle d'expulser le représentant de Chang Kai-chek et d'établir des relations officielles avec la Chine.

Chen Yi a déclaré :

*« Votre Excellence est envoyée par le général de Gaulle pour discuter de l'amélioration et du renforcement des relations entre les deux pays. Si nous souhaitons établir des relations diplomatiques, il vous faut d'abord expulser le représentant de Chang Kai-chek. Nous insistons sur cette demande, car c'est pour nous un moyen de tenir tête à la politique hostile des États-Unis. Ce n'est pas par refus de l'amitié de la France que nous ne tolérons pas la présence d'un représentant de Chang Kai-chek [à Paris]. Au contraire, cette amitié a pour nous beaucoup de valeur. Si des pays tels que Cuba et l'Égypte ont pu le faire, pourquoi un pays aussi grand que la France ne pourrait-il pas le faire aussi ? »*

Quant aux relations de la Chine avec les États-Unis et l'URSS, Chen Yi a indiqué :

*« La signature du traité interdisant les essais d'armes nucléaires est en réalité un grand complot contre la Chine dans lequel a trempé Joseph Tito. C'est un grand acte politique que la France n'ait pas signé ce traité, nous l'admirons. Je ne peux l'affirmer mais il me semble que les Américains fomentent une agitation contre nous. Sous leur influence, un certain nombre de pays reconnaissent à la fois la*

*République populaire de Chine et la clique de Chang Kai-chek. C'est quelque chose que nous ne pouvons accepter. Si certains font ce choix, nous romprons avec eux, même si des relations diplomatiques ont déjà été établies, car c'est une situation intolérable. Par exemple, si l'Inde veut emprunter cette route, nous romprons immédiatement avec elle. C'est de l'autodéfense, pas de l'attaque, il s'agit d'une action qu'un pays doit prendre pour sauvegarder l'intégrité de son territoire et de sa souveraineté ».*

Chen Yi a encore ajouté :

*« J'ai abordé aujourd'hui le sujet de façon plus large par rapport à ce qui a été dit hier avec le Premier ministre. Votre Excellence pourra encore s'entretenir avec les autres dirigeants qu'elle souhaite rencontrer. Si vous avez d'autres projets, je vous prie de les présenter, nous allons les examiner ensemble ».*

Edgar Faure :

*« Tout ce que le maréchal a dit est très intéressant, j'apprécie votre franchise. Le maréchal m'a fait part du point de vue du gouvernement chinois, j'en suis très heureux. Ma tâche est d'échanger nos opinions sur divers problèmes. Je ne suis pas venu en Chine parler d'un seul sujet, mais pour rétablir des contacts. Je ferai un compte rendu complet au général de Gaulle. Il m'a choisi comme représentant parce qu'il souhaite que nous discutions des relations entre les deux pays dans tous les domaines. Il avait donc besoin de choisir quelqu'un qui ait une légitimité et une crédibilité suffisantes. En ce qui me concerne, j'ai été président du Conseil, j'ai visité la Chine et j'ai une stature politique suffisante pour m'entretenir avec le Premier ministre et les ministres chinois. Par ailleurs, au-delà de la politique, je suis un ami de la Chine ».*

Edgar Faure a poursuivi :

*« Le problème de la reconnaissance de la Chine est délicat en raison du lien avec Chang Kai-chek. Je voudrais présenter trois hypothèses : dans la première hypothèse, la France reconnaît la Chine sans condition, les deux pays procèdent à un échange d'ambassadeurs ; dans la deuxième hypothèse, la France reconnaît la Chine avec des conditions posées par la Chine ; dans la troisième hypothèse, la reconnaissance est différée à plus tard, avec pour objectif que le problème se résolve avec le temps.*

*1. La reconnaissance sans condition. Par exemple, si demain, la France reconnaît la Chine et demande que son ambassadeur soit accrédité, quelle serait la suite ? Je sais bien que vous avez écarté cette hypothèse car vous la reliez au problème de Taïwan. Malgré ça, je veux quand même en parler.*

*Avant de venir en Chine, j'ai examiné ce projet avec le général de Gaulle, il m'a autorisé à vous dire que la France pourra directement reconnaître la Chine sans aucune condition, si vous le voulez. Nous souhaitons cependant connaître votre réponse. Ma mission est de vous faire comprendre la position de la France, mais je ne m'obstinerai pas. En effet, nous ne voulons pas, à travers ces négociations, mettre la Chine dans une situation délicate par rapport aux États-Unis, de même que la France ne souhaite pas être placée dans une situation délicate par rapport à eux. Supposons que demain de Gaulle dise que la France veut reconnaître la Chine, que se passera-t-il ? À partir du moment où nous reconnaîtrons le pouvoir de Pékin et la République populaire de Chine, notre reconnaissance de Taïwan deviendra caduque. Si tout se passe normalement, Taïpei rappellera son représentant à Paris et expulsera le représentant français à Taïpei. Je comprends, vous craignez que Chang Kai-chek n'ait aucune réaction, qu'il laisse en place son représentant à Paris et le représentant français à Taïpei. Vous ne voulez pas courir ce risque. C'est à vous de juger. À mon avis, si la France reconnaît la Chine, il est très peu probable que Chang Kai-chek ne fasse rien et qu'il conserve son représentant à Paris et le représentant français à Taïpei.*

*2. La reconnaissance avec conditions. Sur ce point, ce n'est pas à nous, mais c'est à vous de poser vos conditions pour l'établissement des relations diplomatiques. Je ne dis pas cela pour vous critiquer, mais pour donner mon avis en toute amitié. Par exemple, si la France adresse une note diplomatique à la Chine, que la Chine y réponde favorablement tout en exigeant que la France rappelle son représentant à Taïpei, cela veut bien dire que vous avez posé une condition. Bien sûr, vous en avez le droit, mais, dans ce cas, comment devons-nous procéder pour vous satisfaire ? Nous devons contacter le chargé d'affaires de Taïpei et lui demander de partir, puisque la France ne veut plus entretenir de relations par son intermédiaire. Simultanément, la France doit rappeler son représentant à Taïpei. À mon avis, c'est un problème négligeable, ça ne vaut même pas la peine d'en parler. Cela dit, en pratique, il serait difficile à résoudre, car il s'agit d'une mesure brutale, inattendue et difficile à exécuter. Je ne dis pas que le général ne va pas le faire, mais il n'en a pas encore pris la décision.*

*Je peux transmettre au général de Gaulle la solution que vous m'avez proposée, c'est-à-dire reconnaître la Chine, expulser le représentant de Chang Kai-chek et rappeler le nôtre. Comme je vous l'ai déjà dit, cette méthode ne plaît pas beaucoup au général de Gaulle. Ce n'est pas par égard aux États-Unis, qui n'ont aucune considération pour la France. La France n'a à tenir compte ni des États-Unis ni de Taïwan. Quoi qu'il en soit, même si le général de Gaulle accepte l'établissement d'un ambassadeur chinois et qu'il ne conserve qu'un seul employé à Taïpei, vous ne serez pas satisfaits. Pour nous, ce n'est pas un obstacle, ce n'est qu'un petit problème, mais c'est un grand problème pour vous, nous le comprenons. Comme je vous l'ai dit, c'est à vous de juger. Néanmoins, en tant qu'ami et en tant que représentant de la France, je veux vous rappeler qu'il ne faudrait pas faire échouer une affaire internationale si importante, telle que l'échange d'ambassadeurs. Cette affaire a une grande importance pour les deux pays.*

*3. La reconnaissance différée. Votre proposition est intéressante et raisonnable, celle de développer des liens entre les deux pays, plutôt que d'établir des relations diplomatiques officielles. Votre idée est de préparer la voie pour nouer des relations plus complètes. C'est aussi mon avis. On peut faire du commerce, sans représentant officiel ; le plus important est la représentation politique et il faut y réfléchir avec attention. Nous allons rompre nos relations avec Chang Kai-chek étape par étape, comme l'ont fait l'Égypte et Cuba. Mais, à mon avis, ce sera plus difficile pour la France. Si l'on ne trouve pas d'autre solution, nous pourrons y réfléchir, mais nous espérons que vous nous aiderez à trouver le moyen de rompre avec Taïwan ».*

Chen Yi :

*« Nous pouvons continuer à examiner les trois hypothèses que vous proposez. Le Premier ministre Chou En-lai va vous revoir demain, nous allons étudier tous les trois ensemble vos trois hypothèses. Notre discussion est entrée dans une étape de résolution effective du problème, j'espère que nous pourrons nous mettre d'accord*[1] *».*

Cette deuxième négociation, qui a duré à peu près trois heures, s'est déroulée dans une atmosphère franche, sincère et amicale. Elle a aussi porté sur le fond et a constitué un succès préliminaire. Chacune des deux parties a pu développer son point de vue, tout en manifestant le souhait de continuer à chercher comment réduire les divergences, afin d'améliorer les relations entre les deux pays.

En voici un bref résumé. À ce tour des négociations, Chen Yi a, une fois de plus, exposé le refus du gouvernement chinois de la théorie de « deux Chine » et posé la rupture avec les autorités de Taïwan comme condition préliminaire à l'établissement des relations diplomatiques. En même temps, il a présenté la façon dont la Chine a d'abord développé des relations non officielles avec l'Égypte et Cuba avant d'établir des relations officielles. Il a également expliqué que si une partie éprouve des difficultés à rompre avec Taïwan, ou juge que la situation n'est pas encore propice

[1] *Procès-verbal du deuxième tour des négociations entre le vice-Premier ministre Chen Yi et l'ancien président du Conseil de France Edgar Faure* , le 24 octobre 1963, AMAEC, n° 110-01982-09.

à l'établissement de relations diplomatiques, alors le gouvernement chinois préfère, en attendant, développer des échanges populaires entre les deux pays dans les domaines économiques, commerciaux et culturels. Bien que Chen Yi ait réitéré la position et les conditions d'établissement des relations diplomatiques du gouvernement chinois, Edgar Faure a présenté, conformément aux instructions du président de Gaulle et dans le but d'établir effectivement avec Pékin des relations diplomatiques au rang d'ambassadeur et de maintenir des relations entre Paris et Taïpei, trois hypothèses : 1. La France décide de reconnaître la Chine et envoie une note diplomatique à la Chine lui demandant d'accréditer un ambassadeur. La Chine ne pose pas de condition, et la France ne prend pas l'initiative de rompre avec Taïwan, dans l'espoir que Taïwan rappelle automatiquement son représentant à Paris et expulse le représentant français à Taïpei. Il a demandé à son interlocuteur si la Chine voulait courir ce danger. 2. La France décide de reconnaître la Chine, la Chine donne une réponse positive, mais demande à la France de rompre ses relations avec Taïwan. Au lieu de refuser ou d'accepter, Edgar Faure a dit qu'il allait transmettre au président français la condition posée par la Chine. Il a ajouté qu'il pouvait l'examiner avec les dirigeants. Il a cependant dit que la France pourra rappeler son représentant en dégradant le rang du personnel à Taïpei. Il a proposé aux dirigeants chinois de juger cette possibilité. 3. La reconnaissance différée : au cas où les deux pays n'arrivent pas à établir des relations diplomatiques officielles, ils peuvent développer d'autres types de relations, afin de pousser Chang Kai-chek à prendre l'initiative de rompre avec la France. Cependant, Edgar Faure a indiqué qu'il sera assez difficile de le faire pour la France qui ne pourra pas prendre comme exemple l'Égypte et Cuba. Edgar Faure a émis le souhait que la Chine puisse aider la France à trouver comment réaliser sa rupture avec Taïwan.

Selon nous, la présentation des trois hypothèses d'Edgar Faure a deux buts : d'abord connaître et ensuite essayer de passer outre les exigences minimales de la Chine quant à l'établissement des relations diplomatiques avec la France.

## 4. Le troisième tour

Le 25 octobre 1963, Chou En-lai, Chen Yi et Edgar Faure ont poursuivi les négociations au bureau du Premier ministre chinois.

Chou En-lai a demandé à Edgar Faure :

*« Aujourd'hui, nous commençons par quel sujet ? »*

Edgar Faure :

*« Hier, nous avons discuté de façon un peu générale avec le vice-Premier ministre Chen Yi. Après avoir réfléchi, je voudrais exposer en détail les trois hypothèses que j'ai proposées.*

*La première : le gouvernement français déclare officiellement sa reconnaissance de la Chine, le gouvernement chinois donne une réponse positive. C'est ce qu'on appelle la reconnaissance sans condition. La deuxième : le gouvernement français exprime son souhait de reconnaître la Chine, le gouvernement chinois accepte,*

**Chen Yi et M. et Mme Edgar Faure, en octobre 1963.**

*mais pose des conditions. La troisième : à vous de lancer des propositions, afin que, en préparation de la reconnaissance politique, les relations entre les deux pays soient améliorées petit à petit. C'est la reconnaissance différée.*

*A) La reconnaissance sans condition. J'estime que les deux parties considèrent que la reconnaissance serait une bonne chose. Mais, par amour-propre, aucune des deux parties ne veut présenter sa demande en premier. Étant donné que, jusqu'à aujourd'hui, la France n'a pas encore reconnu la Chine, c'est à elle de s'exprimer la première. Le général de Gaulle a déjà pris l'initiative en m'envoyant en Chine. Maintenant, il pourrait adresser une note officielle au gouvernement chinois, par l'intermédiaire de l'ambassade de France en Suisse, par exemple. Si la Chine répondait à cette note de façon positive, et que nous procédions à un échange d'ambassadeurs, que se passerait-il ? Votre problème est Taïwan, vous vous inquiétez que Taïwan trouve un moyen pour continuer à exister dans l'ombre.*

*Comment réagirait Taïwan ? Je suppose que ses autorités rompraient très vite avec la France. De votre côté, vous craignez sans doute que si la France reconnaissait la Chine, les autorités de Taïwan ne réagissent pas, dans ce cas, comment faire ? La France ayant reconnu le pouvoir de Pékin, la représentation de Taïwan ne pourrait pas demeurer légalement à Paris. Que pourraient faire les autorités de Taïwan ? De toute évidence, il leur serait impossible de demander que la France reconnaisse une République de Formose dont Chang Kai-chek lui-même ne reconnaît pas l'existence. Je crois que la Chine ne court pas un grand danger. C'est à la Chine de décider comment envisager cette question.*

*B) Monsieur le Premier ministre et monsieur le vice-Premier ministre, vous avez tous les deux dit que la Chine demanderait à la France de rompre avec Chang Kai-chek et d'expulser son représentant à Paris, si la France reconnaissait la Chine. J'y ai réfléchi depuis longtemps. En effet, en cas de reconnaissance de la Chine, la France n'aurait aucune raison, politique ou autre, de conserver ses relations avec Taïwan. Le problème qui nous reste à régler n'est qu'un détail sans importance, de pure forme. Plus j'y réfléchis, plus je suis convaincu que c'est un problème négligeable par rapport à la question dans son ensemble. On peut aussi bien trébucher sur un petit caillou que sur une grosse pierre. Il est difficile à une grande puissance de résoudre un problème en prenant des mesures brutales injustifiées. Ce ne serait pas agréable pour la France d'expulser le représentant de Chang Kai-chek.*

*Nous savons que le représentant de Chang Kai-chek ne représente rien et n'a jamais rien représenté. Mais il nous faudrait trouver des arguments pour lui dire qu'il n'y a plus de raison pour qu'il reste en place et le prier de partir.*

*Il s'agit d'un problème de courtoisie et non d'un problème de politique.*

*Le général de Gaulle trouverait déplaisant que la Chine lui impose des conditions préalables alors qu'il prend l'initiative d'une reconnaissance. Je pense que vous pourriez répondre à la note de la France en disant que vous acceptez la reconnaissance tout en y joignant vos commentaires et explications. Encore une fois, il s'agit de mon opinion personnelle, je n'ai pas la prétention de dicter votre décision.*

*Vous pouvez répondre aussi que vous acceptez avec plaisir la proposition française, en déclarant en même temps que vous estimez que cette reconnaissance signifie la rupture avec une autre République. En procédant de cette façon, vous ne posez aucune condition, personne ne pourra dire qu'il existe "deux Chine", et la France ne pourra pas déclarer que cette explication est dépourvue de sens. En procédant ainsi, le problème est facile à résoudre. Jusqu'à présent, la France n'a pas reconnu une République de Formose, et n'a jamais soulevé cette question, le maintien de ses relations avec Taïwan est seulement la continuité de ses relations anciennes avec Pékin. En procédant ainsi, la Chine ne pose aucune condition à la France, elle ne fait que notifier qu'une partie de son territoire est occupée par des personnes dépourvues de légitimité, et qu'à l'avenir, toute prise de contact avec ces personnes est incompatible avec les relations d'amitiés entre la Chine et la France. La Chine ne pose pas de condition et la France ne perd pas la face. La Chine n'a dans ce cas pas à se préoccuper de la façon dont la France traite avec Taïwan. Vous montrez que vous êtes les seuls représentants du peuple chinois, et que vous n'admettez pas qu'un autre pouvoir se prétende établi sur le territoire chinois. Ce problème doit être résolu. Cette façon de faire est celle qui garantit le mieux l'honneur de la France.*

*C) Naturellement, les échanges commerciaux, techniques et culturels sont très importants pour nous, pourtant, nous voulons relier ces questions avec l'ensemble des relations politiques entre les deux pays, parce que le général de Gaulle pense essentiellement en termes politiques, il ne se limite pas à la facilité de placer des commandes et d'échanger des marchandises. Je trouve que l'installation mutuelle de représentations culturelles et commerciales peut avoir un double avantage. D'une part, tout en renforçant des relations existantes, nous pourrons échanger des étudiants, professeurs et techniciens. D'autre part, ce n'est qu'une étape de l'évolution des relations, les personnalités gouvernementales des deux pays pourront se rendre visite mutuellement. Cela signifiera que des relations officielles seront bientôt établies entre les deux pays. La conséquence sera que le représentant de Taïwan devra quitter la France à cause de la situation embarrassante dans laquelle il se trouvera, et que dans le même temps nous pourrons rappeler notre représentation à Taïwan ».*

Chou En-lai :

*« Merci pour vos réponses et vos explications. Votre Excellence a bien clairement exposé qu'il est favorable à l'établissement des relations diplomatiques entre les deux pays et à l'échange d'ambassadeurs. Avant-hier, vous avez exprimé le même souhait, c'est aussi le souhait du général de Gaulle que vous avez transmis.*

*Pour notre part, le gouvernement et le peuple chinois partagent le même souhait. Il est important que cela soit affirmé. Maintenant, pour que ce désir commun soit construit sur une base claire, je vous prie de bien vouloir répondre aux trois questions suivantes :*

*La première question. Sommes-nous bien d'accord que les deux parties souhaitent établir des relations diplomatiques et procéder à un échange d'ambassadeurs ? De là, découle la deuxième question :*

*pouvons-nous clairement énoncer ce que nous reconnaissons ? Nous avons comme interlocuteur la République française, laquelle a l'intention de reconnaître la République populaire de Chine. Votre Excellence a écrit dans son livre qu'il ne reconnaît pas l'existence d'une autre république. Est-ce que le général de Gaulle soutient la même position ? »*

Edgar Faure :

*« Oui, le général de Gaulle est du même avis. Cependant, nous souhaitons avoir davantage d'informations quant au statu quo sur Formose. Pour le dire clairement, si elle reconnaît la Chine, la France ne peut reconnaître que la République populaire de Chine ».*

Chou En-lai :

*« Qu'entendez-vous par le statu quo sur Taïwan ? Voulez-vous dire que Taïwan est une province chinoise aux mains de Chang Kai-chek et qu'il faudra du temps pour résoudre un problème aussi complexe, ou bien voulez-vous dire que le statut de Taïwan est encore indéfini ? »*

Edgar Faure :

*« Le général ne m'a pas donné d'instruction claire sur ce point ».*

Chou En-lai :

*« Qu'en pensez-vous ? »*

Edgar Faure :

*« En tant que représentant du général de Gaulle, je ne peux pas me prononcer clairement sur ce problème, car je n'ai pas reçu d'instruction claire. Je crois que Taïwan est une province de la*

*Chine, mais le général de Gaulle n'envisage pas ce problème, ce qu'il envisage, c'est la reconnaissance de la République populaire de Chine. Ce sont des problèmes distincts. Ma mission est de savoir si vous accepterez ou pas que la France reconnaisse la Chine et maintienne des liens avec Taïwan, en y conservant un représentant de rang inférieur ».*

Chou En-lai :

*« Pour le moment, ce qu'il faut clarifier, c'est de savoir si, pour le général de Gaulle, le statut de Taïwan est encore indéfini ».*

Edgar Faure :

*« Non. C'est pour connaître votre avis que le général de Gaulle m'a envoyé en Chine ».*

Chou En-lai :

*« Notre avis est que Taïwan est une province de Chine. C'est aussi la troisième question. Sur ce point, est-ce que la France n'a pas l'intention de reconnaître "deux Chine", ce qui voudrait dire que Chang Kai-chek représente la République de Chine et que la République populaire de Chine serait une autre Chine ? La France veut-elle reconnaître "deux Chine" ? »*

Edgar Faure :

*« Non, la France ne reconnaîtra pas "deux Chine" ».*

Chou En-lai :

*« La France ne reconnaît que la République populaire de Chine, c'est affirmé. Cela signifie, objectivement, que la République de Chine n'existe plus ».*

Edgar Faure :

*« La France ne reconnaît qu'une seule Chine ».*

Chou En-lai :

*« C'est le deuxième point. C'est-à-dire que la France ne reconnaît pas la République de Chine et que la "République de Taïwan" n'a plus d'existence. Une fois que cela est admis, Taïwan fait partie du territoire chinois, d'ailleurs Chang Kai-chek le dit lui-même ».*

Edgar Faure :

*« Je ne veux pas dire le contraire. Il s'agit d'une occupation du territoire de Taïwan par Chang Kai-chek ».*

Chou En-lai :

*« Nous sommes confrontés à la situation de Taïwan occupée illégalement par Chang Kai-chek, qui a reçu l'île des mains des Japonais après la Seconde Guerre mondiale ».*

Edgar Faure :

« Je sais qu'il en est ainsi en théorie, mais ce n'est pas à moi de dire si les frontières de la Chine se trouvent ici ou là ».

Chou En-lai :

*« Non, ce n'est pas une question de théorie, c'est une question de logique. C'est un fait. Comme vous le savez, l'occupation de Taïwan par les Japonais s'est terminée en 1945, c'est alors que Chang Kai-chek a envoyé un représentant pour recevoir Taïwan des mains des*

*Japonais. Je vous cite un autre exemple. En 1951, Chang Kai-chek a envoyé un représentant à San Francisco pour signer le Treaty of Peace with Japan. À cette occasion, il a encore dit que Taïwan était une partie de la Chine ».*

Edgar Faure :

*« Chang Kai-chek ne doit pas représenter toute la Chine, mais il occupe Taïwan ».*

Chou En-lai :

*« C'est la continuation de la guerre civile. C'est aussi un fait ».*

Edgar Faure :

*« Chang Kai-chek occupe Taïwan, c'est encore un fait. Ce n'est pas créé par nous, cela ne relève pas de notre responsabilité. Pour le moment, primo, la France est disposée à reconnaître la Chine ; secundo, elle ne reconnaît qu'une seule Chine ».*

Chou En-lai :

*« Ces points sont clairs ».*

Edgar Faure :

*« Tertio, Formose est effectivement gouvernée par Chang Kai-chek. Ce que le général de Gaulle veut savoir, c'est s'il est possible de reconnaître la Chine et, en même temps, de ne pas rompre totalement avec Taïwan ? Cela n'est pas pour aider les États-Unis à créer une République de Taïwan. Ce n'est pas non plus un problème juridique, comme monsieur le Premier ministre l'a rappelé, Chang Kai-chek lui-même ne reconnaît pas l'existence de cette République. Si le général de Gaulle ne veut pas rompre totalement, c'est par convenance.*

*Comme il y a longtemps que nous n'avons pas eu de contacts, il m'a envoyé en Chine pour connaître votre avis. Si j'avais reçu comme instruction que la France allait rompre avec Taïwan demain, ce ne serait pas une visite d'amitié, ce serait une visite officielle. Puisque votre réponse est que la France doit rompre totalement avec Taïwan, je vais la transmettre au général de Gaulle, car il ne m'a autorisé ni à accepter ni à refuser* ».

Chou En-lai :

« *Je comprends bien votre façon de voir les choses* ».

Edgar Faure :

« *Je ne suis pas un très bon ambassadeur, puisque je n'ai pris parti ni pour l'un ni pour l'autre, je ne souhaite qu'accomplir ma mission* ».

Chou En-lai :

« *Je connais votre position. Je souhaite quand même éclaircir le problème pour que l'affaire soit mieux définie, lorsque vous en rendrez compte au général de Gaulle* ».

Edgar Faure :

« *Je connais votre point de vue historique et juridique sur le problème de Taïwan* ».

Chou En-lai :

« *Quant à ma troisième question, qui concerne le problème de Taïwan, je voudrais revenir sur deux points : premier point, je souhaiterais savoir si vous avez tranché ou pas sur le statut de Taïwan, ou bien s'il est resté indéfini. Ce n'est pas sans importance, car cela pourrait ensuite ouvrir la voie à l'intervention des États-Unis qui voudraient créer une "République de Taïwan". Le second point est la complexité des liens avec Taïwan, qui a une ambassade et un consulat en France lorsque la France a les siens à Taïwan. Il faudrait définir une procédure pour défaire ces relations sans embarrasser le général de Gaulle ou le représentant français à Taïwan ».*

Edgar Faure :

*« Oui ».*

Chou En-lai :

*« Si vous croyez que le statut de Taïwan est toujours indéfini, cela constitue un très grand obstacle pour l'établissement des relations diplomatiques entre nos deux pays. S'il ne s'agit que des liens actuels avec Taïwan, en cherchant, nous pourrons trouver comment s'en débarrasser ».*

Edgar Faure :

*« Je crois que, sur le problème de Taïwan, les points de vue du général de Gaulle sont les suivants :*

*Dans un premier temps, c'est une question dont le général de Gaulle ne s'est pas préoccupé, maintenant, c'est une question sur laquelle il ne se prononce pas. Il n'a jamais abordé la question du statut de l'île, il s'est uniquement concentré sur la procédure et la manière pour se détacher des relations avec Taïwan. Je suis convaincu qu'à l'avenir, il ne se préoccupera pas du statut de Taïwan. En tant que président de la République française, il n'a pas le droit de trancher et de dire si Taïwan appartient à la Chine ou pas. C'est une question qui ne nous regarde pas. Si, à l'avenir, une "République de Taïwan" était créée, ce ne serait pas du fait de la France, et je ne sais pas quelle serait son attitude. Il existe une certitude, si une "République de Taïwan" survient, le général ne pourra pas la reconnaître, puisqu'il aura déjà reconnu la République populaire de Chine.*

*Le général de Gaulle souhaite éviter de se détacher de ces relations de manière brutale. Il espère conserver, à Taïwan, une personne de rang inférieur à la présente, qui ne serait pas munie d'une lettre de créance, car ce ne serait pas un ambassadeur. Si vous écrivez au général de Gaulle en lui disant que Taïwan appartient à la Chine, il ne prendra probablement pas position. Si vous voulez lui écrire, vous pouvez le faire, mais vous n'obtiendrez pas d'assurances sur le statut de Taïwan ».*

Chou En-lai :

*« Ce n'est pas la peine de discuter. Je voudrais, pourtant, vous rappeler un fait : la restitution de Taïwan à la Chine a été approuvée dans la déclaration du Caire et dans les accords de Yalta. La France a reconnu cette restitution, bien qu'elle n'ait pas participé à la conférence du Caire.*

*Je n'ai pas l'intention de demander à la France de parler en faveur de la Chine pour que les États-Unis retirent leurs troupes de Taïwan. Ce n'est pas une question que je souhaite aborder, mais je voulais tout de même faire ce rappel ».*

Edgar Faure :

*« Je n'y suis pas opposé. Je n'ai jamais mis les pieds à Taïwan, quoiqu'on m'ait dit que la nourriture y est bonne et qu'il y a de bons vêtements. Cela dit, ce problème pourra être résolu après l'établissement des relations diplomatiques et l'échange d'ambassadeurs.*

*J'ai réfléchi sur le fait que Chang Kai-chek n'est pas à Pékin, mais à Taïwan ».*

Chou En-lai :

*« Cela veut dire simplement que c'est la continuation de la guerre*

*civile. Maintenant, la France ne reconnaît que la République populaire de Chine, elle ne reconnaît pas qu'il existe "deux Chine", vous êtes bien d'accord ? »*

Edgar Faure :

*« Oui, tout à fait ».*

Chou En-lai :

*« Pour le moment, le problème est comment régler les difficultés. Je me permets de répéter encore une fois les trois points déjà mentionnés. Premier point, les deux parties souhaitent établir des relations diplomatiques et échanger des ambassadeurs. Deuxième point, la France reconnaît la République populaire de Chine comme la continuation de la République de Chine de 1949, c'est-à-dire qu'elle ne reconnaît pas de "deuxième Chine", l'autre Chine n'existe pas ».*

Edgar Faure :

*« Oui, mais je n'ai pas pour mission de m'exprimer sur la rupture totale avec Formose ».*

Chou En-lai :

*« Troisième point, le problème des relations avec Taïwan. Le général de Gaulle ne vous a pas dit si le statut de Taïwan était indéfini ou défini, il ne vous a pas non plus autorisé à vous prononcer ».*

Edgar Faure :

*« Non ».*

Chou En-lai :

*« Encore une fois, le problème que vous venez résoudre en Chine est comment vous détacher des relations avec Taïwan ».*

Edgar Faure :

*« Premièrement, le général de Gaulle m'a envoyé reprendre des contacts avec la Chine et négocier sur l'ensemble des relations entre les deux pays. Deuxièmement, le général de Gaulle m'a aussi demandé de dire que la France était disposée à procéder à un échange d'ambassadeurs. Si vous voulez que nous exprimions d'autres souhaits, ils ne correspondront pas à ce que le général de Gaulle attend de la Chine. Troisièmement, si les deux parties souhaitent établir des relations officielles, je suis chargé de vous demander votre avis, si nous pouvons maintenir avec Taïwan des relations au rang inférieur ».*

Chou En-lai :

*« Sur ce dernier point, ce n'est pas possible, comme je vous ai répondu le premier jour de notre rencontre ».*

Edgar Faure :

*« La rupture des relations avec Taïwan fait partie de ma mission. De plus, je considère qu'il est de ma responsabilité de vous en informer ».*

Chou En-lai :

*« Si vous rompez avec Taïwan, vous devrez retirer votre représentant ».*

Edgar Faure :

*« Naturellement ».*

Chou En-lai :

*« Le problème qui reste, c'est toujours le problème de Taïwan, il faut le résoudre par la négociation ».*

Edgar Faure :

*« Le problème de Taïwan existe depuis treize ans. Que cela soit intentionnel ou non, nous sommes entrés en contact. Le général de Gaulle a dit qu'il fallait mettre fin aux relations avec Taïwan dans leur état actuel, c'est pourquoi il m'a envoyé ici pour discuter avec vous. Je lui ai demandé son avis, il m'a répondu, dans les mêmes termes que le contenu de la lettre qu'il m'a confiée, à savoir que je devais aller sur place et qu'il en parlerait avec moi ensuite. Je crois qu'il n'attache pas autant d'attention que vous au problème de Taïwan. À ma connaissance, on va réduire la représentation diplomatique française à Taïwan, cela veut bien dire que la France tente de se détacher de ces relations. Mais, avant de le faire, il faut d'abord nous renseigner auprès de vous. Est-ce que ce point est clair, monsieur le Premier Ministre ? ».*

Chou En-lai :

*« C'est clair. Ce qu'il faut éclaircir maintenant, c'est le troisième point que j'ai exposé tout à l'heure. Pour nous, c'est très simple, Taïwan est une province de Chine, non seulement nous le disons, mais Chang Kai-chek le dit également. Si vous disiez que le statut de Taïwan est indéfini, cela ajouterait une pierre à l'édifice de la théorie américaine sur le "statut indéfini de Taïwan" ».*

Edgar Faure :

> « *J'ai une petite question à vous poser. Jacques Marcusse m'a demandé aujourd'hui*[1] *si j'avais des nouvelles à envoyer en France. Je lui ai donné une réponse positive. Si vous trouvez qu'il vaut mieux de ne pas envoyer de nouvelles, je peux annuler* ».

Chou En-lai :

> « *Vous pouvez le faire*[2] ».

Ainsi s'est terminé le troisième tour des négociations. Comme les deux parties campaient sur leurs positions respectives, la négociation était dans une impasse.

Le 26 octobre, Edgar Faure a rédigé un rapport destiné au président de la République française[3]. Ce rapport, qui est pratiquement un procès-verbal des négociations, est organisé en huit points. Edgar Faure y a ajouté un bref exposé de ses entretiens avec les dirigeants chinois depuis son arrivée et l'a confié aux dirigeants chinois pour avoir leur approbation, avant de l'envoyer en France. Le soir du même jour, M. et Mme Edgar Faure sont allés visiter Datong, Taiyuan dans le Shanxi et Huhehot dans la Mongolie intérieure. En route, Edgar Faure a ajouté dans son rapport quelques explications supplémentaires[4]. Le rapport d'Edgar Faure était un résumé des avis et points de vue des deux parties, quoiqu'il ne fût ni très exact ni très complet.

Le 28 octobre, Zeng Yongquan, vice-ministre des Affaires étrangères de Chine, a rédigé, lui aussi, un rapport sur les négociations

---

[1] Jacques Marcusse, journaliste de l'Agence France-Presse à Pékin.

[2] *Procès-verbal du troisième tour des négociations entre le Premier ministre Chou En-lai, le vice-Premier ministre Chen Yi et l'ancien président du Conseil de France Edgar Faure* , le 25 octobre 1963, AMAEC, n° 110-01982-11.

[3] *Rapport rédigé par Edgar Faure au général de Gaulle* , le 28 octobre 1963 (remis à la Chine le 26 octobre 1963), AMAEC, n° 110-01982-07.

[4] *Explications supplémentaires qu'Edgar Faure a faites dans son rapport au général de Gaulle* , le 28 octobre 1963, AMAEC, n° 110-01982-07.

entamées depuis le 23 entre les dirigeants chinois et Edgar Faure et sur les points de vue et propositions de ce dernier, et l'a présenté au vice-Premier ministre Chen Yi et au Premier ministre Chou En-lai, comme un document urgent. Zeng Yongquan a indiqué dans son rapport que la France ne se focalisait pas sur la reconnaissance sans condition, ne montrait pas d'intérêt pour la reconnaissance différée, espérait que la Chine accepterait d'envisager la reconnaissance indépendamment de la restitution de son siège à l'ONU, et indépendamment de ses relations avec Taïwan. Dans ces conditions, il faisait trois suggestions :

> *« 1. Afin de profiter des contradictions de l'impérialisme et d'influencer la France, nous devons nous efforcer d'obtenir l'issue la plus favorable pour la Chine en tâchant de résoudre le problème de l'établissement des relations diplomatiques tout en marquant l'opposition à "deux Chine". Nous souhaitons que le Premier ministre Chou En-lai et le vice-Premier ministre Chen Yi continuent à négocier séparément avec M. Edgar Faure dès qu'il sera de retour le 29. Ils peuvent échanger des points de vue avec lui, sur le problème pratique de son projet alternatif consistant en un établissement progressif des relations diplomatiques. Quant à notre attitude à l'égard de l'établissement des relations diplomatiques, nous devons toujours nous conformer à la position que le Premier ministre a exposée dans ses entretiens avec Edgar Faure, consistant à refuser l'hypothèse de "deux Chine" sous toutes ses formes. Nous devons discuter sur la procédure concrète d'expulsion du représentant de Chang Kai-chek à Paris, en tenant compte des difficultés exprimées par la France à ce sujet. Au cours de l'entretien avec M. Edgar Faure, nous devons insister et affirmer que la rupture avec Chang Kai-chek n'est pas une condition préalable, mais une obligation dont il faudra s'acquitter pour que les deux pays procèdent à l'établissement de relations diplomatiques officielles. En même temps, nous devons dire que la modalité de la rupture peut être un sujet de discussion afin de trouver une solution. De plus, le président Liu Shaoqi pourra exprimer à Edgar Faure notre souhait d'établir des relations diplomatiques officielles avec la France, lorsqu'il le recevra.*

*2. Étant donné que le rapport d'Edgar Faure ne reflète pas exactement notre avis, et qu'il nous est impossible de le corriger point par point, nous estimons, pour que notre position et notre attitude à l'égard de l'amélioration des relations entre les deux pays soient exactement et complètement exprimées, qu'il sera nécessaire de faire un résumé écrit du dernier entretien du Premier ministre Chou En-lai avec Edgar Faure à son retour à Pékin, et de le lui donner afin qu'il puisse être transmis au général de Gaulle.*

*3. En ce qui concerne des mesures de transition, telles que l'installation de représentation commerciale officieuse, etc., nous estimons que c'est ainsi qu'il faudrait procéder en attendant que des relations normalisées entre la Chine et la France soient établies. Nous devons donc nous y préparer. Comme Edgar Faure ne s'y intéresse pas pour le moment, il n'est pas nécessaire pour nous d'entrer en discussion concrète sur ce point. Nous pourrions cependant lui rappeler qu'il est possible d'adopter ce troisième projet au cas où la France aurait encore des difficultés à accepter l'établissement progressif des relations diplomatiques. Quant à la mise en pratique de ce troisième projet, les deux parties pourront entamer des négociations concrètes par l'intermédiaire de leurs ambassades en Suisse*[1] ».

Le 29 octobre, Xie Li, directeur de l'Europe occidentale du ministère des Affaires étrangères, a présenté un rapport à Zeng Yongquan. Il a fait un bilan des négociations franco-chinoises depuis trois jours et quelques propositions pour les négociations ultérieures et le processus de l'établissement des relations diplomatiques. Il a écrit dans son rapport :

*« Ayant consciencieusement étudié les trois hypothèses avancées par Edgar Faure et partant du souhait actif d'améliorer les relations franco-chinoises, le gouvernement chinois propose des procédures progressives d'établissement des relations diplomatiques, en espérant que le gouvernement français y réfléchisse. Première*

[1] *Avis relatifs aux négociations sur l'établissement des relations diplomatiques entre la Chine et la France*, le 28 octobre 1963, AMAEC, n° 110-01982-15.

*étape : la France envoie une note diplomatique à l'ambassade de Chine en Suisse disant qu'elle reconnaît la République populaire de Chine et propose l'échange d'ambassadeurs. La Chine y répond de façon positive et déclare en même temps que l'action du gouvernement français signifie qu'il reconnaît le gouvernement de la République populaire de Chine comme l'unique gouvernement légal de la Chine ; qu'il ne reconnaît plus le prétendu "gouvernement de la République de Chine" et ne maintient plus de relations avec Taïwan ; qu'il ne soutient en aucune façon des activités visant à créer "deux Chine" ; qu'il ne serait pas favorable au maintien du représentant de Taïwan à l'ONU sous quelque forme que ce soit, et qu'il soutient la restitution du siège de la République populaire de Chine à l'ONU. Deuxième étape : la Chine et la France publient en même temps les notes susmentionnées, puis envoient des représentants diplomatiques avec pour mission d'assurer la reprise des relations diplomatiques. Troisième étape : traitement des problèmes qui pourraient survenir dans l'exécution de la mission : 1. Taïwan retire son représentant en France, la France retire aussi le sien à Taïwan. 2. Au cas où le représentant de Taïwan continue à demeurer à Paris, le gouvernement français ne reconnaît pas son titre de représentant diplomatique ou de consul et le considère comme un ressortissant chinois ordinaire, en même temps, la France retire son représentant à Taïwan, au lieu de le conserver en le dégradant au rang inférieur. S'il reste du personnel diplomatique français en poste à Taïwan, son statut ne peut être que celui de ressortissant français ordinaire. 3. Si le représentant de Taïwan demeure encore en France et continue à paraître à titre de représentant diplomatique ou consul, et que le gouvernement français conserve son représentant de rang inférieur à Taïwan, le gouvernement chinois sera obligé d'avoir le regret d'interrompre les procédures de l'établissement des relations diplomatiques avec la France et de rappeler son chargé d'affaires déjà accrédité. 4. Si le gouvernement français a encore des difficultés à accepter les procédures susmentionnées, le gouvernement chinois estime que, comme mesures transitoires, l'installation d'une représentation commerciale officieuse permanente pourra être envisagée, et que les questions concrètes pourront être traitées à part entre les deux parties*[1] *»*.

## 5. Le quatrième tour

La négociation s'est poursuivie entre le vice-Premier ministre Chen Yi et Edgar Faure à l'hôtel des hôtes d'État Diaoyutai, le 30 octobre, de 15 heures à 17 h 30. Comme lors des trois premiers tours, Mme Edgar Faure, Zhang Xiruo, Wu Xiaoda et Xie Li étaient présents.

Ce tour des négociations portait essentiellement sur l'attitude française à l'égard de la restitution du siège de la République populaire de Chine à l'Organisation des Nations unies, mais il a permis de grandes avancées sur l'établissement des relations diplomatiques entre la Chine et la France.

Le dernier tour des négociations ayant fini dans une impasse, le seul dirigeant chinois qui s'est présenté pour ce nouveau tour a été Chen Yi. Edgar Faure, qui n'avait plus rencontré Chou En-lai depuis quelques jours, pensait que ce dernier ne prendrait plus part aux négociations. Dès le début de l'entretien, il a demandé à Chen Yi comment allait Chou En-lai.

Chen Yi :

> *« Il va très bien, merci. Il va vous parler demain. Nous sommes en train d'étudier le rapport que vous avez rédigé... Je voudrais discuter de quelques problèmes avec vous. Il y en a un que vous n'avez pas mentionné dans votre rapport, celui du siège légal de la République populaire de Chine à l'ONU ».*

Edgar Faure :

> *« C'est vrai, c'est parce que nous ne l'avons pas abordé ».*

Chen Yi :

> *« Je voudrais commencer par dire quelques mots à ce sujet.*

[1] *Rapport de Xie Li à Zeng Yongquan* , le 29 octobre 1963, AMAEC, n° 110-01189-10.

*Tout comme la France, la Chine est un des cinq grands pays qui ont pris l'initiative de créer l'Organisation des Nations unies, elle est aussi un des pays qui ont participé à la rédaction de la charte des Nations unies. Juste après la capitulation du Japon, notre président Dong Biwu, en tant qu'un des membres importants de la délégation chinoise, a pris part à la fondation de l'ONU à San Francisco. La Chine nouvelle doit être, de facto et de jure, héritière de la Chine, après l'écroulement de la "dynastie" de Chang Kai-chek. Ce n'est que par le soutien de l'impérialisme américain que Chang Kai-chek a pu s'emparer du siège chinois à l'ONU et s'y maintenir, si bien que la Chine nouvelle a été privée de ses droits légitimes. Une telle injustice faite à un grand pays comme la Chine a non seulement porté atteinte à la réputation de l'ONU, mais lui a aussi fait perdre son universalité. La Chine a naturellement marqué son désaccord face à une telle attitude de l'ONU, conséquence de la manipulation des États-Unis. Pour cette raison, nous n'avons pris part à aucune activité des organismes de l'ONU, ni à son Congrès, ni aux réunions de ses divers organismes. Est-ce que cela signifie que la Chine nie le rôle de l'ONU ? Non. La Chine a dû prendre des mesures de boycott contre l'ONU parce que cette organisation n'a pas joué le rôle positif qui figure dans sa charte et, sous la manipulation des États-Unis, a eu une attitude déraisonnable avec notre pays. L'attitude de la Chine n'est pas abusive. Au vote du Congrès de l'ONU, à peu près la moitié des pays membres, c'est-à-dire plus de 40 pays, sont pour la restitution du siège légal de la Chine à l'ONU, et il y a environ 50 pays qui sont contre. Nous croyons que ces pays qui ont voté contre ont été obligés de le faire car ils craignaient de s'opposer aux États-Unis. Ces pays nous ont demandé de les comprendre, et nous pouvons le faire. Cependant, au vu de l'évolution des dix dernières années et des changements qui se manifestent à chaque vote, la situation devient de plus en plus favorable pour nous, et nous sommes sûrs et certains que la manipulation américaine des votes ne pourra pas se maintenir encore longtemps.*

*Ce que je veux vous dire, monsieur et madame Edgar Faure, c'est que cette situation n'empêche pas la Chine de se consacrer à la cause de la paix dans le monde. Au contraire, la Chine cherche, depuis plus de dix ans, tous les moyens pour y contribuer. En 1953, la Chine et la Corée ont entamé des négociations avec les États-Unis, prétendument représentants de l'armée de l'ONU, pour l'armistice en Corée. L'année suivante, en 1954, la Chine a participé, avec les États-Unis, à la conférence de Genève, dont l'ONU était absente, et cette conférence a débouché sur un accord. En 1955, à la conférence de Bandung, la Chine a aussi apporté des contributions, avec la participation active du Premier ministre Chou En-lai. Ces exemples montrent que la Chine cherche à saisir toutes les occasions de se consacrer à la détente et à la résolution pacifique de litiges internationaux. Ils montrent également qu'il lui est possible de le faire sans participer à l'ONU. Quant aux exemples de coopérations entre la Chine et l'étranger, ils sont très nombreux... Cela prouve que, bien que nous soyons privés du siège à l'ONU par les États-Unis, nous n'avons jamais renoncé à jouer un rôle dans les affaires internationales, et que nous le faisons mieux sans participer à l'ONU.*

*Cela prouve encore que, en écartant la Chine de l'ONU, les États-Unis ne pouvaient pas atteindre le but qu'ils cherchaient. La Chine a de nombreuses façons de trouver des amis, ils viennent régulièrement la visiter. Il y a quelques jours, un journaliste japonais m'a demandé si la Chine ne s'intéressait pas à sa participation à l'ONU. Je lui ai répondu que l'ONU nous écartait du fait de la manipulation des États-Unis, par conséquent nous étions obligés d'adopter une attitude de non-coopération mais qu'il était hors de question que nous renoncions à nos droits à l'ONU. Les États-Unis ont imposé Chang Kai-chek à l'ONU, nous nous y sommes toujours opposés et nous nous y opposerons toujours. L'ONU pourrait jouer un rôle actif, si elle y faisait effectivement entrer la Chine, conformément à sa charte. Nous espérons que l'ONU pourra trouver la bonne voie, parce que cela s'accorde avec la volonté des peuples de tous les pays du monde. Comme Votre Excellence n'a pas abordé ce problème dans son rapport, j'en ai parlé en toute franchise. J'espère que la France soutiendra avec force les droits légitimes de la Chine à l'ONU et dans tous les organismes qui en dépendent, et s'opposera aux droits de Chang Kai-chek, une fois que les relations diplomatiques franco-*

*chinoises seront établies.*

*Actuellement, il y a une théorie qui prétend faire entrer la Chine à l'ONU, tout en y conservant la représentation de Chang Kai-chek. Nous ne pouvons pas l'accepter. Nous ne pouvons pas accepter cette situation où il y a "deux Chine" à l'ONU. Le plus drôle est la remarque d'un journaliste américain qui prétend que l'ONU accepterait la Chine et maintiendrait Chang Kai-chek au Conseil de sécurité. Il y a aussi des gens qui m'ont dit en privé que l'opinion publique en Occident estimait que nous pourrions faire des démarches à New York pour faire entrer la Chine à l'ONU. Cette manière d'entrer par la porte de derrière, nous n'en voulons pas. Si nous voulons entrer, nous entrerons publiquement par la grande porte.*

*Je vous dis cela de cette façon afin que vous transmettiez à nos amis français que nous ne sommes pas pressés d'entrer à l'ONU. Les États-Unis peuvent bien manipuler les votes pendant des années pour écarter la Chine. Nous pouvons attendre, parce que nous avons de nombreuses occasions de collaborer avec tous les pays du monde sans forcément passer par l'ONU.*

*Dans le passé, c'était souvent l'Union soviétique ou l'Inde qui présentaient des projets de résolution concernant la restitution du siège de la Chine à l'ONU. Maintenant, il y a un changement, le contexte a changé : depuis quelques années, l'Inde vote pour que la Chine soit contrôlée par l'ONU. Aucun pays ne veut entrer à l'ONU pour être mis sous contrôle. Auparavant, c'était l'URSS qui était initiatrice de ces propositions, cette année, cela n'a pas été le cas. Ce sont l'Albanie et le Cambodge qui ont fait la proposition, l'Union soviétique s'est contentée de voter pour. Dans ce nouveau contexte, avec le changement d'attitude de l'Inde et de l'URSS, l'opinion a estimé qu'il y aurait moins de pays à voter cette année en faveur de la restitution du siège de la Chine à l'ONU, mais 41 pays ont tout de même voté en ce sens. Comme chaque année, une dizaine de pays se sont abstenus. Si l'on additionne d'un côté les votes positifs et de l'autre les abstentions et les votes négatifs, l'écart est très faible.*

*Pardonnez-moi d'avoir autant parlé du problème du siège légitime de la Chine à l'ONU. Ce n'est pas dans l'intention de faire de ce vote à l'ONU une condition préalable de l'établissement de relations diplomatiques. Nous croyons que la France prendra l'initiative de voter pour, une fois que les relations diplomatiques seront officiellement établies entre la Chine et la France. Constatant le changement d'attitude de la France, des pays qui sont influencés par elle feront naturellement de même. Nous y avons pensé. Il serait nécessaire, avant de résoudre le problème de l'établissement des relations diplomatiques entre la Chine et la France, de proclamer officiellement la position de la Chine envers l'ONU, pour que de Gaulle et le gouvernement français puissent y réfléchir. Votre Excellence a bien exprimé que la France adopterait une approche différente de celle de la Grande-Bretagne, c'est-à-dire que la France préfère écarter la solution des relations "semi-diplomatiques". J'en suis très heureux. La Grande-Bretagne a voté contre à l'ONU et a conservé son personnel à Taïwan. Cette année, elle a voté pour à l'ONU, mais elle a fourni ses propres explications à ce sujet. C'est pourquoi les relations des deux pays restent toujours "semi-diplomatiques". J'en ai parlé avec Alexander Frederick Douglas-Home, qui est devenu Premier ministre britannique. Il m'a dit : "La Grande-Bretagne a voté en votre faveur, dans ce cas, pourquoi le problème des relations entre les deux pays n'a-t-il pas pu être résolu ?". Il m'a même demandé combien de fois il faudrait qu'il vote en notre faveur pour que nous pensions à l'échange d'ambassadeurs avec la Grande-Bretagne. Je lui ai répondu : "D'une part, vous votez pour la proposition de l'Union soviétique, d'autre part, vous votez pour la proposition des États-Unis, vous êtes en contradiction avec vous-même, de plus, vous continuez à maintenir un consul à Taïwan." J'ai ajouté : "Au lieu de voter à la fois pour l'Union soviétique et pour les États-Unis, vous pouvez présenter, à part, une proposition favorable à la restitution du siège légal de la Chine à l'ONU." Il n'a pas pu me répondre ».*

Edgar Faure :

*« Je suis très content des explications complètes et intéressantes du maréchal. Naturellement, il faut aborder le problème du siège*

*de la Chine à l'ONU. Comme nous n'en avons pas parlé au cours des entretiens précédents, je ne l'ai pas évoqué dans le rapport que j'ai rédigé. Je ne crois pas que ce problème soit un obstacle à notre entretien. Il est anormal qu'un grand pays comme la Chine n'ait pas de siège à l'ONU. Je voudrais parler un peu de la Société des Nations. Quand le Japon a envahi la Chine, la Société des Nations n'a pas apporté son aide à la Chine. Cela a été une faute. D'après de nombreux historiens, l'incapacité de la Société des Nations à agir a compromis sa réputation et reflété sa faiblesse. À cette époque, la Chine n'était pas encore unifiée, elle n'était pas encore une grande puissance. Mais, aujourd'hui, elle est une grande et forte puissance, elle doit être un membre de l'ONU. Je suis d'accord avec votre vision sur l'histoire des droits de la Chine à l'ONU et au Conseil de sécurité. En effet, les pays fondateurs de l'ONU sont les pays qui étaient alliés contre les fascistes [et militaristes] allemands et japonais. La Chine était déjà une alliée de la France et d'autres pays, pendant la Première Guerre mondiale. Elle l'a encore été durant la Seconde Guerre mondiale, c'est pourquoi la Chine a été membre de l'ONU dès sa création et membre du Conseil de sécurité, en tant qu'un des cinq grands pays alliés. Nous parlons maintenant des changements survenus depuis lors. De nombreux débats et votes ont eu lieu pour résoudre le problème de la restitution du siège de la Chine à l'ONU, les positions adoptées par les pays membres sont logiquement liées à leurs relations avec la Chine. Au dernier vote, la France a voté contre la restitution du siège de la Chine à l'ONU, parce qu'aucune négociation n'avait été entamée. Il était donc impossible de justifier un changement de position. J'ai failli conseiller au gouvernement français de s'abstenir, mais, finalement, j'ai pensé qu'il valait mieux voter pour, dès que le problème serait résolu. Je n'ai rien à opposer à ce que le maréchal vient de dire. Je voudrais m'exprimer de nouveau du point de vue juridique. Étant juriste, j'ai l'habitude de parler des questions légales. Quelquefois, la loi se détache de la réalité ; dans ce cas-là, soit on change la loi, soit on ne prend pas en considération la réalité. Quelquefois, la loi s'accorde avec la vie pratique. Si la France reconnaît la Chine, la Chine devra pouvoir exercer tous ses droits. Je vous remercie, monsieur le maréchal, d'avoir évoqué ce point sans en faire une condition préalable. Si la France reconnaît la Chine, bien entendu, cela aura des conséquences juridiques. Nous avons constaté que tout pays qui a des relations officielles avec Pékin vote pour la restitution du siège de la Chine à l'ONU. C'est logique. Au contraire, tout pays qui n'a pas établi de relations diplomatiques avec la Chine ne devrait pas voter pour elle, car le pays qui n'est pas reconnu n'existe pas, il ne peut lui être accordé ou lui être refusé des droits. Pour nous, le problème n'est pas d'expulser le représentant de Chang Kai-chek, parce que ce serait une position désagréable. Pour nous, le problème est que la Chine a le droit d'obtenir le siège au Conseil de sécurité. Pour la France, le problème de Taïwan n'est pas un problème politique, car nous ne sommes pas au service des États-Unis ».*

Chen Yi :

*« Vous voulez dire que vous n'êtes pas au service des États-Unis et de leur complot pour créer "deux Chine" ? »*

Edgar Faure :

*« Bien entendu. La Chine ne dispose que d'un siège au Conseil de sécurité. Quand vous l'occuperez légitimement, aucune autre entité ne pourra s'y maintenir. L'expulsion du représentant de Chang Kai-chek serait la conséquence naturelle de la position de la France. Cependant, pour nous, l'expulsion du représentant de Chang Kai-chek n'est pas une question de fond, ce n'est qu'un problème de procédure. Je sais bien que vous attachez beaucoup d'attention à ce problème. Pour nous, l'essentiel est que la France reconnaisse la Chine, y compris son siège au Conseil de sécurité ».*

Edgar Faure a ajouté :

*« Les droits de la Chine appartiennent à la République populaire de Chine. Personnellement, si la reconnaissance de la Chine n'est pas*

*faite dans cet esprit, je ne suis pas d'accord. Monsieur le maréchal a dit qu'on ne se prononcerait pas publiquement sur ce point, et qu'on n'en ferait pas une condition préalable, j'en suis très heureux. La France va voter suivant la conclusion logique de la reconnaissance de la Chine, quand il s'agira de voter sur la restitution du siège de la Chine à l'ONU ».*

Chen Yi :

*« Il y a encore un point à éclaircir. Tout à l'heure, Votre Excellence a dit qu'un pays n'existe pas, s'il n'est pas reconnu. Bien que la France et la Chine ne se soient pas reconnues mutuellement, je reconnais tout de même que, dans le monde, il existe ce grand pays qu'est la France. La France n'a pas reconnu la Chine, il n'empêche que la grande Chine existe ».*

Edgar Faure :

*« Bien sûr ».*

Chen Yi :

*« Votre réponse est satisfaisante. Suite à l'établissement des relations diplomatiques entre les deux pays, la Chine devra jouir de l'intégralité de ses droits. Une fois que ce principe sera défini, le problème de la façon de traiter avec Chang Kai-chek sera facile à résoudre ».*

Edgar Faure :

*« Il se résoudra automatiquement ».*

Chen Yi :

*« L'établissement des relations diplomatiques entre nos deux pays est une affaire de portée mondiale. Bien entendu, nos amis*

*français envisageront tous les problèmes avec logique. Il n'est pas possible de reconnaître à la fois Taïwan et la Chine ».*

Edgar Faure :

*« Oui, je voudrais encore aborder cette question sous un angle juridique. Tantôt la loi se détache de la réalité, tantôt elle correspond à la réalité. Dans cette situation où la France n'a pas encore reconnu la Chine, mais que, dans la réalité, la Chine existe, la loi ne s'accorde pas avec la réalité. De même, la représentativité de Chang Kai-chek est en décalage avec la réalité, il prétend qu'il ne se limite pas à contrôler Taïwan, mais qu'il représente toute la Chine. [...] Nous avons encore du temps, je vais parler d'autres problèmes. Si la France et la Chine établissent des relations diplomatiques, nous tiendrons une position claire et nous procéderons à l'échange d'ambassadeurs. Nous ne prenons pas la Grande-Bretagne comme exemple. Nous souhaitons que la procédure soit la plus simple possible. Une fois que la France aura envoyé, par voie normale, la note diplomatique exprimant le souhait de reconnaître la Chine, la Chine lui répondra rapidement, sans poser de condition, et sans demander de négociations. J'ai trois points de vue à exposer : 1. Le problème de l'amour-propre. Que ce soit la Chine ou la France, aucun des deux pays ne se trouve en situation de demandeur. 2. La Chine ne doit pas se méfier de la France qui a adopté une politique d'indépendance vis-à-vis des États-Unis. Par exemple, vous parliez tout à l'heure du complot visant à faire reconnaître "deux Chine", ce n'est pas une initiative de la France, mais des États-Unis. Nous sommes amis des États-Unis, mais nous sommes également indépendants, vous pouvez voir que la France s'est abstenue de participer au traité des Trois Pays sur les armes nucléaires[1]. Vous n'avez aucune raison d'avoir des soupçons sur la France, nous poursuivons une politique d'indépendance. 3. Les deux parties ont exprimé (je l'ai exprimé aussi dans mon rapport) le souhait d'établir des relations diplomatiques. Le général de Gaulle a envoyé,*

[1] *Traité interdisant les essais d'armes nucléaires*, signé le 5 août 1963 à Moscou.

*à cet effet, un représentant pour s'entretenir avec les représentants chinois. Nous ne devrions avoir de difficultés à résoudre aucune question, les deux parties sont en accord sur tout ».*

Edgar Faure a ajouté :

*« Je vais rendre compte de tout cela au général de Gaulle. Pour résumer, si la France reconnaît la Chine, les conséquences seraient : 1. Conformément à la loi internationale, on ne peut reconnaître qu'un seul pays souverain, ce serait la République populaire de Chine. 2. Nous n'avons aucune raison de soulever le problème du statut de Taïwan, c'est une question qui ne se pose pas en la situation actuelle. Si cette question se pose dans l'avenir, la France, ayant de bonnes relations avec la Chine, prendra position en s'appuyant sur ces bonnes relations. 3. Il n'y a ni problème de l'existence de "deux Chine", ni problème du statut de Taïwan, ce seront purement et simplement des questions de forme qui feront que la France conserve son représentant à Taïwan, comme Taïwan conserve son représentant en France. Nous ne nous engageons ni à rappeler le représentant de France, ni à expulser le représentant de Chang Kai-chek. Il s'agit de questions de courtoisie et de convenance qui seront complètement résolues par la suite. 4. D'après vous, la France devra soutenir les droits propres à la Chine à l'ONU et au Conseil de sécurité, une fois que les relations diplomatiques seront établies entre la Chine et la France. Personnellement, je crois que cette position est raisonnable, mais aujourd'hui je ne peux pas m'engager définitivement. Je vais en rendre compte au général de Gaulle. J'estime qu'il sera d'accord, mais je ne peux pas m'engager pour lui ».*

Edgar Faure a poursuivi :

*« Personnellement, j'espère que les relations diplomatiques officielles seront établies le plus tôt possible. Le général va décider de le faire tout de suite ou de le reporter à un peu plus tard. Si c'est le dernier cas, nous pourrons dans l'instant développer nos relations*

*économiques et commerciales, mais nous espérons chaleureusement pouvoir bien vite faire un échange d'ambassadeurs ».*

Chen Yi :

*« Je me suis entretenu individuellement à deux reprises avec Votre Excellence. Je vais rendre compte de notre entretien d'aujourd'hui au Premier ministre Chou En-lai. Quant à la mise en pratique de l'établissement des relations diplomatiques, on en décidera, après mon compte rendu au Premier ministre. Nos deux pays ont le même souhait, ce sera une affaire d'importance majeure non seulement pour la Chine et la France, mais encore pour la paix du monde. Il s'agit aussi d'une affaire que les États-Unis ne souhaitent pas voir survenir, ce sera une application de la politique d'indépendance du général de Gaulle. Si les deux pays renouent des relations diplomatiques, la France reconnaîtra les droits légitimes dont la Chine doit jouir, et vice versa ».*

Edgar Faure :

*« Si une partie ne reconnaît pas l'autre, réciproquement, cette dernière ne reconnaîtra pas la première ».*

Chen Yi :

*« Le problème de Taïwan doit être traité selon la logique ».*

Edgar Faure :

*« Suivant l'esprit de notre entretien ».*

Chen Yi :

*« Quand on parle de la logique, nous ne voulons pas dire que, une fois la Chine reconnue, il est possible d'expulser quelques minutes*

*après le représentant de Chang Kai-chek. Pourtant, Votre Excellence doit se rendre compte que si nous nous opposons au complot visant à créer "deux Chine", ce n'est pas que nous n'avons pas confiance en la France, au contraire, nous attachons beaucoup d'attention à la politique d'indépendance que le général de Gaulle a adoptée en Europe ».*

Edgar Faure :

*« Je suis complètement d'accord ».*

Chen Yi :

*« Pour le moment, si la France a des difficultés à expulser le représentant de Chang Kai-chek, nous pouvons attendre. Quant au processus de l'établissement de relations diplomatiques, nous sommes en train de l'examiner, nous voulons réfléchir sur vos suggestions. Naturellement, nous souhaitons que les relations diplomatiques soient établies le plus vite possible ».*

Edgar Faure :

*« J'espère que les assistants du maréchal vont examiner le programme le plus rapidement possible. Je suis impatient de prendre connaissance de vos différents avis sur ce rapport qui n'est qu'un procès-verbal. Si vous le trouvez trop long, je pourrai le raccourcir ».*

Chen Yi :

*« Nous pourrons encore discuter des problèmes concrets par la suite. Nous pourrons le faire par échange de notes diplomatiques. Si nous exprimons clairement nos souhaits réciproques dans ces notes diplomatiques, nous pourrons éliminer tous les obstacles avant d'établir officiellement des relations diplomatiques. J'ai encore une question à vous poser. Est-ce qu'expulser le représentant de Chang*

*Kai-chek vous pose encore des difficultés ? »*

Edgar Faure :

*« Je crois que j'ai déjà fait une présentation complète de ce problème. Une fois que les deux premiers problèmes seront résolus, il vaut mieux laisser la France traiter le dernier ».*

Chen Yi :

*« Le Premier ministre Chou En-lai et moi-même avons parlé plusieurs fois avec Votre Excellence. Nous avons compris que la France est d'accord sur le principe. Reste à voir la mise en œuvre concrète. Sur cela, nous pouvons être d'accord. Tant qu'il est bien clair que la conservation d'une personne de France à Taïwan ne constitue pas une confirmation de la théorie de l'existence de "deux Chine", en fait, nous ne sommes pas contre ».*

*Edgar Faure :*

*« Non, non. De Gaulle a déjà précisé ce point. Le maintien de personnel lié à Chang Kai-chek ne se fera que par courtoisie. Personnellement, je crois que ce problème sera résolu de façon satisfaisante. En plus, puisqu'il n'existe pas de souci de prise en compte de "deux Chine", le problème de Taïwan n'est pas un problème intéressant. Pourtant, si nous échangeons des notes, j'espère que les soucis de détail y seront le moins nombreux possible. Dans les notes que nous échangerons, moins il sera question de détails, mieux cela sera. Vous pourrez parler des relations d'amitié entre la France et la Chine ».*

Chen Yi :

*« Nous allons y réfléchir. L'établissement des relations*

*diplomatiques entre la Chine et la France est une grande affaire qui va bouleverser le monde, car il s'agit d'une affirmation d'indépendance de deux grands pays. Au moment où vous avez quitté Pékin pour visiter d'autres villes de la Chine, j'ai entendu beaucoup de conjectures venant de l'étranger. Entre autres, l'opinion publique américaine dit que le général de Gaulle est d'accord pour créer "deux Chine". L'opinion publique à Taïwan dit que le voyage d'Edgar Faure à Pékin n'est pas favorable pour Chang Kai-chek. Certains pays asiatiques font l'éloge de l'amitié franco-chinoise ».*

Chen Yi a poursuivi :

*« Nous sommes en train d'envisager les trois manières d'établissement des relations diplomatiques que Votre Excellence a proposées, et nous allons arrêter notre choix sur l'une d'entre elles. Dès que nous serons tombés d'accord, vous le ferez savoir au général de Gaulle afin de procéder à l'étape suivante. Mais ce n'est pas urgent et, surtout, il s'agit d'une grande affaire, il faut donc bien discuter et réfléchir ».*

Edgar Faure :

*« Je voudrais vous rappeler que, ici, je ne peux pas faire un compte rendu tous les jours à de Gaulle, puisqu'il n'y a pas d'ambassade. Comme le général de Gaulle a confiance en moi, je dois me faire une opinion sur tous les problèmes et, ensuite, lui en rendre compte. Sans moyen de communication disponible, il a été décidé que je ferais seul ce long voyage en Chine, et que j'aurais la responsabilité des discussions du côté français. J'espère pouvoir résoudre toutes les questions avant de partir, ainsi, il ne sera pas nécessaire que d'autres personnes viennent ensuite discuter de nouveau avec vous. Si vous voulez rédiger et me remettre un document résumant nos*

*discussions*[1]*, il vaut mieux que je le lise préalablement ».*

Chen Yi :

*« Bien. Dès que les deux parties se seront mises d'accord sur ce document, vous l'emporterez en France ».*

Edgar Faure :

*« Il faut que le gouvernement français y réfléchisse, c'est à de Gaulle de décider, quand il s'agit de la politique extérieure. Une fois qu'il aura reçu ce document, le gouvernement français pourra y réfléchir. Mais, si l'esprit du document est différent de mes propos, ou que certains problèmes ont été omis, ça sera très ennuyeux ».*

Chen Yi :

*« Si nous rédigeons un document et que les deux parties le valident, nous vous le confierons. Nous espérons que ce document sera favorable à l'établissement des relations diplomatiques. Il faut qu'il soit acceptable pour les deux parties et non pour seulement l'une d'entre elles. Vous avez maintenant l'expérience de traiter avec les Chinois, vous pouvez constater que les Chinois n'imposent absolument rien... Pour les affaires ultérieures, nous pourrons nous contacter par l'intermédiaire de nos ambassades en Suisse ».*

Edgar Faure :

*« Si tout est prêt, il suffit d'appuyer sur le bouton de la sonnette. C'est pourquoi j'estime que l'échange de notes diplomatiques doit se faire le plus tôt possible, et que, dans la note, il faut se contenter*

[1] La proposition de formuler un document résumant les entretiens, ou un procès-verbal, s'accorde justement avec l'idée de la partie chinoise qui envisageait de préparer un « résumé d'entretiens » et de le confier à Edgar Faure pour qu'il le présente à son retour en France au général de Gaulle.

*d'évoquer des problèmes généraux ».*

Chen Yi :

*« Nous pouvons le prendre en considération*[1] *».*

À travers ce tour des négociations, nous constatons que la Chine a adopté une tactique relativement souple vis-à-vis d'une des « conditions préalables » à l'établissement des relations diplomatiques : le soutien à la Chine dans la restitution de son siège à l'ONU. Ainsi que Chen Yi l'a dit à Edgar Faure : « Ne pas faire du vote pour la Chine à l'ONU une condition préalable de l'établissement de relations diplomatiques ». Étant très sensible à cette question, Edgar Faure a répondu immédiatement : « Je vous remercie, monsieur le maréchal, d'avoir évoqué ce point et de ne pas en avoir fait une condition préalable ». Edgar Faure a ajouté: « La France reconnaît la Chine, y compris son siège au Conseil de sécurité. Monsieur le maréchal a dit qu'on ne se prononcerait pas publiquement sur ce point, et qu'on n'en ferait pas une condition préalable, j'en suis très heureux ». Tout en s'efforçant d'exécuter strictement les instructions reçues du général de Gaulle, Edgar Faure s'est refusé à prendre le moindre engagement, en particulier au sujet de l'expulsion du représentant de Chang Kai-chek à Paris, du rappel du représentant français à Taïpei[2], du soutien à la Chine dans la restitution de son siège à l'ONU. Les propos qu'il a tenus au sujet du traitement des relations de la France avec Taïwan et de la restitution du siège de la Chine à l'ONU ont été très ambigus. Si Charles Williams a raison de dire que le général de Gaulle était « un maître de l'équivoque[3] », nous pouvons qualifier Edgar Faure d'expert de l'ambiguïté. Tout en saisissant les paroles de ses interlocuteurs qui lui étaient favorables, Edgar Faure a essayé de les pousser à admettre une

---

[1] *Procès-verbal du quatrième tour des négociations entre le vice-Premier ministre Chen Yi et l'ancien président du Conseil de France Edgar Faure*, le 30 octobre 1963, AMAEC, n° 110-01982-12.

[2] Maurice Vaïsse, « La mission d'Edgar Faure », in *Cahiers de la Fondation Charles-de-Gaulle*, n° 1, 1995, p. 23.

[3] Charles Williams, *The Last Great Frenchman: a life of General de Gaulle*, p. 383.

reconnaissance sans condition. Par ailleurs, dans les notes échangées, il a prétendu que la Chine n'avait rien évoqué au sujet de Taïwan et de l'ONU.

## 6. Le cinquième tour

Le 31 octobre, de 17 à 19 heures, le cinquième tour des négociations a réuni Chou En-lai, Chen Yi et Edgar Faure, toujours à l'hôtel des hôtes d'État Diaoyutai.

Après avoir échangé des politesses d'usage, le Premier ministre Chou En-lai a pris la parole le premier. Il a déclaré à Edgar Faure :

> *« Aujourd'hui, je vais répondre aux questions concernant l'amélioration des relations entre la Chine et la France. Je crois que M. Wu Xiaoda vous a mis au courant du voyage à Shanghai, demain. Le président Liu Shaoqi va vous recevoir, ce soir à 21 heures 30, après le banquet ». Chou En-lai a ajouté : « Le président Mao Tsé-toung va vous recevoir à Shanghai. Ainsi, vous pourrez quitter la Chine soit par Kunming, soit par Canton, nous allons affecter un avion spécial pour vous accompagner. Vous pourrez quitter Shanghai le 3 novembre prochain, date prévue, vous pourrez aussi visiter la ville avant votre départ ».*

Edgar Faure :

> *« Merci beaucoup. Venez-vous aussi demain, monsieur le Premier ministre ? »*

Chou En-lai :

> *« Oui. Mais, comme je suis très pris, je partirai un peu plus tard que vous. Vous serez accompagnés par Xie Li et Wu Xiaoda ».*

Chou En-lai a poursuivi :

> *« J'ai prévu de ne parler que d'un seul sujet aujourd'hui, celui de*

*l'établissement des relations diplomatiques. Nous pourrons parler des autres sujets une fois arrivés à Shanghai.*

*Votre Excellence est venue en Chine et a transmis la proposition du président de Gaulle relative au développement des relations politiques, économiques et culturelles entre la Chine et la France. Le gouvernement chinois apprécie l'attitude active adoptée par le gouvernement français. Le gouvernement chinois a aussi le souhait d'améliorer et de développer les relations franco-chinoises.*

*En faisant la synthèse des entretiens précédents, monsieur Edgar Faure a défini trois solutions : la première, la reconnaissance sans condition ; la deuxième, la reconnaissance avec conditions ; la troisième, la reconnaissance différée. Après un examen rigoureux, le gouvernement chinois a du mal à accepter la première solution, car elle ne règle pas le problème des relations de la France avec la clique de Chang Kai-chek à Taïwan. Quant à la deuxième solution, la reconnaissance avec conditions, nous estimons que c'est une solution raisonnable, mais la France a encore des difficultés à expulser le représentant de Chang Kai-chek, elle est donc difficilement acceptable. La troisième résolution est une manière de transition, au cas où l'établissement des relations diplomatiques ne pourrait pas se réaliser immédiatement entre les deux parties et qu'aucune autre solution ne puisse être trouvée.*

*Après l'examen par le gouvernement chinois, j'ai conçu une nouvelle solution, en me basant sur la situation d'égalité complète des parties chinoise et française ainsi que du souhait actif d'améliorer les relations entre la Chine et la France. Cette solution serait d'établir les relations diplomatiques activement et par étapes, que je vais maintenant détailler.*

*La première étape : en accord avec la proposition de M. Edgar Faure, la République française présente au gouvernement chinois, par l'intermédiaire de l'ambassade de Chine en Suisse, une note diplomatique reconnaissant la République populaire de Chine, proposant d'établir des relations diplomatiques officielles et de procéder à un échange d'ambassadeurs. Une fois la note susmentionnée reçue, le gouvernement chinois répond par une note exprimant le souhait d'établir des relations diplomatiques et de procéder à un échange d'ambassadeurs, et affirme que cet acte de la France signifie que le gouvernement de la République française reconnaît le gouvernement de la République populaire de Chine comme l'unique gouvernement légal représentant le peuple chinois et qu'il ne reconnaît plus le prétendu gouvernement de la "République de Chine" à Taïwan ni ses droits de représentation à l'ONU.*

*La deuxième étape : en se concertant, les deux parties, chinoise et française, publient simultanément les notes susmentionnées. Chaque partie détache du personnel affecté à la reprise des relations diplomatiques, suite à la publication des notes.*

*La troisième étape : après ces démarches, trois éventualités peuvent se présenter :*

*1. Informée de la publication des notes, la clique de Chang Kai-chek prend l'initiative de retirer son représentant en France, car elle s'oppose également à l'idée de l'existence de "deux Chine". La France retire aussi son représentant et tous ses organismes diplomatiques à Taïwan.*

*2. Pour des raisons diverses, au lieu de partir, le représentant de Chang Kai-chek demeure à Paris. Dans ce cas-là, le gouvernement français ne le considère plus comme diplomate, mais le traite comme un simple ressortissant chinois. En même temps, la France retire son représentant à Taïwan, au lieu de le conserver en dégradant son rang.*

*Dans ces deux éventualités, la solution est très simple : les deux parties peuvent immédiatement accréditer des ambassadeurs et conclure ainsi tout le processus de l'établissement de relations diplomatiques.*

*3. Toujours pour des raisons diverses, au lieu de partir, le représentant de Chang Kai-chek demeure à Paris, et le gouvernement français continue à le traiter comme représentant diplomatique. En même temps, le gouvernement français conserve un représentant à Taïwan en dégradant son rang diplomatique. Cette éventualité est encore pire que la façon dont se sont établies les relations de la Chine avec la Grande-Bretagne, car elle peut être interprétée comme une façon déguisée de reconnaître "deux Chine". D'après ce que nous a dit M. Edgar Faure, c'est aussi l'éventualité qui déplairait le plus au général de Gaulle. Le cas échéant, tout en le regrettant, le gouvernement chinois serait obligé de mettre un terme au processus d'établissement des relations diplomatiques avec la France et de rappeler le personnel de l'ambassade.*

*C'est aussi une éventualité que le gouvernement chinois souhaiterait éviter. M. Edgar Faure a dit que le général de Gaulle ne veut pas faire une chose et la détruire ensuite, nous ne voulons pas non plus voir détruite une affaire qui est sur le point d'être accomplie.*

*C'est pour cette raison qu'il nous faut encore parler de la troisième solution que nous avons examinée ensemble. Après que Votre Excellence aura rendu compte de sa mission au président de Gaulle, si vous trouvez que la solution de l'établissement des relations diplomatiques par étapes est difficile à mettre en pratique, nous préférons attendre. Comme mesure transitoire et pour stimuler l'établissement des relations diplomatiques, nous estimons que l'installation d'une représentation permanente commerciale pourrait être envisagée. Avec une telle organisation, chacune des deux parties jouira des mêmes droits, de la même place et du même traitement, à savoir le droit de suspendre son drapeau et d'afficher son emblème national, de bénéficier de l'immunité diplomatique et le droit d'utiliser des codes secrets dans leurs télécommunications. Naturellement, il ne s'agit que d'une solution de dernier recours. Pour les questions pratiques, nous pourrons nous entendre par le biais de nos ambassades en Suisse.*

*Ce que je viens de vous exposer est la réponse que nous faisons, après examen, aux quatre entretiens qui se sont déroulés entre nous, ainsi qu'avec le maréchal Chen Yi, à votre rapport et à vos explications complémentaires. Maintenant, je souhaiterais avoir votre avis ».*

Edgar Faure :

*« J'ai pris note de vos avis, monsieur le Premier ministre, je vais en rendre compte au président de la République française. J'ai bien compris la position de la Chine. Le gouvernement chinois ne*

*peut pas accepter la manière la plus directe d'établir des relations diplomatiques que j'ai proposée dans mon rapport. Il nous serait aujourd'hui possible d'établir des relations diplomatiques de cette façon, mais nous serions alors dans l'impossibilité de faire un échange d'ambassadeurs. La seule manière qui pourrait nous permettre d'entrer en relation diplomatique complète serait que la France rompe totalement avec les autorités de Taïwan.*

*En ce qui concerne la rupture avec Chang Kai-chek et l'expulsion de son représentant par la France, avant ou au moment de reconnaître la Chine, le général de Gaulle a une autre façon d'envisager cela dans la forme, il accepterait peut-être votre avis sur ce point mais je n'en suis pas sûr. Donc, pour l'instant, il semble que la troisième solution soit la plus simple en pratique. L'installation mutuelle d'une représentation commerciale officielle pourra résoudre le problème actuel et promouvoir les relations diplomatiques dans l'avenir. C'est ma conclusion. Êtes-vous d'accord ? »*

Chou En-lai :

*« On ne peut pas le comprendre de cette façon. L'échange de notes diplomatiques, c'est l'échange d'ambassadeurs, c'est une étape de l'établissement direct des relations diplomatiques. Vous nous envoyez une note, nous vous répondons en reprenant son contenu, nous n'y ajoutons qu'une seule phrase, selon laquelle cet acte de la France signifie que le gouvernement de la République populaire de Chine est l'unique gouvernement représentant le peuple chinois et que la France ne reconnaît plus la "République de Chine", ce qui est aussi ce que dit votre rapport. Après la publication des notes, selon votre hypothèse, le représentant de Chang Kai-chek sera exclu, le problème sera résolu automatiquement, car nous nous serons reconnus mutuellement. Il ne sera pas expulsé mais il aura pris l'initiative de partir. Cette possibilité existe. Dans ce cas-là, nous accréditerons mutuellement nos ambassadeurs, il ne surviendra pas de complication. Mais, avant d'agir, il faut toujours prendre en considération les moindres détails. Dans le cas où notre ambassadeur*

*serait arrivé en poste, mais que le représentant de Chang Kai-chek demeure et ne parte pas, comment faire ? Ce serait une erreur de ne pas le prévoir et de ne pas exprimer ce que nous pourrions faire dans ce cas. Il faut que tout soit clair ».*

Edgar Faure :

*« Afin d'éviter tout malentendu, je voudrais que nous discutions ensemble de ma position ».*

Chou En-lai :

*« Parlons de certains points concrets. Puisque, dans votre rapport, il y a des propos qu'on pourrait comprendre de plusieurs façons différentes. Nos entretiens ne sont pas totalement officiels, pourtant ils le sont par certains côtés, l'essentiel est que nous puissions nous exprimer en toute liberté. Quelle est la position réelle du général de Gaulle, et la vôtre ? Le mieux serait de les exposer clairement ».*

Edgar Faure :

*« Je vais parler clairement. Parfois les choses sont très claires dans nos esprits, mais nous les exprimons délibérément de façon ambiguë. Je vais exposer de façon plus claire mes propres points de vue, y compris ceux qui étaient restés trop vagues.*

*Premièrement, la reconnaissance ne doit pas se faire avec conditions. Nous avons distingué la reconnaissance sans condition et la reconnaissance avec conditions, lors de notre premier entretien. Après réflexion, nous avons transformé la reconnaissance avec conditions en reconnaissance avec explications. Autrement dit, le général de Gaulle a décidé de reconnaître la Chine, mais sans condition ni négociation. Il y a trois raisons à cela : 1. Nous avons pris en considération la dignité des deux pays, nous avons aussi exclu la solution de marchandage ; 2. Vous ne pouvez pas mettre en doute que la France poursuive une politique d'indépendance. J'ai pris, aujourd'hui, connaissance du discours de Maurice Couve de Murville à l'Assemblée nationale, The Associated Press l'a interprété comme étant anti-américain. Nous ne nous opposons pas aux États-Unis, mais nous poursuivons une politique d'indépendance ; 3. Le général de Gaulle a déjà fait le premier pas, en m'envoyant en Chine. C'est pourquoi, la reconnaissance ne doit pas se faire avec conditions.*

*Deuxièmement, le général de Gaulle a besoin de savoir vraiment comment la Chine interprète le fait même de la reconnaissance. Votre position est conforme à la loi internationale. La souveraineté est indivisible. Si la France reconnaît la Chine, elle la considérera comme un pays souverain, et non comme une entité parmi "deux Chine". Bien sûr, si l'on reconnaît la République populaire de Chine, on ne doit pas reconnaître "deux Chine". S'il existait une "République de Formose", ce serait différent, mais pour le moment un tel pays n'existe pas au regard de la loi internationale, il n'y a pas une entité juridique qui serait la "République de Formose". Je peux dire au général de Gaulle que l'interprétation que la Chine fait de la reconnaissance ne l'amène pas à poser des conditions, mais à appliquer la loi internationale.*

*Troisièmement, à propos des notes diplomatiques qui pourraient être émises. Aujourd'hui, vous avez affirmé que le gouvernement de la République populaire de Chine est l'unique gouvernement légal représentant le peuple chinois, je ne peux pas dire le contraire. Nous avons également abordé la restitution du siège de la Chine à l'ONU, mais, à mon avis, je crois qu'il vaut mieux ne pas l'évoquer, même si nous nous comprenons mutuellement. Si on considère que c'est un résultat logique de la reconnaissance de la Chine, nous apporterons notre soutien. En revanche, si on le mentionne dans le rapport, cela deviendra une condition. C'est mon point de vue.*

*Quatrièmement, l'envoi de personnel diplomatique pour réaliser la reprise des relations diplomatiques. Avant de procéder à un échange d'ambassadeurs, vous voulez savoir ce que fera Taïwan. Si Chang Kai-chek rompt automatiquement les relations diplomatiques avec la France, le problème sera très simple. S'il n'agit pas, cela sera un problème pour nos deux parties. Pour le dire clairement, le général de Gaulle ne veut pas expulser le représentant de Chang Kai-chek, c'est sa position. S'il ne veut pas le faire, ce n'est pas qu'il va reconnaître "deux Chine" ou aider les États-Unis dans leurs activités visant à changer le statut de Taïwan. S'il ne veut pas rompre brutalement les relations diplomatiques avec l'île, ce n'est que pour des raisons de courtoisie. Si Chang Kai-chek n'agit pas, que se passera-t-il ? Si de Gaulle ne prend pas de mesures, que se passera-t-il encore ? En réalité, quels sont les titres du chargé d'affaires a. i. de France à Taïwan et du chargé d'affaires a. i. de Taïwan en France ? Il est impossible que leur titre soit diplomatique. Juridiquement, vous avez raison. Mais le fait est qu'il y aura une situation équivoque. S'il y avait des ambiguïtés dans mon rapport, c'était volontaire. Nous ne pouvons pas expulser les Taïwanais, ils ne peuvent pas se prétendre représentants du peuple chinois, car les représentants du peuple chinois, c'est vous. Nous préférons rester dans l'ambiguïté, nous ne faisons rien, nous ne disons rien. Si de Gaulle suit votre position, il pourrait convoquer le représentant de Taïwan et lui dire qu'il peut rester à Paris, mais qu'il ne représente rien. Ce serait désagréable. Si le représentant de Taïwan dit au Quai d'Orsay qu'il représente la "République de Chine", le Quai d'Orsay lui répondra que c'est impossible. Qu'est-ce qu'il représente ? Il s'agit sans doute d'un statut extrêmement imprécis. Vous me demandez maintenant d'affirmer qu'il n'a pas de statut diplomatique, je ne peux pas être d'accord sur ce point ».*

Chou En-lai :

*« Vous ne pouvez pas répondre ? Ou vous ne pouvez pas être d'accord ? »*

Edgar Faure :

*« Je vais rendre compte de tout cela au président de Gaulle. Dans mon esprit, il faut éviter toute mesure brutale, mais ce n'est pas par raison politique. Si de Gaulle voulait reconnaître "deux Chine", je lui aurais dit qu'il n'avait pas besoin de m'envoyer en Chine. Je*

*voudrais savoir si vous considéreriez comme un obstacle à un échange d'ambassadeurs le fait que nous ne mentionnions pas la question de Taïwan ? Je crois qu'il n'y a pas de danger, mais je ne peux pas vous imposer mon avis. Je ne vois pas comment le chargé d'affaires a. i. de Taïwan pourrait demeurer en poste, une fois que l'ambassadeur chinois sera installé à Paris ».*

Chou En-lai :

*« D'après vous, serait-il possible que nous donnions une explication à ce sujet dans notre note diplomatique en réponse ? Et comment pensez-vous que cette explication devrait être formulée ? »*

Edgar Faure :

*« Vous pouvez dire que la reconnaissance signifie qu'il n'y a qu'une seule Chine, d'autant plus que ce point sera nécessairement inclus [dans le texte original]. Ce n'est que quand son point de vue sera en accord avec celui de la Chine que de Gaulle pourra prendre une telle décision. C'est une explication entre nous, ce que je veux dire par là, c'est que c'est une explication que nous devons avoir à l'esprit, pas quelque chose que nous devons inclure dans la note diplomatique. Quant aux termes exacts de la note, il faudra qu'elle soit rédigée de la façon la plus simple possible. La France propose de reconnaître la Chine et de procéder à un échange d'ambassadeurs, la Chine répond qu'elle est d'accord. En faisant de cette façon, la France agit conformément à notre entente commune, et je vais rendre compte de cette entente commune au général de Gaulle ».*

Chou En-lai :

*« Si le représentant de Chang Kai-chek se maintient en poste à Paris, serait-il possible que le gouvernement français le convoque, lui déclare qu'il est prié de partir, et que si dans ce cas il demande au ministère français des Affaires étrangères quel est son statut, qu'il*

*lui soit répondu d'une façon vague mais qui exclurait qu'il puisse représenter la Chine ? »*

Edgar Faure :

*« Oui ».*

Chou En-lai :

*« Bien sûr, ce sera très embarrassant pour le représentant de Chang Kai-chek, car il ne pourra plus prétendre représenter la Chine. Nous estimons que cette méthode peut le faire partir. Une fois que le représentant de Taïwan sera parti, la France rappellera tout naturellement son représentant à Taïwan ».*

Edgar Faure :

*« Si Taïwan rompt les relations, nous les romprons également, il ne sera pas nécessaire de les entretenir ».*

Chou En-lai :

*« Il ne représente pas la Chine. Mais, s'il préfère rester en tant que simple ressortissant chinois à Paris, il vous sera difficile de l'expulser ».*

Edgar Faure :

*« Beaucoup de gens de différentes organisations demeurent à Paris, mais sans statut officiel. Si le représentant de Taïwan veut y demeurer, il ne devra pas avoir le statut diplomatique, cependant, nous ne souhaitons pas avoir à le lui dire, il faudra qu'il le comprenne par lui-même. Dans mon rapport, j'ai dit que le représentant de Taïwan ne doit pas exister en qualité de représentant de la Chine ».*

Chou En-lai :

*« Établir des relations diplomatiques et accréditer un ambassadeur, tout cela peut être envisagé, ce n'est pas difficile pour nous. Cependant, une fois que notre ambassadeur sera là, quand le ministère français des Affaires étrangères donnera une réception, est-ce qu'il invitera le représentant de Taïwan ? »*

Edgar Faure :

*« Je suis en train de me le demander également. Il pourrait être invité, mais pas comme représentant de la Chine, il pourrait être traité avec beaucoup plus de politesse qu'une personne ordinaire ».*

Chou En-lai :

*« Vous n'avez pas encore pu trouver un moyen ».*

Edgar Faure :

*« Quand je n'en suis pas sûr, je ne fais pas de promesse ».*

Chou En-lai :

*« Je sais. Parce que vous n'êtes pas au pouvoir, vous ne pouvez pas répondre directement ».*

Edgar Faure :

*« Je vais chercher la solution avec vous ».*

Chou En-lai :

*« Vous invitez notre ambassadeur en qualité de représentant diplomatique de la Chine, en revanche, vous ne pouvez pas inviter*

*le représentant de Chang Kai-chek en qualité de représentant diplomatique de la "République de Chine", car, dans ce cas, "deux Chine" apparaissent, et c'est évidemment impossible. S'il ne part pas, ce sera pour vous un nouveau problème ».*

Edgar Faure :

*« Il se peut que beaucoup de monde ressente de la pitié pour lui. Les gens du Quai d'Orsay qui le connaissent pourraient l'inviter à dîner ».*

Chou En-lai :

*« Je comprends ».*

Edgar Faure :

*« Il arrive souvent qu'un représentant demeure dans un pays qui n'est pas reconnu. Nous avons aussi un représentant au Vietnam, mais sa situation n'est pas bonne ».*

Chou En-lai :

*« Le cas n'est pas le même, car il ne se pose pas le problème de "deux France" ».*

Edgar Faure :

*« La France n'a aucune raison de reconnaître "deux Chine". Si les deux pays accréditent des ambassadeurs demain, que, huit jours après, votre ambassadeur dispute un seul siège avec le représentant de Taïwan, et que suite à cela vous rappeliez votre ambassadeur, la situation du président de Gaulle serait à la fois très risible et embarrassante. Pourquoi ferions-nous une telle chose ? »*

Chou En-lai :

*« Je comprends, vous avez été clair. Vous avez pourtant fait la réserve suivante : même si à Paris le représentant de Taïwan ne paraît pas dans les mêmes occasions en présence de notre ambassadeur, vous ne retirerez pas votre représentant à Taïwan ».*

Edgar Faure :

*« Nous ne voulons pas le rappeler, nous ne voulons que le dégrader et ne pas lui donner le statut diplomatique. Nous ne pouvons pas dire au représentant de Chang Kai-chek qu'il demeure ici et qu'il ne représente rien ».*

Chou En-lai :

*« Il y aura trois éventualités : dans la première, le représentant de Chang Kai-chek part, dans ce cas, il n'y a pas de problème ; dans la deuxième, il demeure comme ressortissant chinois et ne représente personne, il n'y aura pas de problème non plus ; dans la troisième éventualité, il préfère être dégradé au rang de consul et gouverne une partie des ressortissants chinois, car ces derniers ne sont pas favorables à la Chine nouvelle. Est-ce que vous seriez d'accord, si Chang Kai-chek procédait de cette façon ? »*

Edgar Faure :

*« Je ne vois pas de raison de ne pas être d'accord ».*

Chou En-lai :

*« C'est pourquoi cette possibilité existe ».*

Edgar Faure :

*« Naturellement, nous avons Quilichini pour gérer les immeubles*[1] *».*

Chou En-lai :

*« Cependant, vous avez une seule France ».*

Edgar Faure :

*« Je ne vois pas de danger. Bien sûr, c'est à vous de juger ».*

Chou En-lai :

*« Par conséquent, vous faites de votre représentant à Taïwan un consul ».*

Edgar Faure :

*« Nous ne devons rien faire ».*

Chou En-lai :

*« Que voulez-vous dire ? »*

Edgar Faure :

*« Il est actuellement chargé d'affaires a. i., il ne fait rien, il ne dit rien. Nous le rappellerons une fois que le représentant de Chang Kai-chek sera parti ».*

Chou En-lai :

[1] Augustin Quilichini, « agent consulaire français à Pékin », est aussi qualifié de « consul français clandestin à Pékin ».

*« Si le représentant de Chang Kai-chek devient consul, qu'est-ce que vous ferez ? »*

Edgar Faure :

*« Nous le retiendrons comme consul ».*

Chou En-lai :

*« Les deux parties conserveront chacune leur consul ? »*

Edgar Faure :

*« C'est normal ».*

Chou En-lai :

*« Après l'établissement des relations diplomatiques, vous soutiendrez la Chine dans la restitution de son siège à l'ONU, c'est possible de ne pas l'évoquer dans la note ».*

Edgar Faure :

*« Puisque la France a reconnu la Chine, elle votera certainement en faveur de son retour à l'ONU. C'est en conformité avec la loi internationale et de Gaulle est énergique dans sa politique extérieure, il respecte toujours la loi internationale dans le traitement des affaires. Je propose de ne pas évoquer Taïwan dans la note, sinon on lui donnerait de l'importance. C'est comme ce qu'Anatole France disait sur le diable : « Le diable n'existe pas, mais puisque vous parlez de lui, il existe». Si la France notifie à la Chine sa reconnaissance du gouvernement chinois, vous répondrez en disant : nous avons pris note que votre reconnaissance de la République populaire de Chine signifie que vous reconnaissez toutes les conséquences qu'elle*

*entraîne au niveau de la loi internationale. Pour le reste, vous ne dites rien. De Gaulle est d'accord, il n'y a pas "deux Chine", la France ne participe pas aux activités des Américains concernant le statut de Taïwan, elle votera en faveur de la Chine à l'ONU. Nous ne faisons rien vis-à-vis de Taïwan, nous attendons une solution ».*

Chou En-lai :

*« Maintenant, nous n'avons plus le temps de donner notre avis, nous en parlerons demain. Après ces cinq entretiens que nous avons eus, je comprends maintenant votre position car vous parlez enfin clairement. Je dois réfléchir et en rendre compte au gouvernement et au Parti. Je vous répondrai, dès notre arrivée à Shanghai*[1] *».*

Ces échanges de vues que nous venons de restituer constituaient donc la cinquième négociation qu'a eue Edgar Faure, depuis son arrivée en Chine, avec les dirigeants chinois sur l'amélioration des relations franco-chinoises. Lors de ce tour des négociations, harcelé de questions par le Premier ministre Chou En-lai, Edgar Faure a exprimé assez clairement sa position, ou plutôt la position du gouvernement français, au sujet de certains problèmes cruciaux.

Au cours de l'entretien, Chou En-lai a avancé un projet d'établissement des relations diplomatiques en trois étapes, et a proposé quelques solutions concernant les différentes situations qui pourraient survenir. Pourtant, il ne s'est pas interdit d'envisager, au cas où la France aurait des difficultés, d'accepter son projet : la troisième hypothèse présentée par Edgar Faure qui pourrait être considérée comme une mesure transitoire dans l'amélioration des relations bilatérales et la stimulation de l'établissement des relations diplomatiques.

Edgar Faure a bien compris que le seul moyen qui pourrait faciliter l'établissement des relations diplomatiques entre les deux pays serait que

[1] *Procès-verbal du cinquième tour des négociations entre le Premier ministre Chou En-lai, le vice-Premier ministre Chen Yi et l'ancien président du Conseil de France Edgar Faure – proposition de l'établissement de relations diplomatiques par étapes*, le 31 octobre 1963, AMAEC, n° 110-01982-13.

la France rompe avec Taïwan, avant ou au moment de reconnaître la Chine. Mais il n'était pas sûr que de Gaulle puisse l'accepter, d'autant plus que le général ne voulait pas prendre l'initiative d'expulser le représentant de Taïwan à Paris. Il ne voulait pas non plus prendre une mesure brutale pour rompre avec Chang Kai-chek, au contraire, il envisageait de maintenir le représentant de la France à Taïwan, en le dégradant à un rang inférieur. En insistant sur ces préconisations, Edgar Faure a néanmoins précisé que le général de Gaulle n'avait pas pour motivation de reconnaître « deux Chine » ni d'aider les États-Unis à le faire, mais qu'il était attaché aux questions de forme et de courtoisie.

Chou En-lai a concédé que, dans sa note diplomatique en réponse, la France n'évoquerait pas le soutien accordé pour la restitution du siège de la Chine à l'ONU, mais, en contrepartie, il a exigé que la note chinoise en réponse contiendrait une phrase comme : « L'acte de la France signifie qu'elle reconnaît que le gouvernement de la République populaire de Chine est l'unique gouvernement légal représentant le peuple chinois et qu'elle ne reconnaît plus la "République de Chine" ». Cela montrait que la Chine acceptait de faire une concession pour l'amélioration des relations franco-chinoises. Cependant, Edgar Faure n'en était pas satisfait, il a estimé que l'établissement des relations diplomatiques redevenait l'établissement de relations diplomatiques avec conditions, si la Chine ajoutait cette phrase dans la note. Il a proposé qu'elle n'évoque pas Taïwan, afin de ne pas accorder une place trop importante à l'île. En outre, il a insisté sur le fait que l'établissement des relations diplomatiques avec explications devrait se faire de façon implicite entre les deux gouvernements, et que les explications n'avaient donc pas à figurer expressément dans la note diplomatique en réponse. Il a préconisé que les notes soient les plus simples possible, la note diplomatique initiale de la France proposerait la reconnaissance de la Chine et qu'il soit procédé à un échange d'ambassadeurs, et la Chine se contenterait de dire dans sa note en réponse qu'elle était d'accord. Il a même conseillé à la Chine de répondre : « Nous avons pris note que votre reconnaissance de la République populaire de Chine signifie que vous reconnaissez toutes les conséquences qu'elle entraîne au niveau de la loi internationale ». Quelle serait la position de la France en cas de dispute entre l'ambassadeur de Chine et le représentant de Taïwan pour un seul siège à Paris, et concernant le rappel de l'ambassadeur chinois ? N'y ayant pas pensé, Edgar Faure a dit simplement que le général de Gaulle serait très embarrassé, et qu'il croyait que la France n'aurait aucune raison de provoquer une pareille situation.

Le 31 octobre, entre 19 et 21 heures, M. et Mme Edgar Faure ont offert un banquet d'adieu dans la salle de réunion de Xinjiang, au palais de l'Assemblée populaire nationale. Les invités étaient Chou En-lai, Premier ministre, Chen Yi, vice-Premier ministre et ministre des Affaires étrangères et son épouse, Cheng Qian, vice-président du Comité permanent de l'Assemblée populaire nationale, Bao Er-han, vice-président de la Conférence consultative politique du peuple chinois, Zhang Xiruo, président de l'Institut de politique étrangère du peuple chinois et son épouse, Zeng Yongquan, vice-ministre des Affaires étrangères, Lin Haiyun, vice-ministre du Commerce extérieur, Zhang Zhixiang, vice-directeur de la Commission de culture de liaison avec l'étranger, Li Yimang, vice-directeur du bureau des Affaires étrangères du Comité central du PCC, Zhang Zhiyi, vice-secrétaire général du Comité permanent de la Conférence consultative politique du peuple chinois, Jian Bozan, vice-président de l'université de Pékin, Yang Yunyu, vice-présidente de la Fédération nationale des femmes de la RPC, etc. Du côté français, Augustin Quilichini, « agent consulaire français à Pékin », et son épouse étaient invités[1].

Dans son allocution, Edgar Faure a dit qu'en qualité de sénateur et d'ancien président du Conseil français, et au nom des personnalités de tous les milieux de France, il formulait les meilleurs vœux pour tout le peuple chinois. Il a insisté sur l'importance de l'amitié entre le peuple français et le peuple chinois, tant pour le monde d'aujourd'hui que pour le monde de demain. Il a mis en avant deux pays qui ont une civilisation très ancienne et un avenir de développement magnifique et étendu. Il a félicité chaleureusement la Chine d'avoir obtenu, durant ces dernières années, des succès et des progrès tout en surmontant des difficultés.

Dans sa réponse, Chou En-lai a déclaré : « Je vous remercie,

---

[1] *Augustin Quilichini à Son Excellence, monsieur le ministre des Affaires étrangères*, le 1er novembre 1963, AMAEF : Asie-Océanie, Chine, 1956-1967, vol. 524, folio 184 et verso.

monsieur Faure, de votre chaleureux et aimable compliment pour la Chine. La nation chinoise et la nation française sont des grandes nations, elles ont toutes les deux une culture ancienne. Durant les guerres anti-fascistes, nos deux pays ont été occupés, nos deux pays ont fait de longues résistances contre ces occupations. Aujourd'hui, les peuples de nos deux pays luttent pour la sauvegarde de la souveraineté de leur État et l'indépendance nationale. C'est notre point commun, il sert de trait d'union lors de nos contacts qui sont faits d'amitié. Monsieur Edgar Faure a visité la Chine à deux reprises et a apporté, pour le développement de ces contacts, des contributions d'une grande valeur[1] ».

Le 31 octobre, à l'issue du banquet d'adieu, le président Liu Shaoqi a reçu M. et Mme Edgar Faure, dans la salle de réunion du Jiangsu, au palais de l'Assemblée populaire nationale. Étaient présents notamment Chou En-lai, Chen Yi, Xie Li et Wu Xiaoda.

D'abord, Edgar Faure a transmis les salutations du président de Gaulle au président Liu Shaoqi. Ce dernier a exprimé ses remerciements et a demandé à Edgar Faure de transmettre ses vœux au président. Puis, Edgar Faure a dit : « Si le général de Gaulle sait que le président nous a reçus et m'a demandé de lui transmettre ses salutations, il sera certainement très touché ». Liu Shaoqi a répondu : « C'est la première fois que la France contacte la Chine d'une telle manière, j'en suis très heureux. C'est un souhait que nous avions depuis longtemps ». Concernant les entretiens sur l'amélioration des relations franco-chinoises, Liu Shaoqi a demandé à Edgar Faure si tout s'était bien passé. Ce dernier a répondu : « Pour ma part, tout s'est bien passé ». Liu Shaoqi a qualifié le général de Gaulle de héros antinazi pendant la Seconde Guerre mondiale et a fait l'éloge du général dans la résistance contre les États-Unis, après son retour au pouvoir. Il a exprimé son souhait de l'établissement de relations diplomatiques entre la Chine et la France et du développement des relations commerciales et culturelles entre les deux pays. Ils ont aussi parlé des relations du Cambodge avec la France et la Chine. Quant aux relations du Japon avec la France, les États-Unis et la Chine, Edgar Faure a déclaré : « Des hommes politiques japonais ont exprimé à de Gaulle et à

[1] *Quotidien du peuple* (《人民日报》), le 1er novembre 1963.

**Chou En-lai, Edgar Faure, Augustin Quilichini et Chen Yi se rendent aubanquet d'adieu offert par Edgar Faure, le soir du 31 octobre 1963.(de droite à gauche au premier rang)**

Maurice Couve de Murville le souhait de renforcer les relations nippo-chinoises, mais, à cause de la pression américaine, le Japon n'ose pas faire de démarches pour entrer en relation diplomatique avec la Chine ». Liu Shaoqi a indiqué : « Pour le Japon, le développement des relations franco-chinoises sera un encouragement ». En outre, il a demandé à Edgar Faure quelles étaient les relations de la France avec l'Allemagne de l'Ouest. Edgar Faure a répondu : « Les relations de l'Allemagne de l'Ouest avec la Grande-Bretagne, les États-Unis et d'autres pays sont compliquées, car la politique de ces pays n'est pas claire, mais la politique du général de Gaulle est, elle, très claire et a une influence importante sur le sort du monde ». Il a dit également à Liu Shaoqi qu'il faisait de la politique depuis longtemps, mais qu'il n'avait jamais rencontré de gens aussi francs et sincères que Chou En-lai et Chen Yi. Liu Shaoqi a indiqué : « La place de la France n'est pas la même que celle du Japon, de l'Allemagne de l'Ouest et de la Grande-Bretagne, c'est un pays qui poursuit une politique d'indépendance. Si la Chine et la France peuvent établir des relations diplomatiques, les relations devront être meilleures que celles qui existent entre la Chine et la Grande-Bretagne ». Enfin, il a déclaré : « Je crois à la sincérité des souhaits que vous avez exprimés en Chine, et je crois à la sincérité des souhaits du président de Gaulle que vous nous avez transmis[1] ».

La réception de M. et Mme Edgar Faure par le président Liu Shaoqi était une manifestation de courtoisie, ce n'était pas une occasion pour discuter des problèmes de fond. Pourtant, au sujet de l'établissement des relations diplomatiques entre la Chine et la France, Liu Shaoqi a annoncé à Edgar Faure : « Nous n'avons pas d'exigences, il suffira que la reconnaissance de "deux Chine" n'apparaisse pas[2] ».

## 7. Le sixième tour

Le sixième tour des négociations de l'établissement des relations diplomatiques franco-chinoises a eu lieu à Shanghai. Ce tour des négociations s'est tenu sur deux jours, successivement les 1er et 2 novembre.

Le 1er novembre, dans la matinée, M. et Mme Edgar Faure ont quitté Pékin pour se rendre à Shanghai en avion spécial, d'une part pour rencontrer le président Mao Tsé-toung, d'autre part pour poursuivre les négociations de l'établissement des relations diplomatiques entre la Chine et la France. À 21 heures, la négociation s'est poursuivie entre Chou En-lai, Chen Yi et Edgar Faure, à l'hôtel Heping de Shanghai. Xie Li, Wu Xiaoda et Mme Edgar Faure étaient présents.

Chou En-lai a rappelé à Edgar Faure les problèmes déjà clarifiés : 1. La Chine et la France ont le souhait commun d'améliorer leurs relations ; 2. Aucune des deux parties ne se trouve en position de demandeur, elles sont sur un pied d'égalité.

À ce stade de la négociation, les deux parties avaient chacune des

[1] *Procès-verbal de l'entretien du président Liu Shaoqi avec l'ancien président du Conseil français Edgar Faure*, le 31 octobre 1963, AMAEC, n° 110-01982-05.

[2] *Note de la réception de l'ancien président du Conseil français Edgar Faure – la réception du président Liu Shaoqi*, le 31 octobre 1963, AMAEC, n° 110-01167-02.

difficultés à admettre une partie des solutions qui avaient été avancées jusque-là. La Chine acceptait mal la première solution, selon laquelle elle ne devrait mentionner ni le soutien qui lui serait apporté par la France à l'ONU, ni la rupture de la France avec Taïwan. De son côté, la France avait des difficultés à accepter la deuxième solution, qui avait les préférences de la Chine : la reconnaissance avec conditions. Chou En-lai a avancé alors une nouvelle solution qui permettrait aux deux parties d'exaucer leur souhait commun d'entrer en relation diplomatique officielle, un établissement direct des relations diplomatiques :

> *« Le gouvernement français prend l'initiative d'envoyer une note officielle au gouvernement chinois en disant qu'il reconnaît le gouvernement de la République populaire de Chine, propose d'établir immédiatement les relations diplomatiques et de procéder à un échange d'ambassadeurs. Le gouvernement chinois répond dans une note que, en tant qu'unique gouvernement légal représentant le peuple chinois, le gouvernement de la République populaire de Chine accueille la note du gouvernement de la République française, souhaite établir des relations diplomatiques avec la France et procéder à un échange d'ambassadeurs. Puis, les deux parties publient simultanément les notes susmentionnées, envoient une mission assurant la reprise des relations diplomatiques et accréditent des ambassadeurs ».*

Chou En-lai a ajouté :

> *« Pour agir de cette façon, nous devons nous engager dans un accord tacite. Si le gouvernement chinois agit de cette façon, c'est parce que les deux parties, chinoise et française [le Premier ministre Chou En-lai et M. Edgar Faure], se sont mises d'accord, conformément à la position du général de Gaulle, transmise par M. Edgar Faure, de ne pas soutenir la création de "deux Chine" ; il y a un accord tacite sur les trois points suivants :*
>
> *1. Le gouvernement de la République française reconnaît le gouvernement de la République populaire de Chine comme l'unique*

*gouvernement légal représentant le peuple chinois ; il ne reconnaît plus le gouvernement de la prétendue "République de Chine" à Taïwan.*

*2. La France soutient les droits et le siège légitimes de la République populaire de Chine à l'ONU, elle ne soutient plus la représentation de la prétendue "République de Chine" à l'ONU.*

*3. Une fois que les relations diplomatiques seront établies entre la Chine et la France, le gouvernement de la prétendue "République de Chine" à Taïwan retirera son "représentant diplomatique" et ses organismes en France, la France retirera également son représentant diplomatique et ses organismes à Taïwan ».*

Chou En-lai a poursuivi :

*« En nous appuyant sur ces trois points et après avoir réfléchi et consulté le Parti et le gouvernement, nous avons décidé de répondre favorablement à la proposition dont vous êtes à l'initiative et de vous donner une réponse favorable. Y a-t-il encore pour vous des points qui posent problème ? »*

Edgar Faure :

*« Je trouve que c'est une bonne solution, je n'ai pas d'objections. Bien entendu, je suis habilité à vous donner une réponse par la mission dont j'ai été investi, mais ce que j'accepte devra être approuvé par le président de la République française. J'accepte cette procédure tout en faisant cette réserve sur le plan juridique ».*

Edgar Faure a ajouté :

*« Ce ne serait pas raisonnable de demander à la Chine de faire d'autres concessions. Maintenant, nous pouvons dire que notre négociation est terminée, il suffit de la mettre en pratique, si le président de Gaulle est d'accord. S'il a un avis contraire sur le fond, il ne sera pas nécessaire que je revienne en discuter, et je ne souhaite*

*pas le faire, car je trouve que votre solution est correcte. Je crois que le président sera d'accord avec cette approche. Je crois aussi qu'il n'a pas une position à faire valoir au sujet de l'existence de "deux Chine". La seule chose qu'on ne peut pas décider tout de suite, c'est la date. Cependant, puisqu'il m'a envoyé ici, je pense que le moment présent est propice, mais je le répète, c'est au président de Gaulle de décider si on le fait maintenant ou plus tard. Il me paraît raisonnable que la France envoie d'abord sa note diplomatique à la Chine et que la Chine exprime son consentement en réponse. Je crois que cette solution est bonne, car, du point de vue de la forme, la réponse est faite par l'unique gouvernement légal représentant le peuple chinois, cette réponse ne constitue pas une condition, elle est seulement une déclaration de la part de la Chine ».*

Edgar Faure a insisté :

*« Je voudrais le redire, nous souhaitons éviter que des conditions soient posées, vous faites une déclaration dont vous estimez qu'elle s'accorde avec la réalité objective. Si la France n'est pas du même avis, elle ne fera rien. Les deux parties publient en même temps les notes, dont le contenu est déjà connu à travers les négociations. Nous pouvons ainsi établir directement les relations diplomatiques, tout en évitant une solution à la britannique. La France ne participera pas aux activités visant à créer "deux Chine". Votre gouvernement est le seul gouvernement légal représentant le peuple chinois, il est naturel qu'il puisse jouir de tous ses droits à l'ONU, et non seulement à l'ONU, mais aussi au Conseil de sécurité. Autrement dit, nous nous engageons à voter en votre faveur, si une proposition visant à la restitution du siège de la Chine à l'ONU est présentée et soumise au vote. Cependant, nous ne nous engageons pas à prendre l'initiative de présenter la proposition, peut-être nous le ferons, peut-être pas. De toute façon, si une telle proposition est présentée, nous donnerons notre consentement, nous ne voterons pas contre, et nous ne nous abstiendrons pas. Ensuite, si Taïwan retire son représentant, nous retirerons le nôtre ; si Taïwan retire tout son*

*personnel, nous le retirerons aussi ; si Taïwan conserve une personne, nous la conserverons également ».*

Chou En-lai :

*« Mais cette personne ne doit pas être un représentant diplomatique ».*

Edgar Faure a affirmé :

*« Elle ne sera pas le représentant diplomatique de la "République de Chine". J'ai pris note de l'accord tacite sur ces trois points, c'est la vérité. Pas de "deux Chine", nous voterons pour la restitution du siège de la Chine à l'ONU, nous ajusterons notre comportement en fonction de celui de Taïwan ».*

Chou En-lai a proposé :

*« Si vous n'y êtes pas opposés, nous allons établir un document que vous soumettrez au président de Gaulle. Nous vous le donnerons d'abord à lire ».*

Edgar Faure :

*« Je suis d'accord. Le contenu doit être simple, reprendre ce dont nous venons de parler ».*

Chou En-lai :

*« Nous ferons donc ainsi. En mettant nos divergences de côté et en nous appuyant sur notre souhait commun, nous sommes parvenus à un accord. Lors de notre dernière rencontre, vous avez dit que vous verriez ce que nous ferions, maintenant que nous avons conclu un accord, nous allons voir ce que vous allez faire ».*

Edgar Faure :

*« Je vais faire de mon mieux[1] ».*

Le matin du 2 novembre, Xie Li et Wu Xiaoda ont remis à Edgar Faure la traduction française du projet de document intitulé « Points essentiels de l'entretien du Premier ministre Chou En-lai avec Edgar Faure[2] », pour lui demander son opinion. En même temps, ils lui ont dit que, pour pouvoir clore l'affaire dans la journée, le Premier ministre Chou En-lai pourrait discuter une dernière fois avec lui, s'il avait des objections.

« Points essentiels de l'entretien du Premier ministre Chou En-lai avec Edgar Faure » est un document assez simple, il est composé de deux parties. La première expose le contexte et la procédure (en trois étapes) de l'établissement des relations diplomatiques ; la seconde présente l'accord tacite en trois points[3].

Le 2 novembre, la négociation s'est poursuivie entre Chou En-lai et Edgar Faure, toujours à l'hôtel Heping de Shanghai. Xie Li, Wu Xiaoda et Mme Edgar Faure étaient présents.

L'entretien a été consacré principalement à l'échange des opinions sur le projet de document « Points essentiels de l'entretien du Premier ministre Chou En-lai » et aux corrections qu'il faudrait y apporter.

Chou En-lai :

*« Concernant vos commentaires sur ce document, je voudrais faire quelques remarques. Dans le premier paragraphe du document original, il est écrit : "Au nom du général de Gaulle, président français, M. Edgar Faure a présenté la proposition de rétablir des relations*

[1] *La discussion entre le Premier ministre Chou En-lai, le vice-Premier ministre Chen Yi et l'ancien président du Conseil français Edgar Faure du projet de l'établissement direct des relations diplomatiques entre les deux pays*, le 1er novembre 1963, AMAEC, n° 110-01982-10.

[2] C'est le futur *Résumé des idées exprimées par Chou Enlai à M. Edgar Faure*, que celui-ci a nommé *memento* dans son rapport adressé au président de la République et *ad referendum* dans son article intitulé « *Reconnaissance de la Chine* », publié dans *Espoir*, n° 1, revue de la fondation Charles-de-Gaulle, p. 24. Le rapport d'Edgar Faure, voir CHAN, 5AG1-226.

[3] *Le projet du Résumé des idées exprimées par Chou En-lai à M. Edgar Faure* le 1er novembre 1963, AMAEC, n° 110-01982-10.

*diplomatiques normales entre la Chine et la France." Notre position est de respecter la proposition du général de Gaulle, tout en émettant des réserves sur le mot "rétablir" que vous avez utilisé. Nous estimons qu'il faudrait écrire : "... exprimé le souhait d'établir des relations diplomatiques normales entre la Chine et la France" ».*

Edgar Faure :

*« Je préfère qu'on écrive : "exprimé... de voir l'établissement...", l'utilisation du substantif "établissement" est meilleure en français, tandis que la version chinoise peut rester inchangée. Je dois dire que, entre "souhait" et "proposition", il n'y a pas de grande différence, je suis bien venu ici, pour faire une proposition. Pourtant, le général a utilisé le mot "souhait", lorsqu'il m'a parlé. Il vaut mieux s'accorder avec ses propos. De plus, il a dit que si c'était ce que vous souhaitiez, alors il le souhaitait aussi. Il n'est pas bon qu'une personne impose un souhait sans savoir ce que souhaite son interlocuteur ».*

Chou En-lai :

*« Pas de problème pour utiliser le mot "souhait" ».*

Edgar Faure :

*« La différence entre "rétablir" et "établir" n'est pas grande, étant donné que, dans la suite du document, "établir" est toujours utilisé, on peut adopter "établir". Si vous préférez "rétablir", je ne suis pas contre ».*

Chou En-lai :

*« Il vaut mieux utiliser "rétablir". Dans la deuxième phrase du premier paragraphe : "Le gouvernement chinois apprécie cette attitude positive du gouvernement français et exprime le même souhait actif d'établir et de développer les relations entre la Chine et*

*la France." Vous souhaitez remplacer "exprimer" par "confirmer", dans ce cas-là, il faut ajouter "le gouvernement chinois" dans le texte chinois ».*

Edgar Faure :

*« Ce ne sera pas très bon, si l'on répète "le gouvernement chinois" en français ».*

Chou En-lai :

*« Mais, il le faut dans le texte chinois ».*

Edgar Faure :

*« Eh bien, je dois donner quelques explications. Le général de Gaulle a exprimé à maintes reprises que ce n'était pas lui qui avait soulevé cette demande et que vous aviez exprimé ce souhait, c'est pourquoi, il vaut mieux utiliser "confirmer". Les deux parties ont chacune ce même souhait, mais cela s'accorde davantage avec les instructions que le général m'a données ».*

Chou En-lai :

*« Dans le troisième paragraphe : "Le gouvernement de la République française ne reconnaît que le gouvernement de la République populaire de Chine comme l'unique gouvernement légal représentant le peuple chinois, il ne reconnaît plus le gouvernement de la République de Chine." Pourquoi voulez-vous supprimer la dernière moitié de la phrase ? »*

Edgar Faure :

*« Parce que l'expression de la première moitié de la phrase est déjà claire : "l'unique gouvernement", donc, il ne peut pas y en avoir*

*un autre. Selon la formulation de la seconde partie de la phrase, la France doit prévenir une tierce partie, Taïwan, et c'est une façon de poser une condition. C'est pourquoi nous devrions éviter cette formulation ».*

Chou En-lai :

*« Avez-vous une proposition à faire pour formuler cette phrase de façon à ce qu'elle ait le même sens, tout en en supprimant la dernière moitié ? Est-ce qu'on pourrait utiliser "automatiquement" ou "à juste titre" comme vous l'avez fait auparavant ? »*

Edgar Faure :

*« On peut utiliser "en conséquence du droit international"».*

Chou En-lai :

*« Ce n'est pas clair. Si l'on disait : "... ce qui implique automatiquement que la République de Chine n'est plus reconnue", il ne serait pas nécessaire de prévenir une tierce partie ».*

Edgar Faure :

*« Je ne veux pas que cela soit aussi explicite. Si quelqu'un dit que c'est à la demande de la Chine que nous ne reconnaissons pas Taïwan, lors de la discussion de ce problème au gouvernement, je pourrais répondre que la Chine n'a absolument rien demandé, que le gouvernement chinois est l'unique gouvernement légal et qu'il n'y a qu'un seul gouvernement légal, qui pourrait dire le contraire ? Si on garde la première partie de la phrase, on n'a pas besoin de la seconde. C'est comme dans un système de monogamie, si je présente une femme comme mon épouse, il est évident qu'il n'y en a pas une autre ».*

[...]

Chou En-lai :

> *« On peut modifier la dernière moitié de la phrase en disant : "Par conséquent, le gouvernement de la République de Chine à Taïwan a perdu automatiquement sa représentativité" ».*

Edgar Faure :

> *« Je préfère qu'on dise : "Ce qui implique automatiquement que cette qualité n'appartiendra plus au gouvernement de la prétendue République de Chine[1]" ».*

Finalement, les deux parties ont mis au point le résumé suivant des négociations faites entre Chou En-lai, Chen Yi et Edgar Faure :

« Résumé des ideées exprimées par
les premier ministre Chou En-lai
Le 2 novembre 1963

*I. M. EDGAR FAURE a exprimé, au nom du général DE GAULLE, président de la République française, le souhait du rétablissement des relations diplomatiques normales entre la Chine et la France. Le gouvernement chinois apprécie cette attitude positive du gouvernement français et confirme que le gouvernement chinois est animé du même désir positif d'établir et de développer les relations entre la Chine et la France.*

*II. En prenant en considération l'égalité complète entre la Chine et la France et en partant du désir positif d'améliorer les relations entre la Chine et la France, le gouvernement chinois formule un projet visant à établir directement les relations diplomatiques entre la Chine et la France :*

---

[1] *Résumé de l'entretien entre le Premier ministre Chou En-lai et l'ancien président du Conseil français Edgar Faure – discussion du projet de l'établissement direct des relations diplomatiques entre les deux pays*, le 2 novembre 1963, AMAEC, n° 110-01982-03.

*(1) Le gouvernement de la République française adressera une note officielle au gouvernement chinois, par laquelle il reconnaîtra le gouvernement de la République populaire de Chine et proposera l'établissement immédiat des relations diplomatiques entre les deux pays et l'échange d'ambassadeurs.*

*(2) Le gouvernement chinois y répondra par une note déclarant que, en tant qu'unique gouvernement légal représentant le peuple chinois, le gouvernement de la République populaire de Chine accueille favorablement la note du gouvernement de la République française et qu'il est prêt à établir immédiatement les relations diplomatiques entre la Chine et la France et échanger les ambassadeurs.*

*(3) La Chine et la France publieront d'un commun accord et simultanément lesdites notes échangées, installeront tout de suite leurs ambassades et procéderont à l'échange immédiat d'ambassadeurs.*

*III. Si le gouvernement chinois a avancé le projet ci-dessus, c'est que, en se basant sur la position du général de Gaulle, président de la République française, position qui consiste à ne pas soutenir la création de "deux Chine" telle qu'elle a été exposée par M. Edgar Faure, la partie chinoise et la partie française (le Premier ministre Chou En-lai et M. Edgar Faure) ont abouti à un accord tacite sur trois points suivants :*

*(1) Le gouvernement de la République française ne reconnaîtra que le gouvernement de la République populaire de Chine comme l'unique gouvernement légal représentant le peuple chinois, ce qui implique automatiquement que cette qualité n'appartiendra plus au gouvernement de la prétendue "République de Chine" à Taïwan.*

*(2) La France soutiendra les droits et la place légitimes de la République populaire de Chine à l'ONU et ne soutiendra plus la représentation de la prétendue "République de Chine" à l'ONU.*

*(3) Dans le cas où après l'établissement des relations diplomatiques entre la Chine et la France, le gouvernement de la prétendue "République de Chine" rappellerait son "représentant diplomatique" et retirerait ses organismes en France, la France, d'une*

*manière correspondante, rappellerait son représentant diplomatique et retirerait ses organismes à Taïwan*[1] ».

Normalement, après avoir validé et signé ce résumé[2], Chou En-lai et Edgar Faure auraient dû signer un accord officiel d'établissement des relations diplomatiques, mais comme Edgar Faure a insisté sur le fait qu'il n'y était pas autorisé, il rapporterait à Paris ce document établi par les deux parties après les six tours de négociations. Le gouvernement de la Chine n'aurait qu'à attendre la réponse définitive qui serait donnée par le gouvernement français, après avoir étudié ce document.

En ce qui concerne la signature du *Résumé des idées exprimées par le Premier ministre Chou En-lai*, Edgar Faure n'en a pas dit un mot dans son rapport adressé le 7 novembre 1963 au président de Gaulle. Nous ne savons pas s'il avait l'intention de le cacher au général, puisqu'il n'avait pas été autorisé à signer quelque document que ce soit. Pourtant, il en a fait mention dans un article intitulé « Reconnaissance de la Chine », publié en septembre 1972, c'est-à-dire deux ans après la mort du général. Il a écrit : « Nous avons donc rédigé un document que je signais, mais *ad referendum*, en précisant qu'il appartenait en dernière analyse au général de Gaulle de le rendre officiel. De l'autre côté, ce fut M. Chou En-lai qui signa[3] ».

Ainsi ont pris fin la mission d'Edgar Faure en Chine et les négociations sur l'établissement des relations diplomatiques entre la Chine et la France à Pékin et à Shanghai.

Le 2 novembre dans l'après-midi, le président Mao Tsé-toung a reçu M. et Mme Edgar Faure à Shanghai. Chou En-lai, Chen Yi, Xie Li et Wu Xiaoda étaient présents à la réception.

Comme l'entretien que le président Mao Tsé-toung a accordé à

[1] *L'accord tacite en trois points entre le Premier ministre Chou En-lai et l'ancien président du Conseil français Edgar Faure* , le 2 novembre 1963, AMAEC, n° 110-01998-02.
*Résumé des idées exprimées par le Premier ministre Chou En-lai* (le 9 novembre 1963), annexé au *Rapport adressé au général de Gaulle, président de la République française, par M. Edgar Faure, au sujet de sa mission en Chine*, le 7 novembre 1963, AMAEF : Asie-Océanie, Chine, 1956-1967, vol. 525, folios 019-020.

[2] Edgar Faure, « *Reconnaissance de la Chine* », in *Espoir*, n° 1, revue de l'Institut Charles-de-Gaulle, p. 24.

[3] Edgar Faure, « *Reconnaissance de la Chine* », in *Espoir*, n° 1, revue de l'Institut Charles-de-Gaulle, p. 24.

M. et Mme Edgar Faure était purement de courtoisie, il n'a pas eu de sujet précis. Néanmoins, le président Mao Tsé-toung attachait beaucoup d'attention à la normalisation des relations franco-chinoises. Il a dit à M. et Mme Edgar Faure : « Vous arrivez à temps. Il faut que des relations normales entre la Chine et la France soient établies ». Quand il a appris de la bouche de Edgar Faure que la négociation sur l'établissement des relations diplomatiques avait été couronnée de succès, et que le projet présenté par Chou En-lai pourrait être adopté, il a été rassuré. Mao Tsé-toung a alors cité un journaliste américain qui avait fait état d'une conversation entre le ministre français des Affaires étrangères Maurice Couve de Murville et le secrétaire d'État américain Rusk au cours de

**Réception de M. et Mme Faure par le président Mao Tsé-toung à Shanghai en novembre 1963.**

laquelle Maurice Couve de Murville aurait dit : « Si l'on ne reconnaît pas la Chine maintenant, on commet une erreur logique ». Cela signifiait que la France avait déjà informé les États-Unis de sa reconnaissance de la Chine. Ne voulant pas l'admettre, Edgar Faure a rétorqué : « La

France poursuit une politique d'indépendance, elle n'a pas besoin de consulter les États-Unis ». L'entretien a abordé les relations de la Grande-Bretagne avec les États-Unis, puis ont été évoqués A. F. Douglas-Home, M. H. Macmillan, R. A. Eden et J. F. Dulles. Edgar Faure aurait souhaité entendre Mao Tsé-toung parler de l'influence et de l'effet que l'établissement des relations diplomatiques entre la Chine et la France pourrait avoir sur le traitement des affaires internationales, en particulier, sur la réalisation de la paix en Extrême-Orient, mais Mao Tsé-toung n'en a pas parlé. Au lieu de répondre directement à Edgar Faure, Mao Tsé-toung lui a indiqué que la Chine était entourée de bases américaines, par exemple, en Corée du Sud, au Japon, aux Philippines, au Vietnam, en Thaïlande et en Indochine. Leur conversation s'est terminée par la présentation de la situation politique et économique de la Chine[1].

Le 5 novembre, M. et Mme Edgar Faure ont quitté la Chine et sont allés en Inde. Le 7, Edgar Faure a fini, à New Delhi, la rédaction de son rapport et l'a envoyé à Paris.

Le *Rapport adressé au général de Gaulle, président de la République française, par M. Edgar Faure, au sujet de sa mission en Chine* est composé de quatre parties, il est si long (16 pages) que nous ne pouvons pas le citer ici intégralement, nous en donnerons un bref résumé.

Dans la première partie, « Calendrier », Edgar Faure a présenté la façon dont il a été reçu par le gouvernement chinois, en tant qu'envoyé du président de Gaulle, le calendrier de son séjour en Chine et les entretiens qu'il a eus à Pékin et à Shanghai avec les personnalités dirigeantes chinoises. Concernant les négociations qui ont eu lieu avec Chou En-lai et Chen Yi, il a souligné : « Si, comme il résulte de ce calendrier, des entretiens longs et répétés ont paru nécessaires – encore représentent-ils à peine, au total, une quinzaine d'heures –, les dirigeants chinois m'ont donné constamment l'impression de la clarté, de la bonne foi et de la bonne volonté, sans aucune trace de ce que l'on appelle "chinoiserie" ».

Dans la deuxième partie, « Approche du problème », il a raconté le déroulement des négociations qui est presque le même que celui que nous avons présenté plus haut, mais il y a deux points sur lesquels

[1] *Note de l'entretien accordé à M. et Mme Edgar Faure par le président Mao Tsé-toung*, le 2 novembre 1963, AMAEC, n° 110-01982-14.

Edgar Faure a un peu exagéré. 1. Il a écrit : « Je pense cependant que les dirigeants chinois avaient éprouvé quelque perplexité sur la portée exacte de ma mission, jusqu'au moment où ils ont pris connaissance de votre lettre, qui a produit sur eux un effet de choc. Ils m'ont par la suite exprimé avec insistance, je dirais presque avec émotion, tout l'honneur qu'ils ressentaient de l'attitude que vous marquiez à leur égard, et des termes de votre message. Ils n'ont pas manqué de me dire aussi l'admiration qu'ils vous portent ». 2. Edgar Faure a écrit : « M. Tchou En Lai (Chou En-lai ou *Zhou Enlai*) se saisit aisément de l'expression "tous domaines". Il demanda s'il devait bien la comprendre comme incluant les rapports de caractère politique entre les deux pays. Je répondis que la clarté de la langue française ne souffrait aucun doute sur ce point ». Il est bien évident que si Edgar Faure a évoqué dans son rapport que Chou En-lai souhaitait préciser le sens des mots « dans tous domaines » utilisés par le président de Gaulle, c'était pour faire remarquer que le gouvernement chinois prenait en grande considération le problème du développement de ses relations politiques avec la France et qu'il y était très sensible.

Dans la troisième partie, « Analyse de la discussion », Edgar Faure a présenté les analyses et réponses qu'il avait faites aux quatre problèmes qui intéressaient le plus la Chine : celui de la création de « deux Chine », celui du statut de Taïwan et de la création éventuelle d'une « République de Taïwan », celui de la restitution des droits et du siège de la Chine à l'ONU et celui du maintien ou du rappel des représentants de Taïwan à Paris et de Paris à Taïpei. Il a également dit qu'au cours des discussions il avait toujours agi d'une façon prudente et conforme aux instructions du président de Gaulle, que ce soit pour répondre aux propositions qui lui étaient faites ou quand il a lui-même proposé des solutions. En outre, il a évoqué les hypothèses et propositions qu'il avait présentées et la réaction de ses interlocuteurs chinois.

Dans la quatrième partie, « La proposition du gouvernement chinois », il a essentiellement présenté le projet visant à établir directement les relations diplomatiques – le *Résumé des idées exprimées par le Premier ministre Chou En-lai*. Il y a ajouté ses commentaires sur la rédaction de ce projet et au sujet de l'accord tacite en trois points. Il est à noter que, dans cette partie, premièrement, Edgar Faure a dit que ce projet – le *Résumé des idées exprimées par le Premier ministre Chou En-lai* – était « un document unilatéral » ; deuxièmement, il n'y a jamais mentionné qu'il avait signé ce document. Cependant, nous n'avons pu consulter qu'une copie de ce document, n'ayant pas pu trouver son original signé par Edgar Faure et le Premier ministre Chou En-lai, ni au Centre des archives du ministère des Affaires étrangères, ni au Centre historique des Archives nationales de France.

Pour terminer son rapport, Edgar Faure a écrit : « Ainsi vos prévisions se sont avérées justes, vous pouvez recueillir désormais les fruits d'une longue pensée, au moment que vous avez choisi et dont il se confirme qu'il était le plus favorable. "Vous arrivez à temps" m'a dit expressément Mao Tsé-toung en m'accueillant à Shanghai[1] ».

### B) La poursuite des négociations à Berne

En complément à la circulaire adressée le 11 novembre[2], pour faciliter la poursuite des négociations sur l'établissement des relations diplomatiques, le 21, le ministère des Affaires étrangères a donné les instructions suivantes à l'ambassade de Chine en Suisse :

*« 1. L'accord visant à permettre d'établir des relations diplomatiques immédiates a été signé entre Chou En-lai et Edgar Faure, cependant, celui-ci n'étant pas représentant plénipotentiaire, il n'est pas certain que la France exécute complètement ce qui est prévu dans cet accord[3], même si c'est le plus probable, nous devons rester attentifs.*

*Selon cet accord, ce sera d'abord à la France de nous adresser*

[1] *Rapport adressé au général de Gaulle, président de la République française, par M. Edgar Faure, au sujet de sa mission en Chine*, New Delhi, le 7 novembre 1963, CHAN : 5AG1 – 226.

[2] *La visite en Chine de l'ancien président du Conseil français Edgar Faure* , n° 118, 11 novembre 1963, ministère des Affaires étrangères, AMAEC, n° 110-01982-02.

[3] Il s'agit ici du *Résumé des idées exprimées par le Premier ministre Chou En-lai,* signé le 2 novembre 1964.

> *une note, qui dira que la République française reconnaît notre gouvernement. En réponse, nous communiquerons nous-mêmes une note qui fera un accueil favorable à la note française. Enfin, les deux parties publieront d'un commun accord et simultanément les deux notes échangées, installeront tout de suite leurs ambassades et procéderont à l'échange immédiat d'ambassadeurs. Nous vous prions donc d'être particulièrement attentifs, car si la France nous adresse une note, ce sera probablement par l'intermédiaire de votre ambassade.*
>
> *2. Au cours des négociations, les deux parties ont abordé le sujet de l'installation mutuelle de la représentation commerciale officieuse ou populaire. [...] Si une personnalité française, officielle ou officieuse, aborde ce problème dans la conversation, vous ne devrez pas donner de réponse positive ou négative, mais vous devrez en rendre compte au gouvernement*[1] ».

Entre le 5 novembre, date de la fin du voyage en Chine d'Edgar Faure, et le 11 décembre, où le ministre français des Affaires étrangères Maurice Couve de Murville a ordonné à Jacques de Beaumarchais, directeur d'Europe du Quai d'Orsay, de se rendre à Berne le plus tôt possible pour contacter l'ambassade de Chine, que pensait le gouvernement français du rapport adressé au président de Gaulle et du projet chinois concernant l'établissement direct des relations diplomatiques ? Comment Edgar Faure a-t-il fait son compte rendu au général ? À part l'entretien que le général de Gaulle a accordé à Edgar Faure le 28 novembre[2], la presse française n'a presque rien mentionné. Pour en savoir plus, nous avons consulté, au cours de nos études, les archives du ministère français des Affaires étrangères, du Centre historique des Archives nationales de France et de la Fondation Charles-de-Gaulle, nous n'avons pas trouvé de documents plus

[1] *Télégramme du ministère des Affaires étrangères à l'ambassade de Chine en Suisse, « Au sujet de la visite en Chine de l'ancien président du Conseil français Edgar Faure »*, 21 novembre 1963, AMAEC, n° 110-01982-02.

[2] « *Situation nouvelle – Les tendances de l'opinion publique mondiale au sujet de l'établissement des relations diplomatiques entre la Chine et la France* », numéro spécial n° 28, le 16 décembre 1963, AMAEC, n° 110-01222-05.

complets et détaillés. Au sujet de son voyage en Chine, Edgar Faure a simplement écrit dans ses mémoires : « Lorsque je suis arrivé à Paris, le général de Gaulle avait pu déjà étudier tout le dossier. Et le jour où il m'a reçu, il m'a indiqué qu'il avait l'intention de suivre mes conclusions, lesquelles tendaient à la reconnaissance diplomatique des deux parties ». D'après Edgar Faure, le résultat des négociations sur l'établissement des relations diplomatiques entre la France et la Chine est proche de ce que le gouvernement français avait prévu, mais l'assassinat du président américain Kennedy a quelque peu modifié la décision du gouvernement français. Le général de Gaulle a néanmoins dit à Edgar Faure qu'il comptait donner une suite positive à l'affaire si les conversations qu'il devait avoir aux États-Unis – aux obsèques de Kennedy – ne le faisaient pas changer d'avis[1].

Afin de poursuivre l'établissement des relations diplomatiques entre la France et la Chine, le ministre français des Affaires étrangères Maurice Couve de Murville a choisi Jacques de Beaumarchais, directeur d'Europe. Il a écrit dans les instructions :

> *« Vous vous rendrez le plus tôt possible à Berne pour prendre contact avec l'ambassadeur de Chine en Suisse. L'ambassade sera naturellement chargée de prendre à cet effet les dispositions nécessaires dans des conditions de très grande discrétion.*
>
> *Vous indiquerez à votre interlocuteur que vous êtes chargé par le gouvernement de vous entretenir avec lui de la question de l'établissement de relations diplomatiques entre la France et la Chine. Cette question avait été abordée par le maréchal Tchen Yi (Chen Yi) dans les conversations que j'avais eues avec lui à Genève en 1962, à l'occasion de la conférence sur le Laos. Elle a été reprise il y a peu de temps lors du voyage que M. Edgar Faure a effectué en Chine sur l'invitation du gouvernement de Pékin, et à l'occasion duquel il avait été reçu au préalable par le président de la République et instruit de la position française.*
>
> *Le problème paraît maintenant être arrivé à maturité. Il s'est*

[1] Edgar Faure, « Reconnaissance de la Chine », in *Espoir*, n° 1, « De Gaulle et la Chine », pp. 24-25.

*manifesté un désir commun, à Paris comme à Pékin, d'établir, dès que la chose sera possible, des rapports officiels entre les deux gouvernements et d'échanger des ambassadeurs.*

*De part et d'autre, il ne peut être question de poser des conditions. Il s'agit donc essentiellement de définir une procédure : la plus simple semble être la meilleure. Il suffirait d'annoncer par un communiqué la décision prise d'un commun accord par les deux gouvernements. Ce pourrait être un communiqué conjoint, ou deux communiqués identiques publiés simultanément dans les deux capitales. Le texte mentionnerait simplement la décision d'établir des relations diplomatiques et d'échanger très prochainement des ambassadeurs.*

*Nous connaissons, notamment par le rapport de M. Edgar Faure, les préoccupations du gouvernement chinois concernant les rapports du gouvernement français avec celui du maréchal Chang Kai-chek, et l'admission de la République populaire de Chine à l'Organisation des Nations unies. Si votre interlocuteur vous parle de ces problèmes, vous rappellerez bien entendu le principe de départ de votre discussion, c'est-à-dire qu'il s'agit d'aboutir à un accord sans conditions, ni préalable.*

*Sur le premier point, si le gouvernement de la République de Chine rompt avec la France lorsque celle-ci aura établi des relations avec Pékin, il appartiendra au gouvernement français de prendre sa décision en conséquence. Tout ce que nous pouvons dire est que nous souhaitons conserver au moins un consulat à Formose pour la défense de nos intérêts.*

*Sur le second point, sans contester que l'établissement de rapports diplomatiques entre Pékin et Paris doive comporter par lui-même un élément essentiel et nouveau, le gouvernement définira le moment venu sa position, compte tenu des circonstances et des changements intervenus.*

*En conclusion, vous direz à votre interlocuteur que vous êtes prêt à revenir à Berne dès qu'il aura reçu des instructions de son gouvernement*[1] ».

Nous constatons, à travers les instructions de Maurice Couve de Murville, que la position du gouvernement français sur le traitement des relations entre la France et Taïwan et sur la restitution des droits et du siège de la Chine à l'ONU n'a pas connu de changement fondamental. Le gouvernement français persistait à ne pas vouloir prendre l'initiative de rompre avec Taïwan et espérait que, avec le changement des circonstances, Taïwan ferait le premier pas pour trancher le nœud gordien. Il n'a même pas abandonné son illusion de conserver un consulat à Taïwan, au cas où leurs relations seraient rompues.

Sur l'ordre du Quai d'Orsay, l'ambassadeur français en Suisse, Philippe Beaudet, a téléphoné, le 11 décembre, à l'ambassade de Chine, disant que, sur instruction du ministre français des Affaires étrangères, Jacques de Beaumarchais, ministre plénipotentiaire et directeur d'Europe, allait prendre contact avec l'ambassadeur chinois, et qu'il pourrait arriver à Berne, soit le jeudi 12 au matin, soit le lundi 16 au matin[2]. L'ambassade de Chine a donné son consentement et fixé l'entretien à 10 heures le jeudi 12.

L'ambassadeur Li Qingquan a immédiatement informé le ministère des Affaires étrangères de cette nouvelle en disant que, si Jacques de Beaumarchais venait discuter des relations des deux pays, il agirait suivant les instructions reçues le 21 novembre. Il a aussi demandé de lui télégraphier le 12 avant 8 heures, heure de Berne, si le ministère avait de nouvelles instructions à donner[3].

Le Premier ministre Chou En-lai qui était en visite à l'étranger n'a pas donné de nouvelles instructions à l'ambassadeur Li Qingquan, mais il attendait le compte rendu de celui-ci après son entretien avec Jacques de

---

[1] *Instructions pour M. de Beaumarchais*, Paris, le 11 décembre 1963, AMAEF : Asie-Océanie, Chine, 1956-1967, vol. 525, folios 022-024.

[2] *Télégramme du ministère des Affaires étrangères à M. Beaudet, l'ambassadeur de France à Berne*, le 10 décembre 1963, AMAEF : Asie-Océanie, Chine, 1956-1967, vol. 525, folio 028.

[3] *Télégramme de l'ambassade de Chine en Suisse au ministère des Affaires étrangères, « Demande d'instructions, télégramme urgent au sujet des relations franco-chinoises »*, 11 décembre 1963, AMAEC, n° 110-01997-06.

Beaumarchais. Il réfléchissait aussi à d'autres projets d'établissement de relations diplomatiques entre la Chine et la France.

Le 12 décembre, Jacques de Beaumarchais est arrivé à l'ambassade de Chine en Suisse à l'heure prévue. Il a répété à son interlocuteur chinois les instructions qu'il avait reçues et qu'il avait été chargé par le gouvernement français de s'entretenir avec l'ambassadeur chinois du problème de l'établissement des relations diplomatiques entre la France et la Chine. Il a ajouté que le problème paraissait être arrivé à maturité et qu'il s'était manifesté un désir commun, à Paris comme à Pékin, d'établir, dès que la chose serait possible, des rapports officiels entre les deux gouvernements et d'échanger des ambassadeurs. Ensuite, il a insisté pour dire que, de part et d'autre, il ne pouvait être question de poser des conditions ou préalables et qu'il s'agissait donc essentiellement de définir une procédure : la plus simple semblait être la meilleure. Il a dit qu'il suffirait d'annoncer par un communiqué la décision prise d'un commun accord par les deux gouvernements. Il a surtout précisé que ce pourrait être un communiqué conjoint, ou deux communiqués identiques publiés simultanément dans les deux capitales, tout en soulignant que le texte mentionnerait simplement la décision d'établir des relations diplomatiques et d'échanger très prochainement des ambassadeurs.

D'abord, Li Qingquan a déclaré à Jacques de Beaumarchais qu'il était heureux que le gouvernement français l'ait envoyé à Berne pour s'entretenir avec lui du problème de l'établissement des relations diplomatiques entre les deux pays. Puis, il a demandé si son interlocuteur avait préparé le texte du projet d'un communiqué. N'ayant pas retrouvé le texte du projet qui avait été préparé avant, Jacques de Beaumarchais a récité oralement le contenu du communiqué : « Le gouvernement de la République française et le gouvernement de la République populaire de Chine ont d'un commun accord décidé d'établir des relations diplomatiques. Ils sont convenus à cet effet de désigner des ambassadeurs dans un délai qui pourrait être, par exemple, de trois mois[1] ».

Après avoir écouté Jacques de Beaumarchais, Li Qingquan a réitéré le principe suivant lequel la République populaire de Chine avait établi,

[1] *Note de M. de Beaumarchais*, le 13 décembre 1963, AMAEF : Asie-Océanie, Chine, 1956-1967, vol. 525, folios 025-027.

depuis sa fondation, des relations diplomatiques avec l'étranger, tout en rappelant à son interlocuteur l'accord tacite conclu entre Edgar Faure, lors de son dernier voyage en Chine, avec les dirigeants chinois sur le projet d'établissement des relations diplomatiques entre les deux pays. À la fin de l'entretien, Li Qingquan a dit à Jacques de Beaumarchais qu'il rendrait compte de l'entretien au gouvernement chinois et qu'il le préviendrait dès qu'il aurait la réponse de ce dernier. Jacques de Beaumarchais a indiqué que Li Qingquan pourrait le prévenir par l'intermédiaire de l'ambassade de France à Berne et qu'il espérait que la Chine tiendrait secret son voyage en Suisse[1].

Le 13 décembre, le Premier ministre Chou En-lai a présenté, dans sa réponse au ministère des Affaires étrangères par télégramme, trois projets de communiqué de l'établissement des relations diplomatiques entre la Chine et la France. Il a également fait des propositions sur les termes concrets des communiqués des deux parties et le délai d'échange des ambassadeurs[2]. Le 15, il a proposé au ministère des Affaires étrangères un autre projet, c'est-à-dire un quatrième projet du communiqué, en disant que, si la partie française avait des difficultés à adopter les trois projets précédents et demandait que soit supprimée la phrase « en tant qu'unique gouvernement légal représentant le peuple chinois » qui figurait dans le communiqué conjoint des gouvernements chinois et français ou dans les communiqués que les deux gouvernements devaient publier séparément, l'ambassadeur Li pourrait indiquer que le gouvernement chinois consentait à supprimer la phrase susmentionnée du communiqué conjoint. Il publierait à l'extérieur sa propre explication disant que la décision d'établir des relations diplomatiques avec la France avait été prise par le gouvernement de la République populaire de Chine, en tant qu'unique gouvernement légal représentant le peuple chinois. Il devait,

[1] *Télégramme de l'ambassade de Chine en Suisse au ministère des Affaires étrangères, « Demande d'instructions télégramme urgent au sujet des relations franco-chinoises »*, 11 décembre 1963 ; « *Procès-verbal de l'entretien entre le directeur d'Europe du ministère des Affaires étrangères de France et l'ambassadeur Li* », 13 décembre 1964, AMAEC, n° 110-01997-06, n° 110-01997-05.
*Note de M. de Beaumarchais*, le 13 décembre 1963, AMAEF : Asie-Océanie, Chine, 1956-1967, vol. 525, folios 025-027.

[2] *Télégramme urgent de Huang Zhen depuis Kunming au ministère des Affaires étrangères*, 13 décembre 1963, AMAEC, n° 110-01997-06.

en même temps, déclarer que cette explication était conforme à l'accord tacite conclu entre le Premier ministre Chou En-lai et Edgar Faure[1].

Le 19 décembre, conformément aux réponses données par le Comité central du Parti communiste chinois à la « demande concernant la négociation de l'établissement des relations diplomatiques avec la France » et à la « demande supplémentaire concernant la négociation de l'établissement des relations diplomatiques avec la France[2]», le ministère des Affaires étrangères a donné à l'ambassade en Suisse, par télégramme, les instructions suivantes :

> *« Il vaut mieux terminer le plus vite possible l'affaire de l'établissement des relations diplomatiques entre la Chine et la France. Au cas où il n'y ait pas d'ambiguïté sur le principe, l'ambassadeur Li Qingquan peut entreprendre les approches concrètes :*
>
> *I. L'ambassadeur Li peut, dès maintenant, prendre contact avec Jacques de Beaumarchais et lui déclarer, après avoir constaté ses fonctions officielles et qu'il parle bien au nom de son gouvernement, qu'au sujet de l'établissement des relations diplomatiques entre la Chine et la France, le gouvernement chinois l'a chargé de donner la réponse suivante : lors de son voyage en Chine en novembre dernier, M. Edgar Faure a défini, avec les dirigeants du gouvernement chinois, le projet de l'établissement des relations diplomatiques, en adoptant la procédure de l'échange de notes entre les deux gouvernements. L'ambassadeur peut aussi rappeler à son interlocuteur que, au cours de l'entretien du 12 dernier, il avait été chargé par le gouvernement français de dire que les deux gouvernements pourraient publier un communiqué conjoint ou deux communiqués identiques. En fonction du souhait de la partie française, le gouvernement pourra donner son consentement à ces trois formules.*
>
> *1. Concernant l'échange de notes, le Premier ministre Chou En-lai*

[1] Télégramme de Huang Zhen au ministère des Affaires étrangères depuis l'Égypte, « *Au sujet de la procédure d'établissement des relations diplomatiques entre la Chine et la France* », 15 décembre 1963, AMAEC, n° 110-01997-06.

[2] Ministère des Affaires étrangères, « *Demande d'instruction supplémentaire au sujet des négociations avec la France sur l'établissement des relations diplomatiques franco-chinoises* », 17 décembre 1963, AMAEC, n° 110-01190-08.

*et M. Edgar Faure ont défini ensemble :*

*(1) Le gouvernement de la République française adressera une note officielle au gouvernement chinois, par laquelle il reconnaîtra le gouvernement de la République populaire de Chine et proposera l'établissement immédiat des relations diplomatiques entre les deux pays et l'échange d'ambassadeurs.*

*(2) Le gouvernement chinois y répondra par une note déclarant que, en tant qu'unique gouvernement légal représentant le peuple chinois, le gouvernement de la République populaire de Chine accueille favorablement la note du gouvernement de la République française et qu'il est prêt à établir immédiatement les relations diplomatiques entre la Chine et la France et échanger les ambassadeurs.*

*(3) La Chine et la France publieront d'un commun accord et simultanément lesdites notes échangées, installeront tout de suite leurs ambassades et procéderont à l'échange immédiat d'ambassadeurs.*

*2. À propos du communiqué conjoint, le gouvernement chinois estime que les termes concrets devront être les suivants :*

*"En tant qu'unique gouvernement légal représentant le peuple chinois, le gouvernement de la République populaire de Chine et le gouvernement de la République française ont décidé de concert d'établir des relations diplomatiques entre les deux pays et d'échanger des ambassadeurs dans un délai de trois mois".*

*3. Quant au communiqué publié séparément par les deux gouvernements, le gouvernement chinois estime que son contenu doit être identique, seul le sujet des phrases doit être modifié. Les termes du communiqué du gouvernement chinois sont les suivants :*

*"En tant qu'unique gouvernement légal représentant le peuple chinois, le gouvernement de la République populaire de Chine a décidé, de concert avec le gouvernement de la République française, d'établir des relations diplomatiques entre les deux pays et d'échanger des ambassadeurs dans un délai de trois mois".*

*Les termes du communiqué du gouvernement français sont les suivants :*

*"Le gouvernement de la République française et le gouvernement de la République populaire de Chine, en tant qu'unique gouvernement légal représentant le peuple chinois, ont décidé, de concert, d'établir des relations diplomatiques entre les deux pays et d'échanger des ambassadeurs dans un délai de trois mois".*

*Si les deux parties sont d'accord verbalement sur le deuxième ou le troisième projet, l'ambassadeur pourra alors proposer que les deux parties confirment le texte intégral et le moment exact de la publication du communiqué par échange de notes (qui ne seront pas publiées) entre les deux gouvernements ou par la signature d'un procès-verbal par les représentants des deux parties.*

*II. Si l'autre partie est d'accord en principe sur le deuxième ou le troisième projet susmentionné, mais demande que soit supprimée du communiqué la phrase "en tant qu'unique gouvernement légal représentant le peuple chinois", l'ambassadeur pourra expliquer que cette phrase est extrêmement importante, sa suppression pourrait aboutir à la reconnaissance de "deux Chine". Il devra alors aussi rappeler que c'est à maintes reprises que les dirigeants du gouvernement chinois ont déclaré à M. Edgar Faure, lors de sa visite en Chine, que la position du gouvernement chinois dans son opposition à toute éventualité qui risquerait de créer "deux Chine" est très ferme et que M. Edgar Faure a transmis aux dirigeants du gouvernement chinois la position du général de Gaulle qui ne soutient pas la création de "deux Chine", c'est pourquoi nous estimons qu'il n'y a aucune raison de supprimer cette phrase.*

*[...] Il est probable que l'autre partie dise que la France ne soutiendra en aucun cas la création de "deux Chine" mais qu'il est difficile pour la France d'accepter cette phrase, ou qu'elle dise qu'elle va rendre compte de notre position à son gouvernement. Dans ce cas où l'autre partie estimerait que la France a des difficultés à accepter cette phrase dans le communiqué, l'ambassadeur peut proposer que, tenant compte du souhait de la partie française, le gouvernement chinois peut supprimer cette phrase du communiqué conjoint des deux gouvernements, mais que, dans ce cas, le gouvernement chinois publiera à l'extérieur sa propre explication disant que la décision*

*d'établir des relations diplomatiques avec la France est prise par le gouvernement de la République populaire de Chine, en tant qu'unique gouvernement légal représentant le peuple chinois, explication qui est conforme à l'accord tacite conclu entre le Premier ministre Chou En-lai et M. Edgar Faure*[1] ».

À ces instructions, a été joint le « *Résumé des idées exprimées par le Premier ministre Chou En-lai* ».

L'opposition de la partie française à ce que soit ajoutée, dans la note ou dans le communiqué chinois, la mention « en tant qu'unique gouvernement légal représentant le peuple chinois », était prévue par la partie chinoise. Cependant, cette formulation avait été acceptée par Edgar Faure dans l'accord tacite (ou le *Résumé des idées exprimées par le Premier ministre Chou En-lai*) qu'il avait signé avec le Premier ministre chinois Chou En-lai. Edgar Faure avait même dit sur ce sujet précis que c'était une « expression qui me paraît, non seulement acceptable, mais heureuse, puisqu'en mettant l'accent sur le peuple, elle ne tranche pas les questions contentieuses de territoire[2] ». Bien sûr, l'interprétation qu'en avait faite Edgar Faure n'était pas celle de Chou En-lai. Si le gouvernement chinois persistait à vouloir ajouter cette mention dans le communiqué, c'était pour obtenir l'engagement du gouvernement français à maintenir la position du président de Gaulle de ne pas soutenir la création de « deux Chine » et à rompre avec les autorités de Taïwan, ainsi que pour inciter les autorités de Taïwan à rompre avec la France.

Le 22 décembre, l'ambassadeur Li Qingquan a reçu un télégramme du ministère des Affaires étrangères exprimant la volonté du Premier ministre Chou En-lai de le rencontrer, avant le 26 à Alger, où celui-ci était en visite officielle, pour discuter des projets d'établissement des relations diplomatiques franco-chinoises et des termes du

[1] *Télégramme du ministère des Affaires étrangères à l'ambassade de Chine en Suisse*, « *Au sujet de l'établissement des relations diplomatiques entre la Chine et la France* », 19 décembre 1963, AMAEC, n° 110-01190-08.

[2] *Rapport adressé au général de Gaulle, président de la République française, par M. Edgar Faure, au sujet de sa mission en Chine*, New Delhi, le 7 novembre 1963, CHAN : 5AG1 – 226.

communiqué[1]. Si le Premier ministre Chou En-lai convoquait d'urgence l'ambassadeur Li Qingquan à Alger, c'est parce qu'il avait été informé que le gouvernement français se disposait à envoyer en Afrique un haut fonctionnaire pour s'entretenir avec lui. Il espérait donc rencontrer Li Qingquan, avant l'arrivée du fonctionnaire français.

Selon le rapport que Li Qingquan a adressé le 27 décembre au ministère des Affaires étrangères, l'entretien qu'il a eu la veille à Alger avec Chou En-lai, au sujet de négociations ultérieures, se résume en quatre points : 1. L'ambassadeur chinois doit insister pour dire que le projet chinois de l'établissement des relations diplomatiques a été présenté conformément à l'accord tacite conclu par les deux parties ; 2. L'ambassadeur Li peut donner son consentement pour publier soit un communiqué conjoint, soit deux communiqués identiques, mais il faut dans tous les cas y ajouter l'expression « en tant qu'unique gouvernement légal représentant le peuple chinois » ; 3. Si l'autre partie s'y oppose, Li Qingquan peut alors exécuter le quatrième projet – c'est-à-dire communiquer unilatéralement aux journalistes chinois et étrangers la déclaration officielle ; 4. Si l'autre partie a encore des difficultés à donner son accord sur le quatrième projet, l'ambassadeur sera obligé de répondre que l'opposition française à la publication unilatérale de la déclaration de la partie chinoise n'est pas raisonnable, et qu'elle n'est conforme ni à l'engagement du président de Gaulle à ce sujet, ni à l'esprit des entretiens qu'a eus M. Edgar Faure à Pékin avec les dirigeants chinois[2].

L'après-midi du 2 janvier 1964, Jacques de Beaumarchais s'est rendu à l'ambassade de Chine à Berne reprendre la négociation avec Li Qingquan. Celui-ci a présenté le projet de l'établissement des relations diplomatiques par échange de notes, projet défini à Pékin par Edgar Faure et les dirigeants chinois, en disant que ce projet était basé sur le principe d'égalité réciproque et sur le désir commun d'améliorer les relations entre les deux pays. Tout en déclarant qu'il n'était pas au courant

[1] *Rapport adressé au général de Gaulle, président de la République française, par M. Edgar Faure, au sujet de sa mission en Chine*, New Delhi, le 7 novembre 1963, CHAN : 5AG1 – 226.

[2] *Télégramme de Li Qingquan depuis Alger au ministère des Affaires étrangères, « Au sujet des négociations avec la France sur l'établissement des relations diplomatiques franco-chinoises»*, 27 décembre 1963, AMAEC, n° 110-01997-05.

du projet défini à Pékin par Edgar Faure, Jacques de Beaumarchais a expliqué que l'objet de la discussion était de confirmer la publication du communiqué. Il a ajouté que la procédure de publication d'un ou de deux communiqués qu'il avait présentée la fois précédente avait été formulée d'après l'esprit des conversations qu'avait eues Edgar Faure à Pékin avec les dirigeants chinois. Il a aussi insisté pour dire que cette procédure était la plus simple. Li Qingquan a rappelé qu'il croyait que Edgar Faure avait rendu compte du détail des entretiens et de l'accord conclu à Pékin au gouvernement français et surtout au président de Gaulle. Ensuite, il a déclaré à son interlocuteur que le gouvernement chinois pourrait prendre en considération le souhait de la partie française et donner son consentement à la procédure consistant à annoncer la décision prise d'un commun accord de l'établissement des relations diplomatiques soit par un communiqué conjoint, soit par deux communiqués séparés. Puis, chaque partie a montré ses projets de communiqué. Li Qingquan était d'accord avec Jacques de Beaumarchais sur les termes du communiqué présentés par la partie française, mais il persistait à ajouter la formule « en tant qu'unique gouvernement légal représentant le peuple chinois » à la suite de « le gouvernement de la République populaire de Chine ». Ayant réfléchi un instant sur ce point, Jacques de Beaumarchais a dit qu'il allait en rendre compte à son gouvernement et que, pour sa part, il comprenait l'importance pour le gouvernement chinois de l'idée exprimée par cette adjonction, mais il a ajouté aussi qu'il ne lui paraissait pas que celle-ci eût nécessairement sa place dans un communiqué destiné à annoncer la reprise des relations diplomatiques entre les deux pays. Selon lui, le communiqué le plus simple était le meilleur[1]. C'est alors que Li Qingquan a présenté le quatrième projet en disant que le gouvernement chinois pourrait donner son accord de supprimer l'incidente du communiqué conjoint, mais qu'il publierait à l'extérieur sa propre explication destinée à exposer que la décision d'établir les relations diplomatiques avec la France avait été prise par le gouvernement de la République populaire de Chine en tant qu'unique gouvernement légal représentant le peuple chinois. Sans se prononcer,

[1] *Note de M. de Beaumarchais*, le 3 janvier 1964, AMAEF : Asie-Océanie, Chine, 1956-1967, vol. 525, folios 029-033.

Jacques de Beaumarchais a déclaré qu'il allait en rendre compte à son gouvernement[1].

Au cours de cette deuxième étape des négociations entre la Chine et la France à Berne, les deux parties sont tombées d'accord sur la procédure qui serait utilisée pour annoncer l'établissement des relations diplomatiques : la publication d'un communiqué conjoint. En outre, la Chine a donné son consentement pour supprimer l'expression « en tant qu'unique gouvernement légal représentant le peuple chinois », à condition que le gouvernement chinois publie une déclaration explicative. Restait alors à savoir ce qu'allait penser le gouvernement français de la condition posée par le gouvernement chinois.

Pour mener à bien l'étape suivante des négociations à Berne, le 6 janvier, le Premier ministre Chou En-lai a présenté, après avoir examiné le rapport adressé par l'ambassadeur Li Qingquan sur la négociation du 2 janvier, les quatre propositions suivantes :

> *« 1. Si la partie française ne s'oppose pas à notre projet et ne désire connaître que le contenu de la déclaration, le mode et la date de sa publication, l'ambassadeur Li pourra dire à son interlocuteur français que, un ou deux jours après la publication du communiqué conjoint, le gouvernement chinois fera savoir publiquement, par une déclaration d'un fonctionnaire gouvernemental, que l'accord de l'établissement des relations diplomatiques a été conclu avec la France par le gouvernement de la République populaire de Chine, en tant qu'unique gouvernement légal représentant le peuple chinois.*
>
> *2. Si la partie française est d'accord avec nous sur ce projet, mais veut aussi le commenter dans une déclaration, l'ambassadeur Li devra se renseigner sur le contenu de cette déclaration. Nous ne nous y opposerons pas, tant que la déclaration française ne contrevient pas à l'accord tacite conclu entre le Premier ministre Chou En-lai et Edgar Faure et qu'elle ne soutient pas la création de "deux Chine".*

[1] « *Procès-verbal du second tour de négociation entre l'ambassadeur Li et le représentant du ministère des Affaires étrangères de France* » ; télégramme de Li Qingquan au ministère des Affaires étrangères, « *Négociations sur l'établissement des relations diplomatiques franco-chinoises* », 2 janvier 1964, AMAEC, n° 110-01997-04.

*Nous pouvons accepter une explication française qui dirait que l'établissement des relations diplomatiques entre la France et la Chine a été réalisé sans condition, mais nous ne sommes pas d'accord que le gouvernement français dise que les relations diplomatiques entre la France et la Chine ont été établies sans concertation.*

*3. Si la partie française ne s'oppose pas à notre explication unilatérale, [...] l'ambassadeur Li pourra, en partant des termes proposés officiellement le 2 janvier dernier par l'autre partie, définir le texte du communiqué et fixer la date et l'heure de la publication. Ils pourront signer les textes chinois et français, sans avoir besoin de procès-verbal, afin d'éviter des complications.*

*4. Si la partie française s'oppose à notre explication unilatérale, l'ambassadeur Li doit indiquer que, en tant que gouvernement d'un pays souverain, le gouvernement de la République populaire de Chine a complètement le droit de publier, après avoir défini de concert avec la partie française le contenu du communiqué, la déclaration destinée à expliquer le communiqué, sans procéder à un échange de vues avec la partie française. Au reste, notre explication est totalement conforme à l'engagement du président de Gaulle et à l'esprit des entretiens qu'a eus Edgar Faure avec les dirigeants chinois. L'ambassadeur Li doit rappeler à son interlocuteur que si nous agissons ainsi, c'est simplement pour prendre en considération certaines difficultés soulevées par la partie française, et notre action ne changera rien au contenu substantiel du communiqué. L'ambassadeur Li peut aussi rappeler que c'est par amitié que nous consultons la partie française sur ce sujet, nous ne voyons pas de raison pour laquelle la partie française s'y opposerait ; est-ce que la partie française cherche à créer "deux Chine" ? Il peut dire à son interlocuteur que l'attitude française est difficile à comprendre pour nous et qu'il est nécessaire qu'il fasse un rapport de notre position à son gouvernement. Et s'il en ressort de nouveaux arguments, nous sommes prêts à ce que soit organisée une nouvelle rencontre.*

*Si la partie française présente d'autres projets imprévus pour nous, l'ambassadeur Li doit en rendre compte au gouvernement et définir à part la date du prochain entretien*[1] ».

Le 7 janvier, le ministère des Affaires étrangères a télégraphié à l'ambassade en Suisse ces quatre propositions comme instructions du prochain entretien, après qu'elles ont été relues et approuvées par Mao Tsé-toung et d'autres dirigeants du Parti et de l'État[2].

La troisième étape des négociations franco-chinoises a eu lieu à Berne le 9 janvier.

Conformément aux usages diplomatiques, Jacques de Beaumarchais a tout d'abord repris les termes du communiqué présenté par la partie française lors de l'entretien du 2 janvier, puis les propos de l'ambassadeur chinois : « La décision d'établir les relations diplomatiques avec la France a été prise par le gouvernement de la République populaire de Chine en tant qu'unique gouvernement légal représentant le peuple chinois ». Ensuite, il a déclaré que si la partie chinoise validait son exposé, la partie française estimerait que les deux pays s'étaient mis d'accord sur le communiqué, il ne leur resterait plus alors qu'à fixer la date de la publication du communiqué. Les dates qu'on l'avait chargé de proposer étaient soit le 27 janvier, soit le 28 janvier à 12 heures (heure de Paris).

Comme son interlocuteur français, l'ambassadeur Li a aussi réitéré la position et les avis de la partie chinoise. Puis, il a indiqué que ce que la partie française venait juste d'exposer était conforme à la position que la partie chinoise avait exprimée lors de l'entretien précédent. Il a ajouté que la partie chinoise estimait que les deux pays s'étaient mis d'accord et qu'on pouvait passer à la discussion concernant la date et l'heure de la publication du communiqué. L'ambassadeur Li a dit qu'il était prêt à accepter la date du 27 janvier que son interlocuteur avait proposée, mais qu'il préférait que les deux parties publient le communiqué à 17 h 30 ou 18 h 30 GMT. Pour finir, les deux parties ont fixé l'heure de la publication du communiqué à 11 heures GMT, c'est-à-dire, 19 heures à Pékin et 12

[1] *Télégramme secret de MM. Kong, Huang et Tong au ministère des Affaires étrangères (via Tirana)*, « *Au sujet de l'établissement des relations diplomatiques entre la Chine et la France* », 6 janvier 1964, AMAEC, n° 110-01997-02.

[2] *Télégramme du ministère des Affaires étrangères à Li Qingquan*, « *Instructions au sujet des négociations pour l'établissement des relations diplomatiques franco-chinoises* », 7 janvier 1964, AMAEC, n° 110-01997-02.

heures à Paris, le 27 janvier 1964.

Après avoir fixé l'heure et la date de la publication du communiqué conjoint, Jacques de Beaumarchais a déclaré que le gouvernement français se proposait d'informer très confidentiellement certains gouvernements de la décision intervenue, tels que les gouvernements britannique, japonais, américain et allemand, et qu'il serait demandé à ces gouvernements de garder le secret. En outre, il a indiqué que le gouvernement français se proposait d'envoyer à Pékin, dans les trois ou quatre semaines qui suivraient la publication du communiqué, un groupe précurseur composé de cinq personnes pour préparer l'arrivée de l'ambassadeur : il serait composé d'un chargé d'affaires, de deux collaborateurs, d'une secrétaire et d'un chiffreur. Enfin, il a ajouté que si la Chine avait aussi envisagé cette question, elle serait priée de prévenir le gouvernement français par son ambassade en Suisse. L'ambassadeur Li a répondu qu'il accueillait favorablement la proposition française d'envoyer un groupe précurseur à Pékin. Quant à l'envoi de représentants chinois, il préviendrait le gouvernement français à part. Il a aussi indiqué à son interlocuteur que le gouvernement chinois informerait également de la décision intervenue les gouvernements qu'il jugerait devoir être au courant avant qu'elle soit officialisée. À la fin de l'entretien, l'ambassadeur Li a indiqué qu'il devait faire un rapport au gouvernement chinois pour que celui-ci confirme l'accord qu'ils venaient de conclure. Jacques de Beaumarchais a souhaité que l'ambassadeur chinois en informe l'ambassade de France à Berne en indiquant simplement, en cas de réponse positive, que l'accord était confirmé[1].

Le 11 janvier, le ministère des Affaires étrangères a télégraphié à l'ambassadeur Li Qingquan : « Vous pouvez prévenir le gouvernement français que l'accord de l'établissement des relations diplomatiques entre la Chine et la France a déjà été officiellement approuvé par le

[1] « *Transcription des troisièmes négociations entre l'ambassadeur Li et le représentant du ministère des Affaires étrangères français* » ; *télégramme de Li Qingquan au ministère des Affaires étrangères, « Au sujet de l'accord conclu avec le représentant du ministère français des Affaires étrangères sur la publication du communiqué* », 9 janvier 1964, AMAEC, n° 110-01997-09.
*Note de M. de Beaumarchais*, le 10 janvier 1964, AMAEF : Asie-Océanie, Chine, 1956-1967, vol. 525, folios 034-036.

gouvernement chinois, celui-ci a donné son consentement à ce que les deux parties publient, simultanément à Pékin et à Paris, le communiqué conjoint à 11 heures GMT le 27 janvier. Le gouvernement chinois est aussi favorable à ce que le gouvernement français envoie un groupe précurseur à Pékin dans les trois ou quatre semaines qui suivront la publication du communiqué[1] ».

Le 13 janvier, Jacques de Beaumarchais a écrit dans une note au Quai d'Orsay : « Notre chargé d'affaires à Berne a téléphoné le 13 janvier, à 11 h 40, pour me dire de la part de l'ambassadeur de Chine en Suisse que "l'accord est confirmé[2]" ».

La mission de Jacques de Beaumarchais aurait dû être terminée, avec la confirmation de l'accord par le gouvernement chinois, puisque les instructions qu'il avait reçues l'autorisaient à engager son gouvernement sur la base des conclusions auxquelles lui et l'ambassadeur chinois étaient parvenus en ce qui concerne le texte du communiqué conjoint ainsi que le jour et l'heure de sa publication[3]. Mais cela n'a pas été le cas.

Le 23 janvier, Jacques de Beaumarchais a été envoyé à Berne par le gouvernement français pour rencontrer l'ambassadeur chinois, sous prétexte de l'informer de la confirmation de l'accord par le gouvernement français sur le texte du communiqué et sur la date et l'heure de sa publication[4].

Après avoir expliqué la raison pour laquelle il était revenu à Berne rencontrer l'ambassadeur chinois, Jacques de Beaumarchais a encore une fois informé de l'envoi à Pékin, dans les trois ou quatre semaines qui suivraient la publication du communiqué conjoint, d'un groupe précurseur pour préparer l'arrivée de l'ambassadeur français. Il a demandé que des dispositions soient d'ores et déjà prises pour l'accueil des cinq

---

[1] Télégramme du ministère des Affaires étrangères à l'ambassadeur Li Qingquan, « *Au sujet de l'établissement des relations diplomatiques* », le 11 janvier 1964, AMAEC, n° 110-01191-03.

[2] *Note* (de M. de Beaumarchais), le 13 janvier 1964, AMAEF : Asie-Océanie, Chine, 1956-1967, vol. 525, folio 037.

[3] *Note de M. de Beaumarchais*, le 10 janvier 1964, AMAEF : Asie-Océanie, Chine, 1956-1967, vol. 525, folios 034-036.

[4] *Note de M. de Beaumarchais*, le 24 janvier 1964, AMAEF : Asie-Océanie, Chine, 1956-1967, vol. 525, folios 038-39.

personnes qui se rendraient à cet effet à Pékin dans la deuxième quinzaine de février et qui, dans un premier temps, devraient vraisemblablement s'installer dans un hôtel. Puis, il a demandé à l'ambassadeur Li Qingquan ce que pensait le gouvernement chinois de l'envoi à Pékin d'un groupe précurseur français et de l'envoi à Paris d'une mission analogue chinoise.

Li Qingquan a d'abord confirmé l'accord du gouvernement chinois : 1. Sur le texte du communiqué conjoint annonçant l'établissement des relations diplomatiques et la désignation des ambassadeurs ; 2. Sur la date – le 27 janvier – et sur l'heure – 11 heures GMT – de la publication simultanée à Pékin et à Paris du communiqué en question. Quant à l'envoi à Pékin d'un groupe précurseur français, il a ajouté que celui-ci serait le bienvenu et que des dispositions adéquates seraient prises, en temps utile, du côté chinois pour préparer l'arrivée du premier ambassadeur de Chine en France.

À la fin de l'entretien, Jacques de Beaumarchais a dit que, ainsi qu'il en avait été convenu lors du précédent entretien, la France avait déjà informé certains gouvernements étrangers de la décision de l'établissement des relations diplomatiques entre la France et la Chine, et que beaucoup de commentaires avaient déjà été publiés dans la presse ; il ne savait pas si l'ambassadeur Li en était informé. Tout en répondant qu'il en avait connaissance, l'ambassadeur chinois a reproché au gouvernement français d'avoir révélé la quasi-totalité du contenu des entretiens entre les deux parties au lieu de respecter le secret comme il l'avait promis[1].

Jacques de Beaumarchais a expliqué que le gouvernement français avait demandé à ces gouvernements de garder le secret, mais que, dans de nombreux pays occidentaux comme en France, il n'était pas possible de garder un secret.

Le gouvernement français a informé les États-Unis de sa décision de reconnaître la Chine le 15 janvier. Deux jours après, le président américain Lyndon Johnson a transmis cette nouvelle à Chang Kai-chek : « Nous avons été informés que le PCC accepterait la reconnaissance

[1] Le 15 janvier, le gouvernement français a informé, par ses représentants diplomatiques, les gouvernements américain, britannique, russe, allemand, japonais, etc., de la décision d'établir des relations diplomatiques entre la France et la Chine. Le même jour, le président de Gaulle a écrit une lettre à Chang Kai-chek lui faisant part de cet événement. Cependant, cette lettre n'a été remise à Chang Kai-chek que quatre jours après.

française sans condition et que la France maintiendrait ses relations diplomatiques avec le gouvernement de Taïwan[1] ».

Jacques de Beaumarchais a demandé à l'ambassadeur Li s'il avait lu l'article publié deux jours avant par Walter Lippmann.

L'ambassadeur Li lui a alors fait remarquer que si, en apparence, Lippmann parlait d'une « entente », en réalité, il tirait prétexte de la décision de l'établissement des relations diplomatiques prise par la Chine et la France pour développer la théorie des « deux Chine ». L'ambassadeur a saisi l'occasion pour réaffirmer l'opposition du gouvernement chinois à cette thèse des « deux Chine ».

Jacques de Beaumarchais a révélé à son interlocuteur que le général de Gaulle informerait de son point de vue sur l'établissement des relations diplomatiques entre la France et la Chine et de ce qu'il attendait de cet événement, lors de la conférence de presse qui aurait lieu le 31 janvier[2].

Le but réel de la visite que Jacques de Beaumarchais a rendue à l'ambassadeur Li, le 23 janvier, n'était pas d'annoncer que l'accord intervenu avait été confirmé par le gouvernement français, car cela aurait pu se faire par téléphone. En réalité, son voyage à Berne avait pour objectif de connaître l'attitude et la réaction du gouvernement chinois à l'égard de « l'abondance des déclarations et des commentaires publiés dans la presse du monde entier[3] », à la suite de la révélation de la décision

[1] *Lettre du président américain Lyndon Johnson à Chang Kai-chek*, le 17 janvier 1864, AIHM, AS, 305.22 : *Établissement des relations diplomatiques entre la France et la République populaire de Chine*, vol. 6, 10 janvier-24 février 1964.

[2] *Note* (de M. de Beaumarchais), le 24 janvier 1964, AMAEF : Asie-Océanie, Chine, 1956-1967, vol. 525, folios 038-39.
Télégramme de Li Qingquan au ministère des Affaires étrangères : *Au sujet de l'entretien avec de Beaumarchais sur l'établissement des relations diplomatiques entre la Chine et la France* ; télégramme de l'ambassade en Suisse au ministère des Affaires étrangères : *Procès-verbal du quatrième tour de négociation sur l'établissement des relations diplomatiques entre la Chine et la France* , le 23 janvier 1964, AMAEC, n° 110-01997-07.

[3] *Note de M. de Beaumarchais*, le 24 janvier 1964, AMAEF : Asie-Océanie, Chine, 1956-1967, vol. 525, folios 038-39.

prise par la France et la Chine d'établir des relations diplomatiques[1]. Pourquoi le gouvernement français se préoccupait-il tellement de l'envoi à Paris d'un groupe précurseur pour préparer l'arrivée de l'ambassadeur chinois ? Pourquoi était-il désireux de savoir si le gouvernement chinois prendrait des dispositions pour accueillir les personnes du groupe précurseur français et pour les installer ? C'est parce que, avant le 9 janvier, date où a eu lieu le deuxième tour des négociations entre Jacques de Beaumarchais et Li Qingquan, le gouvernement français avait déjà décidé d'envoyer à Pékin le groupe précurseur français dans la deuxième quinzaine de février. Cependant, non seulement l'ambassadeur Li n'a pas abordé le problème de l'envoi à Paris d'une telle mission chinoise, lors de son entretien avec Jacques de Beaumarchais le 9 janvier, mais le gouvernement chinois n'a pas évoqué le sujet dans son télégramme du 11 janvier à l'ambassadeur Li qui avait pour objet de l'informer de la confirmation de l'accord intervenu. Le silence du gouvernement chinois inquiétait le gouvernement français qui craignait de se trouver dans une situation embarrassante dans le cas où le gouvernement chinois n'enverrait pas son groupe précurseur, même après l'arrivée à Pékin du groupe précurseur français, et cesserait ou suspendrait la procédure de l'établissement de relations diplomatiques avec la France. Ce qui a été fâcheux pour le gouvernement chinois, c'est que le gouvernement français a informé les États-Unis de sa reconnaissance de la Chine le 15 janvier, et que, deux jours après, le président américain Lyndon Johnson a transmis cette nouvelle à Chang Kai-chek.

[1] *Télégramme de Li Qingquan au ministère des Affaires étrangères : Au sujet de l'entretien avec de Beaumarchais sur l'établissement des relations diplomatiques entre la Chine et la France ; télégramme de l'ambassade en Suisse au ministère des Affaires étrangères : procès-verbal du quatrième tour des négociations sur l'établissement des relations diplomatiques entre la Chine et la France*, le 23 janvier 1964, AMAEC, n° 110-01997-07.

# Chapitre 3

## La reprise des relations diplomatiques

Le 27 janvier 1964, les gouvernements chinois et français ont publié simultanément et séparément, depuis Pékin et Paris, un communiqué conjoint, qui a marqué le succès de trois mois de négociations pour l'établissement des relations diplomatiques et a ouvert un nouveau chapitre dans l'histoire des relations franco-chinoises. Cependant, à ce moment précis, les relations diplomatiques entre les deux pays n'étaient pas encore établies dans les faits, car ils n'avaient pas encore accrédité d'ambassadeurs.

### L'installation des ambassades et l'accréditation des représentants

Comme nous l'avons dit précédemment, à partir du 9 janvier, quand Jacques de Beaumarchais et l'ambassadeur Li Qingquan sont enfin tombés d'accord sur la date de publication du communiqué conjoint, une des préoccupations majeures du gouvernement français était la reprise effective des relations diplomatiques et l'envoi des premiers représentants à Paris et à Pékin. Le gouvernement français voulait avoir la certitude que le gouvernement chinois enverrait ses propres représentants à Paris en temps voulu, et n'en serait pas dissuadé par des rumeurs ou des commentaires qui étaient défavorables à la Chine. N'ayant pas reçu d'instructions du gouvernement chinois, Li

Qingquan n'était pas en mesure de donner une réponse claire aux questions du gouvernement français concernant les modalités d'envoi des premiers représentants et d'ouverture des ambassades à Paris et à Pékin. Cependant, le gouvernement français a constaté, suite à l'entretien entre Jacques de Beaumarchais et Li Qingquan le 23 janvier, qu'en dépit des commentaires et critiques des pays occidentaux, notamment des États-Unis, le gouvernement chinois n'avait pas changé d'avis sur des problèmes importants, tels que la publication du communiqué conjoint, l'envoi des premiers représentants et la désignation d'ambassadeurs. En outre, le général Zinovi Pechkoff était rentré de Taïwan où il avait été envoyé comme émissaire et était arrivé à Paris le 24. Il revenait avec un message de Chang Kai-chek qui conseillait au président de Gaulle de renoncer à l'établissement des relations diplomatiques avec Pékin, et dans lequel il n'y avait pas un mot au sujet d'une éventuelle rupture des relations diplomatiques avec Taïwan si la France passait outre. Finalement, le 27 janvier, après la publication du communiqué conjoint, les autorités de Taïwan ont simplement émis une protestation à l'encontre du gouvernement français, mais toujours sans manifester la moindre volonté de rompre les relations diplomatiques. Au début du mois de février, le représentant diplomatique de Taïwan était toujours en poste à Paris, et rien n'indiquait qu'il avait l'intention de se retirer. Dans le même temps, le gouvernement français demandait régulièrement à Pékin d'envoyer à Paris ses premiers représentants pour installer une ambassade, sans obtenir de réponse. La raison de ce blocage était bien comprise par les autorités françaises, il s'agissait pour la Chine d'attendre que le gouvernement français prenne l'initiative de demander que Taïwan rappelle son représentant.

Pour des raisons de clarté, nous allons exposer séparément comment chacun des deux pays a envoyé ses premiers représentants pour assurer la reprise des relations diplomatiques ; de la même manière, nous traiterons séparément la façon dont l'accréditation des ambassadeurs s'est déroulée dans chacun des deux pays.

## 1. La représentation chinoise à Paris

Au moment des discussions entre Jacques de Beaumarchais et Li Qingquan le 9 janvier, il avait déjà été question de l'envoi d'un groupe précurseur composé de cinq personnes dans la deuxième moitié du mois de février pour installer les locaux de l'ambassade à Pékin. Le 13 janvier, l'ambassade de Chine en Suisse a reçu les instructions d'informer l'ambassade de France à Berne que la Chine y consentait. Le 23 janvier, lors de sa dernière visite à Li Qingquan, Jacques de Beaumarchais a encore parlé de cet envoi d'un groupe précurseur de 5 personnes à Pékin dans la deuxième moitié du mois de février, sans que les deux parties parviennent à un accord. Cependant, le 1^er^ février, le premier secrétaire de l'ambassade de France en Suisse, sur instructions du ministère des Affaires étrangères, a donné l'information suivante à l'ambassade de Chine à Berne : « Selon l'accord bilatéral, les deux parties doivent envoyer en même temps les groupes précurseurs qui devraient entrer en fonction le même jour à Paris et à Pékin. La partie française espère que les deux groupes précurseurs pourront être envoyés simultanément à une date située entre le 10 et le 15 février ». À ce moment, du côté chinois, on comprenait que si la France insistait autant pour que les deux groupes précurseurs soient envoyés en même temps, c'était parce qu'elle craignait de se retrouver dans une situation embarrassante dans le cas où la Chine détacherait son personnel à Paris avec du retard. En conséquence, la Chine a donné son accord à la demande française et a accepté l'envoi de six personnes le 15 février, lesquelles formaient un groupe précurseur composé d'un chargé d'affaires a. i., de trois diplomates, d'un interprète et d'un chiffreur. Le ministère des Affaires étrangères chinois pensait aussi qu'il était préférable que le groupe précurseur chinois arrive le plus tôt possible à Paris, parce que cela pousserait la représentation diplomatique de Chang Kai-chek à quitter Paris[1]. Deng Xiaoping, le Premier ministre par intérim, après avoir examiné le rapport du ministère des Affaires

[1] *Ministère des Affaires étrangères, « Demande d'instructions sur l'envoi mutuel des groupes précurseurs en Chine et en France »*, 3 février 1964, AMAEC, n° 110-01190-08, n° 110-02000-01.

étrangères, a demandé des instructions au président Liu Shaoqi et au président Mao Tsé-toung. Dans son compte rendu, il s'est rangé à l'avis du ministère des Affaires étrangères, mais a aussi exprimé son propre point de vue : « Nous pouvons envoyer le chargé d'affaires a. i. dès maintenant, il n'y a pas de danger, au contraire, cela pourrait forcer la France à éclaircir sa position par rapport à Taïwan. Une fois que le chargé d'affaires a. i. aura été envoyé, si la France joue encore un double jeu en considérant "deux Chine", cela pourrait se transformer au pire en une situation similaire à celle de nos relations avec la Grande-Bretagne, qui nous serait inoffensive mais qui ne serait pas avantageuse pour la partie française[1] ».

En réalité, après l'entretien qui a eu lieu le 9 janvier entre l'ambassadeur Li Qingquan et Jacques de Beaumarchais, au cours duquel celui-ci a proposé le nombre de personnes qui devaient constituer le groupe précurseur et la date approximative de leur arrivée à Pékin, la partie française cherchait toujours à connaître le point de vue de la partie chinoise concernant l'envoi à Paris de son groupe précurseur. Après les publications successives du communiqué conjoint, la déclaration du gouvernement chinois et les commentaires divers suscités dans le monde entier par l'entrée en relation diplomatique de la France avec la Chine, nouvelle qui a fait l'effet d'une bombe, la partie chinoise n'avait toujours pas abordé l'envoi à Paris d'un groupe précurseur pour assurer la reprise des relations diplomatiques.

La partie française s'efforçait de savoir si la Chine préparait l'envoi d'une première mission. Il avait donc été demandé au premier secrétaire de l'ambassade en Suisse de notifier à l'ambassade de Chine que « en application de notre accord bilatéral[2], nos deux pays devraient envoyer simultanément leur groupe précurseur, les deux équipes devraient entrer en fonction le même jour à Paris et à Pékin. La partie française souhaite que les deux pays envoient leur groupe précurseur simultanément, entre le 10 et le 15 février ». La France a finalement avancé l'envoi de son groupe

[1] *Demande d'instructions et instructions du Comité central au sujet de l'envoi mutuel des groupes précurseurs français et chinois* (document envoyé par Deng Xiaoping, au président Liu et au président Mao), 4 février 1964, AMAEC, n° 110-02000-01.

[2] Il n'y a eu aucun accord conclu à ce sujet entre l'ambassadeur Li Qingquan et Jacques de Beaumarchais.

précurseur à la première quinzaine de février. Mais l'objectif n'était pas de précipiter les choses, il s'agissait plutôt de connaître la position du gouvernement chinois sur la question afin d'éviter que la partie française se trouve dans une situation embarrassante au cas où la Chine tarderait ou se refuserait à envoyer ses représentants à Paris.

Au début du mois de février, l'ambassade de Chine en Suisse a notifié à la France que la Chine était disposée elle aussi à envoyer un groupe précurseur composé de 6 personnes autour du 15 février, et que le gouvernement chinois avait déjà désigné M. Song Zhiguang en tant que chargé d'affaires a. i. Le gouvernement chinois disait aussi espérer que le gouvernement français fournirait son assistance à cette équipe dans sa recherche de locaux adaptés, ainsi que pour gérer les autres problèmes pratiques qui allaient se poser.

Après la publication du communiqué conjoint de l'établissement des relations diplomatiques entre Pékin et Paris, le représentant diplomatique de Taïwan avait présenté une note de protestation et avait reçu l'ordre de se préparer secrètement à se retirer, mais il demeurait à Paris sans donner le moindre signe qui aurait manifesté son intention de partir. Le porte-parole du gouvernement chinois a réagi avec véhémence à cette situation dans la déclaration du 28 janvier, selon laquelle, après l'établissement des relations diplomatiques entre la Chine et la France, le représentant de Taïwan ne pouvait en aucun cas continuer à être considéré comme le représentant de la Chine, ne pouvait pas coexister avec le représentant du nouveau gouvernement de la Chine dans le même pays, ni au sein de quelque organisation internationale que ce soit. En conséquence, le président de Gaulle devait comprendre les raisons du manque d'enthousiasme du gouvernement chinois à l'égard des appels répétés du gouvernement français au sujet de l'envoi du groupe précurseur. Afin d'éviter que le gouvernement français et lui-même ne se trouvent dans une situation encore plus embarrassante, il a finalement pris l'initiative et donné le signal d'une rupture des relations diplomatiques avec Taïwan. Le 6 février, le président de Gaulle a donné comme instructions au Premier ministre Georges Pompidou et au ministre des Affaires étrangères Maurice Couve de Murville : « Étant donné : qu'au point de vue du droit international, il n'y a qu'une

Chine ; que c'est, d'ailleurs, ce qu'affirment tous les Chinois quels qu'ils soient et, notamment, le gouvernement de Pékin et celui de Taïpei ; que nous sommes convenus avec le gouvernement de Pékin d'établir avec lui des relations diplomatiques normales et de le faire à l'échelon des ambassadeurs ; que, par là même, nous considérons qu'il est le gouvernement de la Chine ; il y a lieu, pour nous, de ne pas reconnaître le statut diplomatique à la représentation de Taipei, de le lui notifier sans retard et de prendre les dispositions matérielles corrélatives à cette précision[1] ».

Ce qui n'avait pas été prévu, c'est que, une fois informées de la position du président de Gaulle, les autorités de Taïwan ont tenu une conférence de presse le 7 février, à l'occasion de laquelle le porte-parole s'est limité à réaffirmer le principe déjà énoncé le 27 janvier et à reprocher au général de Gaulle sa position de neutralité en Asie du Sud-Est en la considérant comme une capitulation par étapes. Il n'a cependant pas annoncé que les autorités de Taïwan allaient rompre avec Paris et retirer leur représentant. Il n'a même pas commenté l'information qui était apparue dans la presse disant que la France allait prendre l'initiative de rompre avec Taïwan[2]. Dans ces circonstances, le gouvernement français n'avait pas d'autre alternative que de demander à son chargé d'affaires a. i. à Taïwan, Pierre Salade, de faire savoir à Shen Changhuan que : « La France est sur le point d'envoyer un chargé d'affaires à Pékin, en outre elle va recevoir un représentant envoyé par Pékin ; les deux parties vont procéder à un échange d'ambassadeurs dans un délai de trois mois suivant le 27 janvier, date de la publication du communiqué conjoint. Une fois que le représentant diplomatique de Pékin sera installé à Paris, le gouvernement français le considérera comme le représentant de la Chine. En conséquence, la représentation de la République de Chine perdra

[1] *Note pour MM. Pompidou et Couve de Murville* (6 février 1964), dans *Charles de Gaulle, Lettres, notes et carnets* (janvier 1964-juin 1966), 1987, Paris, Librairie Plon, p. 32.

[2] *Quotidien central* (《中央日报》), 8 février 1964.

sa raison d'être[1] ». Le même jour, dans la soirée, le Conseil exécutif de Taïwan a tenu une réunion d'urgence pour discuter de la notification du gouvernement français, et il a finalement été décidé de rompre avec la France. Très tôt, le 11 février, à 2 heures 30, Shen Changhuan a appelé en urgence Pierre Salade, pour lui remettre en main propre la note diplomatique de rupture des relations diplomatiques[2], en lui disant qu'il allait ordonner au chargé d'affaires en France de fermer l'ambassade le plus tôt possible[3]. Le même jour, le chargé d'affaires a. i. de Taïwan à Paris, Gao Shiming, est allé rendre visite au secrétaire général du ministère des Affaires étrangères français et lui a remis la note de la rupture des relations diplomatiques. Quand le secrétaire général lui a dit qu'un représentant diplomatique de Pékin arriverait à Paris dans un délai d'une semaine, il n'a rien ajouté, s'est contenté de déposer sa note et de prendre congé du secrétaire[4]. Gao Shiming n'a pas immédiatement quitté Paris pour rentrer à Taïwan, mais, à partir de ce moment, il avait déjà perdu le statut de représentant diplomatique, et même s'il est demeuré à Paris, son titre était celui d'un simple ressortissant chinois.

Le 12 février, le ministère chinois des Affaires étrangères a envoyé un télégramme à l'ambassade de Chine en Suisse, qui disait : « Premièrement, Song [Zhiguang], accompagné de quatre personnes, partira le 14 février. Il arrivera [à Berne] le 16 février et y attendra des instructions pour partir en France. Quand vous saurez la date de départ du chargé d'affaires français, vous en informerez le ministère immédiatement. Deuxièmement, pour des considérations politiques, il serait inapproprié que le groupe précurseur soit composé d'un trop grand

---

[1] *Transcription de la réception du chargé d'affaires a. i. français Pierre Salade par le ministre des Affaires étrangères* , 10 février 1964, AIHM, AS, 305.22 : *Établissement des relations diplomatiques entre la France et la République populaire de Chine*, vol. 4, , 10 janvier-24 février 1964.

[2] *Note de Shen Changhuan*, le 10 février 1964, AMAEF : Asie 1944-1967 / Formose / 1956-1967 : vol. 61.

[3] *Transcription de la réception du chargé d'affaires a. i. français Pierre Salade par le ministre des Affaires étrangères* , 10 février 1964, 14 h 30 (en réalité le 11 février 1964 à 14 h 30), AIHM, AS, 311.1/0001 : *Rupture des relations diplomatiques entre Taïwan et la France* , 1er janvier-28 février 1964.

[4] *Note – Visite du département du chargé d'affaires de Formose*, le 11 février 1964, AMAEF : Asie-Océanie, Chine, 1956-1967, vol. 526, folios 223-225.

nombre de personnes, leur première mission est d'observer les relations entre la France et Chang Kai-chek, et comment la France procède à l'expulsion des représentants de Taïwan. L'effectif [du groupe précurseur] sera ensuite augmenté suivant l'évolution de la situation. Troisièmement, vous devez communiquer à Song Zhiguang tout ce que vous savez au sujet de la France et étudier le problème de la coordination de votre ambassade avec l'ambassade en France. Quatrièmement, vous êtes priés de préparer à cette mission les membres de votre ambassade qui accompagneront le chargé d'affaires Song, il s'agit de Mai Feng et Sun Huanzhang[1]». Le 15 février, le ministère chinois des Affaires étrangères a donné à l'ambassade de Chine en Suisse les instructions suivantes : « Le camarade Song Zhiguang ne doit pas arriver à Paris le jour où le groupe précurseur français arrive à Pékin, et cela ne doit faire l'objet d'aucun accord avec la partie française, afin d'éviter que la partie française n'entérine le calendrier et que cela provoque un enchevêtrement lors de l'accréditation mutuelle des ambassadeurs. Pour cette raison, premièrement, votre ambassade est priée de notifier à la partie française que le départ de notre chargé d'affaires a. i. depuis Pékin est prévu pour le 19 février, qu'il fera escale en Suisse, et arrivera à Paris le 22 février. Les cinq personnes qui l'accompagnent arriveront à la même date. Deuxièmement, votre ambassade devrait immédiatement faire les démarches auprès de l'ambassade de France en Suisse afin d'obtenir les visas pour ces six personnes, sans attendre l'arrivée de Song, c'est une façon de calmer l'anxiété de la partie française[2] ».

Dans l'après-midi du 21 février, Song Zhiguang est arrivé à Berne, accompagné de quatre personnes. Dans l'après-midi du 23, ils sont partis pour Paris en train, accompagnés de deux employés de l'ambassade de Chine en Suisse,. Le 24, d'après le premier télégramme envoyé depuis Paris par Song Zhiguang au ministère des Affaires étrangères, et suivant ses mémoires qu'il écrira par la suite, Paris a fait particulièrement attention à la sécurité du personnel du groupe précurseur chinois. Le

[1] *Télégramme du ministère des Affaires étrangères à l'ambassade en Suisse, « Réponses aux questions sur le départ pour la France de Song et sur d'autres sujets »* , 12 février 1964, AMAEC, n° 117-01140-05.

[2] *Télégramme du ministère des Affaires étrangères à l'ambassade en Suisse, « Prévenir la partie française des dates de départ et d'arrivée de notre chargé d'affaires »* , 15 février 1964, AMAEC, n° 117-01140-05.

ministère de l'Intérieur a affecté un policier à leur protection depuis la frontière. Quand ils sont arrivés enfin à Paris, la gare était lourdement gardée, avec un service d'ordre très important. Le ministère français des Affaires étrangères a envoyé le directeur adjoint du Protocole pour les accueillir, et fourni des voitures avec escorte pour les conduire à leur hôtel[1]. Outre le personnel du ministère des Affaires étrangères, étaient présents à la gare plusieurs représentants diplomatiques en France de pays amis et des représentants des ressortissants chinois en France. Encore plus spectaculaire, un nombre impressionnant de journalistes était regroupé à la sortie de la gare. Le passage du groupe précurseur a provoqué une vague d'enthousiasme, des acclamations ininterrompues et un déluge de photographies. La France avait choisi de les loger à l'hôtel du Continent, dans le centre de Paris. Song Zhiguang a eu droit à la suite présidentielle. À l'entrée de l'hôtel, en plus de policiers en civil, un garde permanent avait été affecté spécialement. L'hébergement à l'hôtel du Continent avait un coût considérable. D'après les rapports de Song Zhiguang, le tarif d'une chambre s'élevait à plus de 500 francs par nuit, auxquels il fallait ajouter plus de 60 francs pour trois repas standard par jour, et la location d'une voiture à 200 francs par jour. Pour ces raisons, ils souhaitaient trouver un bâtiment le plus tôt possible et quitter l'hôtel[2]. L'après-midi du 24, Song Zhiguang est allé au ministère français des Affaires étrangères, pour rendre visite au directeur du protocole et obtenir un rendez-vous avec le ministre des Affaires étrangères afin de présenter les lettres de cabinet. Le 26, à 18 heures 30, Song Zhiguang a présenté les lettres de cabinet au ministre des Affaires étrangères Maurice Couve de Murville. Pendant leur rencontre, Song Zhiguang a émis le souhait qu'il y ait de nombreuses opportunités de coopérations entre les deux pays, dans les domaines

[1] *Télégramme de l'ambassade en France au ministère des Affaires étrangères, « Activités en France du groupe de Chang Kai-chek »*, 1er mai 1964, AMAEC, n° 110-01223-02.

[2] *Télégramme de l'ambassade à Paris au ministère des Affaires étrangères, « L'arrivée à Paris du chargé d'affaires Song »* , 24 février 1964, AMAEC, n° 110-01216-02, 117-01140-05.
Song Zhiguang, *Le drapeau de la Répubique populaire de Chine flotte dans le ciel parisien – Rétrospective de l'établissement des relations diplomatiques franco-chinoises* ( 宋之光《五星红旗飘扬在巴黎上空——中法建交回顾》), in Huang Shejiao, *Mémoire sur l'établissement des relations diplomatiques franco-chinoises* ( 黄舍骄主编《春华秋实四十年——中法建交回忆录》), Pékin, 2004, pp. 74-75.

politiques, commerciaux et culturels, et que les deux pays puissent procéder à un échange d'ambassadeurs dans les meilleures conditions. Maurice Couve de Murville a répondu que les deux pays avaient bien établi des relations diplomatiques pour développer leur coopération dans tous les domaines et qu'il espérait que ces relations se développeraient de façon fructueuse. Il espérait aussi que les deux pays pourraient échanger leurs ambassadeurs dans les délais convenus, et qu'il ne voyait pas ce qui pourrait y faire obstacle. Song Zhiguang a présenté ses respects de la part du vice-Premier ministre Chen Yi. Maurice Couve de Murville lui a également demandé de présenter ses respects à Chen Yi et de lui dire qu'il espérait avoir la chance de pouvoir le rencontrer bientôt[1].

Après son entrée en fonction en tant que chargé d'affaires *ad interim*, Song Zhiguang s'est conformé aux instructions qu'il avait reçues et a rendu visite aux personnalités politiques françaises qui avaient visité la Chine et maintenu des liens avec elle, comme les anciens présidents du Conseil Edgar Faure et Pierre Mendès France, le ministre de la Culture André Malraux, la présidente du groupe d'amitié franco-chinoise à l'Assemblée nationale Marie François-Bernard, le vice-président de ce groupe André Bettencourt, et quelques dirigeants de partis politiques. Entrer en contact avec ces personnalités était aussi un moyen pour Song Zhiguang de faciliter son travail.

En application du droit international, après la reconnaissance du nouveau gouvernement chinois par le gouvernement français et la rupture de la France avec Taïwan, une fois parti le représentant diplomatique de l'île, les locaux de l'ambassade de Taïwan à Paris auraient dû devenir propriété du gouvernement chinois en tant que successeur de l'ancien gouvernement. Cependant, la complexité de la situation, d'une part, la durée des négociations alors que l'ambassadeur devait bientôt prendre ses fonctions, d'autre part, ont contraint Song Zhiguang à renoncer

[1] *Télégrammes de l'ambassade de Chine en France au ministère des Affaires étrangères, « Rencontre avec le ministre français des Affaires étrangères »* , 26 février 1964 ; *Transcription de la rencontre de Song Zhiguang avec Maurice Couve de Murville, ministre français des Affaires étrangères* , 26 février 1964, AMAEC, n° 117-01140-05, 110-01216-01.
*Entretien du ministre avec M. Song Zhiguang, chargé d'affaires de la République populaire de Chine*, le 26 février 1964, AMAEF : Asie-Océanie, Chine, 1956-1967, vol. 526, folios 305-306.

provisoirement à négocier la reprise de l'ancien bâtiment, et à chercher de nouveaux locaux.

Pour des raisons pratiques, le personnel du groupe précurseur n'est pas resté très longtemps à l'hôtel du Continent et une résidence temporaire a été louée. Grâce à une recherche active, ils ont bientôt trouvé un bâtiment indépendant, dans la banlieue nord-ouest de Paris, rue du Château à Neuilly-sur-Seine, avec un loyer mensuel de 30 000 francs, qu'ils ont fini par acheter pour 1 500 000 dollars.

D'après le secrétaire du groupe précurseur Zhang Xichang, il s'agissait d'un immeuble indépendant de trois étages, décoré avec raffinement, et comprenant un grand salon, un jardin avec pelouse à l'avant, dont l'agencement et le style lui permettaient de servir d'ambassade.

Après le mois de mars 1967, quand la Chine a pu récupérer les locaux de l'ancienne ambassade, 11, avenue George-V, l'immeuble de Neuilly-sur-Seine a été transformé en résidence de l'ambassadeur.

Le 4 avril, le chargé d'affaires a. i. français en Chine, Claude Chayet, a reçu instruction d'informer le ministère chinois des Affaires étrangères que Lucien Paye avait été désigné pour être le premier ambassadeur de France en Chine, et de demander quel serait le point de vue du gouvernement chinois à ce sujet. Bientôt, le ministère chinois des Affaires étrangères a demandé à l'ambassade de Chine en France d'indiquer au ministère des Affaires étrangères français que la Chine avait décidé de nommer Huang Zhen ambassadeur en France, qu'il sollicitait l'agrément du gouvernement français, et de faire savoir que le gouvernement chinois donnait son agrément à la désignation de Lucien Paye comme ambassadeur de France en Chine. Le 18 avril, le premier secrétaire de la mission diplomatique française en Chine a notifié au ministère des Affaires étrangères chinois que le gouvernement français avait donné son agrément à la désignation de Huang Zhen par le gouvernement chinois comme ambassadeur de Chine en France[1].

Le 2 juin, Huang Zhen, entouré d'une délégation, est arrivé à Paris pour y prendre les fonctions d'ambassadeur. Dans l'après-midi du

---

[1] *Télégrammes échangés entre le ministère des Affaires étrangères et l'ambassade de Chine en France au sujet de la désignation de l'ambassadeur*, 26 mars-10 avril 1964, AMAEC, n° 110-02002-03.

4, il est allé au Quai d'Orsay pour rendre visite au ministre des Affaires étrangères de France, Maurice Couve de Murville, et lui remettre la copie de ses lettres de créance.

Le 6 juin, Huang Zhen, accompagné du conseiller de l'ambassade, s'est rendu au palais de l'Élysée pour remettre ses lettres de créance au président de la République française, Charles de Gaulle. Parmi les personnes présentes du côté français se trouvaient le ministre des Affaires étrangères, le secrétaire général de l'Élysée, le directeur du cabinet présidentiel, ainsi que le conseiller diplomatique de l'Élysée.

Dans son allocution, l'ambassadeur Huang Zhen a déclaré :

> *« La Chine et la France sont deux pays qui jouent un rôle important dans les affaires internationales. Ces deux pays ont établi des relations diplomatiques normales, c'est non seulement favorable à l'amitié et à la coopération entre les deux peuples, c'est aussi favorable à la coexistence pacifique entre des pays de régimes différents et à l'établissement de la paix dans le monde entier. [...] Les peuples de ces deux pays aiment leur patrie, ce sont aussi des peuples qui aiment ardemment la paix et qui placent la dignité et l'indépendance de leur nation au-dessus de tout ; nos deux peuples ont une aspiration commune à renforcer leurs liens traditionnels d'amitié. J'espère que, à la suite de l'établissement des relations diplomatiques entre les deux pays, la Chine et la France, sur une base d'égalité, d'avantages réciproques et de respect mutuel de leur souveraineté et de leur intégrité territoriale, développeront leurs relations dans tous les domaines, politique, économique et culturel*[1] *».*

Le président de Gaulle, dans son allocution, a répondu :

> *« La cérémonie d'aujourd'hui est un événement qui revêt, sans aucun doute, aux yeux de votre pays et aux yeux du mien, une grande importance. D'abord, parce que le fait que la France et la Chine nouent entre elles de nouveau des relations normales est par lui-*

[1] *Allocution de l'ambassadeur Huang Zhen lors de la présentation de sa lettre de créance au président de Gaulle* , juin 1964, AMAEC, n° 110-02002-01.

*même considérable puisque la Chine est un très grand pays et un très grand peuple. Ensuite, parce qu'entre votre pays et le mien il y a, nous semble-t-il et depuis toujours, les meilleures raisons de se reconnaître, de se comprendre et de coopérer dans tout ce que les hommes sur la terre ont à réaliser pour leur progrès et pour leur développement. Enfin, monsieur l'ambassadeur, l'acte par lequel nous nouons entre Pékin et Paris des relations diplomatiques normales peut avoir une vaste portée, parce que, pour le monde, ce dont il s'agit surtout, c'est de la paix. La paix est, évidemment, essentielle pour tous les hommes et il n'est possible de l'établir sur la terre que si une puissance comme la Chine en fait partie intégrante. C'est la raison pour laquelle vous et nous, qui voulons la paix, pouvons et devons sans doute nous comprendre et nous entendre*[1] ».

Une fois la cérémonie de remise des lettres de créance terminée, l'ambassadeur Huang Zhen a transmis au président de Gaulle les respects du président Liu Shaoqi et du Premier ministre Chou En-lai. Le général de Gaulle l'en a remercié et, à son tour, lui a demandé de transmettre ses respects à Liu Shaoqi et à Chou En-lai. Enfin, le président français a proposé de rencontrer l'ambassadeur le 19 juin à 17 heures, toujours à l'Élysée, étant donné qu'une cérémonie de remise des lettres de créance n'était pas une occasion propice à une discussion[2]. Quant aux problèmes dont le président de Gaulle souhaitait discuter avec l'ambassadeur chinois, bien qu'il ne l'ait pas dit explicitement, il était assez facile de deviner qu'il s'agirait de la situation de l'Asie du Sud-Est qui le préoccupait depuis longtemps, et de savoir comment la Chine et la France pourraient ensemble traiter les affaires asiatiques. En effet, c'est seulement par la participation directe au traitement des affaires asiatiques et en y jouant un rôle important que la France pourrait pleinement affirmer son retour en Asie. C'était aussi une des principales raisons pour laquelle le général

[1] *Allocution prononcée au palais de l'Élysée lors de la remise des lettres de créance de l'ambassadeur de Chine*, le 6 juin 1964, dans Charles de Gaulle, *Discours et messages***, Pour l'effort (août 1962-décembre 1965)*, pp. 215-216.

[2] *Télégramme de l'ambassade de Chine en France au ministère des Affaires étrangères*, « *Au sujet de la remise de la lettre de créance* » , 6 juin 1964, AMAEC, n° 110-02002-01.

de Gaulle avait activement promu l'amélioration des relations entre la France et la Chine.

Avant son rendez-vous avec le président de Gaulle, l'ambassadeur Huang Zhen a rencontré le Premier ministre Pompidou, le 16 juin. Il s'agissait aussi d'une visite protocolaire, mais elle lui a permis de connaître la position française sur le problème du Laos, d'exposer de son côté la position chinoise sur Taïwan et sur la situation au Laos, et enfin de préparer la rencontre avec le président de Gaulle qui aurait lieu quelques jours plus tard[1]. Pompidou a déclaré :

> *« Nous souhaitons maintenir de très bonnes relations avec la Chine, il n'y a en réalité aucune raison que cela ne soit pas le cas. Le gouvernement français est prêt à faire tous les efforts pour pérenniser et développer cette relation, dans le but de renforcer notre compréhension mutuelle, nos relations économiques, politiques et culturelles, et de contribuer à la paix mondiale, notamment en Asie. La désignation de nos ambassadeurs respectifs va permettre un développement actif de nos relations, en premier lieu dans le domaine de la culture, mais aussi dans le domaine économique ; je pense d'ailleurs qu'il sera assez facile de trouver des moyens de développer nos relations économiques. Au niveau politique, il y a aussi beaucoup de choses à faire. Les deux pays chérissent la paix, l'indépendance et la dignité, c'est le désir commun des peuples français et chinois, ainsi que le but de la politique du général de Gaulle et du gouvernement français. L'objectif principal de la politique étrangère française est d'établir une paix stable et durable, et cette paix doit être établie sur une base d'indépendance. J'espère que nous aurons l'occasion de montrer combien la paix nous est précieuse, et que nous pourrons trouver des moyens pour résoudre de nombreux problèmes. Votre Excellence peut réfléchir à ceux de ces problèmes qui lui paraissent les plus essentiels ».*

Au sujet du Laos, Georges Pompidou a déclaré :

[1] *Télégramme du ministère des Affaires étrangères à l'ambassadeur Huang Zhen, « Au sujet des entretiens avec de Gaulle et Pompidou »* , 13 juin 1964, AMAEC, n° 110-02002-01.

**L'Ambassadeur Huang Zhen à l'occasion de la remise des Lettres de Créance au Président de Gaulle, le 6 juin 1964. (à droite, le Ministre français des Affaires Étrangères Maurice Couve de Murville)**

*« La situation a empiré au Laos, c'est le résultat d'une aggravation de la situation générale. Il est difficile de désigner les coupables de ce qui s'est passé. Chaque partie veut l'emporter et se méfie des autres. Ce qui compte aujourd'hui, c'est de rétablir la confiance, de revenir à l'esprit de la conférence de Genève de 1954 et de s'efforcer de conclure avec les pays les plus impliqués de la région des accords pacifiques et désintéressés. C'est la politique de la France. S'il se trouve que c'est aussi la politique de la Chine, alors, ce sera un grand pas pour convaincre les autres pays ».*

Georges Pompidou estimait que la Chine pourrait jouer un rôle majeur dans la résolution du problème du Laos. À la fin de la rencontre, le Premier ministre Georges Pompidou a demandé à l'ambassadeur

Huang Zhen de transmettre ses respects au Premier ministre Chou En-lai[1].

Le 19 juin, l'ambassadeur Huang Zhen s'est rendu au palais de l'Élysée pour une rencontre avec le président de Gaulle. Il avait reçu comme instruction d'exprimer[2], avant toute chose, que les dirigeants chinois appréciaient le rôle que le général de Gaulle jouait dans la situation internationale actuelle, et de dire qu'ils étaient disposés à écouter son point de vue sur les grands problèmes internationaux du moment.

Le président de Gaulle :

> *« Nous souhaitons savoir ce que la Chine pense de la situation ; il y a ce que l'on dit, ce que l'on publie, et ce que l'on cherche vraiment à réaliser. Mon pays est indifférent à la propagande, mais pas à l'action et à la position d'un grand pays comme la Chine. C'est pourquoi nous allons examiner certains problèmes en particulier. Il y a l'Asie, et, en Asie, il y a des troubles. Nous pensons que la Chine est intéressée plus que personne, ce qui est normal et naturel, par ces troubles. Je veux parler du Vietnam, du Cambodge et du Laos, et je demande à l'ambassadeur si, indépendamment des déclarations et de la propagande, il disposerait d'éléments quant à l'attitude de son gouvernement au sujet de ces troubles en Asie du Sud-Est, précisément vis-à-vis de ces trois pays ».*

L'ambassadeur Huang Zhen :

> *« Je crois que monsieur le président a déjà reçu la correspondance de M. Lucien Paye, lequel s'est longuement entretenu avec les dirigeants chinois, il n'a pu manquer de fournir d'amples renseignements à ce sujet ».*

---

[1] *Télégramme de l'ambassade de Chine en France au ministère des Affaires étrangères, « Visite de l'ambassadeur Huang Zhen au Premier ministre français »*, 17 juin 1964, AMAEC, n° 110-02004-02.

[2] *Télégramme du ministère des Affaires étrangères à l'ambassadeur Huang Zhen, « Au sujet des entretiens avec de Gaulle et Pompidou »*, 13 juin 1964, AMAEC, n° 110-02004-01.

À la requête du général, l'ambassadeur Huang Zhen a exposé de nouveau les grandes données de la politique de la Chine. Il a fait un bref historique de la question, remontant à l'époque des accords de Genève de 1954, montrant qu'ils ont été systématiquement freinés par les États-Unis ; il a dit que tout le mal venait de Washington, dont la politique d'intervention et d'agression a mené au coup d'État du 19 avril, à la suite duquel « le gouvernement d'union nationale du Laos est devenu celui de la droite ». Les États-Unis en ont alors profité pour intensifier leur intervention en envoyant des unités de Thaïlande, en faisant approcher la 7e flotte, en bombardant Khang Kay. Cependant, la Chine était favorable à la réunion d'une conférence des Quatorze.

> *« Nous savons que la France veut la paix en Indochine et se soucie de l'application des accords de Genève ; cette préoccupation nous est commune ».*

L'ambassadeur chinois a dénoncé l'inutilité des efforts de ceux qui, comme la Grande-Bretagne, veulent des « consultations unilatérales » dans un Vietnam « contrôlé par l'aile droite », rendant ainsi la situation « plus complexe ». Il a déclaré :

> *« Nous espérons que la Chine et la France pourront conjuguer leurs efforts afin de convoquer une conférence des Quatorze, pour la paix dans toute l'Indochine, c'est-à-dire la réunification du Vietnam, la neutralité du Cambodge et l'indépendance du Laos ».*

Le président de Gaulle a précisé :

> *« La France désire sincèrement la paix en Asie et notamment dans le Sud-Est asiatique, non qu'elle soit directement impliquée, puisque depuis 1954 elle a retiré ses forces, mais parce qu'elle croit la paix nécessaire en cette ère de progrès et de développement ; elle est disposée à s'employer au maintien de la paix en Asie et notamment en Asie du Sud-Est ».*

Le général a affirmé qu'il pensait que les accords de Genève étaient « bons » ; ils ont été le seul élément qui a permis d'assurer la paix, mais pour qu'ils continuent à jouer ce rôle, il aurait fallu qu'ils soient appliqués par tous. Depuis 1954, il y a eu certes des torts de part et d'autre.

> *« Nous savons, comme le dit l'ambassadeur et comme l'a dit M. Lucien Paye, qu'il faut revenir à 1954, réunir une conférence des 14 puissances qui prirent part aux réunions de l'époque, reprendre l'ensemble de la question, aboutir à des accords et les faire appliquer, afin que soit rétablie la paix, c'est-à-dire la non-intervention. Nous croyons que, dans ce but, le rôle de la Chine est capital. On ne peut rien faire sans la Chine, on peut peut-être résoudre le problème avec elle ».*

Le général a rejeté à son tour l'initiative britannique et également celle de la Pologne :

> *« Il faut aller à une conférence des Quatorze, recommencer le travail de Genève. Le rôle de la Chine est capital en ce domaine, et il est également important qu'elle le veuille et le dise ».*

La tenue d'une conférence dépendait encore d'autres pays, notamment des États-Unis, « dont nous ne faisons pas la politique », de Delhi, de Moscou, de Londres, de Hanoi, de Saigon, de Phnom Penh. Si l'ambassadeur est appelé par son gouvernement « à prendre contact avec le gouvernement français pour une action diplomatique en vue de la réunion d'une conférence des Quatorze, celui-ci est prêt à entrer dans cette voie ».

L'ambassadeur Huang Zhen a répondu en indiquant le désir commun de paix des deux pays, puis est revenu sur la politique américaine depuis le président Harry S Truman, faite « d'hostilité envers la Chine nouvelle » ; cependant, la Chine a signé les accords de Genève et les a appliqués fidèlement. Il s'est référé aux lettres du ministre des Affaires étrangères chinois des 26 mai et 9 juin et a indiqué que la conférence pourrait être tenue aussi bien à Phnom Penh qu'à Genève. « Nous espérons que la Chine et la France pourront étroitement coopérer pour l'ouverture d'une conférence des Quatorze, le plus tôt possible ». D'après lui, si tous les pays participants se mettaient d'accord, il serait possible que les États-Unis retirent leurs forces du Vietnam, mettent un terme à leur agression, et la paix serait ainsi assurée.

Huang Zhen a ajouté que si la Chine devait jouer dans ce domaine un rôle capital, le rôle de la France n'était pas moindre. Il faudrait, si une conférence avait lieu, qu'aucun des participants de 1954 n'en soit exclu, de même que, parmi les Laotiens, aucune faction ne devra être écartée, faute de quoi l'accord serait impossible.

Le général de Gaulle a indiqué qu'il croyait en effet à la nécessité de la convocation d'une conférence des Quatorze sans aucune exclusion.

> *« Nous croyons que, pour se réunir et pour réussir, il faut que tous les participants viennent dans une intention de succès et cessent d'échanger des récriminations. Vous dites que tout le mal vient des États-Unis, mais ceux-ci disent que le mal vient du Viêt-minh et indirectement de la Chine. Nous croyons qu'il faut proposer et conduire une conférence pour aboutir, et, à cette fin, se défaire de l'esprit de récrimination. Si nous souhaitons une conférence, c'est pour la paix en général et en Indochine en particulier, mais aussi parce que nous souhaitons que la Chine se présente dans le monde, qu'elle apparaisse sous tous ses aspects, diplomatique, économique, culturel, bref nous souhaitons qu'elle ait la place qui correspond à son rang. Nous croyons que, pour la Chine nouvelle, l'Asie du Sud-Est constitue précisément cette occasion d'apparaître ; nous souhaitons très sincèrement qu'elle saisisse cette occasion dans un sens de paix, de détente, de coopération[1] ».*

---

[1] *Télégramme de l'ambassade de France au ministère des Affaires étrangères, « Discussions entre de Gaulle et l'ambassadeur Huang »*, 21 juin 1964, AMAEC, n° 110-02004-01.
*Points essentiels traités lors de l'audience du général de Gaulle à l'ambassadeur de Chine, M. Huang Zhen, à l'Élysée*, le 19 juin 1964 (compte rendu officieux), AMAEF : Asie-Océanie, Chine, 1956-1967, vol. 527, folios 155-158.

En discutant avec Huang Zhen des problèmes de l'Asie du Sud-Est, le général de Gaulle avait pour objectif de comprendre quels étaient les points de vue communs entre les deux pays sur ces questions. Il voulait avoir confirmation de la façon dont le gouvernement chinois appréhendait la situation et comment il comptait résoudre les problèmes. En définitive, il voulait faire entendre la voix de la France en Asie du Sud-Est en coopérant avec la Chine, et préparer son retour dans cette région.

La rencontre du président de Gaulle avec l'ambassadeur Huang Zhen et leurs discussions sur les grands problèmes internationaux ont bien marqué la reprise de relations diplomatiques normales entre les deux pays, et l'ouverture d'une nouvelle ère des relations entre la Chine et la France.

## 2. La représentation française à Pékin

Le 1er février, le premier secrétaire de l'ambassade de France en Suisse a informé l'ambassade de Chine en Suisse que les deux parties devraient envoyer leur groupe précurseur en même temps, et que les deux équipes à Paris et à Pékin devraient entrer en fonction le même jour, la France souhaitant que cette date se situe entre le 10 et le 15 février. Le but de cette démarche était de savoir si la partie chinoise avait déjà décidé d'envoyer une équipe. Il s'agissait toujours d'éviter que les représentants français arrivassent à Pékin alors que la Chine n'avait envoyé personne à Paris, ce qui aurait mis la France dans une situation embarrassante.

Informée que la Chine allait envoyer son groupe précurseur en France, celle-ci a rétabli la date d'arrivée des groupes précurseurs à la date initialement fixée.[1]

La nomination de M. Claude Chayet en tant que chargé d'affaires a. i. à Pékin ne résultait pas du seul fait qu'il avait déjà vécu en Chine pendant un certain temps. En novembre 2004, l'auteur a eu la chance de s'entretenir à Paris avec M. Claude Chayet de cette période de

[1] *Télégramme de l'ambassade de Chine en Suisse au ministère des Affaires étrangères, « Le chargé d'affaires français Chayet arrive le 23 à Pékin »*, 14 février 1964, AMAEC, n° 110-01218-01.

l'établissement des relations diplomatiques. Au sujet de sa désignation comme chargé d'affaires a. i. à Pékin, ce dernier a déclaré :

> *« Fin décembre 1963-début janvier 1964, alors que j'avais fait un passage à Paris depuis l'Algérie où j'étais en poste, pour rendre compte de ma mission, j'ai déclaré au chef de la direction du Personnel du ministère des Affaires étrangères que j'étais fatigué d'être à Oran, et que j'aurais bien aimé changer de zone géographique. Le chef m'a demandé où je souhaiterais aller et je lui ai répondu que tous les endroits me convenaient, pourquoi pas en Chine. Il m'a dit que la France n'avait pas encore établi de relations diplomatiques avec la Chine. Je lui ai répondu que je le savais mais que c'était une idée qui m'était passée par la tête, rien de plus. À ce moment-là, il m'a suggéré d'aller en Allemagne, mais j'ai refusé pour des raisons diverses. J'ai dit que je préférerais marcher jusqu'à la lointaine Chine que d'aller en Allemagne. Environ deux semaines plus tard, j'étais de retour à Oran, quand j'ai reçu un appel téléphonique du chef de la direction du Personnel qui m'a demandé si j'étais finalement bien prêt à marcher jusqu'en Chine. J'ai répondu aussitôt : "Ça va sans dire, je suis prêt à partir à tout moment". Il m'a dit alors : "Très bien, je vous recommande immédiatement auprès du ministre des Affaires étrangères". Maurice Couve de Murville avait appris que mon grand-père et mon père avaient été diplomates, que mon père avait été en poste en Chine et que j'avais passé six années de mon enfance à Pékin, entre 1927 et 1933. Il a tout de suite pensé que c'était une bonne idée de m'envoyer en Chine comme chargé d'affaires a. i. avec pour mission d'installer l'ambassade. Cependant, les raisons principales qui ont fait que j'ai été choisi, c'est qu'ils avaient compris que j'étais chrétien, modeste, facile à vivre, avec de l'humour. Ainsi, j'ai quitté Oran ».*

Avant que le chargé d'affaires Claude Chayet parte pour la Chine, le président de Gaulle, le ministre des Affaires étrangères Maurice Couve de Murville et le directeur Jacques de Beaumarchais l'ont reçu successivement pour lui donner des instructions orales.

Le groupe précurseur conduit par Claude Chayet était composé de six personnes, son premier secrétaire était Jean Gory. Ils sont arrivés le 23 février à Pékin et ont été accueillis par l'attaché de la direction du Protocole du ministère chinois des Affaires étrangères et le corps diplomatique en Chine. Parmi ces diplomates, il y avait : le chargé d'affaires de la Grande-Bretagne, le chargé d'affaires a. i. du Pakistan, le chargé d'affaires a. i. du Cambodge, le chargé d'affaires a. i. du Mali, le premier secrétaire de l'ambassade du Laos et l'attaché de l'ambassade de Guinée. En outre, le « consul clandestin français » (agent consulaire français à Pékin), Augustin Quilichini et son épouse, ainsi qu'une partie des ressortissants français, sont allés le saluer. Claude Chayet, après être arrivé à Pékin, a rendu visite au vice-directeur du protocole au ministère des Affaires étrangères, Ge Buhai, pour discuter de la date de présentation des lettres de cabinet, de sa rencontre avec les dirigeants chinois et avec le corps diplomatique en Chine. Ge Buhai a expliqué que le gouvernement chinois allait apporter son soutien afin que Claude Chayet puisse accomplir sa mission. Le 25 février, étant donné que le ministre des Affaires étrangères Chen Yi accompagnait le Premier ministre Chou En-lai en visite à l'étranger, Claude Chayet a présenté les lettres de cabinet au vice-ministre des Affaires étrangères, Zeng Yongquan. Il a déclaré que, avant son départ pour Pékin, il avait rencontré le président de Gaulle, et que celui-ci tenait à remplir son engagement d'envoyer un ambassadeur dans le délai qui avait été prévu dans le communiqué conjoint, et qu'il espérait qu'une nouvelle étape des relations entre les deux pays allait s'ouvrir dans les domaines politiques, économiques et culturels[1]. Zeng Yongquan a souhaité la bienvenue à Claude Chayet, puis a exprimé la satisfaction du gouvernement chinois quant à l'ouverture des relations diplomatiques, en espérant que les liens entre les deux pays se développent dans tous les domaines. Il a aussi déclaré que le ministère des Affaires étrangères offrirait l'assistance nécessaire pour que Claude

[1] *Discours de Claude Chayet, chargé d'affaires a. i., lors de la présentation des lettres du cabinet*, Pékin, le 25 février 1964, AMAEF : Asie-Océanie, Chine, 1956-1967, vol. 526, folio 311.

Chayet puisse ouvrir une ambassade à Pékin[1].

Après son arrivée, le groupe précurseur français fut logé à l'hôtel de Pékin. C'était peu pratique, comme cela avait été le cas pour l'équipe chinoise à l'hôtel du Continent à Paris. D'après les souvenirs de Claude Chayet, il n'y avait pas de coffre à disposition, si bien que les membres de l'équipe devaient en permanence transporter leurs documents dans une valise et la garder avec eux, qu'ils soient au restaurant ou bien conviés à une réception officielle. Ils avaient tout de même un bureau, au 5, Taijichang Santiao, une propriété de l'État français, qui était l'ancienne librairie de la légation française, et disposaient de celui du « consul clandestin français », Augustin Quilichini. D'après les archives, le jour suivant son arrivée à Pékin, Claude Chayet a fait enregistrer l'adresse du 5, Taijichang Santiao pour recevoir et envoyer des télégrammes au bureau de la poste de Pékin[2]. En effet, lorsqu'il a consulté les archives du ministère français des Affaires étrangères, l'auteur a pu constater que, à partir du lendemain de l'arrivée de Claude Chayet à Pékin jusqu'à l'entrée en fonction de l'ambassadeur Lucien Peyer, tous les télégrammes envoyés par l'ambassade de France à Pékin mentionnaient l'adresse de l'expéditeur au 5, Taijichang Santiao. L'équipe travaillait donc dans les bureaux à cette adresse et passait la nuit à l'hôtel de Pékin. Claude Chayet a dit à l'auteur que les bureaux du 5, Taijichang Santiao n'étaient pas adaptés à l'hébergement d'une ambassade. Ainsi, conformément aux instructions du gouvernement français, quand ils ont rencontré officiellement les fonctionnaires du ministère chinois des Affaires étrangères, ils ont présenté une demande de restitution des locaux de l'ancienne légation française situés au 8, Dongjiaominxiang. Étant donné que le quartier où se trouvait l'ancienne légation française avait été exproprié par le gouvernement chinois pour des raisons de planification urbaine, la restitution s'est révélée impossible. Claude

[1] *Réactions des ambassades étrangères en Chine* , 1er mars 1964, AMAEC, n° 117-01144-04.

*Claude Chayet, chargé d'affaires a. i. à Son Excellence Monsieur Couve de Murville, ministre des Affaires étrangères – Premières visites protocolaires aux autorités chinoises*, Pékin, le 29 février 1964, AMAEF : Asie-Océanie, Chine, 1956-1967, vol. 526, folios 308-309.

[2] *Réactions des ambassades étrangères en Chine* , 1er mars 1964, AMAEC, n° 117-01144-04.

Chayet a alors demandé au ministère chinois des Affaires étrangères de lui prêter assistance pour trouver des locaux adaptés dans Pékin ou bien de lui indiquer une adresse où une ambassade pouvait être construite. Toutefois, à l'arrivée de l'ambassadeur Lucien Paye le 27 mai, Claude Chayet n'avait toujours pas trouvé de locaux adaptés à une ambassade et à la résidence de l'ambassadeur. Il faudrait attendre début juin pour que, aidé par le ministère chinois des Affaires étrangères, le groupe précurseur français réussisse à louer deux bâtiments situés à Sanlitun. Cependant, « selon le souhait du gouvernement français, il faudrait construire une nouvelle ambassade comprenant une résidence, des bureaux et des locaux d'habitation personnels[1] ».

Le 11 mars, le Premier ministre par intérim, Deng Xiaoping, a reçu le chargé d'affaires français Claude Chayet. Au cours de la conversation, Deng Xiaoping lui a demandé de faire savoir au général de Gaulle que, même s'ils devaient se priver de nourriture et de vêtements, les Chinois devaient avoir l'arme atomique et que le premier essai de bombe était prévu pour la fin de l'année. Le 19 mars, Claude Chayet a rendu visite au ministre des Affaires étrangères Chen Yi, qui l'a reçu de façon décontractée, et a abordé avec lui un très grand nombre de sujets. En dehors de l'expression de leur satisfaction commune quant à l'établissement des relations diplomatiques, Claude Chayet a parlé à Chen Yi de ses souvenirs d'enfance en Chine et de ses impressions sur le pays après trente ans d'absence.

Le 27 mai, Lucien Paye, premier ambassadeur de France en Chine, est arrivé à Pékin en train depuis Canton, il a été accueilli à la gare par le directeur du protocole du ministère des Affaires étrangères. Étaient aussi présents le chargé d'affaires a. i. de l'ambassade de France, Claude Chayet (devenu conseiller d'ambassade) et des diplomates étrangers en poste à Pékin. Le matin du 29, Lucien Paye a rendu visite à Chen Yi, vice-Premier ministre et ministre des Affaires étrangères, pour discuter des modalités de la remise des lettres de créance, dont il a donné une

[1] *Lettre de la direction consulaire du ministère des Affaires étrangères au sujet de la demande française de construire l'ambassade perpétuelle et la réponse par télégramme de l'ambassade de Chine en France, 23 juin-17 juillet 1964* , 20 juin 1964, AMAEC, n° 118-01355-06.

copie. Le 31 dans l'après-midi, le président Liu Shaoqi a officiellement reçu les lettres de créance remises par l'ambassadeur français Lucien Paye au palais de l'Assemblée nationale populaire. Ont participé à cette cérémonie, le vice-ministre des Affaires étrangères Wang Bingnan, le directeur de l'Europe de l'Ouest du ministère des Affaires étrangères Xie Li, le directeur du protocole du même ministère Ma Zhenwu, le conseiller de l'ambassade de France en Chine Claude Chayet et le premier secrétaire Jean Gory. Dans son allocution, l'ambassadeur Lucien Paye a déclaré :

> *« Monsieur le président de la République, je remets à Votre Excellence en cet instant les lettres de créance pour être le représentant de la République française auprès de la Chine, je ne sais comment dire à quel point je suis honoré. Sous tous les aspects, c'est une immense responsabilité que de recevoir la noble mission de faire un lien entre mon pays et un autre pays qui ont accepté ensemble d'établir des relations diplomatiques. [...] La Chine d'aujourd'hui pourra jouer un rôle décisif dans le maintien et la consolidation de la paix dans cette région instable. Le gouvernement français a entretenu des liens dans divers domaines avec les pays de l'Asie du Sud-Est ; dans l'avenir, il s'efforcera avec plaisir à chercher des moyens pour résoudre les problèmes, afin d'assurer que les peuples de cette région, qui ont beaucoup souffert, obtiennent la paix à laquelle ils aspirent ardemment depuis des années. [...] Pour la noble cause du maintien de la paix, pour les échanges économiques et pour la connaissance de la culture de nos deux pays, n'est-il pas possible que nos deux pays, la France et la Chine, trouvent des occasions de se rapprocher et de se témoigner un respect mutuel ? Monsieur le président de la République, c'est la pensée du président de la République française, le général de Gaulle, que j'ai le très grand honneur de vous transmettre au nom de la France ».*

Le président Liu Shaoqi a répondu :

> *« Monsieur l'ambassadeur, je suis heureux de recevoir les lettres*

*de créance de votre part, en tant que premier ambassadeur de la République française, et je remercie Son Excellence le président de la République française de ses vœux que Votre Excellence vient de me transmettre. [...] Bien que les systèmes sociaux des deux pays soient différents, les peuples de nos deux nations aiment ardemment la paix, apprécient l'indépendance et la dignité de leur État et ont le désir commun de développer les relations d'amitié franco-chinoises. [...] La France et la Chine jouent un grand rôle dans les affaires internationales, elles assument la responsabilité importante de sauvegarder la paix mondiale. Je crois que, au fur et à mesure de la normalisation des relations franco-chinoises, nos deux pays doivent promouvoir davantage la compréhension mutuelle, multiplier sans cesse les contacts économiques et culturels, et développer toujours les relations d'amitié entre nos deux peuples*[1] ».

Après la cérémonie de remise des lettres de créance, le président Liu Shaoqi a demandé à l'ambassadeur Lucien Paye de présenter la politique de neutralité du gouvernement français en Asie du Sud-Est.

L'ambassadeur Lucien Paye a déclaré :

*La politique de la France depuis les accords de Genève de 1954 et 1962 a été clairement exposée. [...] L'Indochine ne devrait subir aucune influence étrangère, c'est le souhait de la France. [...] Au sujet de la situation actuelle du Laos, le gouvernement français propose d'organiser une conférence de 14 pays, proposition qui a déjà reçu l'assentiment du gouvernement chinois. [...] La politique de la France en Asie du Sud-Est est une politique de paix. [...] Nous croyons que nous devrions neutraliser les pays de cette région, pour garantir l'avenir des peuples. Je crois que c'est également le désir du gouvernement chinois »*

Le président Liu Shaoqi a demandé :

---

[1] *Allocution de l'ambassadeur français à l'occasion de la remise des lettres de créance* ; *Discours en réponse du président Liu Shaoqi lors de la présentation des lettres de créance de l'ambassadeur français* , 31 mai 1964, AMAEC, n° 117-01669-01.

*« Est-ce que la neutralisation en Asie du Sud-Est que le gouvernement français préconise ne comprend que l'Indochine, ou encore d'autres pays ? »*

L'ambassadeur Lucien Paye a répondu :

*« Nous estimons que la neutralisation devrait commencer par les trois pays de l'Indochine, car c'est sur eux que pèse la plus grande menace, en particulier le Laos et le Vietnam. [...] Puis-je comprendre que la politique du gouvernement chinois va dans le même sens ? Je pense que c'est possible ».*

Le président chinois a déclaré :

*« Les accords de Genève de 1954 et 1962 étaient de bons accords. Nous sommes en faveur de leur mise en œuvre, mais certains pays ne les ont pas bien appliqués. Peu après les accords de Genève de 1954, de nombreux citoyens du Sud-Vietnam ont été massacrés. Au Laos, Souphanouvong a été arrêté. Actuellement, la situation s'aggrave. On voit que ce n'était pas une bonne chose que de ne pas appliquer les accords de Genève ».*

L'ambassadeur Lucien Paye a poursuivi :

*« Pour ces raisons, la France pense qu'une conférence internationale devrait être organisée pour discuter de la situation[1] ».*

Le 9 juin à 14 heures, le Premier ministre Chou En-lai a rencontré l'ambassadeur français Lucien Paye, pour discuter des questions de Taïwan, du Laos, de la neutralité et de la paix en Asie du Sud-Est. Le Premier ministre Chou En-lai a déclaré :

---

[1] *Réception de l'ambassadeur de France Lucien Paye par le président Liu Shaoqi, remise des lettres de créance, discussion sur les relations franco-chinoises, les questions du Laos et de la neutralité en Asie du Sud-Est* , 31 mai 1964, AMAEC, n° 110-02003-04.

**Le président Liu Shaoqi reçoit les Lettres de Créance de l'Ambassadeur français Lucien Paye, le 31 mai 1964.**

*« Avant l'établissement des relations diplomatiques entre la Chine et la France, monsieur Edgar Faure est venu à deux reprises en Chine, et c'est grâce à ses grands efforts que la position du général de Gaulle nous a été communiquée : il n'y a qu'une seule Chine, c'est la République populaire de Chine, il n'y a pas "deux Chine", pas plus qu'il n'y a deux France ».*

Il a ensuite présenté l'histoire de Taïwan à Lucien Paye :

*« Après la guerre sino-japonaise en 1894-1895, le gouvernement de la dynastie des Qing a été obligé de céder l'île de Taïwan au Japon, puis, à la fin de la Seconde Guerre mondiale, suite aux accords du Caire et de Postdam, il a été confirmé que Taïwan était le territoire chinois, et qu'il fallait le rendre à la Chine. En effet, après la fin de la Seconde Guerre mondiale, Taïwan a été réintégrée à la Chine qui a de*

*nouveau exercé sa souveraineté sur l'île ».*

Chou En-lai a donc souligné :

*« Le problème du statut de Taïwan a déjà été réglé depuis longtemps. Par ailleurs, non seulement nous nous opposons à la théorie des "deux Chine", mais Chang Kai-chek s'y oppose aussi ».*

L'ambassadeur Lucien Paye a déclaré :

*« Au moment des accords du Caire et de Postdam, le gouvernement provisoire de la France n'avait pas encore été reconnu par de nombreux pays, et la France n'a pas été invitée à participer à des conférences internationales importantes. Ainsi, la France n'a pas pris part aux conférences du Caire et de Postdam. En 1951, au moment du traité de paix avec le Japon, nous étions tout juste au courant que Taïwan ne faisait plus partie du Japon, et nous avons entendu Truman déclarer que Taïwan était une partie du territoire chinois. La position de la France sur cette question est très claire. Elle ne reconnaît qu'une seule Chine. Le gouvernement français a pris une décision, celle de soutenir la République populaire de Chine à l'Organisation des Nations unies et dans les organes qui lui sont liés, de même qu'au Conseil de sécurité ».*

Ensuite, le Premier ministre Chou En-lai a continué à discuter avec l'ambassadeur français Lucien Paye de la situation au Laos, ainsi que des différentes façons de ramener la paix en Asie du Sud-Est[1].

Après la fondation de la Chine nouvelle, la plupart des personnalités françaises qui étaient venues en visite en Chine, quels qu'aient été leurs objectifs et leur état d'esprit, désiraient pouvoir rencontrer le fondateur de la Chine nouvelle, le président Mao Tsé-toung. Le nouvel ambassadeur de France Lucien Paye ne faisait pas exception.

Le 7 janvier, il a soulevé la question au ministère chinois des Affaires étrangères, en déclarant qu'il aurait souhaité pouvoir rencontrer

[1] *Transcription de la réception de l'ambassadeur français Lucien Paye par Chou En-lai* , 9 juin 1964, AMAEC, n° 110-02003-06.

le président Mao avant le 14 juillet, fête nationale française. Cependant, depuis que Mao Tsé-toung avait quitté la présidence en 1959, aucune rencontre individuelle n'avait été organisée entre lui et un ambassadeur étranger, qu'il s'agisse ou pas du premier ambassadeur de son pays à entrer en fonction en Chine, le nouvel usage étant que Mao Tsé-toung reçoive les nouveaux représentants étrangers au pavillon de la porte Tian'anmen lors des fêtes du 1er mai (fête internationale des travailleurs) et du 1er octobre (fête nationale). Le ministère des Affaires étrangères a donc préféré refuser la demande de l'ambassadeur français en prétextant que le président Mao Tsé-toung était très pris, mais qu'en revanche il pourrait participer à une rencontre collective quand une occasion propice se présenterait. Il s'agissait aussi d'éviter des malentendus avec les pays socialistes et des pays amis asiatiques et africains[1]. Deux mois plus tard, l'après-midi du 10 septembre, le président Mao Tsé-toung rencontrait à Hangzhou Guillaume Georges-Picot, président d'honneur de l'exposition technique française, Jacques Duhamel, président de l'exposition, et Bernard de Gaulle, secrétaire général d'une entreprise d'électronique française. Cela a été l'occasion pour qu'il rencontre également l'ambassadeur français Lucien Paye[2].

Le 14 juillet a été la première fête nationale française célébrée en Chine depuis l'établissement des relations diplomatiques entre la Chine et la France.

La veille, le président Liu Shaoqi a envoyé un télégramme de félicitations au général de Gaulle, président de la République française :

*« Pékin, le 13 juillet 1964*

*Son Excellence le général Charles de Gaulle*
*Président de la République Française*
*Paris*

---

[1] *Au sujet de la demande de l'ambassadeur Lucien Paye de rencontrer le président Mao* , 11 juillet 1964, AMAEC, n° 117-01144-04.

[2] *Transcription de la rencontre du président Mao avec le responsable de l'exposition technique française, Guillaume Georges-Picot, et l'ambassadeur de France Lucien Paye* , 10 septembre 1964, AMAEC, n° 106-01448-07.

*À l'occasion de la fête nationale de la République française, je tiens à adresser, au nom de la République populaire de Chine et du peuple chinois ainsi qu'en mon nom personnel, mes chaleureuses félicitations à Votre Excellence et au peuple de la République française. Je suis sûr que, avec l'établissement de relations diplomatiques entre la Chine et la France et les efforts conjugués des deux parties, l'amitié et la compréhension mutuelle entre nos deux peuples pourront se renforcer de jour en jour et les relations d'amitié entre nos deux pays pourront se développer sans cesse. Je formule mes vœux pour la prospérité de la République française et le bonheur de son peuple.*

*Liou Chao Chi (Liu Shaoqi)*
*Président de la République*
*populaire de Chine*[1] ».

Le 16 juillet, le président français Charles de Gaulle a envoyé un télégramme de remerciements au président chinois Liu Shaoqi :

*« Paris, le 15 juillet 1964*

*Son Excellence monsieur Liou Chao Chi*
*Président de la République populaire de Chine*
*Pékin*

*Très sensible à l'aimable message de Votre Excellence à l'occasion de la fête nationale française, je Lui exprime mes vifs remerciements et Lui adresse mes vœux les meilleurs pour Son bonheur personnel et l'heureux avenir du peuple chinois. Je souhaite sincèrement que l'établissement de relations diplomatiques entre nos deux pays*

[1] *Télégramme de félicitations du président de la République populaire de Chine Liu Shaoqi au président de la République française, le général de Gaulle* , 13 juillet 1964, AMAEC, n° 117-01692-01.
*Télégramme du président chinois Liu Shaoqi au président français de Gaulle*, le 13 juillet 1964, CHAN : 5AG1-254.

*contribue à resserrer les liens d'amitié traditionnelle entre nos peuples.*

*C. de Gaulle*[1] ».

Le soir même, des personnalités parmi lesquelles Chou En-lai, Chen Yi, Li Xiannian, Peng Zhen, Cai Shikai, Wang Bingnan, Fang Yi, Shen Yanbing, Zhang Xiruo, Zhang Zongxun, sur l'invitation de Lucien Paye, ont participé à une réception organisée à la résidence de l'ambassadeur français pour la fête nationale. L'ambassadeur Lucien Paye et le vice-Premier ministre et ministre des Affaires étrangères Chen Yi y ont pris la parole[2].

En juillet 1964, la Chine et la France avaient enfin des ambassadeurs en poste et des locaux fonctionnels, bien que la question des locaux des anciennes ambassades n'ait pas encore été réglée.

Si l'on envisage globalement les relations bilatérales après que les deux gouvernements chinois et français ont déclaré l'établissement de relations diplomatiques et échangé les ambassadeurs, elles se sont développées de façon constructive et très énergique, les deux pays ayant fait des efforts très importants pour promouvoir la coopération dans de nombreux domaines. Cependant, en raison des relations de la France avec les États-Unis, la position du gouvernement français sur le statut de Taïwan est demeurée « un peu floue », ce qui a pu provoquer des heurts diplomatiques. Par exemple, le 8 avril, lorsque le ministre français des Affaires étrangères Maurice Couve de Murville, en visite au Japon, a rencontré son homologue japonais Ohira Masayoshi, il a déclaré : « L'appartenance de Taïwan n'a pas encore été tranchée ». Le 9 avril, lors d'une conférence de presse à Tokyo, le Premier ministre Georges Pompidou a dit : « La France reconnaît ce fait, qu'il y a également un gouvernement à Taïwan, qui exerce son contrôle sur l'île ». Le 23 avril, à l'occasion d'un repas amical entre des journalistes japonais et français, il a ajouté : « La France n'a pas participé à la conférence

[1] *Télégramme de remerciements du président français de Gaulle au président chinois Liu Shaoqi*, 16 juillet 1964, AMAEC, n° 117-01692-01.
*Télégramme du président français de Gaulle au président chinois Liu Shaoqi*, le 15 juillet 1964, CHAN : 5AG1-254.

[2] *Au sujet de la réception lors de la fête nationale* , 14 juillet 1964, AMAEC, n° 117-01692-01.

**Chou En-lai et Chen Yi à la réception donnée par Lucien Paye, ambassadeur français, lors de la fête nationale de France, le 14 juillet 1964.**

du Caire (1943), mais le traité de paix avec le Japon (*Treaty of Peace with Japan* de 1951) stipule que Taïwan a été soustraite au Japon, mais il ne précise pas à quel pays l'île doit être restituée ». Il a dit encore : « La France a observé qu'il y a un gouvernement à Taïwan, qui exerce son contrôle sur l'île ; il y a un autre gouvernement à Pékin, qui contrôle le continent chinois[1] ». Ces propos publics du Premier ministre et du ministre des Affaires étrangères français montrent bien que le gouvernement français s'obstinait dans la théorie des « deux Chine » et d'« une Chine et une Taïwan ». Lors des discussions avec le gouvernement chinois sur Taïwan, un flou était délibérément maintenu et la question était toujours esquivée. Cela a eu certainement un impact négatif sur le développement harmonieux des relations franco-chinoises.

[1] *Demande de l'autorisation de reportage du discours du 9 avril de Pompidou sur le problème de l'établissement des relations entre la Chine et la France* ; *Demande d'instructions sur le traitement du discours du 23 avril de Pompidou sur le problème de Taïwan* ; *Problème du discours de Pompidou sur l'établissement des relations entre la Chine et la France* , avril 1964, AMAEC, n° 110-01223-03.

# Chapitre 4

## La réaction de Taïwan et la rupture entre Paris et Taïpei

Chang Kai-chek et les autorités de Taïwan n'ont cessé d'enquêter et d'essayer de faire des recoupements au sujet de l'établissement des relations diplomatiques entre Pékin et Paris jusqu'à ce que, le 19 janvier 1964, le général Zinovi Pechkoff, émissaire du président de Gaulle, remette à Chang Kai-chek la lettre qui lui avait été confiée. À partir de ce moment, plus aucun doute n'était possible sur la reconnaissance du pouvoir du PCC par la France. Chang Kai-chek et les autorités de Taïwan n'ont pas pour autant renoncé à essayer de convaincre le président de Gaulle de revenir sur sa décision. Ce n'est que le 10 février, quand le gouvernement français a rendu sa position officielle, signal de la rupture, que les autorités de Taïwan ont décidé de mettre fin à leurs relations avec Paris.

Pour empêcher le général de Gaulle de reconnaître le pouvoir du PCC, Chang Kai-chek a pour l'essentiel demandé au gouvernement américain d'exercer une pression sur le gouvernement français. Il a également demandé à Shen Changhuan, ministre des Affaires étrangères et Gao Shiming, chargé d'affaires a. i. à Paris, de rappeler la coopération entre lui et le général de Gaulle contre l'agression allemande, de critiquer le PCC et d'appeler à résister à l'expansion du communisme en Asie et en Afrique. Mais ni la contrainte ni les bonnes paroles n'ont fait céder le général de Gaulle dont la volonté de prendre contact, de collaborer avec la République populaire de Chine et de faire finalement revenir la France en Asie était inébranlable. L'époque où la France était sous l'obédience américaine était révolue.

## A) Les tentatives d'empêchement

Nous l'avons dit précédemment : avant que le messager spécial du président de Gaulle soit arrivé à Taïpei, le président américain Lyndon Johnson avait déjà informé Chang Kai-chek de la décision de l'établissement des relations diplomatiques, prise conjointement par Paris et Pékin.

Afin de mettre Paris et Pékin dans l'embarras et d'empêcher l'échange des ambassadeurs entre la France et la Chine, le président américain Lyndon Johnson a écrit à Chang Kai-chek, le 17 janvier, c'est-à-dire deux jours après l'information donnée par le gouvernement français, en lui disant de ne pas prendre l'initiative de rompre avec la France et de rejeter la responsabilité de la rupture sur le général de Gaulle :

> *« Nous vous informons que nous savons de source sûre que le gouvernement français va reconnaître le pouvoir du PCC dans un avenir assez proche. De plus, nous avons appris que le PCC est disposé à accepter la reconnaissance de la France sans condition et que celle-ci maintiendra ses relations diplomatiques avec votre gouvernement, suite à la reconnaissance. Je voudrais faire part à Votre Excellence que les États-Unis ont fait tout leur possible pour empêcher le geste irraisonné du gouvernement français. Nous avons également exposé aux plus hautes autorités françaises que la reconnaissance du pouvoir de Beiping (Pékin) par la France ne pourrait que compromettre les intérêts du monde libre. Le gouvernement français a été aussi invité à reconsidérer sa décision. [...] Malgré nos efforts, l'attitude française ne paraît pas devoir changer. À notre connaissance, Paris et Beiping vont procéder à l'échange des ambassadeurs dans un délai de trois mois qui suivront la déclaration de l'établissement des relations diplomatiques. Dans ce cas-là, il est absolument nécessaire que nos*

*deux gouvernements collaborent étroitement et recourent à tous les moyens pour minimiser les conséquences que pourrait avoir cet incident. Le PCC sera très en colère si la France maintient ses relations avec votre gouvernement. Il espère que votre gouvernement prendra l'initiative de rompre avec la France, une fois que celle-ci aura reconnu son pouvoir. Ce point est évident. Sans doute, Mao Tsé-toung estime-t-il que votre gouvernement le fera certainement, il pourra ainsi échapper à la responsabilité de la validation de l'existence de "deux Chine". À cet effet, je crois qu'il serait sage que, pour l'instant, Votre Excellence n'exerce pas sa vengeance sur la France. La patience de Votre Excellence va placer Mao Tsé-toung dans une situation très embarrassante et réduire les avantages que le PCC et la France espèrent obtenir de l'établissement des relations diplomatiques. En dernière analyse, je voudrais faire une promesse à Votre Excellence : nous continuerons à appuyer Votre Excellence et votre gouvernement et apporterons tous nos soutiens possibles à notre cause commune*[1] ».

La lecture de la lettre de Lyndon Johnson a plongé Chang Kai-chek dans une profonde perplexité. Il ne comprenait pas le geste du président français de Gaulle, il ne savait pas s'il devait y croire ou non, il doutait même de l'échec des démarches de Lyndon Johnson pour tenter de convaincre le général de Gaulle. Par conséquent, il a convoqué le 18 janvier Jerauld Wright, ambassadeur américain à Taïpei, pour qu'il transmette au président Lyndon Johnson toute sa reconnaissance et lui demander que les États-Unis mobilisent des personnalités françaises ou étrangères qui avaient une possible influence sur de Gaulle, en leur demandant de le persuader de renoncer à sa décision et de souligner à quel point l'affaire était étroitement liée à la cause anticommuniste. Informé que de Gaulle allait lui écrire et envoyer son homme de confiance lui remettre la lettre à Taïpei, Chang Kai-chek était très mal à l'aise, car il ne savait pas ce que de Gaulle allait lui dire réellement. Ignorant de ce qui pouvait advenir, il était plus désireux que jamais que

[1] *Lettre du président américain Johnson à Chang Kai-chek* , le 17 janvier 1964, AIHM, AS, 305.22 : *Établissement des relations diplomatiques entre la France et la République populaire de Chine*, vol. 6, 10 janvier-24 février 1964.

le gouvernement américain puisse continuer à mobiliser ses efforts pour l'aider à remédier à la situation[1]. Pourtant, Jerauld Wright a été très clair face à une telle situation, les États-Unis n'étaient plus capables de poursuivre leur intervention dans la reconnaissance du pouvoir du PCC par la France. Malgré cela, il a informé Chang Kai-chek qu'il allait en rendre compte à son gouvernement, tout en insistant sur le fait que les États-Unis avaient déjà accompli tous les efforts nécessaires.

Chang Kai-chek, confronté à l'échec des démarches américaines pour empêcher la reconnaissance du pouvoir du PCC, s'est retrouvé dans l'incertitude, il n'avait pas d'autre choix que de suivre le conseil des Américains et de patienter pour essayer de sauver la situation, en différant la rupture avec la France afin de mettre le PCC et le général de Gaulle dans l'embarras.

Chang Kai-chek attendait le message du général de Gaulle, son ancien allié pendant la Seconde Guerre mondiale.

Au sujet de l'envoi du messager à Taïpei par le président de Gaulle, le 14 janvier, le ministère français des Affaires étrangères a donné à Pierre Salade, chargé d'affaires a. i. à Taïpei, les instructions suivantes :

> *« Le président de la République a décidé de confier au général Pechkoff, ambassadeur de France, la mission de remettre au maréchal Chiang Kai-chek sa réponse au message que celui-ci lui avait adressé le 24 (sic) décembre.*
>
> *Vous voudrez bien dès réception de ce télégramme demander une audience chez le maréchal Chiang Kai-chek pour le général Pechkoff. Celui-ci transitera par Tokyo où il arrivera le samedi 18 janvier. Il pourrait reprendre le lendemain un avion pour Taipei et être reçu dès le lundi 20 janvier. Vous voudrez bien faire connaître le jour et l'heure de l'audience par un télégramme adressé à notre ambassade au Japon.*

[1] *Procès-verbal de l'entretien de Chang Kai-chek avec l'ambassadeur américain Wright*, le 18 janvier 1964, AIHM, AS, 305.22/0008 : *Relations franco-chinoises* , vol. 3, janvier-28 février 1964.

*Le général Pechkoff sera accompagné du colonel Guillermaz*[1] ».

Désireux de rencontrer l'ancien représentant de la France libre à Tchongking, émissaire du président français de Gaulle, et de connaître le contenu du message, Chang Kai-chek a invité, à la résidence Shilin, le général Zinovi Pechkoff et le colonel Jacques Guillermaz, ses vieilles connaissances, dès leur arrivée.

Les 19 et 21 janvier, Chang Kai-chek a rencontré les envoyés spéciaux du président de la République française de Gaulle à la résidence Shilin à Taïpei.

Paris et Taïwan possèdent tous les documents écrits sur ces rencontres. À Taïwan, on trouve les procès-verbaux des deux entretiens[2], documents très détaillés, et, à Paris, sont conservés les comptes rendus de Zinovi Pechkoff et de Jacques Guillermaz[3]. Si l'on veut connaître le détail de ces deux entretiens, il est préférable de consulter le document de Taïwan, mais si l'on veut connaître l'ambiance dans laquelle s'est déroulée la rencontre et l'état d'esprit ou l'humeur de Chang Kai-chek, il est conseillé de lire les rapports adressés au président de Gaulle.

En réalité, le contenu des deux entretiens n'est pas très important en lui-même, mais, par la façon dont Chang Kai-chek s'exprime, on peut deviner un état d'esprit très complexe : celui de quelqu'un qui s'est retrouvé sans appui ni aide, abandonné, isolé, perplexe, affolé, déçu, contrarié, vexé, froissé. Replié sur une île dont il n'est quasiment jamais sorti depuis quatorze ans, il a été abandonné dès le début par ses anciens

---

[1] *Télégramme du cabinet du ministre à Pierre Salade, chargé d'affaires à Taipei*, le 14 janvier 1964, AMAEF : Asie-Océanie 1944-1967 / Formose : vol. 61.

[2] *Procès-verbal des entretiens du président avec le général Pechkoff*, les 19, 20 janvier 1964, AIHM, AS, 305.22/0009 : *Établissement des relations diplomatiques entre la France et la République populaire de Chine*, 1er janvier-28 février 1964.

[3] *De la part du général Pechkoff pour le président de la République et le ministre des Affaires étrangères seuls*, Taipei, le 19 janvier 1964, AMAEF : Asie 1944-1967, Formose (1956-1967), vol. 61.
*De la part du général Pechkoff pour le président de la République et le ministre des Affaires étrangères seuls*, Taipeh, le 21 janvier 1964, AMAEF : Asie 1944-1967, Formose (1956-1967), vol. 61.
*Note : mission du général Pechkoff et du colonel Guillermaz à Formose* (élaborée par E. M. Manac'h), le 25 janvier 1964, AMAEF : Asie 1944-1967, Formose (1956-1967), vol. 61.

alliés, tels que l'Union soviétique de Joseph Vissarionovich Staline et la Grande-Bretagne de Winston Churchill, qui ont reconnu le pouvoir du PCC. Maintenant, la France de Charles de Gaulle s'apprêtait à suivre l'Union soviétique et la Grande-Bretagne, la seule espérance qui lui restait était l'Amérique, mais le soutien de celle-ci se faisait toujours en paroles, sans être souvent suivies d'actes concrets.

Pour faire mieux appréhender les deux entretiens, nous avons choisi des extraits des procès-verbaux, auxquels nous avons aussi ajouté quelques extraits des rapports des messagers comme compléments et commentaires.

Le premier entretien a eu lieu le 19 dans l'après-midi entre 16 heures et 17 heures 30. Étaient présents : Shen Changhuan, ministre des Affaires étrangères de Taïwan ; Chen Xiongfei, ambassadeur de Taïwan en Belgique ; Wang Jizheng, interprète ; le colonel Jacques Guillermaz et Pierre Salade, chargé d'affaires français à Taïpei.

Zinovi Pechkoff :

> *« Le général de Gaulle, président de la République française, m'a envoyé ici me présenter devant Votre Excellence, pour remettre sa lettre à Votre Excellence avant de prendre une décision importante concernant les relations entre la France et la Chine. Le geste du général de Gaulle signifie une fois de plus son respect à Votre Excellence. S'il m'a confié cette mission, c'est parce que Votre Excellence avait eu beaucoup de confiance en moi, lorsque j'étais son représentant à Tchongking pendant la Seconde Guerre mondiale. Si Votre Excellence faisait savoir son avis, après avoir pris connaissance de la lettre du général de Gaulle, ça me ferait grand plaisir de le lui transmettre. Voici la lettre du président, je vous prie de lui faire un bon accueil ».*

D'après les mémoires de Chen Xiongfei, Chang Kai-chek a eu les larmes aux yeux, après le bref discours de Zinovi Pechkoff[1].

Voici le contenu de la lettre du président De Gaulle :

[1] Chen Sanjing, *Des Relations franco-chinoises du temps moderne* (陈三井《近代中法关系史论》), Taïpei, 1994, p. 269.

*« 15 janvier 1964*

*Monsieur le président,*

*Votre message du 24 décembre dernier a retenu toute mon attention. Vous me demandez s'il est vrai, comme la rumeur s'en est répandue, que le gouvernement français songe à changer le mode actuel de ses rapports avec la Chine. Dans l'esprit de franchise et de confiance qui a toujours existé entre nous et que, pour ma part, je désire vivement maintenir, je dois vous dire qu'il est en effet exact que, dans un avenir assez proche, mon gouvernement entrera en relation diplomatique avec le gouvernement établi à Pékin.*

*Je ne me dissimule pas que l'annonce que je vous en fais ne manquera sans doute pas de décevoir votre attente. Mais la situation qui s'est créée et confirmée en Chine continentale n'a pas répondu aux prévisions que l'on avait pu envisager dans le passé. La France ne saurait ignorer plus longtemps un fait qui s'est établi. D'autres puissances appartenant à l'Occident l'ont, d'ailleurs, précédée dans cette voie depuis des années. Au surplus, l'évolution qui s'est récemment manifestée au sein du monde communiste la conduit maintenant à prendre une décision, dont nous pensons qu'elle sera, en définitive, conforme à son intérêt véritable et à celui de ses amis.*

*Depuis dix ans déjà, la force des choses nous a conduits à entrer en relation avec les dirigeants de Pékin. C'est par la conférence de Genève, en 1954, qu'il a été possible de mettre un terme à la guerre dans la péninsule indochinoise. En 1962, les nouveaux accords de Genève concernant le Laos ont amené mon gouvernement à reprendre contact avec les négociateurs de Pékin et à signer avec eux, en compagnie d'autres puissances occidentales, des accords qui, eux aussi, étaient devenus nécessaires pour limiter la grave crise qui sévit dans le Sud-Est asiatique.*

*Après mûre réflexion, il m'a donc paru qu'il n'était plus possible de différer la décision dont je tiens à vous faire part. Celle-ci ne préjuge naturellement pas de l'avenir de la Chine dont on peut garder l'espoir qu'il sera différent de ce qu'est le présent. En tout cas, je vous demande de croire que les sentiments de haute et admirative estime que moi-même et beaucoup de Français entretenons depuis longtemps à l'égard de votre personne n'ont pas changé et ne changeront pas.*

*Je vous prie de bien vouloir agréer, monsieur le président, les assurances de ma très haute et cordiale considération.*

*Charles de Gaulle*[1] ».

Après la traduction orale de la lettre du général de Gaulle, Chang Kai-chek n'a pas eu de réaction, mais a dit d'une façon peu amicale :

« *Auparavant, quand la Chine libre avait des difficultés, le président de Gaulle nous apportait toujours son soutien, aujourd'hui, il a changé d'attitude et veut entrer en relation diplomatique avec les communistes chinois, et cela d'une façon inattendue, je ne comprends pas pourquoi* ».

Zinovi Pechkoff :

« *Le général de Gaulle ne m'a pas donné d'explication à part, mais il y a quatorze ans que la France n'a pas noué de relations diplomatiques avec le PCC ; en revanche, beaucoup de pays l'ont fait, les uns après les autres* ».

*Chang Kai-chek a poursuivi :* « *Au cours de la Seconde Guerre mondiale, la Chine, la France, l'Amérique, l'Angleterre et l'Union soviétique étaient des pays alliés. Après la guerre, l'Union soviétique a trahi l'alliance et soutenu les communistes chinois, et à cause de cela, nous avons perdu les trois provinces du Nord-Est. Suite à la reconnaissance du pouvoir communiste chinois par l'Angleterre, certains pays de l'Europe ont suivi. Depuis que notre gouvernement a été obligé de se transférer à Taïwan, les relations entre la Chine et la France sont toujours restées très satisfaisantes et proches, maintenant jusqu'à présent coopération et soutien mutuel. Elles ne sont pas comparables à celles que nous avons avec les autres pays. Le*

---

[1] Charles de Gaulle, *Lettres, notes et carnets, janvier 1964-juin 1966,* 1987, Paris, Plon. pp. 22-23.

*moment le plus pénible est passé, j'espère que la France continuera à nous apporter son appui pour que nous évitions de nous retrouver dans une situation plus difficile que jamais. Le général de Gaulle est différent des autres chefs d'État qui ne prennent en compte que le pouvoir, il respecte aussi la morale. Nous avons connu les mêmes épreuves dans le passé, nous avons aussi les mêmes idées et pensées, cela me rassure toujours. Il est vrai que mon respect et mon estime pour le général de Gaulle sont très particuliers ».*

Zinovi Pechkoff :

*« Je sais bien que non seulement Votre Excellence a toujours un grand respect et une grande estime pour le général de Gaulle, mais aussi une appréciation sincère. Ce sont ces sentiments qui motivent mon voyage à Taïpei ».*

Chang Kai-chek :

*« Je n'ignore pas que, entre les hommes, ce qui importe, c'est la morale et que, entre États, il faut être pragmatique. Quand le général de Gaulle est confronté à des questions concrètes, il doit être pragmatique et prendre en compte l'intérêt de la France. Pendant quatorze ans, la France n'a pas reconnu le pouvoir du PCC, les relations de celui-ci avec le reste du monde sont encore limitées ; c'est un pouvoir qui est confronté a de nombreuses difficultés internes, à la veille d'un effondrement. Cette situation du pouvoir du PCC est propice au redressement de la Chine libre, sa restauration, son perfectionnement et sa reconquête du continent. C'est l'aurore de la lutte pour sauver nos compatriotes. À ce moment critique, la France, par une brusque volte-face, réduit à néant le soutien moral qu'elle nous a apporté depuis quatorze ans en déployant toute son énergie. Agir ainsi, c'est comme venir au secours des ennemis de toujours de la liberté humaine et trahir les pays qui défendent fidèlement cette liberté. Avec la place importante qu'elle tient dans le monde, si la France reconnaît, maintenant, le pouvoir communiste chinois, ce sera*

*effectivement une attaque sévère portée à l'avenir de la République de Chine ».*

Chang Kai-chek éleva la voix :

*« Pressé par les hommes d'affaires aspirant uniquement au profit, le gouvernement britannique a reconnu le pouvoir du PCC, en conséquence de quoi, leurs biens en Chine ont été tous confisqués. Certains partisans de gauche ou du communisme dans les pays démocratiques, qui n'ont pas une grande clairvoyance et ignorent les intrigues du PCC, disent de façon irréfléchie que le PCC occupe un territoire bien étendu et vaste, qu'il contrôle effectivement des centaines de millions d'habitants, ils croient que la domination du PCC est stable, tandis que, pour la Chine libre, ils affirment qu'elle n'a plus d'avenir et que cela ne vaut même pas la peine d'en parler. Ils ne savent pas que ce qu'ils ont vu et entendu en zone communiste, ce sont des façades mises en place par le PCC, ils ne peuvent pas entrer en contact avec le peuple et les campagnes. Les Français qui visiteront Taïwan, qu'ils soient membres du gouvernement ou pas, visiteurs ou touristes, auront leur liberté absolument garantie, c'est à eux de juger si la Chine libre est sombre et n'a pas d'avenir, si elle n'est point capable de faire des contributions au monde libre en matière politique, économique, culturelle et militaire. Dupés et trompés par le PCC, nous avons perdu le continent. Si la France veut nouer des relations diplomatiques avec le PCC, la propagande de celui-ci gagnera une fois de plus et il continuera à pouvoir être victorieux sans entrave. En effet, si la France entre en relation diplomatique avec le PCC, de nombreux pays en Afrique et ailleurs la suivront, la Chine libre sera placée dans une situation extrêmement difficile. Cela aura des conséquences particulièrement graves. J'espère que le général de Gaulle fera un nouvel examen sérieux de la situation sur le continent, la Chine libre et toute l'Asie de l'Est, avant de prendre une décision, et saura agir dans l'intérêt de la France. Je souhaite ardemment que le général de Gaulle entende mes espoirs*

*et mes demandes. Je souhaite particulièrement qu'il n'agisse pas de façon précipitée, sans avoir fait un examen sérieux et minutieux de la situation ; il devrait observer son évolution pendant au moins un an ou six mois, avant de décider ».*

*« Dès ce moment, le ton du généralissime se fait plus véhément. Il adjure le général de Gaulle de différer sa décision d'abord de "cinq, trois ou deux ans", puis "d'un an ou même de six mois". À quatre ou cinq reprises, il plaidera véritablement pour un sursis, ses paroles prenant chaque fois plus d'intensité [...] ».*

Zinovi Pechkoff :

*« Je vais transmettre toutes vos opinions au général de Gaulle ».*

Chang Kai-chek :

*« Je n'ai pris connaissance que d'une traduction orale de la lettre du général de Gaulle, j'espère vous revoir demain, dès que j'aurai lu la traduction chinoise ».*

Zinovi Pechkoff :

*« En principe, je dois retourner en France dans un délai de vingt-quatre heures après mon arrivée à Taipei. Étant donné que le président n'a pas encore pris totalement connaissance de la lettre, je peux demeurer et partir au plus tard le 21 pour la France ».*

Le deuxième entretien de Chang Kai-chek avec Zinovi Pechkoff a eu lieu en deux temps le matin et l'après-midi du 20 janvier. Il paraissait moins ému, moins impétueux, il a même porté un toast au général de Gaulle, lors du déjeuner avec les messagers français.

Au cours du deuxième entretien, ou plutôt du deuxième « long monologue », il n'a rien épargné pour attaquer, dénigrer, calomnier, diffamer et détracter le PCC et son régime. De plus, il a mobilisé tous ses efforts pour semer la discorde entre Pékin et Paris en disant que le but de Pékin d'établir des relations diplomatiques avec la France était de créer des désaccords et désordres entre la France et les pays occidentaux et africains. Comme toujours, il n'a pas oublié de faire appel à la lutte contre le Parti communiste chinois.

Chang Kai-chek a confié à Zinovi Pechkoff sa réponse à la lettre du 15 du président français :

> *« J'ai l'honneur d'accuser réception de votre message du 15 janvier 1964 et veux vous remercier d'avoir dépêché à mes côtés le général Pechkoff ainsi que le colonel Guillermaz.*
>
> *Aux vues exprimées par votre lettre, je souhaiterais ajouter deux considérations qui, confrontées aux vôtres, pourraient mener à des conclusions logiques et concordantes. Si je l'estime nécessaire, c'est parce que, alliés en temps de guerre, nous fûmes compagnons d'armes contre un principe qui voulait l'avilissement du genre humain.*
>
> *1. Si la France devait reconnaître le régime de Peiping, peut-on croire que les communistes chinois, dont on sait le réalisme, ne chercheraient pas à tirer d'elle de nouveaux avantages ?*
>
> *Disposant comme vous le faites de multiples informations, il ne saurait échapper à votre souvenir que l'Angleterre aussi bien que l'Inde, depuis leur "reconnaissance" du régime communiste chinois, ont perdu l'influence et la position privilégiées qui étaient les leurs pour ne plus connaître qu'humiliations, alarmes et remords. La Grande-Bretagne, pour sa part, confiante en elle-même, cherche à dissimuler son échec en arguant de billevesées telles que "reconnaissance prématurée", "reconnaissance inconsidérée". En fait, ce qu'elle ambitionnait sur le continent chinois n'était autre qu'un accroissement considérable du volume des affaires et la sauvegarde de ses intérêts tangibles et intangibles ; l'un et l'autre devaient s'avérer inexistants. En ce qui concerne l'Inde, il lui a fallu aller jusqu'au reniement de ses principes pour échapper au ridicule de sa situation, la reconnaissance s'étant, en son cas, avérée pure chimère.*

*2. Une reconnaissance de la Chine communiste impliquerait de la part de la France une renonciation à son rôle de guide de ces Africains auxquels l'attachent tant de liens culturels et historiques, d'autant que le mot d'ordre pernicieux d'hostilité à la race blanche dont usent les communistes chinois exerce sur les pays non blancs d'Afrique un pouvoir d'attraction qui ne peut aller que s'amplifiant.*

*Vous n'ignorez point que les communistes chinois s'emploient activement à disséminer les germes de méfiance et de division au sein des Etats d'Afrique afin d'y accentuer la discrimination à l'encontre des Blancs ; dans ces conditions, les reconnaître serait pour la France encourager une rupture avec les nations africaines quin'avaient cessé de voir en elle un guide intellectuel, culturel et spirituel.*

*Depuis maintes années, je suis avec une attention passionnée l'âpre combat que vous menez pour sauvegarder le prestige de la France et j'en conçois toute la portée. Aussi, à l'heure où j'écris ces lignes, me revient en mémoire comme au premier jour l'époque qui vous vit toucher le sol anglais, tenant haut cette croix de Lorraine dont vous deviez maintenir la gloire contre vents et tempêtes. C'est à votre volonté, méprisante des sarcasmes, que la France a dû le rétablissement durable de la position éminente qui était la sienne. Si la victoire a si souvent été du côté de la France, c'est parce qu'en toutes circonstances vous avez su garder l'initiative, animé que vous étiez d'un idéal élevé et d'une détermination inflexible.*

*L'histoire consacrera votre œuvre comme celle d'un esprit sublime qui, s'il peut parfois s'interroger, n'en retrouve pas moins inéluctablement sa fermeté première. Votre force vient de ne vous être jamais incliné devant l'adversité ni prêté à des compromis sous la pression des nécessités de l'instant.*

*Si, aujourd'hui comme hier, les communistes chinois font bonne figure à ceux que visent leurs plans, c'est, Excellence, qu'ils méditent de les dépouiller de leur armure.*

*J'ai la conviction que ces quelques remarques seront l'objet de votre réflexion clairvoyante. Je crois en effet que nous partageons une égale responsabilité non seulement devant nos gouvernements, nos pays et nos peuples mais devant l'histoire et la postérité.*

*Je vous prie de croire, Excellence, à mes sentiments de très haute et cordiale considération.*

*Chiang Kai-chek*
*21 janvier 1964*[1] ».

À travers les entretiens qui ont eu lieu le 19 et le 20 janvier entre Chang Kai-chek et les envoyés du président de Gaulle et la réponse du 21 que Chang Kai-chek a donnée au général de Gaulle, nous constatons que Chang Kai-chek ne voulait pas accepter le fait que ses efforts et la pression des États-Unis exercée sur la France aient échoué. Il cherchait à sauver la situation, tout en suppliant le général de Gaulle de différer sa décision de cinq, deux ans ou d'un an, même de six mois. Pour persuader le général de Gaulle de renoncer à reconnaître le pouvoir du PCC, Chang Kai-chek n'a pas hésité à mentir et à fabriquer des faits. Est-ce que le général de Gaulle et son gouvernement seraient si faciles à enjôler ?

On se demande pourquoi Chang Kai-chek a fait un choix si stupide. Comme il l'a dit, lui-même, depuis son repli à Taïwan, il avait été abandonné et trahi successivement par l'Union soviétique et la Grande-Bretagne, et bien que les États-Unis ne l'aient pas rejeté, ils le considéraient comme un fardeau. Quant aux relations de Taïwan avec la France pendant ces quatorze ans, elles s'étaient plutôt distendues et ne correspondaient pas du tout à celles que Chang Kai-chek a décrites aux messagers du président de Gaulle, qui pourtant devaient les connaître mieux que quiconque. Pourtant, ces relations étaient très importantes pour Chang Kai-chek et pour les autorités de Taïwan, même si elles restaient de surface et mal entretenues. Parce que la France avait une grande influence sur les pays de l'Europe et de l'Afrique, elle était toujours suivie de près par ces pays, surtout quand il s'agissait d'une décision de grande importance. Chang Kai-chek comprenait bien que la décision prise par le général de Gaulle

[1] *Traduction française de la réponse de Chang Kai-chek à la lettre du 15 janvier 1964 du président de Gaulle*, le 21 janvier 1964, AMAEF : Asie 1944-1967, Formose (1956-1967), vol. 61.
*Lettre de Chang Kai-chek à de Gaulle* , le 21 janvier 1964, AIHM, AS, 305.22/0007 : *Correspondances entre le président et le président de Gaulle* , 1er juillet 1963-31 janvier 1964.

de reconnaître le pouvoir du PCC aurait un effet domino qui allait lui porter un coup fatal.

Pour Taïwan, au moment où Chang Kai-chek a pris connaissance de la lettre du général de Gaulle, la reconnaissance du pouvoir du PCC par le gouvernement français était devenue une affaire réglée, que ni les États-Unis ni les autorités de Taïwan ne pourraient changer. Cependant, le 22 janvier, c'est-à-dire le lendemain du départ des émissaires du président français, Shen Changhuan, ministre des Affaires étrangères de Taïwan, n'a pas dit un mot de la lettre du général de Gaulle lorsqu'il a fait un discours sur l'établissement des relations diplomatiques entre Paris et Pékin au Comité central permanent. Après avoir fait l'analyse des motifs pour lesquels Paris reconnaissait Pékin, il a dit que la décision que la France avait prise serait un coup rude porté aux autorités de Taïwan et détériorerait les relations franco-américaines. Il a ajouté que c'était pour ces raisons que le gouvernement américain avait essayé de persuader le gouvernement français de renoncer à sa décision et que lui-même avait présenté une note de protestation. De plus, les États-Unis avaient aussi sollicité d'autres pays et leur avaient demandé de convaincre le président de Gaulle de changer d'idée. Enfin, il a déclaré que si la France reconnaissait le pouvoir du PCC et que les autres pays du monde libre la suivaient, la place de Taïwan à l'ONU serait également modifiée. Face à une telle situation, les autorités de Taïwan allaient devoir s'adapter de façon ferme et prudente et, en même temps, faire de leur mieux et envisager le pire[1].

Malgré l'impossibilité dans laquelle ils se trouvaient d'empêcher de Gaulle de reconnaître le pouvoir du PCC, les Américains ne voulaient pas laisser Paris et Pékin réaliser leurs vœux. Le gouvernement français avait informé Washington que la France allait reconnaître la Chine sans conditions et qu'il ne prendrait pas l'initiative de rompre avec Taïwan,

---

[1] Shen Changhuan, *Rapport sur l'établissement des relations diplomatiques entre la France et la République populaire de Chine* , le 22 janvier 1964, AIHM, AS, 305.22 : *Établissement des relations diplomatiques entre la France et la République populaire de Chine*, vol. 6 , 10 janvier-24 février 1964.

souhaitant, au contraire, entretenir ces relations[1]. Dans ce contexte, le président et le secrétaire d'État américains avaient dit à Chang Kai-chek de rester calme et patient, surtout de ne pas prendre l'initiative de rompre avec Paris, d'y laisser son représentant. Le but était de mettre l'échange d'ambassadeurs entre la France et la République populaire de Chine en difficulté et finalement de faire échouer l'établissement de relations diplomatiques.

Après la lecture de la lettre du 17 janvier du président américain Lyndon Johnson et l'entretien du 18 avec l'ambassadeur Wright, Chang Kai-chek aurait accepté le conseil américain d'agir en coordination avec les États-Unis dans la « lutte » contre le communisme. Il aurait alors été disposé à opter pour une attitude patiente à l'égard de l'établissement des relations entre Paris et Pékin, mais il a changé d'avis quand il a remarqué les différences entre la lettre de Lyndon Johnson et celle du général de Gaulle. Il estimait que de Gaulle avait déjà clairement exposé la position française, et que par conséquent les relations de Taïwan avec Paris touchaient à leur fin sans qu'il soit possible de redresser une situation devenue désespérée. Ainsi, le 21 janvier dans l'après-midi, le jour du départ de Zinovi Pechkoff, Shen Changhuan a convoqué, sur l'ordre de Chang Kai-chek, l'ambassadeur américain Wright. Shen Changhuan a commencé par lui présenter l'essentiel du contenu de la lettre du général de Gaulle et les points importants de la réponse de Chang Kai-chek. Il a ensuite souligné à quel point la position du général de Gaulle dans sa lettre était différente de celle que les États-Unis avaient annoncée. De Gaulle voulait unilatéralement nouer des relations diplomatiques avec Pékin et n'évoquait pas les relations avec Taïwan. De plus, contrairement à ce qu'avait avancé le gouvernement américain, de Gaulle ne disait rien au sujet de la possibilité de différer l'établissement des relations entre Paris et Pékin de quelques mois. C'était une affaire d'honneur, et Taïwan a décidé de déclarer la rupture avec Paris le jour même où la France annoncerait l'établissement des relations diplomatiques avec Pékin. Quoique

[1] *M. Alphand, ambassadeur de France à Washington, à M. Couve de Murville, ministre des Affaires étrangères*, Washington, le 18 janvier 1964, dans *Documents diplomatiques français – 1964*, Tome I (1er janvier-30 juin), ministère des Affaires étrangères, Commission de publication des documents diplomatiques français, P.I.E., Peter Lang, 2002, pp. 84-87.

Wright conseillât aux autorités de Taïwan de patienter et de différer la rupture avec Paris, Shen Chang-huan a demandé à son interlocuteur de transmettre le plus vite possible les positions de Chang Kai-chek au président et au secrétaire d'État américains[1].

Le 22 janvier, le gouvernement américain a présenté aux autorités de Taïwan les propositions suivantes : 1. Dans un premier temps, il était préférable de maintenir l'ambassade à Paris sans chercher à répliquer ; 2. Il fallait prendre à la lettre la volonté affichée du gouvernement français de traiter d'égal à égal avec Taïwan, et lui demander de procéder à un échange d'ambassadeurs ; 3. Enfin, il était préférable d'éviter toute activité qui pourrait donner à la France un prétexte pour rompre avec Taïwan, comme par exemple des manifestations anti-françaises[2]. Chang Kai-chek n'a pas tenu compte de ces propositions.

Afin que le chargé d'affaires a. i. à Paris soit prêt à réagir, Shen Changhuan a télégraphié le 22 janvier à Gao Shiming : « 1. Si le ministère français des Affaires étrangères vous convoque et vous informe de la reconnaissance du pouvoir communiste chinois par le gouvernement français avant qu'ait été faite une annonce officielle, vous devrez répondre que vous rendrez compte à Taïpei et protesterez énergiquement, puis vous présenterez une note de protestation par écrit ; 2. Si la France annonce la reconnaissance sans nous prévenir, vous devrez, tout en demandant au ministère des instructions par télégramme urgent, préparer une protestation écrite et la remettre en main propre au haut fonctionnaire compétent du Quai d'Orsay ; 3. Après que le gouvernement français aura annoncé sa reconnaissance et vous en aura informé, vous devrez faire immédiatement une déclaration à la presse ». Shen Changhuan a même indiqué, pour le chargé d'affaires a. i. à Paris, quelques points essentiels qui devaient figurer dans la déclaration[3].

---

[1] *Télégramme du ministère des Affaires étrangères à Jiang Tingfu, ambassadeur aux États-Unis* , le 21 janvier 1964, AIHM, AS, 305.22/0008 : *Relations franco-chinoises* , vol. 2, janvier 1964.

[2] *Aide-mémoire* présenté par l'ambassadeur Wright , le 22 janvier 1964, AIHM, AS, 305.22/0008 : *Relations franco-chinoises* , vol. 3, janvier-28 février 1964.

[3] *Télégramme du ministère des Affaires étrangères à Gao Shiming* , le 22 janvier 1964, AIHM, AS, 305.22/0008 : *Relations franco-chinoises après l'établissement des relations entre la France et la République populaire de Chine* , 1er septembre 1960-31 janvier 1964.

Le 23 janvier à 10 heures, Shen Changhuan a convoqué l'ambassadeur américain pour lui dire que Chang Kai-chek avait déjà pris la décision de déclarer la rupture avec la France, une fois que celle-ci aurait annoncé sa reconnaissance du pouvoir communiste chinois. Shen Changhuan a rappelé à son interlocuteur :

« J'ai reçu l'ordre de faire connaître à Votre Excellence les prises de position suivantes du président Chang Kai-chek, que je vous demande de bien vouloir transmettre au président et au secrétaire d'État américains : 1. Il ne faut pas croire les allégations du président français quand il prétend qu'il a écrit aux chefs d'État africains pour leur dire qu'ils ne devaient pas nécessairement suivre la France sur la question de la reconnaissance, et il est vraiment ridicule de voir la France agir ainsi ; 2. Une fois que la France aura annoncé l'établissement des relations diplomatiques avec le pouvoir communiste chinois, nous romprons immédiatement avec elle, sans prendre en considération la date de l'échange d'ambassadeurs ni le rang des représentants. Si nous laissions notre ambassade demeurer en France, comment l'expliquerions-nous au peuple du pays ? 3. C'est après avoir mûrement réfléchi que le président a pris cette décision. L'établissement des relations diplomatiques entre la France et le Parti communiste chinois est un incident grave, il s'agit d'un choix de vie ou de mort, d'honneur ou de déshonneur pour le pays et la nation ; 4. Les États-Unis nous ont conseillé de patienter et de nous contenir, mais ça ne sert vraiment à rien. Face à ce grand changement, la patience ne suffira pas à obtenir la tranquillité ; 5. L'Amérique est notre alliée et son président est notre grand ami, nous n'avons pas de raison de ne pas coopérer avec les Américains. Si cela pouvait procurer un avantage pour l'ensemble de la situation et pour les pays alliés, nous n'hésiterions pas à sacrifier nos propres intérêts, mais, dans le cas présent, si la France annonce sa reconnaissance du pouvoir communiste chinois et que nous donnons l'illusion de retenir notre ambassade à Paris, comment notre gouvernement fera face à notre peuple ? Si le pays perd sa dignité, il ne pourra pas survivre ; 6. Le monde d'aujourd'hui est extrêmement cruel. Au moment où notre pays se trouve dans une crise qui décidera de sa vie ou de sa mort, il y a encore des gens qui nous conseillent de vendre l'âme du pays et de faire perdre espoir à nos six cents millions de compatriotes d'obtenir de nouveau la liberté. Le président estime que, si la France reconnaît le pouvoir communiste chinois et que nous ordonnons à notre représentant de demeurer à Paris au lieu de rompre avec la France, cela revient à vendre l'âme du pays[1] ».

Le 23 janvier, Taïpei a ordonné à Gao Shiming de rester ferme pour faire face au changement et d'être prêt à retirer l'ambassade en transférant les affaires et archives à l'ambassade en Belgique[2].

Le 24 janvier, Zinovi Pechkoff est retourné à Paris et est allé, sans tarder, au palais de l'Élysée pour rendre compte de sa mission au président de Gaulle et lui transmettre la lettre de Chang Kai-chek. Taïpei n'attendait aucune réponse de Paris.

Le jour même, Shen Changhuan a convoqué Pierre Salade pour lui communiquer la protestation orale contre la reconnaissance du pouvoir communiste chinois par la France. Comment cela s'est-il déroulé ? D'après le rapport adressé au ministre français des Affaires étrangères par le chargé d'affaires a. i. à Taïpei:

> *« Il [Shen Changhuan] m'a dit que la décision prise par la France de reconnaître le régime de Pékin était contraire aux intérêts de la République de Chine, risquait de porter un coup fatal à l'amitié franco-chinoise, ne servait pas les intérêts de la France, minait la solidarité du monde libre et était en fait préjudiciable au monde entier. Les répercussions, en Asie et en Afrique notamment, sont incalculables et tous les pays de ces régions sont en proie aux plus vives appréhensions.*
>
> *En conséquence, le gouvernement de la République de Chine "proteste très énergiquement" contre la décision française. M. Shen Changhuan m'a prié de transmettre d'urgence cette protestation à Votre Excellence. Une note doit être remise à cette ambassade dans la journée.*

---

[1] *Procès-verbal de l'entretien du ministre Shen Changhuan avec l'ambassadeur américain Wright* , le 23 janvier 1964, AIHM, AS, 305.22/0008 : *Relations franco-chinoises* , vol. 3, janvier-28 février 1964.

[2] *Télégrammes du ministère des Affaires étrangères à Gao Shiming* , le 21 janvier 1964, AIHM, AS, 305.22/0008 : *Relations franco-chinoises* , vol. 2, janvier 1964.

> *Le ministre des Affaires étrangères a repris ensuite le couplet maintenant bien surfait sur les méthodes communistes d'infiltration et de subversion dont, dit-il, on a pu voir récemment des illustrations à Zanzibar et au Tanganyika. Il est illusoire, a-t-il ajouté, de croire que l'on puisse sans danger coopérer avec les communistes.*
>
> *Qualifiant la reconnaissance française de procédé de choc (shock move), M. Shen Changhuan m'a déclaré que toute la manœuvre avait été effectuée "sans décence" et que si la France, pays souverain, croyait devoir reconnaître la Chine communiste, elle aurait pu le faire sans avoir recours aux procédés qu'elle a employés, en particulier la campagne préalable d'"indiscrétion" de la presse qui dure depuis plusieurs semaines ».*

Pierre Salade n'a pas rétorqué[1].

Il était inévitable que Shen Changhuan qualifie la manœuvre du gouvernement français comme étant « sans décence », mais la France n'avait pas eu la possibilité d'agir autrement. Avant le voyage d'Edgar Faure à Pékin, Paris avait laissé intentionnellement se répandre des rumeurs selon lesquelles le gouvernement français reconnaîtrait le gouvernement chinois, afin de connaître les réactions de Washington, de Pékin et de Taïwan. En même temps, le président de Gaulle et son ministre des Affaires étrangères faisaient des allusions au sujet des relations de la France avec Taïwan, lors d'entretiens avec des chefs d'État étrangers ou des ministres et représentants de Taïwan, mais sans jamais répondre directement aux questions concrètes concernant la définition des relations et l'échange d'ambassadeurs entre Taïwan et Paris. Ce qui était incompréhensible, ironique et même choquant pour les autorités de Taïwan, c'était que, « le jour national », le 10 octobre 1963, alors qu'il avait déjà décidé d'envoyer à Pékin son représentant Edgar Faure pour entamer des négociations sur la reconnaissance du gouvernement chinois, le général de Gaulle avait adressé à Chang Kai-chek un télégramme de félicitations, comme si de rien n'était. Cependant, il était impossible pour

[1] *Télégramme au ministre des Affaires étrangères par P. Salade, chargé d'affaires à Taïpei*, n° 23/27, le 24 janvier 1964, AMAEF : Asie-Océanie 1944-1967 / Formose : vol. 61.

le gouvernement français d'informer Taïwan de son idée de reconnaître le pouvoir de Pékin plus tôt. Les modalités définitives de l'établissement des relations diplomatiques entre la Chine et la France ont été définies le 11 janvier 1964 ; deux jours après, le gouvernement français a reçu la confirmation du gouvernement chinois de « l'accord intervenu ». Le 15 janvier, le gouvernement français a informé les gouvernements britannique, japonais, américain et allemand de sa décision de reconnaître la Chine. Le même jour, le président de la République française de Gaulle a écrit dans le même sens à Chang Kai-chek. Cependant, le gouvernement américain a reçu l'information française le jour même[1], alors que la lettre du général de Gaulle n'est parvenue à Taïpei que quatre jours après. Il est naturel que le gouvernement français n'ait pas pu informer Taïpei plutôt de sa décision, alors qu'il n'avait pas encore reçu de confirmation de la part de Pékin.

Le 24 janvier, Shen Changhuan a présenté une note au chargé d'affaires français à Taïpei :

> *« Me référant à la décision imputée à votre gouvernement de reconnaître le prétendu régime rebelle des communistes chinois, j'ai l'honneur de vous faire savoir que j'élève à ce sujet une protestation véhémente et vous demande de la transmettre par les voies les plus rapides au gouvernement français.*
>
> *Nos deux pays entretiennent de longue date des rapports d'amitié et, depuis la Seconde Guerre mondiale, luttent pour des buts communs qui sont la paix et la liberté.*
>
> *La clique rebelle des communistes chinois occupe, certes, la portion continentale de la Chine, où elle a instauré un régime de terreur, mais ce régime s'est attiré la haine des populations, au point qu'il est aujourd'hui au bord de l'effondrement. Dans ces conditions, si la France – qui est un des premiers pays du monde libre – le reconnaissait, cela équivaudrait à abandonner la position qui était*

[1] *Télégramme à M. Hervé Alphand, ambassadeur aux États-Unis*, NR. 1102/1105, le 15 janvier 1964, AMAEF : Asie-Océanie, Chine, 1956-1967, vol. 525, folio 97 et verso. *Télégramme de M. Hervé Alphand, ambassadeur de France aux États-Unis*, n°371/74, le 15 janvier 1964, AMAEF : Asie-Océanie, Chine, 1956-1967, vol. 525, folio 96 et verso.

*la vôtre, à encourager la volonté d'agression de l'ennemi. Un coup sérieux serait ainsi porté aux intérêts de la République de Chine et à l'amitié franco-chinoise, et cela ne vaudrait à la France que des désavantages.*

*Les faits démontrent abondamment qu'au cours des dernières années la bande rebelle des communistes chinois n'a cessé de créer des désordres en Asie, en Afrique et en Amérique latine. Pour arriver à leurs fins, ils n'hésitent pas à recourir à toutes sortes de manœuvres d'infiltration et de subversion, plus viles les unes que les autres. Si le gouvernement français devait maintenant se lancer avec eux de façon irréfléchie dans l'établissement de relations diplomatiques, il en découlerait une perte sans égale pour le monde libre dans son ensemble, et particulièrement pour les États nouvellement indépendants ; par ailleurs, l'imprudence de cette action laisserait dans l'histoire une marque particulièrement peu glorieuse.*

*La République de Chine maintient fermement son point de vue, qui est celui de la lutte contre le communisme, et ne se laissera pas ébranler par des modifications temporaires dans la situation internationale. Attaché à l'amitié franco-chinoise et considérant l'intérêt de la France elle-même, je formule l'espoir de voir votre gouvernement procéder à un examen extrêmement sérieux des données en présence, et de ne pas reconnaître ainsi à la légère le prétendu régime rebelle.*

*Veuillez agréer, monsieur le ministre, les assurances de ma haute considération.*

*Shen Changhuan*

*Taïpei, le 24 janvier 1964*[1] ».

Le 25 janvier, la commission des Affaires étrangères du Conseil de contrôle de Taïwan a aussi télégraphié d'urgence au président de la République française de Gaulle pour protester contre la reconnaissance

[1] *Télégramme du ministère des Affaires étrangères à Gao Shiming* , le 24 janvier 1964, AIHM, AS, 305.22 : *Établissement des relations diplomatiques entre la France et la République populaire de Chine*, , 22 janvier-février 1964.
*Note de protestation du gouvernement de la République de Chine*, le 24 janvier 1964, AMAEF : Asie 1944-1967 / Formose : vol. 61.

du pouvoir du PCC par la France. Le contenu de cette protestation est presque le même que celui de la note présentée la veille à Pierre Salade par Shen Changhuan[1].

Le 26 janvier, le ministère des Affaires étrangères de Taïwan a envoyé un télégramme à Jiang Tingfu, ambassadeur de Taïwan à Washington, et lui a demandé de le transmettre au secrétaire d'État américain. Voici son contenu :

> « *1. Le secrétaire d'État Rusk a souligné que la reconnaissance du pouvoir des communistes chinois par la France aurait une conséquence grave sur l'avenir de Taïwan et des États-Unis, notre président et notre gouvernement le savent très bien. [...] Nous espérons que les États-Unis ne cherchent pas notre coopération au risque de bafouer l'honneur de notre pays et même de vendre l'âme de notre patrie. [...] 2. Actuellement, les États-Unis souhaitent que nous endurions la honte et l'humiliation, en demeurant ensemble avec le représentant de Pékin à Paris, afin d'empêcher l'établissement des relations diplomatiques entre Paris et Pékin. Ils ne savent pas que, en perdant de cette façon notre position fondamentale, nous allons irriter les militaires et civils de tout le pays. Enfin, non seulement nous n'atteindrons pas ainsi le but prévu par les Américains, mais cela aura des conséquences extrêmement graves. 3. Si les États-Unis ont de meilleures propositions à faire, nous les examinerons avec plaisir, et nous collaborerons avec eux pour les mettre en œuvre*[2] ».

Le soir du 26 janvier, à la veille de la publication du communiqué conjoint annonçant l'établissement des relations diplomatiques entre la Chine et la France, Chang Kai-chek a brusquement changé d'avis, en acceptant d'appliquer le conseil du président américain, et de ne pas prendre l'initiative de rompre avec la France. Il se trouve que Ray Clinel,

[1] *Le contrôle Yuan de la République de Chine au président de la République française*, le 25 janvier 1964, AMAEF : Asie-Océanie 1944-1967 / Formose : vol. 61.

[2] *Télégramme du ministère des Affaires étrangères à Jiang Tingfu, ambassadeur aux États-Unis* , le 26 janvier 1964, AIHM, AS, 305.22/0008 : *Relations franco-chinoises* , vol. 2, janvier 1964.

directeur à Tokyo de la *Central Intelligence Agency*, grand ami de Jiang Jingguo, est arrivé précipitamment à Taïpei pour rencontrer Chang Kai-chek et son fils[1], sur l'ordre du président américain, pour les persuader de suivre la ligne préconisée par la politique américaine, au lieu de déclarer d'un coup la rupture avec la France.

Ce brusque changement d'avis de Chang Kai-chek s'explique-t-il par la force de conviction de Ray Clinel auprès de Chang Kai-chek et son fils, ou bien est-il possible d'imaginer des promesses ou des menaces de la part des États-Unis ?

Le 27 janvier, les gouvernements chinois et français ont publié, comme il était prévu, le communiqué conjoint annonçant l'établissement des relations diplomatiques et la désignation des ambassadeurs dans un délai de trois mois.

Suite à la publication du communiqué, Gao Shiming, chargé d'affaires a. i. de Taïpei à Paris, a immédiatement présenté, sur l'ordre de Taïpei, une note de protestation au ministre français des Affaires étrangères :

> *« Monsieur le ministre,*
>
> *Sur ordre de mon gouvernement, j'ai l'honneur de protester très énergiquement auprès du gouvernement de la République française contre sa décision d'établir des relations diplomatiques avec le régime communiste de Peiping.*
>
> *Cette décision constitue un acte inamical envers mon pays, ami et fidèle allié de la France. Cet acte non seulement est préjudiciable aux intérêts de la République de Chine, mais également affectera gravement la position du monde libre tout entier. Le gouvernement français est donc responsable de toutes les conséquences qui en découleront.*
>
> *Veuillez agréer, monsieur le ministre, les assurances de ma très*

[1] XuWentang, *Établir et rompre les relations diplomatiques – Taïpei, Paris et Pékin se mesurent en 1964* ( 许文堂《建交与断交——1964 年台北、巴黎、北京的角力》), p. 34. *Télégramme du ministère des Affaires étrangères à Jiang Tingfu, ambassadeur aux États-Unis* , le 26 janvier 1964, AIHM, AS, 305.22/0008 : *Relations franco-chinoises* , vol. 2, janvier 1964.

*haute considération*[1] ».

Les autorités de Taïwan ont appris la nouvelle le soir, et ont réagi de façon précipitée et désordonnée. Le ministère des Affaires étrangères et le Conseil exécutif ont tenu immédiatement des réunions d'urgence pour discuter des contre-mesures.

À 23 heures 30, à l'issue de la réunion d'urgence, le ministère des Affaires étrangères de Taïwan a publié une déclaration : « Le gouvernement français vient d'établir, le 27 courant, des relations diplomatiques avec le régime des communistes chinois. Le gouvernement de la République de Chine estime que l'acte français est extrêmement inamical et lui a présenté une protestation énergique ». Bien sûr, les dénonciations et propos calomnieux contre le pouvoir du PCC n'ont pas manqué[2].

Le 28 janvier, à 1 heure du matin, Shen Changhuan a convoqué le chargé d'affaires a. i. Pierre Salade et lui a remis une note de protestation qui est à peu près la même que celle présentée au Quai d'Orsay le 27 par Gao Shiming[3]. Pierre Salade a dit dans son télégramme du 28 adressé au ministre français : « J'ai été appelé vers 1 heure ce matin au Wai-Kiao-Pou (ministère des Affaires étrangères de Taïwan), où le ministre des Affaires étrangères m'a remis sans commentaires une version abrégée du communiqué remis à la presse à minuit. La note qualifie la décision française d'acte “extrêmement inamical” ; elle ne fait pas allusion à une rupture des relations diplomatiques avec la France[4] ».

Ni le gouvernement américain ni les autorités de Taïwan n'ont vu leurs vœux exaucés d'empêcher l'établissement des relations diplomatiques

---

[1] *Note présentée par Gao Shiming*, chargé d'affaires a. i. de Taïpei à Paris , le 27 janvier 1964, AMAEF : Asie-Océanie, 1944-..., Chine, 1956-1967, vol. 526, folio 022.

[2] *Déclaration du ministère des Affaires étrangères* , le 27 janvier 1964, AIHM, AS, 305.22 : *Établissement des relations diplomatiques entre la France et la République populaire de Chine*, vol. 10 , 22 janvier-février 1964.

[3] *Note remise à M. Salade, chargé d'affaires de France en Chine*, le 27 janvier 1964, AMAEF : Asie-Océanie, Chine, 1956-1967, vol. 526, folios 031-033.

[4] *Télégramme de Pierre Salade, chargé d'affaires de France en Chine, au ministre des Affaires étrangères de France* (n° 31), le 28 janvier 1964, AMAEF : Asie-Océanie, Chine, 1956-1967, vol. 526, folio 53.

entre Pékin et Paris. Quant à la rupture entre Paris et Taïwan, voyons à présent qui en a pris l'initiative.

### B) La fin des relations entre Charles de Gaulle et Chang Kai-chek

Objectivement, ce sont les autorités de Taïwan qui ont pris la décision de rompre leurs relations diplomatiques avec la France, suite aux nombreuses allusions à une rupture qui avait été faite par le gouvernement français. Chang Kai-chek ne s'accrochait pas au maintien de sa relation avec la France, mais il était poussé à le faire par le président américain Lyndon Johnson qui espérait mettre de Gaulle en difficulté et ainsi entraver l'établissement des relations diplomatiques entre la Chine et la France, et ne souhaitait pas que Chang Kai-chek prenne l'initiative d'une rupture. Cependant, celui-ci ne voulait pas perdre la face, ni la dignité nationale. Ce fut donc finalement de Gaulle qui fit le premier pas et de façon ingénieuse, si bien que, dans les faits, ce sont bien les autorités de Taïwan qui ont déclaré la rupture en présentant une note diplomatique. Chang Kai-chek n'a pas pu sauver la face en déclarant la rupture, tandis que de Gaulle n'a pas été obligé d'assumer la responsabilité d'avoir donné le signal de la rupture.

Comme nous l'avons dit précédemment, Chang Kai-chek était résolu à rompre avec de Gaulle, surtout après avoir reçu la lettre de celui-ci lui annonçant que, « dans un avenir assez proche, mon gouvernement entrera en relation diplomatique avec le gouvernement établi à Pékin », mais, suite aux démarches des États-Unis, Chang Kai-chek avait changé d'avis. Ainsi, face à la décision du général de Gaulle de reconnaître le pouvoir du PCC, à la publication du communiqué conjoint et à l'approbation tacite du gouvernement français à l'égard de la déclaration du porte-parole du gouvernement de Pékin, les autorités de Taïwan s'étaient contentées de présenter des notes de protestation, sans évoquer la rupture avec Paris. Le plus incompréhensible est que, le 29 janvier 1964, le gouvernement français avait déjà dit : « Le gouvernement français a reconnu le gouvernement de la République populaire de Chine comme le gouvernement de la Chine, il ne peut pas laisser deux envoyés diplomatiques représentant la Chine demeurer à Paris en même temps ». « Il va de soi que, une fois que le représentant de Pékin sera arrivé à Paris, l'envoyé de Taïpei ne représentera plus la Chine[1] ». Pire, au lieu de réagir aux déclarations du général de Gaulle au sujet des succès obtenus ces dix dernières années par le gouvernement de la République populaire de Chine et de l'établissement des relations diplomatiques entre Paris et Pékin, les autorités de Taïwan se consolaient en écoutant les éloges de Chang Kai-chek faits par de Gaulle à la conférence de presse du 31 janvier[2].

De son côté, le président de Gaulle commençait à se préoccuper de la reprise effective des relations diplomatiques après la publication du communiqué conjoint de Paris et de Pékin. En effet, les autorités de Taïwan, dans leurs notes de protestation, n'avaient évoqué ni la rupture ni le rappel de leur représentant en France, et la Chine ne montrait pas le même intérêt que la France dans l'envoi du groupe précurseur préparant l'arrivée de l'ambassadeur. Le 6 février, de Gaulle a demandé à son Premier ministre Georges Pompidou et son ministre des Affaires étrangères Maurice Couve de Murville de trouver un moyen pour faire partir le représentant de Taïwan. Il leur a donné les instructions suivantes :

> *« Étant donné :*
>
> *qu'au point de vue du droit international il n'y a qu'une Chine ; que c'est, d'ailleurs, ce qu'affirment tous les Chinois quels qu'ils soient et, notamment, le "gouvernement" de Pékin et "celui" de Taïpei ;*
>
> *que nous sommes convenus avec le gouvernement de Pékin d'établir avec lui des relations diplomatiques normales et de le faire à l'échelon des ambassadeurs ;*

[1] *Télégramme du ministère des Affaires étrangères de Taïwan à Gao Shiming* , le 30 janvier 1964, AIHM, AS, 305.22 : *Établissement des relations diplomatiques entre la France et la République populaire de Chine*, vol. 10 , 22 janvier-février 1964.

[2] *Télégramme de P. Salade, chargé d'affaires a. i. à Taïpei, au ministre des Affaires étrangères*, le 2 février 1964, AMAEF : Asie-Océanie, 1944-..., Chine, 1956-1967, vol. 526 , folio 146 et verso.

*que, par là même, nous considérons qu'il est le gouvernement de la Chine ;*

*il y a lieu, pour nous, de ne pas reconnaître le statut diplomatique à la représentation de Taïpei, de le lui notifier sans retard et de prendre les dispositions matérielles corrélatives à cette précision*[1] *».*

Une fois les instructions du président de Gaulle reçues, le Quai d'Orsay a immédiatement ordonné au chargé d'affaires a. i. Pierre Salade de les transmettre pour l'essentiel aux autorités de Taïwan. La seule réaction de celles-ci a été de présenter une nouvelle fois une note de protestation contre l'établissement des relations entre Paris et Pékin, qualifiant la politique du général de Gaulle de capitulation par étapes[2].

Le 10 février, c'est-à-dire trois jours avant le nouvel an chinois, le ministère français des Affaires étrangères, ne pouvant faire autrement, a donné l'ordre à Pierre Salade de transmettre oralement aux autorités de Taïwan les points suivants : 1. Les autorités de Taïwan ont peut-être mal compris la position du gouvernement français vis-à-vis de l'établissement des relations diplomatiques entre Paris et Pékin ; 2. Le gouvernement français estime que la lettre transmise par le général Zinovi Pechkoff est bien claire, mais l'intention du gouvernement français n'a pas été entièrement comprise ; 3. La France est disposée à accréditer un chargé d'affaires à Pékin et à recevoir le chargé d'affaires envoyé par Pékin, les deux parties vont procéder à l'échange d'ambassadeurs dans un délai de trois mois qui suivront la date du 27 janvier où le communiqué conjoint a été publié ; 4. Cet acte n'a rien à voir avec l'attitude du président de la République française à l'égard du régime de Pékin et l'estime que le général de Gaulle a pour Chang Kai-chek ; 5. Une fois que le représentant diplomatique de Pékin sera arrivé à Paris, le gouvernement français le considérera comme représentant de la Chine, et, en conséquence, le représentant diplomatique de la République de Chine aura perdu sa raison d'être.

---

[1] *Note pour MM. Pompidou et Couve de Murville* (6 février 1964), in *Charles de Gaulle, Lettres, notes et carnets (janvier 1964-juin 1966)*, 1987, Paris, Librairie Plon, p. 32.

[2] Xu Wentang, *Établir et rompre les relations diplomatiques – Taïpei, Paris et Pékin se mesurent en 1964* ( 许文堂《建交与断交——1964 年台北、巴黎、北京的角力》), p. 40.

Ayant demandé au chargé d'affaires a. i. Pierre Salade de répéter les points susdits et de constater qu'il n'y avait pas eu d'erreur, Shen Changhuan a déclaré :

> *« En dépit des protestations répétées du gouvernement chinois, le gouvernement français informe aujourd'hui le gouvernement chinois qu'il va poursuivre la mise en exécution de sa politique d'établir des relations diplomatiques avec le régime de Pékin telle qu'elle a été annoncée par le communiqué du 27 janvier 1964.*
>
> *Le gouvernement français informe aussi le gouvernement chinois que dès que la mission diplomatique de Pékin arrivera à Paris, elle sera la représentation diplomatique de la Chine et qu'en conséquence la mission diplomatique de la République de Chine aura perdu sa raison d'être.*
>
> *C'est pourquoi le gouvernement chinois considère que le message transmis par M. Salade a pour but d'informer le gouvernement chinois que le gouvernement français a l'intention de rompre les relations diplomatiques avec la République de Chine et qu'il est prêt à le faire ».*

À la demande de Shen Changhuan, Pierre Salade a répondu et a affirmé une nouvelle fois l'exactitude de ce qu'il avait dit.

Shen Changhuan a ajouté : « Je vous prie, monsieur le chargé d'affaires, de bien vouloir transmettre à votre gouvernement ce que je viens de vous dire et de demander à votre gouvernement s'il a besoin d'une clarification ».

Pierre Salade : « Personnellement, je crois que cela ne sera pas nécessaire et il n'y aura rien à clarifier ».

Puis, Shen Changhuan a demandé à Pierre Salade quelles dispositions avaient été prises par le gouvernement français en ce qui concerne le retrait de son ambassade. Pierre Salade a répondu qu'il n'avait pas encore reçu d'instructions à ce sujet, mais qu'il devait se tenir prêt[1].

À lire ces conversations entre Shen Changhuan et Pierre Salade, il apparaît que Shen Changhuan avait des doutes sur ce qu'il entendait et sur la fiabilité de la transmission faite par Pierre Salade. Il avait en effet des raisons de s'interroger : la communication du gouvernement français était imprévue et très inattendue pour lui.

Bien que le message du gouvernement français transmis oralement par son chargé d'affaires soit resté poli et implicite, il pouvait être considéré comme une « déclaration de rupture » par les autorités de Taïwan qui ne pouvaient plus faire la sourde oreille et rester sans réagir.

Le même jour, à 15 heures, l'ambassadeur américain à Taïpei, Jerauld Wright, a rendu visite à Shen Changhuan pour lui dire que le gouvernement français allait faire pression sur les autorités de Taïwan afin qu'elles prennent l'initiative de rompre les relations diplomatiques, et il lui a aussi indiqué que le chargé d'affaires français à Taïpei allait lui dire : « Votre gouvernement ne représente pas la Chine ». Wright a ajouté : « J'espère que votre gouvernement rejettera la responsabilité de la rupture sur le gouvernement français, en adoptant une tactique qui consistera à demander des éclaircissements et à faire traîner ». Shen Changhuan a répondu à son interlocuteur que la situation avait changé, puis il lui a répété la communication du gouvernement français que Pierre Salade avait transmise le matin. Il a indiqué à l'ambassadeur américain : « Nous ne pouvons plus faire traîner, car le chargé d'affaires français nous a clairement exprimé que les relations franco-chinoises étaient désormais terminées ». Wright espérait quand même que les autorités de Taïwan persisteraient dans la tactique consistant à ne pas rompre et qu'elles ne retireraient pas leur représentation diplomatique. Shen Changhuan a dit qu'il n'y avait plus de possibilité de différer, et que le ministère des Affaires étrangères de France avait déjà commencé à éviter de recevoir le chargé d'affaires de Taïwan et le considérait comme un simple ressortissant chinois. Il a indiqué à son interlocuteur que les

[1] Procès-verbal de l'entretien entre Shen Changhuan et Pierre Salade , le 10 février 1964, AIHM, AS, 305.22 : *Établissement des relations diplomatiques entre la France et la République populaire de Chine*, vol. 4 , 10 janvier-24 février 1964.
*Télégramme au ministre des Affaires étrangères par P. Salade, chargé d'affaires à Taïpei*, n° 39/41, le 10 février 1964, AMAEF : Asie-Océanie 1944-1967 / Formose : vol. 61.

autorités de Taïwan étaient obligées de prendre des mesures, et qu'elles ne pouvaient plus faire preuve d'inertie[1]. Ainsi, il n'a pas demandé à Wright de transmettre à la Maison-Blanche la décision des autorités de Taïwan, parce que celles-ci ne supportaient plus d'être aux ordres des Américains sur ce point.

Le soir du 10 février, le Conseil exécutif a tenu d'urgence une réunion pour discuter de la communication qui avait été faite par le gouvernement français. Il y a été décidé de présenter une note et de publier une déclaration annonçant la rupture des relations diplomatiques avec la France.

Une fois prise la décision de rompre avec la France, les autorités de Taïwan ont envoyé à minuit la copie de la note de rupture à Gao Shiming, chargé d'affaires a. i. à Paris, pour qu'il la transmette au ministère des Affaires étrangères français. En outre, le ministère des Affaires étrangères de Taïwan a demandé à Gao Shiming de solliciter du Quai d'Orsay que le service de presse de l'ambassade puisse devenir le « centre d'information de la Chine libre » et que toutes les protections et facilités nécessaires soient données au personnel de l'ambassade, une fois que celle-ci serait fermée. Enfin, le ministère a recommandé à Gao Shiming de confier les immeubles et le livre de chiffrage télégraphique à Zhang Zhao, délégué adjoint permanent auprès de l'UNESCO[2].

L'après-midi du 11 janvier, le chargé d'affaires a. i. à Paris Gao Shiming s'est rendu au ministère français des Affaires étrangères pour présenter la copie de la note de rupture, et a été reçu par le secrétaire général Éric de Carbonnel. Celui-ci lui a dit qu'il devrait retourner à Taïwan dans un bref délai, car son homologue français quitterait Taïpei et reviendrait en France dans un délai d'une semaine ou de dix jours. Gao Shiming a demandé au gouvernement français de lui permettre de demeurer un certain temps après la fermeture de l'ambassade et de continuer à lui donner le traitement privilégié de diplomate. Il voulait

[1] *Procès-verbal de l'entretien entre Shen Changhuan et Wright*, le 10 février 1964, AIHM, AS, 305.22 : *Établissement des relations diplomatiques entre la France et la République populaire de Chine*, vol. 6 , 10 janvier-24 février 1964.

[2] *Télégramme du ministère des Affaires étrangères de Taïwan à Gao Shiming*, le 10 février 1964, AIHM, AS, 305.22 : *Établissement des relations diplomatiques entre la France et la République populaire de Chine*, vol. 10, 22 janvier-février 1964.

également connaître la date d'arrivée du représentant de Pékin. Afin que Gao Shiming quitte Paris le plus tôt possible, Éric de Carbonnel lui a répondu que le représentant de Pékin arriverait dans un délai d'une semaine. Pour finir, Gao Shiming laissa deux notes et un aide-mémoire, et prit congé du secrétaire général[1].

Le 11 février, à 2 heures 30, Shen Changhuan a convoqué d'urgence Pierre Salade pour lui remettre la version anglaise du procès-verbal de leur entretien (qu'ils avaient relue et vérifiée point par point deux heures avant au téléphone) qui avait eu lieu la veille et lui a dit :

> *« Après notre rencontre ce matin (sic), nous avons bien compris la position de votre gouvernement. Le Conseil exécutif a tenu ce soir (sic) une réunion lors de laquelle j'ai fait un rapport sur l'attitude de votre gouvernement. Le gouvernement français a décidé d'établir des relations diplomatiques avec le pouvoir du PCC et de procéder sous peu à un échange de chargés d'affaires, en dépit des protestations répétées du gouvernement chinois du 24 et du 27 janvier. Cette décision a complètement détérioré les relations existantes entre nos deux pays, en conséquence, notre gouvernement a décidé de rompre ses relations diplomatiques avec le gouvernement français. C'est avec un cœur très lourd que je m'acquitte aujourd'hui de cette mission désagréable, qui est le résultat de l'acte inamical de votre gouvernement. Notre gouvernement ne peut faire autrement, il est obligé de prendre cette mesure. Cependant, les relations traditionnelles entre les peuples des deux pays continuent à exister. Je vous remets la note de rupture et vous demande de la transmettre à votre gouvernement ».*

Pierre Salade a déclaré qu'il allait transmettre la note à son

[1] *Télégramme du ministère des Affaires étrangères de Taïwan à Gao Shiming* , le 10 février 1964, AIHM, AS, 305.22 : *Établissement des relations diplomatiques entre la France et la République populaire de Chine*, vol. 10 , 22 janvier-février 1964.
*Télégramme de Gao Shiming au ministère des Affaires étrangères de Taïwan* , le 11 février 1964, AIHM, AS, 305.22 : *Établissement des relations diplomatiques entre la France et la République populaire de Chine*, vol. 10 , 22 janvier-février 1964.
*Note – Visite du département du « chargé d'affaires » de Formose*, le 11 février 1964, AMAEF : Asie-Océanie, Chine, 1956-1967, vol. 526, folios 223-225.

gouvernement et a ajouté qu'il en avait aussi lourd sur le cœur, mais qu'il ne pouvait rien dire à ce sujet.

Shen Changhuan a dit :

> *« Monsieur le chargé d'affaires, vous, ainsi que le personnel de l'ambassade de France, pouvez prendre votre temps pour clore les affaires courantes et quitter Taïwan au moment qui vous conviendra, notre gouvernement est disposé à vous traiter avec courtoisie et il n'a pas fixé un délai impératif pour le retrait de votre ambassade. Nous espérons aussi que notre personnel de l'ambassade à Paris bénéficiera des mêmes privilèges de la part du gouvernement français, afin qu'ils puissent clore les affaires courantes de l'ambassade sans problème ».*

Pour terminer, Shen Changhuan a déclaré qu'il allait donner des instructions au chargé d'affaires à Paris pour qu'il ferme l'ambassade le plus tôt possible[1].

Voici la note de rupture que Shen Changhuan a remise au chargé d'affaires français :

> *« Me référant à ma lettre n° 99-53/EU/WKP du 27 janvier 1964, que je vous adressais au nom du gouvernement de la République de Chine au sujet de l'annonce qu'a faite le gouvernement français de son intention d'établir des relations diplomatiques avec le soi-disant régime des communistes chinois, lettre par laquelle j'élevais auprès de votre gouvernement une véhémente protestation, j'ai l'honneur de porter à votre connaissance que le gouvernement chinois, constatant que le gouvernement français n'a pas tenu compte de cette protestation, qu'il poursuit son intention d'établir des relations diplomatiques avec le soi-disant régime des communistes chinois, qu'au moment de cet établissement, les relations diplomatiques entre la France et la République de Chine prendront fin. Il estime, après examen approfondi, que le gouvernement français a causé aux*

[1] *Procès-verbal de l'entretien entre Shen Chang-huan et P. Salade* , le 10 février 1964, AIHM, AS, 311.1/0001 : *Rupture des relations diplomatiques entre Taïwan et la France* , 1er janvier-28 février 1964.

*relations amicales entre les deux pays un dommage aussi irréparable qu'intolérable et décide de rompre les relations diplomatiques à partir du dix février mil neuf cent soixante-quatre. Le gouvernement de la République de Chine formule le vœu que le gouvernement français assume la responsabilité d'accorder, conformément aux lois, protection aux intérêts des ressortissants chinois établis en France.*

*Veuillez agréer, monsieur le ministre-chargé d'affaires, l'expression de mes sentiments respectueux.*

*Taïpei, le 10 février 1964*
*Shen Ch'ang-huan*

*Monsieur Pierre Salade*
*Ministre-chargé d'affaires*
*de la République française*
en Chine »[1].

Le 11 février, les autorités de Taïwan ont émis une déclaration disant que, après l'établissement des relations diplomatiques entre Paris et Pékin, elles ont présenté des protestations et publié une déclaration, dont le gouvernement français n'a pas tenu compte ; au contraire, il a persévéré dans la même attitude en annonçant le 10 février l'échange avec Pékin de chargés d'affaires dans un bref délai. Les autorités de Taïwan estimaient que le comportement du gouvernement français avait gravement détérioré les relations diplomatiques entre Taïwan et Paris. En conséquence, elles ont décidé de rompre avec la France, avec date d'effet au 10 février 1964[2].

Le 12 février, la veille de la Fête du printemps, le dernier jour du calendrier lunaire, Shen Changhuan a donné l'ordre par télégramme

[1] *Note du ministre des Affaires étrangères de la République de Chine à monsieur le ministre-chargé d'affaires de l'ambassade de la République française en Chine* (l'original et la traduction), 10 février 1964, AMAEF : Asie 1944-1967 / Formose / 1956-1967: vol. 61. Nous avons découvert deux traductions de la note, l'une que nous avons citée ici a été faite par les autorités de Taïwan, l'autre (n° 197) qui se trouve aussi dans le vol. 61 (AMAEF : Asie 1944-1967 / Formose/ 1956-1967 : vol. 61) par la direction d'Europe du Quai d'Orsay.

[2] *Déclaration du ministère des Affaires étrangères de Taïwan* , le 10 février 1964, AIHM, AS, 305.22/0008 : *Relations franco-chinoises*, vol. 3, janvier-28 février 1964.

à Gao Shiming, chargé d'affaires a. i. de Taïwan à Paris, de baisser les couleurs et de fermer l'ambassade. Ainsi, les relations diplomatiques entre les autorités de Taïwan et la France ont pris fin en même temps que l'année du Lapin.

Le 12 février, très tôt le matin, le chargé d'affaires Pierre Salade s'est rendu au ministère des Affaires étrangères de Taïwan pour rencontrer Shen Changhuan. Que ce fût parce que c'était la veille du nouvel an chinois ou par mesure de rétorsion[1], il n'a pas été reçu ce jour-là et n'a pas pu s'entretenir avec le ministre. L'après-midi du 13, vers 15 heures, Pierre Salade est revenu, et a été reçu par le vice-ministre Yang Xikun. Conformément aux instructions que le Quai d'Orsay lui avait données le 11[2], il a dit à Yang Xikun : « Lors de ma dernière rencontre avec M. le ministre Shen Chang-huan, nous avons évoqué la date de départ de Paris du chargé d'affaires Gao Shiming. Monsieur le ministre Shen Changhuan souhaitait que M. Gao puisse avoir tout le temps nécessaire pour clôturer les affaires de l'ambassade. Étant donné que le chargé d'affaires accrédité par Pékin arrivera à Paris à la fin de la semaine, samedi ou dimanche, M. Gao pourrait demeurer à Paris dix jours, à compter de la date de la rupture (c'est-à-dire jusqu'au 20 février). Je partirai moi-même à peu près à la même date que M. Gao ». Yang Xikun lui a simplement répondu qu'il en rendrait compte à Shen Changhuan[3].

Le 14 février, l'ambassade de Taïwan à Paris a fermé[4]. Le 20, Gao Shiming est parti définitivement pour Taïpei. Le même jour, Pierre Salade a également quitté Taïwan et est retourné à Paris, où il est arrivé quatre jours plus tard.

Les États-Unis s'étaient efforcés d'empêcher les pays occidentaux

---

[1] La veille, quand le chargé d'affaires de Taïwan Gao Shiming s'était rendu au Quai d'Orsay, ce fut le secrétaire général du ministère des Affaires étrangères qui l'avait reçu.

[2] *Télégramme à M. Pierre Salade, chargé d'affaires de France à Taïpei,* le 11 février 1964, AMAEF : Asie-Océanie 1944-1967 / Formose : vol. 61.

[3] *Procès-verbal de la réception de l'ex-ministre-chargé d'affaires français par Yang Xikun* , le 13 février 1964, AIHM, AS, 305.22 : *Établissement des relations diplomatiques entre la France et la République populaire de Chine*, vol. 10 , 10 janvier-24 février 1964.

[4] *Télégramme de Gao Shiming au ministère des Affaires étrangères de Taïwan* , le 14 février 1964, AIHM, AS, 305.22 : *Établissement des relations diplomatiques entre la France et la République populaire de Chine*, vol. 10 , 22 janvier-février 1964.

de reconnaître la République populaire de Chine depuis sa fondation. La rupture entre les autorités de Taïpei et le gouvernement français a donc été une nouvelle d'une importance particulière, commentée évidemment dans les journaux de Taïpei et Paris, mais aussi sous le feu de la critique des médias américains. Hervé Alphand, ambassadeur français à Washington, a écrit le 11 février dans un télégramme envoyé d'urgence au ministère français des Affaires étrangères :

> *« Les commentaires que la presse américaine consacre, ce matin 11 février, à la rupture des relations diplomatiques entre Paris et Taipei trahissent, en général, le dépit qu'on éprouve ici à voir la France délivrée de la situation embarrassante dans laquelle l'avait enfermée l'attitude de la Chine nationaliste. Le New York Times, qui dans cette affaire adopte décidément un ton acrimonieux à notre égard, voit dans l'événement une "victoire de la Chine communiste et une défaite à peine déguisée du général de Gaulle". [...] Il est probable que l'éditorialiste du New York Times aura été inspiré par les déclarations faites hier soir par le porte-parole du département d'État qui insinuait que la France avait finalement cédé aux exigences de Pékin. "Il ressort de cette affaire, a déclaré en effet M. Philippe, qu'il n'est pas possible de reconnaître la Chine sans condition". On avait espéré, à Washington, que le maréchal Chiang Kai-chek, en poursuivant sa résistance passive, finirait par obliger le gouvernement français à prendre, à l'égard de l'ambassade nationaliste, quelque mesure discourtoise, qui lui aurait fait perdre, dans l'immédiat, une part du bénéfice que lui valait l'établissement de relations avec Pékin. Aussi, avec une absence de pudeur assez choquante, reproche-t-on beaucoup au fidèle allié sa décision aussi soudaine qu'inattendue. "Pour ne pas perdre la face, le maréchal a perdu la tête", estime l'éditorialiste du New York Herald Tribune[1] ».*

Au cours de l'établissement des relations diplomatiques entre la Chine et la France, Washington, Taïpei, Paris et Pékin se sont

[1] *Télégramme de M. Hervé Alphand, ambassadeur aux États-Unis*, le 11 février 1964, AMAEF : Asie-Océanie 1944-1967 / Formose : vol. 61.

livrées à une bataille psychologique autour de la rupture des relations diplomatiques entre le gouvernement français et les autorités de Taïwan ; finalement, le grand vainqueur reste Pékin, les trois autres ayant tous échoué. Cela démontre que la reconnaissance de la Chine par la France a été faite non seulement avec préalables, mais aussi avec conditions.

### La visite en Chine de Charles de Gaulle

Nous allons à présent aborder une des dernières volontés de Charles de Gaulle. Avant son décès, il voulait visiter la Chine et rencontrer Mao Tsé-toung, mais il n'a pas pu le faire.

D'après les souvenirs de M. Zhang Xichang (en 1967), à l'occasion d'une réception pour le nouvel an au palais de l'Élysée, madame de Gaulle s'est adressée à la femme de l'ambassadeur de Chine et lui a dit sur le ton de la confidence : « Il y a un proverbe français, dont l'idée générale est que toute personne doit visiter la Chine avant d'entrer dans le royaume des Cieux. Notre couple souhaite ardemment visiter la Chine».

En septembre 1970, la nièce du général de Gaulle, Marie-Thérèse de Corbie, avant de prendre ses fonctions de conseiller de l'ambassade de France en Chine, a rendu visite à Charles de Gaulle à Colombey-les-Deux-Églises. À cette occasion, Charles de Gaulle lui a déclaré : « Visiter la Chine, pour moi, c'est un rêve ! J'ai hâte d'y aller. [...] Bien entendu, je dois m'entretenir avec le président Mao, ce sera une discussion entre les représentants de la France et de la Chine, Charles de Gaulle et MaoTsé-toung ».

On dit que, lors d'entretiens avec ses proches et amis intimes, de Gaulle a révélé, quant au programme concret de son voyage, qu'il avait l'intention de visiter la Chine en juin 1971, et de s'y trouver le 18 juin, date historique[1].

En juillet 1972, le ministre français des Affaires étrangères, Maurice Schumann, en visite en Chine, a déclaré au président Mao Tsé-toung et au Premier ministre Chou En-lai : « Le désir que le général de Gaulle avait de visiter la Chine était très grand. Il pensait venir en juin

[1] En référence à l'appel du 18 juin 1940 fait par Charles de Gaulle à Londres, une date qui à elle seule symbolise l'action du général de Gaulle.

1971 ».

En septembre 1973, le président Georges Pompidou en visite en Chine a dit expressément au président Mao Tsé-toung : « J'ai travaillé avec le général de Gaulle, il avait un désir extraordinaire de vous rencontrer[1] ».

Pourquoi ce désir du général de Gaulle de visiter la Chine et de rencontrer le président Mao Tsé-toung ? Cela est probablement lié à sa préconisation de reconnaître la Chine et d'établir avec elle des relations diplomatiques, et à sa stratégie globale de réaliser la « grandeur » de la France, de s'opposer aux deux hégémonies et de stimuler la multipolarisation du monde. Après avoir établi des relations diplomatiques avec la Chine, la France était devenue le seul pays occidental capable d'avoir des relations avec les trois grandes puissances qu'étaient la Chine, les États-Unis et l'URSS. Mais le président de Gaulle n'était pas encore satisfait. Après avoir rencontré le président américain Lyndon Johnson, le secrétaire général soviétique Nikita Sergeyevich Khrouchtchev, il voulait également pouvoir s'entretenir avec le président Mao Tsé-toung.

Peu après l'établissement des relations diplomatiques, la France a envoyé indirectement des signaux à la Chine pour faire savoir que le général de Gaulle souhaitait effectuer une visite officielle. La première tentative remontait à juillet ou début août 1964. L'ambassadeur de France en Birmanie (Myanmar) a dit à l'ambassadeur de Chine qu'il espérait que, après la visite du président de Gaulle en Chine, Chou En-lai pourrait visiter la France[2]. À Londres, le journal *The Observer* a publié l'information que le général de Gaulle allait visiter la Chine en automne 1964 et rencontrer le président Mao Tsé-toung et le Premier ministre

---

[1] Zhang Xichang, « Le rêve chinois de Charles de Gaulle », in *Nouvelles du Parti communiste chinois* (张锡昌《戴高乐的中国梦》，见“中国共产党新闻”) —— http://cpc.people.com.cn/GB/64162/82819/86594/86595/5941233.html.

[2] *Direction de l'Europe occidentale du ministère des Affaires étrangères, « Demande d'instruction au sujet de renseignements sur le désir de visite en Chine de Gaulle»*, 18 août 1964, AMAEC, n° 110-02008-04.

Chou En-lai pour discuter de la situation en Asie du Sud-Est[1].

Par ailleurs, au cours d'une conversation entre les diplomates français et chinois en Indonésie, la même allusion a été faite en août 1964. À l'occasion de la célébration du 1er août (jour des armées en Chine) à l'ambassade de Chine en Indonésie, l'ambassadeur de France a dit à l'ambassadeur de Chine : « Le président de Gaulle comprend très bien la situation de l'Extrême-Orient, il comprend aussi bien la lutte en cours du peuple chinois. Le président de Gaulle va bientôt faire une tournée en Amérique latine, il souhaite ensuite visiter la Chine ; il espère renforcer les relations avec la Chine ». À partir de ce moment, le gouvernement chinois a prêté une attention extrême au souhait du président de Gaulle d'effectuer une visite officielle en Chine. Le ministre des Affaires étrangères a donné des instructions à l'ambassade de Chine en France : « Prêtez attention au moindre signe qui indiquerait un souhait de Charles de Gaulle de visite en Chine ». En même temps, il a indiqué à l'ambassadeur en Indonésie, la prochaine fois qu'il rencontrerait l'ambassadeur de France : « Montrez le plus grand intérêt sur le sujet d'une visite officielle de Charles de Gaulle en Chine, il en a été question. Notre gouvernement dans sa totalité est disposé à accueillir Charles de Gaulle s'il souhaite faire une visite officielle. Si possible, demandez-lui de parler du programme de la visite de Charles de Gaulle. Si Charles de Gaulle a bien l'intention de faire une visite en Chine, prévenez immédiatement le gouvernement, et faites un rapport d'urgence ». En même temps, le ministre des Affaires étrangères a ordonné, par télégramme, à toutes les représentations diplomatiques « d'attacher la plus haute importance aux intentions manifestées par la France d'une visite officielle en Chine. Lors de chaque rencontre avec un diplomate français qui y ferait allusion pour sonder notre point de vue sur ce sujet, vous devez lui dire personnellement que vous croyez que le gouvernement chinois est disposé à accueillir le général de Gaulle, et tenter de percevoir les véritables intentions du gouvernement français. Il faut immédiatement faire un

[1] *Télégramme du ministère des Affaires étrangères à l'ambassade de Chine en Norvège, « D'après le reportage de la Norvège, de Gaulle fera une visite en Chine cet automne»*, 27 juillet 1964, AMAEC, n° 110-02008-01.

rapport à chaque occasion qui se présente[1] ». Le 6 octobre 1964, dans l'avion qui les menait de Pékin à Kunming, le prince Norodom Sihanouk du Cambodge, qui était en visite officielle en Chine, a suggéré au vice-Premier ministre Chen Yi qu'il pourrait inviter le général de Gaulle à se rendre en Chine. Le vice-Premier ministre a répondu que c'était un sujet en cours d'étude, et a ajouté : « Comme Charles de Gaulle est quelqu'un qui accorde une très grande importance à sa dignité, nous envisageons de prendre l'initiative de faire d'abord une visite en France, ensuite nous le prierons de venir[2] ». Le 2 décembre, Edgar Faure a invité l'ambassadeur de Chine Huang Zhen à déjeuner. Au cours de la discussion, quand a été abordé le sujet de favoriser les visites mutuelles entre dirigeants des deux pays, il a déclaré : « En ce qui concerne les voyages officiels des dirigeants de nos deux pays, le mieux serait que tout d'abord le président de Gaulle visite la Chine, ensuite Liu Shaoqi se rendrait en France, et enfin les Premiers ministres français et chinois feraient chacun le déplacement ». Il a ajouté qu'il se demandait s'il n'était pas préférable qu'aient d'abord lieu les visites respectives de deux Premiers ministres, afin que le premier déplacement officiel des chefs d'État des deux pays se passe au mieux. Il a indiqué que, quelques jours plus tard, il allait rencontrer le président de Gaulle et qu'il donnerait son avis concret à la mi-janvier suivante. L'ambassadeur Huang Zhen a fait savoir que le président de Gaulle comme le Premier ministre Pompidou seraient les bienvenus en Chine. Il a ensuite souhaité avoir l'opinion d'Edgar Faure[3]. Néanmoins, jusqu'à la visite en Chine du ministre de la Culture André Malraux aux mois de

---

[1] *Télégramme de l'ambassade de Chine en Indonésie au ministère des Affaires étrangères, « L'ambassadeur de France a déclaré que de Gaulle voulait faire une visite en Chine»*, le 1er août 1964 ; *télégramme du ministère des Affaires étrangères à l'ambassade de Chine en Indonésie, « Au sujet d'une mention par l'ambassadeur de France d'un souhait de De Gaulle de visiter la Chine »* , le 7 août 1964 ; *télégramme général du ministère des Affaires étrangères à toutes les représentations diplomatiques chinoises à l'étranger, « Notre attitude à l'égard du sondage français d'une visite en Chine de Charles de Gaulle»*, le 8 juillet 1964, AMAEC, n° 110-02008-01.

[2] *Télégramme du groupe de réception de Norodom Sihanouk au ministère des Affaires étrangères, « Contenu des conversations du vice-Premier ministre Chen avec le prince Norodom Sihanouk»*, Kunming, le 6 octobre 1964, AMAEC, n° 110-02008-03.

[3] *Rapport de demande d'instructions du ministère des Affaires étrangères, « Avis sur le traitement de l'affaire dont Edgar Faure a parlé au sujet d'une visite de Charles de Gaulle en Chine»*, le 8 décembre 1964, AMAEC, n° 110-01190-01.

juillet et août 1965, cette question n'a plus été évoquée. Comme André alraux n'avait pas été chargé de la mission de transmettre le souhait du général de Gaulle de venir en Chine, il est reparti sans que lui soit non plus transmise une invitation de la Chine à Charles de Gaulle de visiter le pays.

Selon M. Zhang Xichang, « en février 1966, le directeur d'Asie-Océanie du ministère des Affaires étrangères, chargé des affaires de Chine, Étienne Manac'h, a officiellement indiqué que, comme la France avait déjà envoyé la personne du gouvernement la plus importante après le Premier ministre [il se référait à André Malraux] visiter la Chine, dans la perspective de continuer à développer les relations franco-chinoises, par décision des plus hautes autorités françaises, le gouvernement français allait inviter un haut dirigeant chinois à visiter la France. La première personne que la France a envisagé d'inviter était le Premier ministre Chou En-lai ».

Deux ou trois mois plus tard, la partie chinoise n'ayant toujours pas donné de réponse positive, le président de Gaulle a été contraint de s'impliquer personnellement et de demander qu'un rendez-vous avec l'ambassadeur de Chine Huang Zhen soit organisé. «Le président de Gaulle était en effet impatient que puisse avoir lieu une rencontre entre les dirigeants des deux pays ».

Le 16 mai 1966, le président de Gaulle a reçu l'ambassadeur Huang Zhen au palais de l'Élysée, accompagné de Zhang Xichang qui lui servait d'interprète. Cette fois, les discussions ont porté spécifiquement sur les relations bilatérales, en particulier sur la possibilité d'une rencontre au plus haut niveau entre les deux pays. À la fin de l'entretien, « le président de Gaulle en est venu à la question cruciale : il a invité en personne le Premier ministre Chou En-lai à visiter la France. Son intention était de donner du poids à l'invitation pour faire en sorte que Chou En-lai vienne le plus rapidement possible . La France avait régulièrement invité le Premier ministre pour nouer des relations plus étroites avec la Chine, et pour renforcer la coordination et la collaboration des deux pays dans les affaires internationales importantes, mais surtout afin d'ouvrir la voie en vue d'une visite de Charles de Gaulle ». À ce moment, les instructions de Chou En-lai ont été que, étant donné la situation internationale, il n'était pas approprié que les dirigeants chinois soient les premiers à venir en visite en France. Huang Zhen a bien reçu cette instruction et a demandé à rencontrer le Premier ministre Georges Pompidou le 22 juin, en réponse à l'invitation faite au Premier ministre Chou En-lai par la France.

Lors de cette rencontre, l'ambassadeur Huang Zhen a déclaré : « Le Premier ministre Chou En-lai a exprimé sa grande joie de pouvoir visiter la France, et souhaité que toute sa gratitude soit exprimée à Son Excellence le président de la République française ». L'ambassadeur Huang Zhen a ajouté : « Mais il est regrettable que, pour la première moitié de l'année, l'emploi du temps du Premier ministre Chou En-lai est tellement chargé qu'il ne peut visiter la France. Le Premier ministre pense que le développement et l'avancée des relations entre les deux pays sont très importants et que des visites officielles des dirigeants respectifs des deux pays seraient bénéfiques pour une meilleure compréhension mutuelle. Il veut donc inviter le Premier ministre Georges Pompidou à venir visiter la Chine d'ici à la fin de l'année ». Dans ses *Mémoires*, Zhang Xichang raconte que la réponse de Georges Pompidou avait de toute évidence été préparée à l'avance, pour renvoyer la balle à la partie chinoise : « Si le Premier ministre Chou En-lai peut trouver du temps pour visiter la France, il sera reçu à la mesure de l'importance de nos relations bilatérales. Je suis très heureux de recevoir l'invitation de visiter la Chine que lui et son gouvernement m'envoient, cela correspond à mes souhaits, mais mon emploi du temps est aussi très serré ; d'ici à la fin de l'année, le Parlement doit discuter du budget du pays et, au début de l'année 1967, il y a des élections importantes. Pendant cette période, le chef du gouvernement ne peut pas se déplacer à l'étranger ».

En 1967 et 1968, la « Révolution culturelle prolétarienne » est entrée dans une phase de plus grande intensité, ce qui a eu une forte influence sur les relations entre la Chine et la France. Les contacts entre les deux gouvernements ont été pratiquement interrompus, la question d'une rencontre au plus haut niveau n'a naturellement plus été soulevée.

En janvier 1969, le président de Gaulle a nommé l'ancien directeur d'Asie-Océanie du Quai d'Orsay ambassadeur français en Chine. Au moment d'envoyer Étienne Manac'h prendre son poste, il a insisté sur le fait que « les Français et les Chinois devaient pouvoir parler ensemble des affaires du monde » et a ajouté : « Auparavant, nous avons invité Chou En-lai à venir visiter la France, mais, en raison du changement de la situation, il n'a pas pu entreprendre cette visite. Bien entendu, si, à l'avenir, la Chine veut renouveler un tel projet, nous sommes prêts à recevoir une personnalité importante du gouvernement chinois en France. Si l'occasion se présente, vous pouvez l'expliquer à votre interlocuteur chinois. [...] Il suffit que les dirigeants chinois le souhaitent, vous pouvez faire cette invitation en mon nom, et leur dire que je recevrai un visiteur avec tous les égards qui lui sont dus ». Le 28 avril de la même année, après la courte victoire du « non » au référendum sur « la création de régions et à la rénovation du Sénat », organisé à l'initiative du président de Gaulle, celui-ci a volontairement quitté ses fonctions. Dès lors, son souhait d'effectuer une visite en Chine en tant que président de la République ne pouvait plus être exaucé. Malgré cela, il a évoqué de temps en temps son idée de voyager en Chine, après avoir quitté la vie politique française. À Pékin, l'ambassadeur français Étienne Manac'h travaillait avec énergie à la réalisation de ce projet. Le 2 mars 1970, Étienne Manac'h a envoyé à de Gaulle une lettre avec cette suggestion : « Mon général, c'est un événement auquel vous devez prendre part. Pour la France, pour l'histoire, cela sera un événement marquant. [...] C'est un long voyage que de venir en Chine. Ce serait un accomplissement dans l'histoire de notre temps ». Il est passé directement à l'essentiel, sans hésiter : « Dans le passé, votre rencontre avec le président Hô Chi Minh n'a pas pu se réaliser, je le regrette beaucoup. [...] La mort a détruit le grand événement. Aujourd'hui, le président Mao est encore solide ». Visiter la Chine, il en est temps ! Mais, dans la réponse que le général de Gaulle a adressée à Étienne Manac'h le 10 avril, il n'a pas pris une position claire et s'est exprimé de façon détournée : « Au sujet de la proposition que vous me faites, bien que je ne puisse pas actuellement donner une réponse claire, je vous prie de comprendre que c'est quelque chose qui est gravé dans mon cœur[1] ». À ce moment-là, de Gaulle était occupé à rédiger ses *Mémoires d'espoir*. Certains ont dit que le général de Gaulle souhaitait

[1] Zhang Xichang, « Le rêve chinois de Charles de Gaulle », in *Nouvelles du Parti communiste chinois* (张锡昌《戴高乐的中国梦》，见“中国共产党新闻”)—— http://cpc.people.com.cn/GB/64162/82819/86594/86595/5941233.html.

non seulement visiter la Chine et rencontrer Mao Tsé-toung, mais encore consacrer un chapitre indépendant lors de son voyage en Chine à son entrevue avec Mao Tsé-toung, et faire une série de photographies[1].

Le 9 septembre, avant de prendre ses fonctions de conseiller en Chine, Marie-Thérèse de Corbie s'est rendue à Colombey-les-Deux-Églises avant son départ. Charles de Gaulle a encore une fois exprimé son souhait d'aller en Chine. À ce sujet, il a déclaré : « Bien entendu, il faut que je reçoive une invitation du gouvernement chinois et de Mao Tsé-toung. […] Naturellement, il faut que je puisse rencontrer le président Mao Tsé-toung. Ce sera une rencontre entre Charles de Gaulle et Mao Tsé-toung, les représentants de la France et de la Chine ».[2] Nous sommes convaincus que, après la prise de fonction de madame de Corbie, de façon directe ou indirecte, le souhait du général de Gaulle a été transmis aux autorités chinoises.

Mme Han Suyin a dénoncé la rumeur selon laquelle Chou En-lai lui aurait demandé de transmettre l'invitation du gouvernement chinois au général de Gaulle. Elle a déclaré ne pas avoir servi de messagère[3]. Sur ce point, M. Zhang Xichang a affirmé que « c'était une invention pure », « cela n'a aucun sens ». Puis il a souligné que « le voyage de M. Maurice Couve de Murville en Chine en octobre 1970 pourra justifier mes affirmations. Il a été pendant dix ans ministre des Affaires étrangères sous la présidence de Charles de Gaulle, il a aussi été son dernier Premier ministre, il pouvait être considéré comme son homme de confiance et avait une réputation de compétence. Il était la personne idéale pour transmettre un message de ce dernier. Des personnes extérieures ont conjecturé sur la visite de Maurice Couve de Murville, se demandant s'il s'agissait d'une étape en vue d'un voyage à venir de Charles de Gaulle. En réalité, ce n'est pas du tout le cas. Avant sa visite en Chine, Maurce Couve

---

[1] Institut international d'études sur Chou En-lai, *Chou En-lai et de Gaulle ont chaleureusement avancé leurs mains mais l'histoire ne leur a pas procuré d'occasion de les serrer* ( 国际周恩来研究会《周恩来、戴高乐各自向对方伸出了热情的手，然而，历史最终没有安排他们一次握手的机会》), http://www.zelyj.com/jpwz/html/?4446.html.

[2] Zhang Xichang, « Le rêve chinois de Charles de Gaulle », in *Nouvelles du Parti communiste chinois* ( 张锡昌《戴高乐的中国梦》，见“中国共产党新闻” ) —— http://cpc.people.com.cn/GB/64162/82819/86594/86595/5941233.html.

[3] *Entretien avec madame Han Suyin*, in *Espoir*, n° 1, septembre 1972, pp. 26-29.

de Murville avait écrit une lettre au général de Gaulle pour lui présenter son projet de voyage. Dans la réponse du 22 septembre, de Gaulle a écrit : " Mon cher ami, au sujet de votre visite en Chine, elle aura des résultats positifs pour vous et une très grande signification pour la France. Quand vous en serez revenu, je souhaite absolument vous rencontrer". Donc, il n'y a pas un mot sur sa propre visite en Chine, ni concernant le message qu'il aurait confié à destination des dirigeants chinois ».

M. Zhang Xichang a déclaré : « Le gendre du général de Gaulle, le général Alain de Boissieu, lors d'une interview accordée à Mme Zhou Jianqing, scientifique chinoise, a révélé ce que de Gaulle lui avait dit : "Ne le dites pas à n'importe qui. Le 18 juin de l'année prochaine [1971], je vais me rendre en Chine". En juillet 1972, le ministre des Affaires étrangères, ancien porte-parole de la France libre, Maurice Schumann, en visite en Chine, a encore affirmé au président Mao et au Premier ministre Chou En-lai : "Le désir qu'avait Charles de Gaulle de visiter la Chine était très grand. Il aurait souhaité visiter la Chine en juin 1971[1]" ».

Le 9 novembre 1970, le général de Gaulle est décédé d'une rupture d'anévrisme sans que son vœu d'une visite en Chine se soit réalisé.

La rencontre du général de Gaulle avec le président Mao Tsé-toung ne s'est jamais concrétisée, à cause du tempérament du général de Gaulle et de la politique extérieure d'alors de la Chine.

Certaines personnes disent au sujet du général de Gaulle qu'il était « hautain », l'auteur n'est pas du même avis. On pourrait dire qu'il avait « une très haute estime de lui-même ». Charles de Gaulle était très attaché à la sauvegarde de sa propre dignité et de celle de la nation française. Sur ce point, comme nous l'avons dit précédemment, l'attitude du général de Gaulle envers les États-Unis, pendant et après la Seconde Guerre mondiale, est très représentative. Le général de Gaulle n'a pas eu d'aversion pour Mao Tsé-toung, comme il en avait eu pour Roosevelt, il savait très bien que Mao Tsé-toung, empreint d'une grande conviction communiste, dédaignait les dirigeants des pays capitalistes.

En outre, le général de Gaulle avait été accusé d'être trop conciliant

[1] Zhang Xichang, « Le rêve chinois de Charles de Gaulle », in *Nouvelles du Parti communiste chinois* (张锡昌《戴高乐的中国梦》, 见“中国共产党新闻”) —— http://cpc.people.com.cn/GB/64162/82819/86594/86595/5941233.html.

et de s'être rendu au communisme. C'est pourquoi, au début des relations diplomatiques entre la Chine et la France, il avait voulu mettre en application le principe : « Vous venez chez moi d'abord, je vais chez vous ensuite », dans le cadre des échanges de visites entre les dirigeants chinois et français. Il préférait que le Premier ministre Chou En-lai vienne d'abord en France et qu'ensuite il fasse sa propre visite en Chine. Cependant, il n'avait jamais prétendu que le président Mao Tsé-toung ou Liu Shaoqi devait visiter la France en premier.

On dit d'ailleurs que, dans les relations entre la Chine et les grands pays capitalistes, les visites de chefs d'État reposaient sur ce principe : « Vous venez d'abord chez moi, je vais chez vous ensuite ». Pour cette raison, le gouvernement chinois a clairement formulé ses instructions vis-à-vis du traitement de l'invitation faite par le Premier ministre Georges Pompidou au Premier ministre Chou En-lai : « En considération de la situation internationale actuelle, il vaut mieux que nos dirigeants ne prennent pas l'initiative de visiter la France ».

À partir de là, alors même que le gouvernement français avait cessé d'insister sur le fameux principe « vous venez d'abord chez moi, je vais ensuite chez vous », et que le général de Gaulle attendait que la Chine lui envoie une invitation, comme il l'avait dit à sa nièce Marie-Thérèse de Corbie (« Il faut que je reçoive une invitation du gouvernement chinois et de Mao Tsé-toung »), le gouvernement chinois n'a pas fait le premier pas et n'a pas envoyé d'invitation. C'est peut-être aussi pour cette raison que le Premier ministre Chou En-lai a déclaré avec regret, le 17 juillet 1972, lors d'un entretien avec Maurice Schumann, ministre français des Affaires étrangères qui était en visite en Chine : « C'est dommage, à l'occasion de la visite de Maurice Couve de Murville [...], nous n'avons pas soulevé la question de la visite du général de Gaulle en Chine »[1].

Cela signifie qu'il n'avait pas demandé à Maurice Couve de Murville de transmettre l'invitation du gouvernement chinois au général de Gaulle.

Le décès du général de Gaulle a provoqué une grande émotion. Pour rendre un hommage à sa mémoire et souligner l'importance que la Chine attachait aux relations franco-chinoises établies grâce à ses efforts,

[1] Alain Peyrefitte, *Témoignages,* dans *Cahiers de la Fondation Charles-de-Gaulle*, n° 1, 1995, p. 29.

le gouvernement chinois a exprimé ses plus hautes condoléances.

Le 11 novembre, le président Mao Tsé-toung, le vice-président Dong Biwu et le Premier ministre Chou En-lai ont respectivement envoyé des télégrammes à madame de Gaulle et au président de la République Georges Pompidou. Le télégramme de Mao Tsé-toung était ainsi rédigé :

*« À Son Excellence madame de Gaulle :*

*Nous avons appris le décès de Son Excellence le général de Gaulle, nous exprimons notre grande tristesse et nos plus sincères respects au soldat inflexible qui s'est battu contre l'invasion fasciste (nazie) et pour l'indépendance de la France.*

*Mao Tsé-toung*
*Pékin,*
*le 11 novembre 1970*[1] ».

Le 11 novembre, les drapeaux étaient en berne sur la place Tian'anmen, à Xinhuamen et au ministère des Affaires étrangères. Le matin, le Premier ministre Chou En-lai et le vice-président Dong Biwu ont envoyé un télégramme au président Georges Pompidou pour exprimer leurs condoléances. L'après-midi, Chou En-lai, Dong Biwu et d'autres dirigeants chinois se sont rendus à l'ambassade de France en Chine pour un moment de recueillement.

Le 12 novembre, le gouvernement chinois a désigné Huang Zhen, ambassadeur de Chine en France, pour participer avec le gouvernement français à la cérémonie religieuse qui s'est déroulée à Notre-Dame de Paris. Les obsèques du général de Gaulle avaient lieu à Colombey-les-Deux-Églises ; le président Mao Tsé-toung et le Premier ministre Chou En-lai ont fait déposer des couronnes de fleurs devant sa tombe.

L'ère du général de Gaulle a disparu avec lui, mais c'est bien lui qui a établi des relations franco-chinoises d'un type nouveau qui se sont perpétuées jusqu'à aujourd'hui, encore bien vivaces. La France et la Chine

[1] *Quotidien du peuple*(《人民日报》), 12 novembre 1970.

savent tenir leur rôle et gérer les affaires sur la scène internationale, et les dirigeants des deux pays connaissent l'importance du maintien et du développement des relations bilatérales. Si l'on regarde rétrospectivement le demi-siècle écoulé, les relations bilatérales n'ont cessé de se développer même si elles ont traversé des hauts et des bas. En 1997, les relations ont été élevées au rang de partenariat global ; en 2004, elles ont encore été élevées au rang de partenariat stratégique global. Cela illustre à quel point ces relations sont entrées dans une ère de maturité et de stabilité. L'homme qui a permis la fondation de ces relations aurait des motifs de se réjouir.

# CONCLUSION

## Conséquences pratiques de l'établissement des relations diplomatiques entre la Chine et la France

Au cours de nos développements, nous avons déjà tiré les conclusions des événements importants qui sont survenus avant la reconnaissance de la Chine par la France, il ne s'agit pas de les répéter ici. Nous rappellerons cependant que la reconnaissance de la Chine nouvelle par la France, plus de dix ans après sa fondation, et la mise en place de relations diplomatiques normales ont été un développement historique inéluctable.

En conclusion du présent ouvrage, nous décrirons l'influence et les effets qu'a eus l'établissement des relations entre la Chine et la France sur le développement des relations de la Chine avec le reste du monde et sur la situation mondiale.

Pour la Chine, l'entrée en relation diplomatique avec la France a non seulement élevé sa place et son prestige dans le monde, mais a encore largement étendu ses relations avec les autres pays. La conséquence la plus directe et la plus concrète est que, après vingt-deux ans d'absence, son siège à l'ONU lui a été restitué, suite à ses efforts inlassables et grâce au soutien ferme des pays avec lesquels la Chine avait noué des relations diplomatiques.

Pour le monde entier, l'établissement des relations diplomatiques entre la Chine et la France a porté un coup énorme à la situation bipolaire de l'après-guerre dans laquelle les États-Unis et l'URSS se disputaient l'hégémonie mondiale. Il a également changé les rapports internationaux et joué un rôle actif pour stimuler le développement du monde vers la multipolarisation. La portée et l'influence de cet établissement ont objectivement et largement dépassé le cadre des relations bilatérales.

Comme nous l'avons dit précédemment, dès la fondation de la Chine nouvelle, les États-Unis ont pratiqué à son égard une politique d'embargo dans le domaine économique et une politique d'isolement en matière diplomatique, en formant une coalition des pays sous la bannière du « front commun » de la non-reconnaissance, dans l'intention d'écarter la Chine de la scène politique internationale. Cette situation qui a duré quatorze ans a été finalement bouleversée par l'annonce de l'établissement des relations diplomatiques entre la Chine et la France. Cet acte de la France a fait sensation dans la communauté des nations, ébranlé le monde et a même été qualifié par la presse étrangère d'« explosion nucléaire inattendue de la diplomatie ». Pourtant, les conséquences de cette « explosion nucléaire » ont été celles que le gouvernement chinois avait escomptées, mais aussi celles qui avaient été prévues par la France et les États-Unis. La Chine escomptait un « effet domino », c'est-à-dire une fois la mise en place des relations diplomatiques avec la France, d'autres pays reconnaîtraient la Chine et entreraient en relation diplomatique avec elle. Cela devait naturellement aboutir à la restitution du siège de la Chine à l'ONU et à la normalisation des relations de la Chine avec les États-Unis et le Japon. Les conséquences prévues par la France ont été résumées par le général de Gaulle quand il a dit à Alain Peyrefitte en marge de la conférence de presse du 31 janvier 1964 : « On comprendra peut-être que la France est capable de bouleverser quelque chose et d'établir un nouvel équilibre. Il est probable que, après nous, il y aura des moutons de Panurge ; tout le monde voudra reconnaître la Chine et se trouver dans les premiers à la reconnaître. Et vous allez voir que les États-Unis vont être obligés de nous suivre. Avouez que ça vaudra la peine d'être vu[1]! » Au cours de la conférence de presse, il a déclaré, au sujet de la reconnaissance de la Chine par la France : « Tôt ou tard, certains gouvernements qui se réservent encore jugeront bon de

[1] Alain Peyrefitte, *Témoignages,* dans *Cahiers de la Fondation Charles-de-Gaulle*, n° 1, 1995, p. 29.

**La délégation chinoise à la XXVI$^{e}$ session de l'Assemblée générale de l'ONU en novembre 1971.**

suivre son exemple[1] ». Bien sûr, parmi les gouvernements qui ont suivi l'exemple, certains ont été profondément influencés par la France, d'autres s'opposaient au contrôle des États-Unis.

En ce qui concerne le développement des relations de la Chine avec l'étranger, la reconnaissance de la Chine par la France et l'établissement des relations diplomatiques entre les deux pays ont mené d'autres pays occidentaux à améliorer leurs relations avec la Chine, mais surtout ont entraîné des changements dans la politique et le positionnement des États-Unis – de l'hostilité à l'approche, de l'opposition à la reconnaissance à la proposition de dialogue puis à la normalisation des relations et enfin à la reconnaissance. Bref, l'établissement des relations diplomatiques entre la Chine et la France a entraîné un grand changement dans les relations sino-américaines qui, en se détachant de l'antagonisme, se sont dirigées vers la détente.

[1] *Conférence de presse tenue au palais de l'Élysée*, le 31 janvier 1964, in Charles de Gaulle, *Discours et Messages****, Pour l'effort (août 1962-décembre 1965)*, p. 181.

Poursuivant la politique d'indépendance et en dépit de l'opposition des États-Unis, la France a résolument décidé de reconnaître la Chine et d'entrer avec elle en relation diplomatique. Tout cela a considérablement stimulé et inspiré le Japon qui se trouvait aussi, pendant la guerre froide, sous le contrôle des Américains. En avril 1964, le Premier ministre Georges Pompidou et le ministre des Affaires étrangères Maurice Couve de Murville ont effectué une visite officielle au Japon. Celle-ci avait pour but d'obtenir le soutien du Japon dans la « neutralisation du Vietnam » proposée par la France. Mais, que ce soit au cours de l'entrevue entre Georges Pompidou et le Premier ministre japonais Ikeda Hayato, ou bien lors de l'entretien entre Maurice Couve de Murville et son homologue japonais Ohira Masayoshi, l'établissement des relations diplomatiques entre la Chine et la France était le sujet omniprésent[1]. Cela prouve que, d'une part, le gouvernement japonais s'intéressait à la politique française d'indépendance par rapport aux États-Unis, d'autre part, la France avait l'intention d'exercer son influence sur le Japon en matière de normalisation des relations entre le Japon et la Chine. Il est probable que la visite des dirigeants français au Japon juste après la reconnaissance de la Chine ait stimulé, objectivement ou subjectivement, l'émancipation du Japon du contrôle des États-Unis et la normalisation de ses relations avec la Chine.

Les gouvernements français de l'ère du général de Gaulle poursuivaient une politique d'indépendance, mais cherchaient aussi à influencer les États-Unis quant au traitement des affaires de l'Asie et au développement de leurs relations avec les pays de cette région. Vers la fin des années 1950, le gouvernement français a conseillé aux États-Unis à maintes reprises de ne pas se mêler du problème du Vietnam et s'est opposé à leur intervention armée. Au début des années 1960, le gouvernement français a conseillé aux États-Unis de retirer leurs troupes armées du Vietnam, et a souhaité que les États-Unis modifient leurs relations et prennent contact avec la Chine et la reconnaissent

[1] *Conversations franco-japonaises – Compte rendu I : Entretien entre M. Pompidou et M. Ikeda, à Tokyo, le 7 avril 1964* ; *Compte rendu II : Entretien entre M. Couve de Murville et M. Ohira*, le 9 avril 1964, dans *Documents diplomatiques français – 1964*, Tome I (1er janvier-30 juin), ministère des Affaires étrangères – Commission de publication des documents diplomatiques français, P.I.E., Peter Lang, 2002, pp. 364-384.

aussi tôt que possible. Cependant, dans le contexte de la guerre froide de l'époque, les démarches du gouvernement français n'ont pas pu avoir de conséquences immédiates. Il faudra attendre que Richard Nixon soit élu à la Maison-Blanche, pour que la politique des États-Unis en Chine connaisse un changement substantiel. En outre, du côté chinois, la situation politique intérieure n'était pas favorable : c'était la « Grande Révolution culturelle prolétarienne ». À l'extérieur, les Chinois s'opposaient à la guerre menée par les Américains au Vietnam. La situation faisait qu'il était impossible pour la Chine d'accepter d'être reconnue par les États-Unis, même si ceux-ci avaient soulevé la question.

Vers la fin des années 1960, Richard Nixon prenait de plus en plus conscience que les États-Unis auraient à changer leur politique vis-à-vis de la Chine et ne pouvaient pas continuer à l'isoler et ignorer son existence. Il voyait la Chine comme une force importante dans le processus de multipolarisation politique et économique du monde et croyait que, sans la participation de la Chine, il ne pouvait être question d'établir un ordre international à la fois stable et durable. Peu de temps après avoir été élu à la présidence des États-Unis, début mars 1969, il a rendu visite au président de Gaulle. Lors de l'entretien qu'il a eu avec ce dernier au sujet de la détente entre les États-Unis et la France et la résolution du problème du Vietnam, le président de Gaulle lui a conseillé d'améliorer les relations entre les États-Unis et la Chine, et l'a poussé à reconnaître celle-ci[1]. Le président de Gaulle a souligné qu'il était préférable de reconnaître la Chine immédiatement plutôt que d'être contraint de le faire plus tard, quand elle serait devenue une puissance[2]. Richard Nixon a accepté avec plaisir la suggestion du général de Gaulle concernant les contacts et les dialogues avec la Chine et a déclaré que le gouvernement américain devait chercher à améliorer les relations entre

[1] André Fontaine, *Un seul lit pour deux rêves : histoire de la « détente », 1962-1981*, p. 155.

[2] Li Hanqiu, « Le gaullisme et la stratégie internationale » (李寒秋《"戴高乐主义"的国际战略》), in *Affaires militaires du monde* (《世界军事》, 2007年第6期（总第174期）), 2007, p. 6.

les États-Unis et la Chine[1]. Fin mars, le président de Gaulle est allé aux États-Unis prendre part aux obsèques de l'ex-président américain Dwight David Eisenhower. À cette occasion, R. M. Nixon a demandé au gouvernement français de transmettre au gouvernement chinois le souhait des États-Unis d'améliorer leurs relations avec la Chine. Au mois de mai, l'ambassadeur français Étienne Manac'h a fait part au gouvernement chinois du souhait du gouvernement américain, sur instructions du président de Gaulle[2].

Début juillet 1971, alors que la « Grande Révolution culturelle » était sur le point de se terminer, Henry Kissinger, secrétaire d'État américain, a fait une visite secrète en Chine. Il a eu de longs entretiens avec le Premier ministre Chou En-lai pour organiser la visite de Richard Nixon en Chine. Fin février de l'année suivante, le président américain a effectué une visite officielle en Chine. Il a rencontré le président Mao Tsé-toung et le Premier ministre Chou En-lai. À cette occasion, ils ont évoqué les problèmes de l'Indochine et de Taïwan. Le 28 février, les deux parties chinoise et américaine ont signé un communiqué conjoint à Shanghai qui a été le point de départ de contacts entre la Chine et les États-Unis et a jeté une base pour la détente en Extrême-Orient. Ce fut une étape de transition entre l'affrontement de la guerre froide et la paix.

La visite secrète du secrétaire d'État Henry Kissinger, la visite officielle du président Richard Nixon en Chine et la publication du communiqué conjoint sino-américain ont étonné le gouvernement et le peuple japonais, parce que, depuis plus de vingt ans, les États-Unis pratiquaient une politique anti-chinoise et s'étaient toujours opposés à la reconnaissance de la Chine par quelque pays occidental que ce soit. Dans ce contexte, les Américains s'étaient engagés à se concerter avec le Japon, or, ils avaient pris confidentiellement contact avec les Chinois et cherchaient la détente. Le gouvernement japonais en a tiré ses propres conclusions et a décidé de traiter de façon autonome ses rapports avec la

[1] R. M. Nixon reconnaît lui-même que « de Gaulle a joué un rôle important dans le changement de ma politique au sujet du problème de la reconnaissance de la Chine populaire ». Voir Wang Taiping, *Histoire diplomatique de la République populaire de Chine* ( 王泰平《中华人民共和国外交史》), vol. 2 (1957-1969), Pékin, 1998, p. 372.

[2] Zheng Hui et autres, *Résumé des affaires d'État de 50 ans* ( 郑惠等主编《五十年国事纪要》《外交卷》), Changsha, 1999, pp. 314, 316.

Chine, en s'efforçant de ne pas affecter les relations nippo-américaines.

Pour « réaliser le plus tôt possible la normalisation des relations avec la République populaire de Chine[1] », le 25 septembre 1972, le nouveau Premier ministre japonais Tanaka Kakuei, accompagné par le ministre des Affaires étrangères Ohira Masayoshi, a effectué une visite officielle en Chine et, le 29, le Premier ministre Chou En-lai et le ministre des Affaires étrangères Ji Pengfei ont signé à Pékin, avec leurs homologues japonais, le communiqué conjoint sino-japonais déclarant la fin des hostilités entre les deux pays et l'établissement des relations diplomatiques au rang d'ambassadeur.

Il est nécessaire de rappeler à nos lecteurs que l'amélioration des relations de la Chine avec les pays étrangers, y compris les États-Unis et le Japon, survenue après l'établissement des relations diplomatiques entre la Chine et la France, n'est pas une conséquence principale et décisive de la reconnaissance de la Chine par la France, et que le rôle du général de Gaulle et de son gouvernement n'a pas non plus été déterminant. Cette amélioration est due, pour une grande partie, au réajustement de la politique extérieure de la Chine.

En dernière analyse, si l'on peut dire que la reconnaissance de la Chine par la France et l'établissement des relations diplomatiques franco-chinoises ont contribué à mettre fin à l'affrontement entre l'Occident et la Chine pendant la guerre froide, on peut également affirmer que ce nouveau contexte de fin de la guerre froide est le résultat de l'entrée en relation diplomatique de la Chine, du Japon et des États-Unis.

[1] Le 7 juillet 1972, date à laquelle le gouvernement de Tanaka Kakuei a été établi, ce dernier a exprimé que, « au sujet des affaires étrangères, il fallait réaliser le plus tôt possible la normalisation des relations diplomatiques avec la République populaire de Chine ». Voir Xie Xianyi, *Histoire diplomatique de la Chine – Époque de la République populaire de Chine (1949-1979)* (谢益显主编《中国外交史——中华人民共和国时期（1949–1979）》), Zhengzhou, 1988, p. 525.

# ANNEXE

## ABRÉVIATIONS

AIHM, AS – Archives de l'Institut d'histoire moderne de l'Academia Sinica de Taïwan

AMAEC – Archives du ministère des Affaires étrangères de Chine

AMAEF – Centre des archives diplomatiques du ministère des Affaires étrangères de France à La Courneuve

ALN – Armée de Libération nationale (d'Algérie)

CFLN – Comité français de la Libération nationale

CHAN – Centre historique des Archives nationales de France

CNF – Comité national français

DEA – Directeur d'études associé (Fondation Maison des sciences de l'homme, France)

EFEO – École française d'Extrême-Orient

FLN – Front de libération nationale en Algérie

GPRA – Gouvernement provisoire de la République algérienne

GPRF – Gouvernement provisoire de la République française

KMT – Kuomintang, (Guomindang, Parti nationaliste chinois)

MRP – Mouvement républicain populaire (de France)

OAS – Organisation armée secrète

ONU – Organisation des Nations unies

OTAN – Organisation du traité de l'Atlantique Nord

PCC – Parti communiste chinois

PCF – Parti communiste français
PCUS – Parti communiste de l'Union soviétique
RDPC – République démocratique populaire de Corée
RPF – Rassemblement du peuple français
SFIO – Section française de l'Internationale ouvrière
UNESCO – United Nations Educational, Scientific and Cultural Organization
URSS – Union des républiques socialistes soviétiques

# CORRESPONDANCE ENTRE WADE-GILES, EFEO ET PINYIN

## B

Beiping – Pékin ou Beijing

## C

Canton – Guangzhou
Changhai ou Chang-haï – Shanghai
Chang Kai-chek ou Chiang Kai-chek –Jiang Jieshi
Chiang Ching-kuo – Jiang Jingguo
Chou En-lai -- Zhou Enlai

## G

Guomindang – ( KMT, Parti nationaliste chinois)
Guo Moruo – Kuo Mo-jo

## H

Hong Kong—Xianggang
Huang Chen – Huang Zhen
Huang Shao-ku – Huang Shao-gu

## K

Kouang Tchou Wan – Guangzhouwan
Kuo Min Tang – Guomindang (KMT – Parti nationaliste chinois)
Kuomintang – Guomindang (KMT – Parti nationaliste chinois)

## L

Liou Chao Chi – Liu Shaoqi
Lou Han – Lu Han

## M

Mao Tsé-toung – Mao Zedong

## N

Nankin – Nanjing

## P

Pékin – Beijing

## S

Shen Ch'ang-huan – Shen Changhuan
Sung Chih-kuang – Song Zhiguang

## T

Taïpei-Taibei
Taïwan-Taiwan
Tchang Kai-chek – Jiang Jieshi
Tchen Tcheng – Chen Cheng
Tchen Yi – Chen Yi

Tchongking ou Tchong-King – Chongqing
Tchou En Lai – Zhou Enlai
Tchoung-King – Chongqing
Tsien Tai – Qian Tai
Tuan Mao Lan – Duan Maolan
T. V. Soong – Song Ziwen

## W

Waichiaopu (Waijiaobu, ministère des Affaires étrangères)
Wai Kiao Pou (Waijiaobu, ministère des Affaires étrangères)
Wu Te-chen – Wu Tie-cheng

# SOURCES ET BIBLIOGRAPHIE

## I. SOURCES

### 1. Archives

Academia Historica de Taïwan(AHNTW)

733-24/172-1/3631：《法国“大使馆”人员动态》。

172-1/3827：《驻法国“使领”》。

002090103011149：《蒋中正“总统”文物》。

002090103011159：《蒋中正“总统”文物》。

Archives de l’Institut d’histoire moderne, Academia Sinica de Taïwan (AIHM, AS).

350.22/0003：《钱泰致国民政府外交部电》，1944 年 8 月 16 日。

324.2/0001：《自由法国军事代表团来华》，1941 年 12 月 11 日、1942 年 1 月 19 日。

312/0001：《中法邦交》，1943 年 2 月 24、25 日。

311.1/0005：《对法外交方针》，1942 年 12 月 25 日。

310.19/0001：《我驻巴黎“使领”人员“叛国附逆”案》，1949 年 10 月 7 日。

311.1/0004：《法“匪”建交与我方之因应措施》。

305.22：《法“匪”建交》。

311.1/0001：《“中”法绝交》，1964 年 1 月 1 日 –2 月 28 日。

305.22/0008：《“中”法关系》。

305.22/0007：《“总统”与戴高乐总统来往电函》，1963 年 7 月 1 日

–1964 年 1 月 31 日。

Archives du ministère des Affaires étrangères de Chine (AMAEC).

206-00006-06：《日内瓦会议期间周总理与法国总理兼外长孟戴斯 – 弗朗斯的会谈纪要》，1954 年 6 月 23 日。

206-00006-08：《日内瓦会议期间周恩来总理与法国总理兼外长孟戴斯 – 弗朗斯及英国外交大臣艾登的会谈纪要》，1954 年 7 月 19 日。

110-01389-01：《阿尔及利亚政府参加埃维昂会谈代表团团长贝勒卡塞姆通过我记者向陈副总理致意及我记者向其转达陈副总理向贝勒卡塞姆致意的情况纪要》，1961 年 6 月 15 日。

110-00148-35：《中法关系简况》（总理办公室收文“外 500 号”）。

110-00435-02：《冯大使与弗朗斯谈话纪要》，1958 年 6 月 25 日。

110-00056-08:《我们拥护中华人民共和国的前前后后》，1950 年 4 月 30 日。

110-00056-09：《前国民党政府驻巴黎领事馆馆员与这次的运动》，1950 年 4 月 30 日。

110-00058-03：《欧非司司长宦乡接见前法国驻北京领事伯亚乐的谈话记录》，1949 年 12 月 10 日。

110-00039-05：《周恩来总理、陈毅副总理接见法国参议员埃德蒙・密歇勒等谈话纪录》，1955 年 9 月 23 日。

110-00039-06（01）：《彭真副委员长接见法国参议员的谈话记录》，1955 年 9 月 23 日。

110-00039-05：《周恩来总理、陈毅副总理接见法国参议员埃德蒙・密歇勒等谈话纪录》，1955 年 9 月 23 日。

110-00148-23：《接待法国议员访华团情况简报》第十一号《刘少奇委员长接见情况简报》，1955 年 10 月 30 日。

110-00040-01：《周恩来总理接见法国议员代表团谈话记录》，1955 年 11 月 1 日。

110-00406-08：《接待法国前总理埃加・富尔工作总结》。

110-00435-02：《冯大使与弗朗斯谈话纪要》，1958 年 6 月 25 日。

110-00435-15：《接待法国前总理孟戴斯 – 弗朗斯情况简报》第一号，1958 年 7 月 24 日。

110-00435-04:《周总理接见法国前总理孟戴斯－弗朗斯和杜马谈话记录》，1958 年 7 月 25 日。

110-00435-06：《陈毅副总理与法国前总理孟戴斯－弗朗斯和杜马谈话记录》，1958 年 7 月 29 日。

110-00435-15：《接待法国前总理孟戴斯－弗朗斯情况简报》第二号，1958 年 7 月 25 日。

110-00435-09：《孟戴斯－弗朗斯在华活动情况》，1958 年 8 月 16 日。

110-00435-03：《告密特朗目前不能访华》，1958 年 7 月 10 日。

110-00435-03（1）：外交部送陈副总理审批：《关于密特朗与孟戴斯－弗朗斯同行事》，1968 年 7 月 4 日。

107-00972-04：外交部、外交学会致驻瑞士大使馆电《告法国参议员密特朗访问中国情况》，1961 年 3 月 1 日。

110-01082-06：《陈毅副总理接见法国参议员密特朗有关阿尔及利亚问题部分谈话》，1961 年 2 月 7 日。

110-01123-01：《中国参加日内瓦会议代表团致外交部电》，1962 年 7 月 22 日。

110-01189-04：《有关邀请富尔等访华的建议的批示》，1962 年 6 月。

110-00406-04：《1956 年以来的中法关系情况》，中国外交部档案馆档案第号。

110-00148-35：《总理办公室收文（外 500 号）——中法关系概况》，1955 年 10 月 21 日。

110-00756-01：《关于同意法国工业观察团访华的请示报告》，1957 年 8 月 5 日；外贸部、外交部致驻瑞士大使馆电《复法代表团来华事》，1957 年 8 月 8 日；冯铉致外交部、外贸部电《罗希洛 13 日来谈情况》，1957 年 8 月 8 日。

110-00756-04：《卢绪章副部长与法国经济代表团团长罗希洛会谈纪要及双方贸易谈判的情况》，1957 年 9 月 10–25 日。

110-00756-03：《周恩来总理接见法国经济代表团谈话记录》，1957 年 9 月 26 日。

110-01622-02:《中法贸易往来大事记》，1963 年 9 月 7 日；对外贸易部《新中国成立以来中法贸易情况》，1963 年 9 月 17 日。

110-00598-01：《法国总理富尔接见我青年代表团谈中法关系》，1956 年 1 月 23 日。

110-00598-01:《比内和富尔关于法中关系的谈话》附件，1956年2月6日。

110-00597-02：《周恩来总理接见法国文化代表团谈话记录》，1956年5月29日。

110-00544-01：《关于法国议员（德罗纳）呼吁法政府承认中国的问题》，1959年6月–1960年8月。

110-01082-04、05、06：《密特朗与陈毅副总理、毛泽东主席谈话》，1961年2月7、8日。

110-00972-04：外交部、外交学会致驻瑞士使馆电《告法国参议员密特朗访问中国情况》，1961年3月1日。

110-00436-04：中国驻瑞士使馆致外交部电《德莱希等同（莫里斯·）舒曼谈承认中国问题》，1958年6月27日。

110-01982-01：驻瑞士使馆致外交部电《关于富尔访华事》，1963年8月20日；外交部复驻瑞士使馆《复关于富尔访华事》，1963年8月29日。

110-01167-02：外交学会外宾接待办公室《接待法国前总理埃加·富尔情况简报》第一期，1963年10月22日；《接待法国前总理埃加·富尔情况简报》第二期，1963年10月23日。

110-01982-07：《法国前总理富尔面交周恩来总理的法国总统戴高乐给他的亲笔信》。

110-01982-11：《周恩来总理、陈毅副总理接见法国前总理富尔谈改善中法两国关系》，1963年10月25日。

110-01982-15：外交部曾涌泉特急报《关于与法方谈判建立两国外交关系的意见》，1963年10月28日。

110-01189-10：《谢黎呈曾涌泉报告》，1963年10月29日。

110-01982-12：《陈毅副总理与富尔会谈记录》，1963年10月30日。

110-01982-13：《周恩来总理、陈毅副总理同法国前总理富尔谈话记录——关于有步骤建交的方案》，1963年10月31日。

110-01982-05：《刘少奇主席接见法国前总理富尔谈话记录》，1963年10月31日。

110-01167-02：《接待法国前总理埃加·富尔情况简报——刘主席接见主要情况》第八期，1963年10月31日。

110-01982-10：《周恩来总理、陈毅副总理接见法国前总理富尔谈两国直接建交方案》，1963年11月1日。

110-01982-02: 外交部发《外交通报——法前总理富尔访华情况》第118期，1963年11月11日。

110-01982-14：《毛主席接见法国前总理富尔夫妇谈话记录》，1963年11月2日。

110-01222-05：《新情况——国际舆论关于中法建交问题的动向》特字第28号，1963年12月16日。

110-01997-06: 中国驻瑞士使馆致外交部电《请急电关于中法关系的指示》，1963年12月11日。

110-01190-08：外交部《关于同法方谈判中法建交问题的补充请示》，1963年12月17日。

110-01997-05：李清泉自阿尔及尔致外交部电《关于和法国谈判建交事》，1963年12月27日。

110-01997-06：驻瑞士使馆致外交部电《请急电关于中法关系的指示》，1963年12月11日。

110-01997-04：《李大使与法外交部代表第二次谈判记录》、李清泉致外交部电《中法建交谈判》，1964年1月2日。

110-01190-08: 外交部致黄镇电《关于谈判中法建交事》，1964年1月3日；外交部致黄镇电《请示对驻瑞士使馆四点设想的批复》，1964年1月4日。

110-01997-09：《李大使与法外交部代表第三次谈判记录》、李清泉致外交部电《与法代表达成发表建交公报之协议》，1964年1月9日。

110-01191-03：外交部致李清泉大使电《关于中法建交协议事》，1964年1月11日。

110-01997-07：李清泉致外交部电《与法德波马歇谈中法建交问题》、驻瑞士使馆致外交部电《中法建交第四次会谈记录》，1964年1月23日。

110-02000-01：外交部《关于法国建馆先遣人员赴华及我建馆先遣人员赴法问题的请示》，1964年2月3日。

117-01140-05：外交部致驻瑞士使馆电《复有关宋等赴法问题》，1964年2月12日。

110-01223-02：驻法使馆致外交部电《潜伏在法蒋帮分子活动情况》，1964年5月1日。

110-01216-02：驻巴黎使馆致外交部电《宋代办抵巴黎情况》，1964年2月24日。

110-01216-01：驻法使馆致外交部电《会见法外长情况》，1964年2月26日；《宋之光代办拜会法国外长德姆维尔谈话记录》，1964年2月26日。

110-02002-03：外交部就任命大使事，与驻法使馆往来电，1964年3月26日–4月10日。

110-02002-01：《黄镇大使向法国总统戴高乐递交国书时代颂词稿》，1964年5月。

110-02004-01：外交部电驻法国大使黄镇《告同戴高乐、蓬皮杜谈话注意事项》，1964年6月13日。

110-02004-02：驻法使馆致外交部电《黄大使拜会法总理情况》，1964年6月17日。

110-01218-01：驻瑞士使馆致外交部电《法代办 Chayet 等23日抵京》，1964年2月14日。

117-01144-04：《外国驻华使馆动态》第92期，1964年3月1日。

118-01355-06：《领事司关于法方要求建造永久使馆问题函及驻法国使馆的复电——1964年6月23日–7月17日》，1964年6月20日。

117-01669-01：《法国驻华大使在呈递国书时的颂词》、《刘主席在接受法国驻华大使呈递国书时的答词》，1964年5月31日。

106-01448-07：《毛泽东主席会见法国技术展览会负责人皮科及法国驻华大使佩耶谈话记录》，1964年9月10日。

110-02003-04：《刘少奇主席接见法国首任驻华大使佩耶、接受国书、谈中法关系、老挝问题和东南亚和平中立问题》，1964年5月31日。

110-02003-06：《周恩来总理接见法国首任驻华大使佩耶谈话记录》，1964年6月9日。

117-01692-01：《中华人民共和国主席刘少奇致法兰西共和国总统戴高乐将军贺电》，1964年7月13日。

110-01223-03：《关于是否报道蓬皮杜4月9日谈中法建交问题的请示》、《关于如何处理蓬皮杜4月23日有关台湾问题讲话的请示》、《蓬皮杜谈中法建交问题》，1964年4月。

110-02008-04：外交部西欧司《对了解戴高乐访华事的请示》，1964年8月18日。

110-02008-01：中国驻挪威使馆致外交部电《挪威报导戴高乐拟今秋访华》，1964年7月27日。

110-02008-01：中国驻印尼使馆致外交部电《法大使说戴高乐希望访问中国》，1964年8月1日。

110-02008-03：外交部接待西哈努克组自昆明致电外交部《陈总同西哈努克谈话内容》，1964年10月6日。

110-01190-01：外交部请示报告《对富尔所谈戴高乐访华事的处理意见》，1964年12月8日。

Centre des archives diplomatiques du ministère des Affaires étrangères de France à La Courneuve (AMAEF).

Centre des Archives nationales de France (CHAN).

## 2. Documents

Annuaire diplomatique et consulaire 1961 – Chine, Paris, Imprimerie nationale, 1961.

Annuaire diplomatique et consulaire 1981 – Chine, Paris, Imprimerie nationale, 1981.

Archives nationales de Chine 2, Recueil des archives d'histoire de la Chine nationale, livre 2 « diplomatie », Tome 5, Jiangsu, 1997. 中国第二历史档案馆编《中华民国史档案资料汇编》第五辑第二编，"外交卷"，南京，江苏古籍出版社，1997年。

Chou En-lai, « Notre politique et nos tâches diplomatiques », in Textes diplomatiques choisis de Chou En-lai, Pékin, 1990. 周恩来《我们的外交方针和任务》，载中华人民共和国外交部、中共中央文献研究室编《周恩来外交文选》，北京，中央文献出版社，1990年。

De Gaulle (Charles), Discours et messages*, Pendant la guerre (juin 1940-janvier 1946), Paris, Librairie Plon, 1970.

De Gaulle (Charles), Discours et messages**, Dans l'attente (février 1946-avril 1958), Paris, Librairie Plon, 1970.

De Gaulle (Charles), Discours et messages****, Pour l'effort (août 1962-décembre 1965), Paris, Librairie Plon, 1970.

De Gaulle (Charles), Lettres, notes et carnets (8 mai 1945-18 juin 1951), Paris, Librairie Plon, 1984.

De Gaulle (Charles), Lettres, notes et carnets (juin 1951-mai 1958), Paris, Librairie Plon, 1985.

De Gaulle (Charles), Lettres, notes et carnets (juin 1958-décembre 1960), Paris, Librairie Plon, 1985.

De Gaulle (Charles), Lettres, notes et carnets (janvier 1964-juin 1966), Paris, Librairie Plon, 1987.

De Gaulle (Charles), Mémoires de guerre, t. 3, Le Salut (1944-1946), Paris, Librairie Plon, 1959.

De Gaulle (Charles), Mémoires d'espoir, t. 1, Le Renouveau (1958-1962), Paris, Librairie Plon,1970.

Koo (Wellington) (Gu Weijun), Mémoires de Wellington Koo, vol. 4, Pékin, 1987. 顾维钧著，中国社会科学院近代史研究所译《顾维钧回忆录》第四分册，北京，中华书局，1986 年。

Koo (Wellington) (Gu Weijun), Mémoires de Wellington Koo, vol. 5, Pékin, 1987. 顾维钧著，中国社会科学院近代史研究所译《顾维钧回忆录》第五分册，北京，中华书局，1987 年。

Ministère des Affaires étrangères – commission de publication des documents diplomatiques français, Documents diplomatiques français – 1954 – Tome II (1er juillet-31 décembre), Paris, Imprimerie nationale, 1987.

Ministère des Affaires étrangères – Commission de publication des documents diplomatiques français, Documents diplomatiques français – 1955 – Tome I (1er janvier-30 juin), Paris, Imprimerie nationale, 1987.

Ministère des Affaires étrangères – Commission de publication des documents diplomatiques français, Documents diplomatiques français – 1958 – Tome II (1er juillet-31 decembre), Paris, Imprimerie nationale, 1993.

Ministère des Affaires étrangères – Commission de publication des documents diplomatiques français, Documents diplomatiques français – 1959 – Tome II (1er juillet-31 décembre), Paris, Imprimerie nationale,

1994.

Ministère des Affaires étrangères – Commission de publication des documents diplomatiques français, Documents diplomatiques français – 1962 – Tome I (1er janvier-30 juin), Paris, Imprimerie nationale, 1998.

Ministère des Affaires étrangères – Commission de publication des documents diplomatiques français, Documents diplomatiques français – 1963 – Tome I (1er janvier-30 juin), Paris, Imprimerie nationale, 2000.

Ministère des Affaires étrangères – Commission de publication des documents diplomatiques français, Documents diplomatiques français – 1963 – Tome II (1er juillet-31 décembre), Paris, Imprimerie nationale, 2001.

Ministère des Affaires étrangères – Commission de publication des documents diplomatiques français, Documents diplomatiques français – 1964 – Tome I (1er janvier-30 juin), Paris, Imprimerie nationale, Peter Lang, 2002.

Pei Jian-zhang, L'Histoire de la diplomatie de la République populaire de Chine, vol. 1 (1949-1956), Pékin, 1994. 裴坚章主编《中华人民共和国外交史》第一卷（1949–1956），北京，世界知识出版社，1994 年。

Peyrefitte (Alain), C'était de Gaulle*, Paris, Éditions de Falloix / Fayard, 1994.

Peyrefitte (Alain), C'était de Gaulle**, Paris, Éditions de Falloix / Fayard, 1997.

Quotidien du peuple, Pékin. 《人民日报》。

Quotidien central, Taïpei. 《中央日报》。

Recueil des documents des relations extérieures de la République populaire de Chine (1949-1950), vol. I, Pékin, 1965. 《中华人民共和国对外关系文件集（1949–1950）》第一集，北京，世界知识出版社，1965 年。

Wang Shijie, « Choix du journal de Wang Shijie », in Documents de l'histoire de la Chine moderne, Pékin, 2012, No, 126. 王世杰《王世杰日记选》，载《近代史资料》第 126 期，2012 年。

Wang Taiping, Histoire diplomatique de la République populaire de Chine, vol. 2 (1957-1969), Pékin, 1998. 王泰平《中华人民共和国外交史》，

北京，世界知识出版社，1998 年。

Wang Tieya, Recueil des traités et conventions sino-étrangers, vol. 3, Pékin, 1962. 王铁崖编《中外旧约章汇编》，北京生活・读书・新知三联书店，1962 年。

Zheng Hui et autres, Résumé des affaires d'État de 50 ans , Changsha, 1999. 郑惠等主编《五十年国事纪要（外交卷）》，长沙，湖南人民出版社，1999 年。

# II. BIBLIOGRAPHIE

## 1. Ouvrages

Chaigne (Christine), La Reconnaissance des gouvernements chinois par la France, Presses universitaires d'Aix-Marseille, 1996.

Chen Sanjing, Des relations franco-chinoises du temps moderne, Taïpei, 1994. 陈三井《近代中法关系史论》，台北，三民书局，1994 年。

Chen Wenhai, Histoire de France, Pékin, 2004. 陈文海《法国史》，北京，人民出版社，2004 年。

Couve de Murville (Maurice), Une politique étrangère (1958-1969), Paris, Plon, 1971.

De Boisanger (Claude), On pouvait éviter la guerre d'Indochine, souvenir 1941-1945, Librairie d'Amérique et d'Orient, Paris, 1977.

De Gaulle (Philippe), De Gaulle, mon père*, Entretiens avec Michel Tauriac, Paris, Plon, 2003.

Dong Lin, Mes soixante ans politiques, Taïpei, 1991. ( 董霖《六十载从政讲学》，台湾，商务印书馆，1991 年。

Duroselle (Jean-Baptiste), La France et les États-Unis – Des origines à nos jours, Paris, Éditions du Seuil, 1976.

Dreyfus (François-Georges), De Gaulle et le gaullisme, Presses universitaire de France, 1982.

Faure (Edgar), Le Serpent et la Tortue – Les problèmes de la Chine populaire, Paris, Julliard, 1957.

Fontaine (André), Un seul lit pour deux rêves – Histoire de la « détente », 1962-1981, Paris, Fayard, 1982.

Fourastié (Jean), les Trente Glorieuses ou la Révolution invisible de 1946 à 1975, Paris, Fayard, 1979.

Guillermaz (Jacques), Une vie pour la Chine – Mémoires, 1937-1989, Paris, 1989. p. 113.

Lin Hua, Chiang Kai-chek, de Gaulle contre Hô Chi Minh : Viêt-nam 1945-1946, Paris.

Ling Qihan, Ma vie diplomatique – Mémoires de Ling Qihan, Pékin, 1993. 凌其翰《我的外交官生涯——凌其翰回忆录》,北京,中国文史出版社,1993年。

Qu Xing, Le temps de soupçon : les relations franco-chinoises 1949-1955, Éditions You-Feng, 2005.

Tao Wenzhao, Histoire des relations sino-américaines (1911-1950), Tchongking, 1993. 陶文钊《中美关系史（1911–1950）》，重庆，重庆出版社，1993年。

Williams (Charles), The Last Great Frenchman : a life of General de Gaulle, John Wiley & Sons, Inc. 1993.

Wu Guoqing, Histoire politique de la France de l'après-guerre , Pékin, 2004. 吴国庆《战后法国政治史（1945–2002）》，北京，社会科学文献出版社，2004年 。

Xie Xianyi, Histoire diplomatique de Chine – Époque de la République populaire de Chine (1949-1979).

谢益显主编《中国外交史——中华人民共和国时期（1949-1979）》)，郑州，河南人民出版社，1988年。

Yan Ruping et Zheng Zemin, Esquisse de la biographie de Chang Kai-chek, Pékin, 1992. 严如平、郑则民《蒋介石传稿》,北京,中华书局,1992年。

Zhang Xichang et Zhou Jianqing, Histoire diplomatique de la France de l'après-guerre, Pékin, 1993. 张锡昌、周剑卿《战后法国外交史（1944–1992）》，北京，世界知识出版社，1993年。

Zhu Xie, Journal de la réception de la capitulation au Vietnam,

Shanghai, 1946. 朱偰《越南受降日记》，北京，商务印书馆，1946年。

## 2. Articles

Burin des Roziers (Étienne), « Témoignage d'Étienne Burin des Roziers », in Cahiers de la Fondation Charles-de-Gaulle, n° 1, 1995.

Chen Sanjing, « Lutte entre le GMD et le PCC et la connaissance unie des ressortissants chinois en Europe – de l'"Affaire Ling-Meng" et son influence », in Zhang Qixiong, Changement de la situation de l'époque et la connaissance unie des Chinois d'Outre-mer sur la nation, Taïwan, 2005. 陈三井《国共斗争与欧洲华侨的认同——兼论凌·孟事件的发生及其影响》，载张启雄主编《时代变局与海外华人的族国认同》，台湾，2005年。

Chen Xiuhe, « La réception de la capitulation de l'armée japonaise au Vietnam par les troupes du GMD après la victoire de la guerre de résistance contre le Japon », in Recueil des documents littéraires et historiques, n° 7, Pékin, 1960. 陈修和《抗战胜利后国民党军入越受降纪略》，载《文史资料选辑》，北京，中华书局，1960年。

Deney (Nicole), « Les États-Unis et le financement du barrage d'Assouan », in Revue française de science politique, 12e, année 1962, n° 2.

Du Jianshi, « Les collusions et divergences entre Chang Kai-chek et les États-Unis pendant la guerre de résistance contre le Japon », in Recueil des documents littéraires et historiques, n° 57, Pékin, 1978. 杜建时《抗日战争时期蒋美勾结与矛盾》，载《文史资料选辑》，北京，中华书局，1978年。

Faure (Edgar), « Reconnaissance de la Chine », in Espoir, n° 1, « De Gaulle et la Chine », septembre 1972.

Ge Fuping, « L'attitude de France à l'égard de l'abolition des traités inégaux franco-chinois pendant la guerre de résistance contre le Japon », in Études de la guerre de résistance contre le Japon, n° 3, 2003. 葛夫平《抗战时期法国对于废除中法不平等条约的态度》，载《抗日战争研究》，2003年第3期。

Jian Bozan, « Résumé du congrès des jeunes sinologues à Paris », in Quotidien du peuple, le 31 octobre 1956. 翦伯赞《记巴黎青年汉学家会议》，载1956年10月31日《人民日报》。

Li Hanqiu, « Le gaullisme et la stratégie internationale », in Affaires militaires du monde, 2007. 李寒秋《"戴高乐主义"的国际战略》，载《世界军事》，2007 年第 6 期。

Luo Min, « La connaissance et la pratique de Chine sur les problèmes du Vietnam d'après-guerre (1942-1946) », in Études historiques, 2003, n° 5. 罗敏《中国关于战后越南问题的认知与实践（1942–1946）》，载《历史研究》2003 年第 5 期。

Peyrefitte (Alain), « Témoignages d'Alain Peyrefitte », in Cahiers de la Fondation Charles-de-Gaulle, n° 1, 1995.

Song Zhiguang, « Le drapeau de la République populaire de Chine flotte dans le ciel parisien – Rétrospective de l'établissement des relations diplomatiques franco-chinoises », in Huang Shejiao, Mémoire sur l'établissement des relations diplomatiques franco-chinoises. 宋之光《五星红旗飘扬在巴黎上空——中法建交回顾》，载黄舍骄主编《春华秋实四十年——中法建交回忆录》，北京，世界知识出版社，2004 年。

Tang Chong, « Historique du coup d'État en France », journal Zhenbao, les 4-9 juin 1958, AIHM, AS, Cabinet français , vol. 4. 唐冲《法国政变始末》，连载于 1958 年 6 月 4–9 日《真报》（台湾"中研院"近史所档案馆档案《法国内阁》第四册）。

Vaïsse (Maurice), « La mission d'Edgar Faure », in Cahiers de la Fondation Charles-de-Gaulle, n° 1, 1995.

Wang Lihuan, « Record de la vive riposte contre les troupes françaises à Haiphong après la victoire de la guerre de résistance contre le Japon », in Recueil des documents littéraires et historiques, n°12, Pékin, 1960. 王理寰《抗战胜利后海防痛击法军纪实》，载《文史资料选辑》第十二辑，中华书局，1960 年。

Xu Wentang, « Établir et rompre les relations diplomatiques –Taïpei, Paris et Pékin se mesurent en 1964 », communication présentée au Colloque d'études des archives et de l'histoire de l'après-guerre, tenu par Guoshiguan à Taïwan, décembre 2007. 许文堂《建交与断交——1964 年台北、巴黎、北京的角力》，台湾"国史馆"主办《战后档案与历史研究学术讨论会》论文，2007 年 12 月。

Yang Weizhen, « Lu Han et les négociations franco-chinoises sur le Vietnam (1945-1946) », in Revue trimestrielle d'archives, Taïwan, mars 2011. 杨维真《卢汉与中法越南交涉（1945–1946）》，载台湾《档案季刊》，2011 年 3 月，第 10 卷第 1 期，第 24 页。

Zhang Xichang, « Témoignages de Zhang Xichang », in Cahiers de la Fondation Charles-de-Gaulle, n° 1, 1995.

Zhou Rongyao, « Du gaullisme », in Histoire mondiale, 2003, vol. 6. 周荣耀《戴高乐主义论》，载《世界历史》，2003 年第 6 期。

# INDEX

## A



## B

## C

## D

## E



## F

## G



## H

## J



## K



## L

## M

## N



## O



## P

## Q



## R



## S

## X



## Y



## Z

# TABLE DES MATIÈRES

## Chapitre 3



## Chapitre 4

## Chapitre 1



## Chapitre 2



## Chapitre 3

## Chapitre 4

Achevé d'imprimer en mars 2014 sur les presses
de l'Imprimerie Lianzhong s.a.r.l., Anhui.